Die schönsten Märchen von Essen und Trinken

Die schönsten Märchen von Essen und Trinken

Zusammengestellt und herausgegeben von Hans-Jörg Uther

DIEDERICHS

Die Deutsche Bibliothek – CIP-Einheitsaufnahme
Die schönsten Märchen von Essen und Trinken /
zsgest. und hrsg. von Hans-Jörg Uther. –
Kreuzlingen ; München : Hugendubel, 2000
(Diederichs)
ISBN 3-89631-386-X

Umschlaggestaltung: Ute Dissmann, München
Produktion: Maximiliane Seidl
Satz: Hubert & Co, Göttingen
Druck und Bindung: Spiegel Buch, Ulm
Printed in Germany

ISBN 3-89631-386-X

INHALT

Von Nahrungsbeschaffung, Hunger und Überfluss

Von hilfreichen Menschen, Tieren und Gegenständen

Von gastlichen und ungastlichen Leuten

Von Schelmen und Einfältigen

Von Nahrungsbeschaffung, Hunger und Überfluss

1. Hans im Glücke

Es war einmal ein Bauernknabe, hieß Hans, ein ehrlich Blut, dünkte sich nicht auf den Kopf gefallen, der diente treu und ehrlich einem großen, reichen Herrn eine Reihe von Jahren. Zuletzt aber bekam Hans das Heimweh, wollte gern bei seiner Mutter sein und sprach seinen Herrn um den verdienten Lohn an. Der gab Hansen ein Stück Gold, das war so groß wie Hansens Kopf, und Hansens Kopf gehörte nicht zu den dünnen und kleinsten. Der war zufrieden, packte den schweren Goldklumpen in ein Tüchlein und machte sich auf die Spazierhölzer. Das Gehen wurde ihm aber blutsauer, er schwitzte, daß er troff, denn der Goldklumpen war schrecklich schwer, er mochte ihn tragen, wie er wollte, auf dem Kopf oder auf den Schultern. Da trottelte ein Reiter leicht und wohlgemut an Hans vorbei, saß auf einem spiegelglatten Pferd. »Ei!« rief Hans, »Reiten ist eine schöne Kunst, wer sie kann und ein Pferd hat!« Der Reiter hielt sein Rößlein an, weil er Hansens Rede in seine Ohren hineingehört hatte, und fragte ihn, womit er sich denn da so mühselig schleppe?

»Ach! es ist Gold, pures schweres Gold! Der Mensch ist ein geplagtes Tier!« sagte Hans, indem er den Klumpen ächzend zur Erde warf.

»Ei!« sprach der Reiter, »wenn du gern reiten willst, so laß uns einen Tausch machen. Gibst mir deinen Lastklumpen und nimmst mein Pferd dafür!« Das ließ sich Hans nicht zweimal bieten, er rief fröhlich: »Topp! Schlagt ein!«, und der Handel war geschlossen. Der Reiter nahm das Gold und machte, daß er damit Hansen aus dem Gesicht kam, dachte, der Handel könnte jenen reuen. Hans aber kletterte auf den Gaul und ritt davon, daß es stäubte, aber nicht gar lange, da tat das Pferd einen Satz, daß Hans, der nicht reiten konnte, herunterfiel, wie ein Nußsack. Konnte kaum ein Glied regen.

Ein Bauer, der mit einer Kuh des Weges zog, fing das ledige Pferd und führt's dahin, wo Hans lag. Der weinte und rieb sich die Knochen.

»Nimmermehr reiten, tut nicht gut! Wer doch so ein sanftes Kühchen hätte wie Ihr dort, guter Freund! Da könnte man tagtäglich Milch essen, und Butter und Käse und wird nicht heruntergeworfen.«

»Ei«, sagte der pfiffige Bauer, »wenn Euch die Kuh so wohlgefällt, so gefällt mir nun gerade auch Euer mutiges Pferd, geb Euch die Kuh für das Pferd!«

»Das ist ein guter Tausch, den lob ich mir«, sprach Hans, nahm die Kuh und trieb sie vor sich her, während der Bauer sich auf das Roß setzte, und heidi, hast du nicht gesehen, davonritt.

Als Hans in ein Wirtshaus kam, verzehrte er seine letzten paar Heller, denn er meinte nun, da er die Kuh habe, brauche er kein Geld, und marschierte weiter. Es war aber den Tag sehr heiß und noch eine weite Strecke zum Dorfe, wo Hans her war und wo seine Mutter wohnte, und es durstete Hansen. Da schickte er sich an, die Kuh zu melken, aber so ungeschickt, daß keine Milch kam und daß ihm zuletzt die Kuh einen Tritt gab, davon ihm Hören und Sehen verging und er nicht wußte, ob er ein Bub oder ein Mädchen war.

Da trieb just ein Metzger des Weges mit einem jungen Schwein, der fragte mitleidvoll den geschlagenen Hans, was ihm fehle, und bot ihm einmal aus seiner Flasche zu trinken. Hans erzählte sein Abenteuer, und der Metzger machte ihm bemerklich, daß von einer so alten Kuh keine Milch zu erwarten sei, die müsse man schlachten. »Hm!« meinte Hans, »wird auch keinen sonderlichen Braten geben, altes Kuhfleisch! Ja, wer so ein nettes fettes Schweinchen hätte, das schmeckt und gibt Fetzenwürstel!«

»Guter Freund!« sagte der Metzger, »wenn Euch das Schweinchen so gefällt, so laßt uns einen Tausch treffen, gerade auf, Ihr das Schwein, ich die Kuh! Ist's recht?«

»Ist schon recht!« sagte Hans, von Herzen innerlich froh über sein Glück. Zog heiter seine Straße und dachte: »Bist doch ein rechtes Glückskind, Hans! Immer wird der Schade wieder ersetzt. O wie soll dieser Schweinebraten schmecken!«

Bald kam ein Bursche desselben Wegs und holte den Hans ein, der trug eine fette, schwere, weiße Gans im Arm, grüßte Hans, und da sie miteinander ins Gespräch kamen, erzählte er ihm, daß die Gans zu einem Kindtaufsbraten bestimmt sei. Das müßte ein Braten werden, der seinesgleichen suche. Dabei ließ er die Gans den Hans wiegen und unter den Flügeln die Fettklumpen befühlen.

»Die Gans ist gut, mein Schweinchen da ist aber auch kein Hund!« sagte Hans. »Wo hast du denn das Schwein her?« fragte der Bursche, und Hans erzählte, daß er es vor kurzem erst erhandelt. Da sah sich jener bedenklich um und sprach: »Höre, ein Wort im Vertrauen! Da hinten im letzten Dorfe ist dem Schulzen alleweil ein junges Schwein gestohlen worden. Der Dieb hat's an dich verpascht, und wenn jetzt der Flurschütz uns nachkommt (mich deucht, ich sehe seinen Spieß schon dort über den Kornähren blinken), so faßt er dich für den Dieb, und du kommst, statt mit dem Schwein in die Küche deiner Mutter, in des Teufels Küche!«

»Ach du mein lieber Herr Gott! Was bin ich für ein Unglücksvogel!« schrie Hans. »Hilf mir doch um Gottes willen, guter, liebster Freund!«

»Weißt du was«, sprach der Bursche, »geschwind gib mir das Schwein und nimm du meine Gans! Ich weiß hier herum die Schleichwege, und ich will mich schon unsichtbar machen!«

Gesagt, getan, Handel geschlossen, und in zwei Augenbliken waren Bursch und Schwein dem Hans aus den Augen. »Bin doch ein Glücksvogel!« lachte Hans innerlich und trug die Gans eine gute Strecke. Vom Flurschütz oder sonst einem Nachsetzenden war nichts zu sehen. Hans berechnete den guten Braten, das Fett, die Federn, die Freude seiner Mutter; und so kam er in das letzte Dorf vor dem seinigen.

Da stand ein Scherenschleifer an seinem Karren, der sah ganz fröhlich aus, schliff und pfiff und pfiff und schliff, daß es nur so schnurrte, dann sang er einen lustigen Gassenhauer:

»Es kam ein junger Schleifer her,
Schliff die Messer und die Scher!
Hat's gern getan,
Tut's noch einmal,
Was geht's dich an?
Was hast denn du davon?«

Hans blieb ganz verwundert stehen mit seiner Gans und hatte seine Verwunderung über des Schleifers Lustigkeit, dann bot er ihm guten Tag und fragte: »Euch geht's gewiß recht gut, daß Ihr so lustig und fröhlich seid? Wer's doch auch so hätte!«

»O ja, mein guter Kamerad«, sprach der Scherenschleifer, »bin alldieweil lustig, immer Geld in der Tasche, kannst's auch so haben mit deiner Gans. Woher hast du die Gans?«

»Hab sie gekriegt für ein Schwein!« berichtete Hans. »Und das Schwein?«

»Für eine Kuh gekriegt!«

»Und die Kuh?«

»Für ein Pferd eingehandelt.«

»Und das Pferd?«

»Einen Klumpen Gold hingegeben, so groß wie mein Kopf.«

»O du Schlaukopf! Und woher das Gold?«

»Sieben Jahre gedient, Lohn bekommen!«

»Pfiffikus, dir fehlt nichts, als daß du ein Schleifer würdest wie ich, dann klingt dir das Geld in allen Taschen. Dazu braucht es nur eines guten Hirnschleifsteins; hier hab ich noch einen liegen, ist zwar schon etwas abgenutzt, geht aber doch mit (wenn du ihn trägst)! Den geb ich dir für deine Gans. Willst du?«

»Ob ich will? Freilich!« rief Hans ganz erfreut. »Geld in allen Taschen ist eine schöne Profession.«

Der lose Schleifer gab dem guten Hans einen alten Wetzstein und einen Kiesel, der am Wege lag, und Hans zog fürbaß, ganz glücklich, daß sich alles so schön getroffen, meinte, er müsse in einer Glückshaut geboren sein.

Aber die Sonne schien und brannte heiß, Hans hatte Hunger und Durst, war matt und müde, und die Steine waren schwer, fast so schwer, wie der Goldklumpen gewesen war, und er dachte: »O wenn ich mich doch nicht mit diesen Schleifsteinen schleppen müßte.« Da war ein Brünnlein am Wege, daraus wollte Hans seinen Durst löschen, bückte sich, und beim Bücken fielen die Steine in den Brunnen hinab. Wer war froher wie Hans im Glücke, daß er so mit einem Male ohne sein Zutun die schweren Steine losgeworden! Freudig sprang er auf, los und ledig aller Sorgen, aller Lasten, pries sich als den glücklichsten Menschen, und langte guten Mutes bei seiner Mutter an – Hans im Glücke.

2. *Petrusinella*

Es waren einmal ein Mann und eine Frau, die keine Kinder hatten. Eines Tages wurde die Frau schwanger und wollte Petersilie haben. Weil nun aber gerade in diesem Lande eine Knappheit herrschte, kam ihr

Mann auf die Idee, in den Garten der Drachin zu gehen, um einen Sack voll zu holen.

Als nun die Drachin sah, daß ihr jeden Tag mehr Petersilie fehlte, kam sie auf die Idee, einen Wachhund einzusetzen. Als nun in der Nacht der Mann kam, um sich wie immer Petersilie zu holen, begann der Hund zu bellen. Da bekam der Mann einen gewaltigen Schrecken und kehrte um. Er erzählte die Geschichte seiner Frau, aber sie antwortete ihm: »Lieber Mann, es tut mir leid, daß ich dir diesen Auftrag geben muß, aber wenn du mir nicht die Petersilie bringst, werde ich ein Mädchen mit Petersilienkrankheit zur Welt bringen. Weißt du, was du machen mußt: Nimm ein in Wasser eingeweichtes Brot und geh noch einmal hin. Wenn der Hund bellt, wirf ihm das Brot hin, und so wirst du mir Petersilie holen können.«

Als nun der Mann in den Garten kam, begann der Hund zu bellen. Doch nachdem er ihm das Brot hingeworfen hatte, fing der Hund an, das Brot zu fressen, und so konnte der Mann in aller Ruhe die Petersilie pflücken. Als die Drachin sah, daß erneut Petersilie ausgerissen worden war, prügelte sie den Hund tot und beschloß, ihn in ihrem Garten zu begraben und eines seiner Ohren aus der Erde gucken zu lassen.

Als der Mann in der folgenden Nacht zurückkehrte, um im Mondenschein Petersilie zu pflücken, freute er sich, daß er keinen Hund mehr sah, und fing an, Petersilie auszureißen und sie in seinen Sack zu tun.

Als der Sack voll war und er aufsprang, um zu gehen, sah er einen schönen Pilz und begann, an ihm zu ziehen. Er zog und zog – und zog die Drachin höchstpersönlich hervor. Sie sagte zu ihm: »Ah, das warst also du, der mir die Petersilie ausriß. Warte nur, jetzt fresse ich dich!« Der Ärmste warf sich ihr ganz erschrocken zu Füßen, bat um Verzeihung und sagte, er habe es nur getan, weil seine Frau schwanger sei und außer Petersilie nichts zu sich nehme. Da antwortete ihm die Drachin: »Gut, ich tue dir nichts und lasse dich jeden Tag einen Sack Petersilie pflücken. Es genügt, daß du das Mädchen, das deine Frau zur Welt bringen wird, Petrusinella nennst und es mir schickst, wenn es ein bißchen herangewachsen ist.«

Traurig begab sich der arme Mensch nach Hause und sagte es seiner Frau. Die war auch ganz traurig, aber da sie außer Petersilie nichts aß, sagte sie zu ihrem Mann, er solle auf Gott hoffen, damit er ihnen ein

Söhnchen schenke. Dann würden sie in ein anderes Land gehen. Halb verzaubert fuhr der Mann fort, Petersilie zu stehlen.

Nach neun Monaten gebar die Frau und brachte ein Mädchen zur Welt und nannte es Petrusinella. Es wuchs von Tag zu Tag, und als es fünf Jahre alt geworden war, schickte die Drachin nach ihr, um es zu holen. Seine Mutter und sein Vater begannen zu weinen und ließen sie nicht fort.

Als nun das Mädchen eines Tages ein Pfund Nudeln kaufen wollte, setzte die Drachin eine List ein. Sie ließ ein seidenes Taschentuch fallen und rief Petrusinella, sie möchte es ihr heraufbringen (in den Turm), sie würde dafür etwas Schönes erhalten. Voller Freude machte sich das Mädchen auf, und brachte es ihr herauf, aber statt ihr etwas dafür zu geben, sagte die Drachin: »Nun mußt du bei mir bleiben!« Das Mädchen fing an zu weinen, aber das rührte die Drachin überhaupt nicht. Als ein paar Tage vergangen waren, rief sie Petrusinella zu sich und sprach zu ihr: »Paß auf, ich muß jetzt weggehen und mich um meine Angelegenheiten kümmern. Hier sind die Schlüssel für alle Zimmer. Aber paß auf, daß du die eine hier nicht öffnest!«

Als die Drachin am Abend wiederkam, machte sie das Tor nicht auf, weil sie fürchtete, daß Petrusinella geflohen war, sondern ging vors Fenster und rief: »Liebe Petrusinella, laß den Zopf herab und hol mich herauf!« Petrusinella trat ans Fenster, ließ den Zopf herab und holte die Drachin hinauf.

Am folgenden Tage kam es dem Mädchen in den Sinn, gerade das Zimmer zu öffnen, das ihr verboten war. Erstaunt stand sie da, als sie eine Blutlache auf dem Boden erblickte und viele enthauptete Menschen. Petrusinella bekam Mitleid, und als sie gerade einen Schrank öffnete, sah sie ein Krüglein mit Salbe, das sagte: »Indem ich salbe, gebe ich das Leben zurück.« Da kam es Petrusinella in den Sinn, all die Menschen zu salben. Und indem sie alle salbte, wurden sie wieder lebendig und dankten Petrusinella für ihre Tat. Da sagte ein Königssohn, er wollte sie zur Frau und sie sollten so schnell wie möglich fliehen. Nun stiegen sie in den Stall hinab und nahmen die beiden besten Pferde, die es dort gab, und drei Knäule, eins aus Wolle, eins aus Seife und eins aus Feuer. Und sie setzten sich auf die Pferde und flüchteten.

Als die Drachin nach Hause zurückkehrte, rief sie wie immer: »Liebe Petrusinella, laß den Zopf herab und hol mich hinauf!« Aber Petrusinella trat nicht mehr ans Fenster. da sagte die Drachin zu sich selbst:

»Ah! Man hat mich verraten«, und sie kroch über die Dachziegeln. Da sie Petrusinella nicht sah, gedachte sie, ein Pferd zu nehmen, und wollte sie einholen. Sie sauste dahin, so schnell sie konnte, sah Petrusinella auch in der Ferne und begann, sie zu rufen: »Petrusinella, kehr um. Ich will dich ein letztes Mal sehen!« Aber statt sich umzudrehen, warf Petrusinella das Seifenknäuel hinter sich. Und nachdem sie es geworfen hatte, erschien ein Seifenberg. Die Drachin rutschte hierhin und dorthin, aber schließlich kam sie hindurch und begann ein anderes Mal, ohne Pferd loszusausen. Aber Petrusinella warf das Wollknäuel, und die Drachin verwickelte sich darin, mal hierhin, mal dorthin. Aber dann kam sie doch durch die auf diese Weise gesperrte Straße hindurch. Da sagte Petrusinella ganz erschreckt und schon müde zu dem Königssohn: »Peppinu, nun wollen wir diesen letzten Ball ins Feuer werfen. Sollte die Drachin sterben, dann ist es in Ordnung, und wir sind gerettet. Sonst sind wir verloren.« Nun warf sie den Ball, und es erschien ein Berg aus Feuer. Die Drachin begann, ihn zu durchqueren, aber als sie mittendrin war, wurde sie verbrannt.

Schließlich kamen Petrusinella und Peppinu zum Königsschloß und feierten dort mit großem Prunk die Hochzeit. Sie lebten glücklich und zufrieden, und wir haben nichts!

3. Maria, die böse Stiefmutter und die sieben Räuber

Es war einmal ein Mann, dessen Frau gestorben war. Er hatte nur ein kleines Mädchen, das hieß Maria.

Maria ging in die Schule zu einer Frau, bei der sie Nähen und Stikken lernte. Wenn sie nun am Abend nach Hause ging, sagte ihr die Frau immer: »Grüß auch deinen Vater schön von mir.« Und weil sie ihn so freundlich grüßen ließ, so dachte der Mann: »Das wäre eine Frau für mich«, und schließlich heiratete er sie auch. Doch als sie verheiratet waren, verhielt sich die Frau recht unfreundlich zu der armen Maria, denn so sind Stiefmütter von jeher gewesen, und konnte sie zuletzt gar nicht mehr leiden. Und so sagte sie zu ihrem Mann: »Das Mädchen ißt uns so viel Brot, wir müssen sie loswerden.« Aber der Mann antwortete: »Töten will ich mein Kind nicht!« Da sprach die Frau: »Nimm sie morgen mit aufs Feld und laß sie dort allein stehen, daß sie den Weg nach Hause nicht mehr findet.«

Den anderen Tag rief der Mann seine Tochter und sagte zu ihr: »Wir wollen über Land gehen, und unser Essen einnehmen.« Da griff er sich einen großen Laib Brot, und sie machten sich auf den Weg. Maria aber war schlau und hatte sich die Taschen mit Kleie gefüllt. Wie sie nun hinter dem Vater herging, warf sie von Zeit zu Zeit ein Häufchen Kleie auf den Weg. Als sie viele Stunden weit gegangen waren, kamen sie an einen steilen Abhang. Da ließ der Mann einen Laib Brot hinunterfallen und rief: »Ach, Maria, das Brot ist hinuntergefallen!«

»Vater«, sprach Maria, »ich will hinuntersteigen und es holen.« Da ging sie den Abhang hinunter und holte das Brot. Als sie aber wieder heraufkam, sah sie ihren Vater nicht mehr. Nun war sie allein. Da fing sie an zu weinen, denn sie war weit weg von Zuhause, an einem ganz fremden Ort. Als sie aber an die Kleiehäufchen dachte, faßte sie wieder Mut, und indem sie immer der Kleie nachging, kam sie endlich spät in der Nacht wieder nach Hause. »Ach, Vater«, sprach sie, »warum habt ihr mich allein gelassen?« Der Vater tröstete sie und sprach so lange, bis er sie beruhigt hatte. Die Stiefmutter aber war sehr zornig, daß Maria den Weg zurück gefunden hatte, und nach einiger Zeit sagte sie wieder zu ihrem Mann, er sollte Maria über Land führen und sie dann im Wald allein lassen.

Den nächsten Morgen rief der Vater wieder seine Tochter, und sie machten sich auf den Weg. Der Vater trug wieder einen Laib Brot, Maria aber hatte vergessen, Kleie mitzunehmen. Als sie nun im Wald waren, an einem noch tieferen und steileren Abhang, ließ der Vater wieder das Brot fallen, und Maria mußte hinuntersteigen und es holen. Als sie wieder heraufkam, war der Vater fortgegangen, und sie war allein. Da fing sie bitterlich an zu weinen und lief lange umher, aber sie geriet nur noch tiefer in den dunklen Wald.

Es wurde Abend, da sah sie auf einmal ein Licht von ferne schimmern, und als sie darauf zuging, kam sie an ein Häuschen, darin war ein Tisch gedeckt, und es standen sieben Betten darin. Menschen konnte sie nicht erblicken. Das Haus gehörte sieben Räubern. Da versteckte sich Maria hinter einem Backtrog, und bald kamen die Räuber nach Haus. Sie aßen und tranken, dann legten sie sich zu Bett.

Am nächsten Morgen zogen sie aus, ließen aber den jüngsten Bruder da, damit er das Essen kochen und das Haus saubermachen sollte. Als sie fort waren, begab sich der jüngste Bruder auf den Weg, um Einkäufe zu erledigen. Da kam Maria hinter dem Backtrog hervor und räumte das ganze Haus auf. Zuletzt setzte sie den Kessel aufs Feuer, um die Bohnen zu kochen. Dann versteckte sie sich wieder hinter dem Backtrog.

Als der jüngste Räuber wieder zu Hause anlangte, kam er aus dem Staunen nicht mehr heraus: Alles war so sauber und aufgeräumt, und als seine Brüder eintrafen, erzählte er, was ihm begegnet war. Die waren auch alle sehr verwundert und konnten sich gar nicht erklären, wie das zugegangen war.

Den nächsten Tag nun blieb der zweite Bruder zurück. Er tat so, als ob er einkaufen ginge, kam aber gleich zurück und sah Maria, die wieder hinter dem Backtrog hervorgekommen war, um das Haus in Ordnung zu bringen. Maria erschrak sehr, als sie so unverhofft den Räuber erblickte. »Ach«, bat sie, »tötet mich nicht, um Gotteswillen!«

»Wer bist du denn?« fragte der Räuber.

Da erzählte sie ihm von ihrer bösen Stiefmutter und wie ihr Vater sie im Wald verlassen und wie sie seit zwei Tagen hinter dem Backtrog sich versteckt gehalten habe.

»Du mußt keine Angst vor uns haben«, sagte der Räuber. »Bleib bei uns, sei unsere Schwester und koche und nähe und wasche für uns.«

Als die anderen Brüder nach Hause kamen, waren sie es zufrieden, und so blieb denn Maria bei den sieben Räubern, führte ihnen den Haushalt und war immer still und fleißig.

Eines Tages, als sie am Fenster saß und nähte, kam eine arme Frau vorbei und bat um ein Almosen. »Ach«, sprach Maria, »ich habe nicht viel, denn ich bin selbst ein armes, unglückliches Mädchen, aber was ich habe, will ich euch gern geben.«

»Warum bist du denn so unglücklich?« fragte das Bettelweib.

Da erzählte ihr Maria, wie sie von Hause fort und dahin gekommen sei. Die arme Frau ging hin und erzählte der bösen Stiefmutter, daß Maria noch am Leben sei. Als de Stiefmutter das hörte, regte sie sich gewaltig auf und gab der Bettlerin einen Ring, den sollte sie der armen Maria bringen. Der Ring aber war ein Zauberring.

Nach acht Tagen kam also die arme Frau erneut zu Maria, um sich ein Almosen zu holen, und als Maria ihr etwas gab, sprach sie: »Sieh, mein Kind, da habe ich einen schönen Ring, den will ich dir schenken, weil du so gut zu mir gewesen bist.« Arglos nahm Maria den Ring entgegen und steckte ihn sich auf den Finger. Aber das hätte sie nicht tun sollen: Tot, wie leblos, fiel sie zu Boden. Als die Räuber nach Hause kamen, waren sie sehr betrübt und vergossen viele Tränen um sie. Dann machten sie einen schönen Sarg, legten Maria hinein, nachdem sie ihr die schönsten Schmucksachen angelegt hatten, gaben auch noch viel Gold dazu und setzten den Sarg auf einen mit Ochsen bespannten Karren. Damit fuhren sie in die Stadt.

Als sie an das Königsschloß kamen, sahen sie, daß die Tür zum Stall weit offen stand. Da trieben sie die Ochsen an, daß sie den Karren zum Stall fuhren. Darüber wurden jedoch die Pferde unruhig und fingen an, sich aufzubäumen und Lärm zu machen. Als der König den Lärm vernahm, schickte er hinunter und ließ seinen Stallmeister fragen, was dort los sei. Der Stallmeister antwortete, ein Karren sei in den Stall gekommen und niemand dabei und auf dem Karren liege ein schöner Sarg. Da befahl der König, man sollte den Sarg in sein Zimmer bringen und ließ ihn dort aufmachen. Als er das schöne tote Mädchen erblickte, fing er an zu weinen und konnte sich von dem Anblick gar nicht losreißen. Da ließ er vier große Wachskerzen bringen, diese an die vier Ecken des Sarges stellen und anzünden. Dann schickte er alle Leute aus dem Zimmer, verriegelte die Tür, fiel neben dem Sarg auf die Knie und vergoß heiße Tränen.

Als es Zeit zum Essen war, schickte seine Mutter zu ihm, er sollte kommen. Aber er antwortete noch nicht einmal, sondern weinte nur noch um so heftiger. Da kam die alte Königin selbst und klopfte an die Tür und bat ihn, doch aufzumachen, er aber antwortete nicht. Da schaute sie durch das Schlüsselloch, und als sie sah, daß ihr Sohn neben einer Leiche kniete, ließ sie die Tür aufbrechen.

Aber als sie das schöne Mädchen dann selbst erblickte, wurde sie davon ganz gerührt, beugte sich über Maria und nahm deren Hand. Wie sie nun den schönen Ring bemerkte, dachte sie, es wäre doch schade, den mitbegraben zu lassen, und streifte ihn ab. Da wurde Maria mit einem Male wieder lebendig, und der junge König war überglücklich und sprach zu seiner Mutter: »Dieses Mädchen soll meine Frau werden!« Da antwortete die alte Königin: »Ja, so soll es sein!« und umarmte Maria. Da wurde Maria die Frau des Königs und Königin, und sie lebten herrlich und in Freuden bis an ihr glückliches Ende.

4. Der Hunde-Janko und seine Heldentaten

Es war ein Kaiser, er hatte keine Kinder, also ging er von einer Zauberin zur anderen, damit sie etwas zauberten, daß seine Frau Kinder bekomme. Doch nirgends konnte er so eine Zauberin finden.

Dann fand er doch eine. Sie sagte ihm, seine Frau sei im Garten am Wasser, am Fischweiher, gewesen, und ein Fisch habe den Speichel verschluckt, den die Frau - die Gattin des Zaren - ausgespuckt habe. Darum werde sie keine Kinder haben. Diesen Teich solle man jedoch ablassen, denn dort sei eine Steinplatte und unter der Platte ein Fisch. Als die Frau gespuckt habe, sei dieser Fisch im Wasser herumgeschwommen und habe den Speichel verschluckt. Die Fruchtbarkeit sei auf den Fisch übergegangen, der Fisch habe kleine Fische bekommen, dafür könne die Frau keine Kinder kriegen. Dieser Fisch sei nun unter der Platte im Teich.

Die Zauberin sagte, man solle den Fisch in dem Teich fangen und kochen, aber niemand sonst dürfe davon kosten. Wenn die Frau allein den Fisch aufesse, werde sie allein Kinder bekommen. Sollte außer der Frau sonst noch jemand von diesem Fisch kosten, werde die Fruchtbarkeit auch auf ihn übergehen.

Diesen Fisch haben dann die Köche gekocht. Man befahl ihnen, daß ja keiner davon koste. Aber das Stubenmädchen kostete, ob das wohl gut sei, was es der Herrin bringt. Die Herrin aß alles auf, dann warf sie die Gräten einer Hündin vor, und die Hündin fraß die Gräten auf. Darauf wurden alle drei schwanger: Das Zimmermädchen wurde schwanger, die Herrin wurde schwanger, und die Hündin - Verzeihung! - wurde schwanger. Der neunte Monat kam, und jede gebar ein Kind, jede einen Knaben.

Der Kaiser erschrak sehr. Er hatte sich große Sorgen gemacht, daß seine Frau keine Kinder bekommt, und nun hat er auf einmal drei Knaben. Er beratschlagte sich mit seinen Vertrauten, mit den Heeresoffizieren: »Was soll ich tun? Bei mir ist etwas Wunderliches geschehen, denn meine Frau hat einen Knaben, und das Stubenmädchen und ein Tier. Soll ich nun den einen, diesen tierischen Knaben, beiseite schaffen, oder soll ich ihn großziehen?«

Sie sagten ihm so: »Wenn Gott ihn Euch gegeben hat, dann zieht ihn groß.«

Er holte sich drei Ammen herbei, damit die Knaben wüchsen. Als die Knaben ein wenig herangewachsen waren, gab er sie in eine Schule, und der Hundesohn lernte am besten. Jeder hatte einen Namen, und der Hundesohn hieß Janko. Er war in der Schule vorndran, er war der beste, der Hundesohn. Als sie groß wurden, besaß der Hundesohn allerlei Wissen und sprach allerlei Sprachen. Sie kehrten von der Schule nach Hause zurück, da hatte der Zar seine helle Freude an ihnen: »Meine Söhne sind feine Kerle!«

Der Hunde-Janko begann zu Hause Schriften zu lesen, da fand er in einer Schrift, daß es einst die Sonne, den Mond und Sterne gegeben hatte. Denn in jener Zeit gab's nichts davon, und auf der Erde war es ständig trübe. Er erkundigt sich bei seinem Vater, dem Zaren: »Wie kommt das, mein Papa, daß es einst Tageslicht und Sonnenlicht gegeben hat, und jetzt gibt es allein Tageslicht, weil weder Sonne noch Mond noch Sterne vorhanden sind. Wo sind sie alle hingeraten?«

Der Zar, der Vater dieser Söhne, sagt: »Es kamen drei Drachen in der Luft herangeflogen, und einer, der vierundzwanzig Köpfe hatte, entführte die Sonne. Ein zweiter, der zwölf Köpfe hatte, entführte den Mond. Der dritte, der sechs Köpfe hatte, entführte den Stern.«

»Ja, mein lieber Papa, gibt es jemanden, der das alles wiederbringen könnte?«

»Das weiß niemand außer Gott.«

»Dann, mein Papa, gehe ich auf die Suche danach.«

Man sattelte drei Pferde. Die drei Zarensöhne machten sich fertig. Sie reiten, die Lichter zu suchen; die Sonne, den Mond und den Stern.

Ihr Vater sagte zu ihnen: »Mein Bruder, euer Onkel, hatte im Land der Sieben Burgen das Schmiedehandwerk gelernt. Nachdem er es erlernt hatte und Schmied war, wußte niemand, wo er hingekommen war. Dann brachte man einen Brief – diesen Brief brachte ein Teufel –, und dort stand geschrieben, daß er als Schmied arbeite für alle drei Drachen und für ihren Onkel Ellenbart. Der sei eine Elle hoch und habe einen sooo langen Bart. Wenn ihr durch die Welt zieht, meine Söhne, fragt überall herum, wo das Land der Sieben Burgen ist, denn im Land der sieben Burgen ist euer Onkel. Er hat ein hundert Meter hohes Eisentor, vierundzwanzig Schmiedegesellen und vierundzwanzig Lehrlinge. So stand es im Brief von meinem Bruder.«

Sie gingen bis in das Land der Sieben Burgen und fanden ihren Onkel. Sie hatten einen Brief vom Vater an den Onkel dabei, er möge sie lieb aufnehmen, denn sie seien mit ihm verwandt.

Sie kamen dort an, klopften an das Tor, das Tor begann zu klirren, da kam ihr Onkel heraus: »Was seid ihr für Leute? Solche waren noch nie da, daß mein Tor geklirrt hätte. Wer seid ihr?«

»Wir sind die Söhne des Zaren.«

»Dieser Zar ist mein Bruder, aber er hatte keine Kinder, das hat er mir geschrieben.«

»Hier habt Ihr einen Brief von unserem Vater. Das ist die reine Wahrheit, daß Ihr unser Onkel seid.«

Er nahm sie lieb in sein Haus auf, man fütterte und tränkte die Pferde, und auch sie wurden bewirtet.

Er fragt: »Wo geht ihr hin?«

»Wir sind auf der Suche nach der Sonne, dem Mond und dem Stern. Wißt Ihr vielleicht, wo die sind?«

Der Onkel sagt zu ihnen: »Ich weiß, wo sie sind, denn ich bin hier Schmied bei den drei Teufeln. Der eine hat ein Haus aus Gold, der zweite aus Silber, der dritte aus Kupfer. Der eine, der die Sonne hat, wohnt vierundzwanzig Meilen von hier entfernt, der zweite, der den Mond hat, zwölf Meilen von hier, der dritte sechs. Das Liebchen des ersten wohnt achtundvierzig Meilen von ihm entfernt, das des zweiten vierundzwanzig Meilen, das des dritten zwölf. Glückliche Reise, hoffentlich bekommt ihr die Sonne, den Mond und den Stern! Jene sind aber sehr stark! Darum paßt auf, daß ihr genau am Mittag hinkommt, denn jeder geht am Mittag weg von daheim, bis Mitternacht, zu seinem Liebchen. Die kenne ich, denn ich bin ihr Schmied. Wenn ihr losreitet, findet ihr zuerst das kupferne Haus und das kupferne Tor. Dort wohnt derjenige, der den Stern hat. Er ist der schwächste. Von seinem Haus bis zu dem Liebchen führt eine Brücke. Sein Pferd läuft nicht auf der Erde, sondern auf der Brücke. Wenn der Abend kommt, sollt ihr hingehen und eine Planke aus der Brücke ziehen, damit in der Brücke ein Loch entsteht. Und du, Janko, setz dich unter die Brücke und horche, wann er heimkehrt.«

Er horchte und hörte, daß die sechs Meilen lange Brücke erzitterte, als der Teufel sich auf sein Pferd setzte. Das Pferd lief auf der Brücke dem Loch entgegen; es scheute und begann zurückzuweichen.

»Pferd, was ist mit dir los? Du bist doch ein Teufel! Es gibt kein Pferd wie dich, und es gibt keinen Kerl wie mich. Nur meine Schwiegermutter Hyndži-Baba erzählte mir, daß sie in der Welt den Hunde-Janko gesehen habe, und es gebe keinen Kerl wie ihn. Wenn er mir jetzt aber über den Weg laufen sollte, würde ich ihn in kleine Stücke hauen und ringsum verstreuen.«

Der Hunde-Janko sagt zu ihm: »Zerhacke und verstreue mich nicht, denn ich werde dich zerhacken und verstreuen.«

Der Teufel zog den Säbel heraus und schwang ihn gegen Janko, um ihn zu treffen. Er schwang ihn, traf jedoch nicht. Janko kam unter der Brücke hervor und schlug ihm mit einem Hieb alle Köpfe ab. Janko setzte sich auf dessen Pferd, nahm dessen Säbel an sich, und er nahm auch den Stern. Den Stern ließ er in die Luft steigen. Der Stern ging auf seinen Platz, von wo er entführt worden war.

Janko ging in eine Hütte. Jetzt können sie sehen, denn jetzt leuchtet ihnen der Stern. »Na, Brüder, der Weg hat sich gelohnt, Gott sei Dank! Der Stern leuchtet uns, und jenen habe ich vernichtet. Nun machen wir uns fertig und ziehen weiter zu dem zweiten, zu dem Zwölfköpfigen, der den Mond hat. Den nehmen wir ihm weg, damit jeder sehen kann und nicht nur er allein, der nachts umherstreift. Los, wir gehen zu ihm!«

Sie kamen auch zu dem zweiten so gegen Mittag, aber er war nicht mehr zu Hause, er war schon zum Liebchen gegangen über die zwölf Meilen lange Brücke, über die silberne. Den Mond hatte er in der Tasche. Janko ging unter die Brücke, riß aus der silbernen Brücke zwei silberne Planken heraus und machte in der Brücke ein Loch, damit das Pferd auf dem Rückweg scheuen sollte. Er saß dort unter der Brücke und horchte, wann jener heimkehren werde. Als der vom Liebchen kam und aufs Pferd stieg, begann die zwölf Meilen lange Brücke zu schwingen. Er reitet und singt. Er nähert sich dem Loch, da wurde das Pferd scheu. Das Pferd wollte zurück. »Pferd, was ist mit dir los? Was zum Teufel! Es gibt kein Pferd wie dich, und es gibt keinen Kerl wie mich. Nur meine Schwiegermutter Hyndži-Baba erzählte, auf der Welt sei ein Hunde-Janko, und es gebe keinen Kerl wie ihn. Wenn er aber mir hier über den Weg laufen sollte, würde ich ihn hier in Stücke hauen und verstreuen für die Elstern und Krähen.«

Der Hunde-Janko sagt unter der Brücke hervor: »Zerhacke und verstreue mich nicht, denn ich werde dich zerhacken und verstreuen für die Elstern und Krähen.«

Der Drache schwang den Säbel, doch er konnte dem Hunde-Janko nichts antun. Janko schwang den Säbel gegen den Drachen und schlug ihm sechs Köpfe ab, beim zweiten Mal die übrigen sechs. Aus jedem

Maul schnitt er die Zungenspitze als Zeichen ab und tat sie in sein Taschentuch. Den Mond nahm er und ließ ihn in die Luft steigen, damit der Mond jedem leuchtete und nicht dem Drachen allein.

Er stieg aufs Pferd und sagt: »Bruder, du Sohn des Stubenmädchens! Da hast du ein Pferd. Das Pferd des Sechsköpfigen wird jetzt dir gehören, und das des Zwölfköpfigen wird dem anderen Bruder, dem Sohn der Zarin, gehören. Ich aber gehe nun zu dem Vierundzwanzigköpfigen, um bei ihm eines für mich zu erkämpfen. Machen wir uns fertig und gehen zu dem dritten, zu dem Vierundzwanzigköpfigen! Dort werde ich mein Leben aufs Spiel setzen: entweder komme ich um, oder ich bleibe am Leben.«

Sie kamen dort am Mittag an. Jenen trafen sie nicht mehr zu Hause an, er war schon zu dem Liebchen gegangen. Sie aßen dort und saßen bis zum Abend herum. Als Gott den Abend werden ließ: »Meine Brüder! Wer von euch geht, die Sonne zu befreien?«

Der Sohn des Stubenmädchens, sein Bruder, sagte: »Ich bin bis jetzt kein einziges Mal gegangen, und ich fürchte mich auch jetzt.«

»Dann geh du, Bruder, Sohn der Zarin!«

»Ich gehe nicht. Du siehst selbst, ich bin nicht so ein Kerl wie du.«

»Soll ich denn auch zum dritten Mal in den Kampf ziehen? Der Onkel gab uns aber einen Löffel zum Beobachten. Den soll ich euch in der Hütte auf dem Deckenbalken zurücklassen, damit ihr ihn beobachtet. Sollte sich in diesem Löffel Blut von selbst bilden, müßt ihr zu mir laufen, denn dann naht mein Tod.«

Sie beobachteten fleißig, ob sich im Löffel Blut zeigte. Er ging zur Brücke, riß aus der Brücke vier goldene Planken heraus, daß ein Loch entstand, damit das Pferd auf dem Rückweg scheu werde. Er setzte sich unter die Brücke, um zu horchen, wann jener gefährlich und grimmig sich nahen werde. Die Mitternacht rückte heran, der kam vom Liebchen, stieg aufs Pferd, da schaukelte unter ihm die vierundzwanzig Meilen lange Brücke. Er fängt zu singen an, und man hört, daß er singt. Der Hunde-Janko hört, was für ein Mächtiger heranrückt. Das Pferd kam bis zum Loch, wich aber gleich zurück.

»Pferd, was ist mit dir los? Was zum Teufel! Es gibt kein Pferd wie dich, und es gibt keinen Kerl wie mich. Meine Schwiegermutter erzählte mir, daß ein Zar einen Hundesohn hat, von einer Hündin geboren, der aus Gräten entstand. Er sei so ein Kerl, daß es keinen wie ihn gebe. Wenn er mir aber hier über den Weg laufen sollte, würde ich ihn in Stücke hauen und kleinhacken und auf diesem Feld überall verstreuen für die Elstern und Krähen.«

Der Hunde-Janko sagt: »Zerhaue und zerhacke mich nicht, denn ich werde dich zerhauen und zerhacken.«

Der Drache schwang den Säbel und traf nicht ins Loch. Der andere sprang von dort hinauf, schwang den seinen, aber er traf nicht. Sie packten einander an den Armen und begannen zu ringen, wer der stärkere sei. So rangen sie von Mitternacht bis Mitternacht. Am nächsten Tag kamen viele Krähen herangeflogen, vom Himmel bis zur Erde, sie waren überall dicht gedrängt.

Der Drache sagt: »Krähen, helft mir, ihn zu Boden zu werfen!«

Der Hunde-Janko sagt: »Krähen, helft mir! Von ihm werdet ihr mehr Fleisch zum Fressen haben, als ihr von seinen Brüdern gefressen habt.«

Das hörte der Drache und erzürnte sich sehr. Er fing an, aus allen Rohren Feuer zu speien, aus vierundzwanzig Mäulern, damit er verbrenne.

Die Krähen begannen, Gras auszureißen und dem Teufel damit die Mäuler zu stopfen, damit das große Feuer den Menschen nicht erreiche, damit der unschuldige Mensch nicht verbrenne: »Denn dieser Mensch kommt uns zur Hilfe, daß wir die Sonne sehen, daß der Drache die Sonne nicht in der Tasche herumträgt.«

Und die Sonne wuchs und wuchs, als man sie ihm wegnahm, und sie stieg empor. Nun schleuderte er gewaltiges Feuer gegen Janko, der ihm die Sonne weggenommen hatte. Die Krähen trugen in den Schnäbeln Wasser herbei und ließen es in Tropfen auf Janko niederfallen, daß er nicht verbrenne. Sie rissen den Teufel an den Beinen, damit er umfalle. Als der Teufel zu Boden fiel, schnitt ihm Janko aus jedem Rachen die Zungenspitze ab, um zu wissen, wie viele Köpfe er abgeschlagen hatte.

Und im Löffel, der in der Hütte auf dem Deckenbalken lag, zeigte sich Blut. Die Brüder erblickten das und führten die Pferde hinaus. Sie wollten fliehen, denn der Bruder Hundesohn sei am Sterben.

Janko kam herbeigeritten: »Brüder, wo geht ihr hin?«

»Wir gehen, um dir zu helfen.«

»Brüder, das ist nicht wahr! Ihr wart im Begriff zu fliehen. Vor diesem sehr Mächtigen wäre euch die Flucht nie gelungen, denn er schleuderte Feuer gegen mich, er hieb mit dem Säbel auf mich ein, doch Gott stand mir bei. Auch Vögel, die Krähen, halfen mir, daß der Drache zu Boden falle. Brüder, nun leuchten der Stern und der Mond in der Nacht, die Sonne wärmt am Tag, Gott sei Dank! Nun, meine Brüder, laßt uns die Pferde verteilen. Das Pferd, das ich jetzt gebracht habe, gehört mir. Das Pferd, dessen Herrn zwölf Köpfe hatte, gehört dem Sohn der Zarin, das dritte Pferd, dessen Herr sechs Köpfe hatte, gehört dem Sohn des Stubenmädchens. Und nun, meine Brüder, gehen wir nach Hause, nachdem wir gesiegt haben. Was wir erreichen wollten, haben wir erreicht!«

Seine Brüder sagen zu ihm: »Bruder, da nun jeder von uns zwei Pferde hat und Geld, genug Gold, laßt uns schnurstracks nach Hause gehen zu unserem Vater.«

»Es ist noch nicht genug, Brüder! Ihr habt euch bis jetzt nach meinem Verstand gerichtet, also richtet euch auch weiter danach.«

Sie ritten los und kamen bei der Schwiegermutter der Drachen vorbei. Dort waren schon ihre Töchter eingetroffen, um zu klagen, daß die drei Drachen nicht mehr kämen. Wo sie wohl hingeraten seien, ob die Mutter sie gesehen habe?

Und die drei Brüder ritten den Weg entlang. »Brüder, wartet hier«, sagt der Hunde-Janko, »und haltet meine Pferde, denn ich gehe in dieses Haus.«

Er ging in das Haus – er kam durch den Rauchfang hinein –, doch er hatte sich verwandelt, damit jene meinten, er sei nur ein Kater. Die Jüngste, deren Freier sechs Köpfe gehabt hatte, erblickte ihn, und sie erkannte ihn an den Augen. Sie sagt: »Mutter, dieser Kater ist genau wie der Hunde-Janko!«

Stracks stürzt die Mittlere hinzu, um seine Augen anzuschauen: »Ja, ja, er hat solche Augen wie der Hunde-Janko!«

Na, auch die Dritte: »Dieser Kater hat genau solche Augen wie der Hunde-Janko!«

Ihre Mutter Hyndži-Baba sagt: »Ich würde ihn erkennen, meine Kinder, wenn ich ihn sehen könnte.«

Die Jüngste ging schnell in die Diele, eine eiserne Gabel zu holen, um der Mutter ein Augenlid hochzuheben, damit sie den Hunde-Janko sehen konnte. Sie hakte damit ein Lid ein und hob es hoch.

Nun konnte die ihn sehen: »Mein Sohn, du bist es wirklich! Jetzt fangt ihn alle drei und steckt ihn in einen Sack!«

Er ließ sich von ihnen fangen und in den Sack stecken. Doch er konnte zaubern und hat sie getäuscht, denn er war in dem Sack gar nicht drin.

Sie entfachten Feuer, um den Kater im Sack zu verbrennen. Sie warfen den Sack samt dem Kater ins Feuer. »Na«, sagen sie zu der Mutter, »er ist schon verbrannt, Mutter!«

»Und nun, meine Töchter, geht auf den Weg hinaus! Eine von euch soll sich in ein schönes Kopftuch verwandeln und sich mitten auf dem Weg ausbreiten. Wenn seine zwei Brüder dieses Tuch aufheben, dann richte es so ein, meine Tochter, daß du sie erwürgst, damit sie sterben und ihre Pferde verrecken. Wenn sie dich aber nicht aufheben, dann verwandle du dich, zweite Tochter, in einen schönen Birnbaum; du sollst ein silberner Birnbaum werden. Unter dir und auf dir sollen Birnen sein. Denn für die ist es schon Zeit zum Essen. Wenn sie die Birnen essen, sollst du, Tochter, sie ersticken. Auch die Pferde werden Birnen fressen, ersticke auch die Pferde, damit auch die Pferde verrecken. Wenn die keine Birnen nehmen und essen, dann geh du, dritte, und verwandle dich in eine herrliche Wiese mit seidigem Gras, und in der Mitte soll ein Brunnen aus der Stelle zwischen deinen Beinen sein. Die werden ihre Pferde weiden und tränken, sie selbst werden auch daraus trinken. Von diesem Wasser werden sie sterben, ihre Pferde werden verrecken. Jetzt habe ich es euch, Töchter, eingeschärft, nun lauft denen in den Weg!«

Die Töchter stürzten hinaus. Der Hunde-Janko sitzt schon auf dem Pferd, er hat alles mitgehört, nun reitet er den Weg entlang. Der letzte Bruder hinten sagt zu ihm: »Bruder, sieh da: was für ein schönes Tuch! In unserem Land gibt's sowas nicht: verschiedene Zweige sind aufgemalt, es ist mit Gold bestickt, und verschiedene Blumen sind drauf.«

Der Hunde-Janko sagt: »Brüder, ihr habt euch bis jetzt nach meinem Verstand gerichtet, also richtet euch auch weiter danach!« Er zog den Säbel aus der Scheide, schwang ihn in zwei Richtungen – kreuzweise –, und aus dem Tuch ergoß sich überall auf den Weg eine Unmenge von Blut, daß die Pferde bis zu den Knien darin wateten.

Sie gingen durch das Blut hindurch und stießen auf den Birnbaum. Der Sohn der Zarin sagt: »Bruder Janko, laß uns diese Birnen essen und für den Weg genug mitnehmen, denn solche schönen Birnen gibt es in unserem Land nicht.«

Janko sagt: »Brüder, ihr habt euch bis jetzt nach meinem Verstand gerichtet, also richtet euch auch weiter danach!« Janko schwang den

Säbel gegen den Birnbaum und durchschnitt den Birnbaum. Es floß sehr viel Blut überall auf den Weg.

»Bruder, was soll das denn bedeuten?«

»Ihr, Brüder, werdet noch größere Merkwürdigkeiten sehen.«

Sie gingen durch das Blut hindurch und kamen auf die schöne Wiese. Sie sagen: »Bruder, laß uns hier die Pferde weiden! Wir würden gern trinken, laß uns hier Wasser trinken und die Pferde tränken!« Janko hieb mit dem Säbel in zwei Richtungen direkt auf den Brunnen, da floß Blut überall auf den Weg, auf eine lange Strecke, bis zu seinem Onkel.

Der Bruder des Zaren, der oberste Schmied, befahl den Gesellen und den Lehrlingen, das eiserne Tor zu öffnen, weil die Söhne seines Bruders auf der Flucht vor der Hyndži-Baba seien und weil sie ihnen nachsetze.

Nachdem sie die Frist abgewartet hatte, in der ihre Töchter zurück sein sollten, und nachdem diese nicht – wie befohlen – zurückgekehrt waren, machte sich die Hyndži-Baba an die Verfolgung. Sie sperrte den Rachen weit auf, um sie aufzufressen: die sechs Pferde und die drei Männer.

Doch die flüchteten geschwind. Sie holte sie nicht ein, denn sie flüchteten sich in das Gehöft des Onkels.

Als die Lehrlinge und die Gesellen das Tor zuschlugen, klemmten sie ihr die Augenlider ein. Da sagte sie jenseits des Tores: »Wenn ich diesen Janko sehen könnte!«

Jene stiegen schnell von ihren Pferden und baten den Onkel, seine Gesellen sollten sich an einem Torflügel aufstellen: »Meine zwei Brüder, die Lehrlinge und die Gesellen sollen an einem Flügel zupacken, und ich allein an dem zweiten.« Denn er, Janko, hatte allein so viel Kraft wie die zweiundfünfzig Männer zusammen.

Sie ließen den Kopf der Hyndži-Baba in das Gehöft hereinschlüpfen. Dann drückten sie das Tor so fest zu, daß sie es mit einem Schlüssel schließen konnten. Nun sagte sie: »Niemand sonst hat die sechs Leben ausgelöscht!«

Janko ruft ihr zu: »Ich lasse dich von hier niemals mehr raus!«

»Was wirst du denn mit mir machen?«

»Du mußt dich für mich in ein solches Pferd, in eine solche Stute verwandeln, daß du in einer Stunde um die ganze Welt herumläufst. Warum flüchtete ich vor dir so schnell auf meinen Pferden? Solche

Pferde wie die drei der Drachen gibt es nicht auf der Welt, und trotzdem hättest du mich beinahe eingeholt.«

»Du bringst es nicht fertig, daß die Hyndži-Baba sich in eine Stute verwandelt und dich trägt.«

Er bat den Onkel, daß der Onkel alle seine Arbeiter mit großen und kleinen Hämmern – wie die Schmiede sie haben – ihm überlasse. Sowohl die Gesellen als auch die Lehrlinge, alle schlugen die verfluchte Hyndži-Baba auf den Kopf, weil sie nach dem Leben der Zarensöhne getrachtet hatte. Sie schlugen sie so sehr, daß sie in die Knie sank und um Gnade flehte: »Laßt mich leben! Du hast meine drei Schwiegersöhne und meine drei Töchter ausgelöscht, doch ich verzeihe dir alles, nur laß mich lebend frei! Ich werde niemals an dir Verrat begehen.«

»Wirst du meine Stute werden?«

»O nein, ich werd's nicht!«

»Haut besser zu, ihr Lehrlinge und Gesellen unseres Onkels!«

Sie fiel ganz zu Boden und sagte, sie sei am Verrecken.

»Wirst du meine Stute werden? Du weißt es selbst, daß es auf der Welt keinen solchen Kerl gibt, wie ich – der Hunde-Janko – einer bin, und es gibt keine solche Hyndži-Baba wie dich. Jetzt bist du aber in meinen Händen.«

Sie schwor ihm, daß sie sich für ihn in ein schönes Pferd verwandeln werde, nur um im Tor des Onkels nicht zu verrecken. Er nahm ihr sieben Eide ab, daß sie ihm gut und treu dienen werde; sie werde unter ihm so schnell rennen, wie sie nur rennen könne.

Man ließ für sie eine zentnerschwere Kandare aus Eisen machen und einen zentnerschweren Sattel. Die zwei Zentner Eisen wurden ihr aufgelegt, dann wurde sie zwischen den Torflügeln herausgelassen. Der Hunde-Janko saß auf und zündete ein Wergbündel an: ob es lang brennen würde? Doch bevor es verbrannt war, war sie um die Welt herumgelaufen und kam zurück, und er hat sich nicht einmal die Hand versengt. Der Onkel lobte ihn: »Janko, so einen Kerl gibt's nicht mehr – außer dem Ellenbart.«

Sie waren eine Woche lang beim Onkel zu Gast. Der Onkel gab ihnen einen Brief an seinen Bruder mit, wie lang dessen Söhne bei ihm zu Besuch gewesen waren. Er verabschiedete sich von ihnen sehr schön: »Janko, laß dich ja nicht ein auf einen Streit, auch wenn dir unterwegs etwas sehr Merkwürdiges widerfahren sollte.«

Janko reitet auf drei Pferden, und jeder seiner Brüder auf zweien.

Sie freuen sich mächtig, denn bald werden sie in ihr Land gelangen. Da reitet im Straßengraben der Ellenbart, er reitet auf einem Hasen. Sein Umhang, ein Pelzfetzen, schleppt so hinter ihm her, und – verzeiht, aber anders kann man das Märchen nicht erzählen! – er sagt: »Ich scheiße auf so einen Kerl, der eine Frau bestiegen hat und dazu noch faselt, es gebe keinen Kerl wie ihn. Eine Frau zu besteigen, das bringt ein jedes Mannsbild fertig. Ich scheiße auf ihn, so ein Kerl soll seine Mutter ficken.«

»Mach, daß du wegkommst, jämmerlicher Knirps, ich habe schon allerhand Kerle niedergemacht, und dir widerspreche ich nicht einmal, du bist nicht einmal einen Fußtritt wert.«

»Das waren doch keine Kerle. Wenn du mir einen Fußtritt gibst, so gibst du sonst niemandem und niemals mehr einen.«

Sein Bart schleppt auf der Erde hinter ihm her, so alt ist er. Die zwei Brüder hören zu und lachen den Spinner aus. So ein Spinner beschimpft ihren Bruder auf jede Art: der soll kein Kerl sein!

Er, der Hunde-Janko, wurde zornig und schwang sich von der Stute; gleich wird er dem Ellenbart einen Fußtritt versetzen. Der Ellenbart wich zurück, schwang sich auf die Stute, den Pelzfetzen ließ er liegen. Der Hunde-Janko schaute nur, in welche Richtung die Stute davonjagte.

»Gott, was tun? Meine ganze Mühe war umsonst! So ein Knirps hat mich nun in Schande gebracht! Brüder, geht nach Hause und sagt unserem Vater, daß wir – Gott sei Dank – gesiegt haben. Die Sonne steht am Himmel, auch der Mond und der Stern. Sie leuchten jetzt für alle. Und sagt zu Hause, daß es mir sehr leid tut um die Stute, die wir beim Onkel im Tor aus einem Drachenweib gemacht haben. Denn so eine gibt's nirgends auf der Welt. Ich aber kehre zum Onkel zurück, vielleicht sagt er mir, wo ich sie suchen soll.«

Er kam zum Onkel. »Na, Janko, was ist?« sagt sein Onkel zu ihm. »Na, Janko, ich hab's dir doch gesagt, daß du dich ja nicht auf einen Streit einlassen sollst wegen einem Nichts. Jetzt nimm einen Hammer, der anderthalb Zentner schwer ist, mit einem Griff aus Eisen. Er, der Ellenbart, weidet dort auf einer Ebene die Stute, doch er schläft auf dem Sattel und auf der Kandare. Die Kandare ist aus Eisen, und der Sattel ist aus Eisen. Schlage ihn mit dem Eisenhammer am Sattel fest, so wirst du ihm den Kopf zertrümmern. Dann nimmst du die Stute, reitest nach Hause, und du wirst deine Brüder noch überholen.«

Janko fand die Stute. Er geht weiter von einer Furche zur anderen und schaut, wo der Ellenbart schläft. Er fand ihn in einer Furche; der schlief auf dem Sattel. »Gott, wie könnte ich so etwas Kleines schlagen! Der Hammer ist ja größer als er. Ich weiß, daß er mir nichts antut. Dort hat er mich zwar übers Ohr gehauen, hier aber wird er mich nicht mehr hintergehen.«

Er brüllte ihn an. Die Stute packte er, ihn aber schrie er an. Der Ellenbart sprang rasch auf, hob zwei Zentner Eisen über Jankos Kopf und schlug ihn, den Hunde-Janko, mit dem Sattel und der Kandare auf den Kopf. Janko begann zu flehen: »Laß mich, laß mich noch leben!«

»Denkst du, daß ich so verrückt bin wie meine Schwester, die dich tragen muß? Das wird sie nicht mehr. Du hast sie geschlagen, ich aber dich. Na, wirst du friedlich von hier fortgehen?«

Janko war einverstanden, friedlich fortzugehen. Verletzt wie er war, nahm er den Hammer, er trägt ihn zu seinem Onkel.

»Nun, Janko, was ist?«

»Der Bösewicht hat mich zusammengeschlagen.«

»Und warum hast du ihn nicht zusammengeschlagen? Ich hab's dir doch eingeschärft, daß du ihn mit Eisen erschlägst, wenn du ihn auf Eisen vorfindest. Was hast du angestellt!«

»Onkelchen, beinahe hätte er mich erschlagen.«

Dort beim Onkel fütterte man Jankos Pferd und kurierte Janko, denn er konnte kaum gehen. Als es Janko besserging: »Mein lieber Onkel! Es tut mir so leid um die Stute, so ein Pferd gibt's nirgends auf der Welt.«

»Geh hin, er ist genau dort, wo er war, er weidet die Stute, dort findest du ihn.«

Janko ging zum Ellenbart. Er geht zum Ellenbart; der erblickte ihn und schreit Janko an: »Du hast gesagt, daß du niemals wegen der Stute wiederkommst, jetzt bist du doch wieder da.«

»Ich bin nur gekommen, um zu bitten.«

»Ich gebe dir die Stute, wenn du in dem und dem Land die Tochter des Zaren freist, sie zur Frau nimmst und mit mir tauschst: Du gibst mir die Frau, ich gebe dir die Stute.«

Der willigte gern ein und kehrte sofort zum Onkel zurück.

»Na, Janko, was ist? Hat er dir die Stute nicht zurückgegeben?«

»Er, dieser Wicht, hat gesagt, daß ich die Tochter des und des Zaren heiraten und ihm diese Frau abtreten soll, dann gibt er mir die Stute. Doch ich weiß nicht, welchen Weg ich gehen muß.«

»Ah, man müßte in das Siebente Land gehen. Du kommst leicht hin, denn es gibt kein Pferd wie deins, und es gibt keinen Kerl wie dich. Du gehst den Weg entlang, und wo du einen Wunderling siehst, laß ihn ja nicht stehen, sondern nimm ihn mit. So wirst du die Zarentochter heiraten, man wird sie dir gern zur Frau geben.«

Janko machte sich auf den Weg. Er fand einen Wunderling. Das war ein Hungriger – man brachte ihm fuhrenweise Brot –, er warf sich ganze Laibe in den Mund, er warf sie in einem fort hinein und aß sie auf. Der Hunde-Janko sagte zu ihm: »Wenn Ihr mit mir geht, bekommt Ihr mehr Fleisch zu essen als hier Brot.«

Der Hungrige sah: ein Prachtkerl, ein Prachtpferd. »Obwohl ich hungrig bin, gehe ich mit diesem Mann.«

Sie machen sich zu zweit auf den Weg: Der Hungrige zu Fuß, Janko zu Pferd. Sie legten zwei Meilen zurück und fanden ein noch größeres Wunder. An einem großen Fluß wie die Donau oder der Sjan lag einer ausgestreckt, und jedes Mal, wenn er mit dem Mund schlürfte, trank er hundert Klafter flußaufwärts das ganze Wasser aus. Und die Leute kamen des Wunders wegen, denn das Wasser kommt von oben, aber nach unten, da floß kein einziger Tropfen, nichts. Der Hunde-Janko kam mit dem, der Brot aß und sich nicht satt essen konnte, um das Wunder zu sehen. Und sie staunten, daß der da sich nicht satt trinken konnte. Der Hunde-Janko sagte zu dem, der das Wasser trank: »Kommt mit mir, Ihr werdet so viel Wein und Schnaps trinken, auch Fleisch und Weißbrot werdet Ihr genug essen! Wir gehen in das Siebente Land zum Zaren auf Hochzeit.« Der erhob sich vom Wasser und ließ das Wasser weiterfließen.

Sie gehen den Weg entlang. Da fanden sie einen, der am Feuer lag. Rings um ihn brannte Feuer, und die Leute schürten das Feuer mit großen Baumstämmen, damit dieser Mann verbrenne. Und der Mann hatte zwölf Mäntel und zwölf Pelze an, die fingen aber nicht Feuer, er jammerte sogar noch: »Verrecken sollen diese Bauern und Herren, die mir nicht dazu verhelfen, daß ich mich genug wärme!« Die drei kamen hin und sahen das Seltsame. Janko sagte zu ihm vom Pferd herunter: »Mann, erheb dich von diesem Feuer, denn obwohl das Feuer brennt, ist die Erde unter dir kalt, und es wird dir nie genug warm werden. Wenn du mit mir in das Siebente Land gehst, kommst du zum Zaren auf Hochzeit, denn auch wir gehen dorthin. Du wirst unser Gefährte sein. Mit mir geht einer, der viel ißt, und einer, der viel trinkt. Kommt auch Ihr mit mir, es wird Euch noch warm genug werden!«

Er ging gern mit. Sie gehen weiter den Weg entlang. Da fanden sie einen, der wegen eines Holzhammers zum Rand der Welt ging. Denn sein Gefährte hatte den von der Mitte der Welt aus geworfen, und er fiel an den Rand der Welt. Der eine konnte nur werfen, aber nichts zurückholen, weil er nur so weit werfen konnte. Und der andere konnte so schnell gehen, daß er mit nur einem Schritt in die Mitte der Welt und mit dem zweiten an den Rand der Welt gelangte. Janko sagt: »Kommt beide mit mir! Du, Werfer, wirst genug zu werfen haben, und du, Geher, wirst genug zu gehen haben, wenn ihr mitkommt!«

Sie gehen weiter. Da fanden sie einen, der hatte ein Auge wie ein Bottich. Er tut nichts, dreht sich nur um und schaut sich die Welt an. Und die Leute schauen ihn an: »Wie seltsam, was für ein großes Auge er hat!«

Da kommen zu ihm die sechs Männer, fünf zu Fuß, der sechste zu Pferd. Sie begrüßen ihn: »Was macht Ihr hier?«

»Ich schaue mir Eure Wundertaten an, Ihr seid ja ein Königssohn. Ich sah, wie Ihr gesiegt habt, und ich sehe, wohin Ihr geht.«

»Dann kommt mit mir, Ihr werdet auf der Hochzeit beim Zaren im Siebenten Land sein!«

Sie machten sich also fertig und gingen. Sie kamen dort an. Der Hunde-Janko verschaffte sich Papiere, daß man ihn in die Burg zum Zaren hineinlasse, denn er geht auf Brautschau. Die erste Wache ließ ihn durch, die zweite Wache ließ ihn durch, die dritte Wache ließ ihn bis zum Zaren durch. Der Zar begrüßte sie: »Leute, was gibt's Neues?«

»Erhabener Zar, ich bin zu Euch auf Brautschau gekommen.«

»Wo seid Ihr her?«

»Ich bin des und des Zaren Sohn.«

»Und warum bist du mit sechs Leuten gekommen?«

»Zum Zaren auf Hochzeit.«

»Ich brauche sieben Regimenter Soldaten, die sollen bei einem Nachtmahl tausend Ochsen aufessen. Dann wüßte man, daß der Zar seine Tochter verheiratet! Sie sollen an einem Abend tausend Faß Wein und tausend Faß Schnaps und Brote aus dreitausend Zentnern Mehl aufessen; das wäre zum Ruhm des Zaren, daß er die Tochter verheiratet.«

Der Schwiegersohn sagt, er werde das alles an einem Abend verputzen. Da buk man in der Stadt eilig Brote aus diesem Mehl, man schlachtete Ochsen, und eine große Kantine wurde eingerichtet, wo das alles verputzt werden sollte. Die Köche kochten, die Bäcker buken. Schankwirte wurden eingestellt, damit sie die Getränke ausschenkten.

Der eine, der sich nie satt essen konnte: man wurde damit nicht fertig, ihm Brote – solche um vierzig Kreuzer – in den Mund hineinzuwerfen. Und der andere, der am Fluß Wasser getrunken hatte, trank den Wein und den Schnaps allein aus, dann begann er mit dem Brotesser zu streiten: »Warum hast du so viel Brot gegessen und für die übrigen fünf nichts übriggelassen?« Der wiederum schreit den Trinker an: »Warum hast du zweitausend Faß Getränke ausgetrunken und für die übrigen fünf nicht einmal fünf Gläschen übriggelassen?«

Der Esser hat das ganze Brot aufgegessen, Brot von dreitausend Zentnern Mehl, und das Fleisch von tausend Ochsen. Und der Trinker hat die Brühe von tausend Ochsen ausgetrunken. Die übrigen fünf bekamen nichts zu essen und zu trinken auf der berühmten Hochzeit beim Zaren, der eine Mannschaft von sieben Regimentern gefordert hatte. Die fünf schliefen ohne ein Nachtmahl. Sie aßen nichts und tranken nichts, sie spielten nur Karten die ganze Nacht.

Der Zar wurde zornig, daß sie ihn in Schande gebracht hatten: »Was sind das für Leute?«

Der Morgen kam, und der Schwiegersohn fragt den Zaren, ob er ihm die Tochter bestimmt geben werde.

»Ganz bestimmt! Was ich dir gestern abend zu essen und zu trinken befohlen habe, das hast du ausgeführt. Aber du bleibst mit deinen Leuten bei mir zu Gast bis zum Abend, dann wirst du hier die zweite Nacht verbringen. Meine Tochter gebe ich dir ganz bestimmt.«

Sie blieben dort bis zum Abend. Der Zar rief seine Vertrauensleute zusammen, die Heeresoffiziere und Grafen: Was er tun solle, ob er die Tochter diesen Leuten geben solle?

Sie sagten zu ihm: »Wenn er in einem Haus ganz aus Eisen – kein Stückchen Holz darf daran sein – übernachtet, soll er am Morgen die Tochter bekommen.«

Die sieben Mann aßen zu Abend, dann gingen sie schlafen in das eiserne Haus. Als erster ging der Hunde-Janko, der Schwiegersohn des Zaren, hinein; als zweiter der Esser; als dritter der Trinker; als vierter der Frost, der sich immer wärmte; als fünfter der Springer; als sechster der Werfer; als siebenter der Scharfsichtige.

Der Zar ließ seine sämtlichen Meister rufen, zweihundert Schmiede. Jeder sollte zwei Säcke Kohlen mitbringen und jeder seinen Blasebalg für die Kohle. Als sie das Haus erhitzten, wären jene beinahe verbrannt. Derjenige, der es nie satt war zu gehen, sprang so hoch – weil es ihn in die Füße brannte –, daß er sich den Kopf stark anschlug. Sie sprangen alle hoch, denn es brannte sie. Nur der Frost freute sich: »Gott sei dank, daß mir warm wird!« Sie schrien den Frost an: »Zuerst werden wir dich hier erschlagen, dann verbrennen wir selbst, wenn du uns nicht hilfst.« Der Frost legte einen Mantel und einen Pelz ab, da erlosch wegen der Kälte die ganze Kohle rings um das Haus herum. Alle legten sich schlafen.

Die Meister gingen in die Stadt und holten wieder Feuer für ein zweites Mal. Sie entfachten Feuer um das eiserne Haus, die sieben Mann wären zum zweiten Mal beinahe verbrannt. Sie jammern dem Frost vor: »Hilf uns, wir verbrennen sonst!« Der Frost legte zwei Mäntel und zwei Pelze ab. Es wurde so kalt rings um das Haus, daß die Kohle erlosch, Blasebalg fror an Blasebalg, Meister an Meister, sie alle bleckten ihre Zähne.

Gott ließ es Morgen werden, die Stadtbewohner unterhalten sich: »Was ist da Seltsames passiert! In unserer Stadt hat's noch nie so eine Kälte gegeben wie in der letzten Nacht.« Der Zar stand in aller Frühe auf, um zu schauen, ob jene verbrannt seien. Der Zar geht mit einem Diener hin. Sie sehen, daß die Schmiede grinsen. Der Zar sagt zum Diener: »Alle unsere Meister freuen sich, weil sie die Arbeit, die ich ihnen aufgetragen hatte, erfüllt haben.« Jene im eisernen Kastell springen hoch bis zum zweiten Stock. Er rührt einen der Meister an: »Gott, wie seltsam! Alle meine Meister sind tot. Die sind ja erfroren! Der hat mir einen großen Schaden zugefügt, doch ich muß ihm die Tochter geben. Was ich ihm befohlen hatte, habe ich bekommen, nur ist es schade um meine Meister, denn es gibt in der Stadt keine Handwerker mehr.«

Er ging in seine Burg, um sich mit den Herren zu beraten, ob es noch einen Grund gäbe, die Tochter nicht wegzugeben. Sie wußten von einem Schuster in der Ferne, der Schuhe nähte wie keiner sonst. Der Kaiser schickte sein Leder für Schuhe und sein Gold, damit für seine Prinzessin ein goldener Ring gegossen werde. Und man solle an den Rand der Welt gehen, dann in drei Stunden sei die Hochzeit. Noch heute solle sie diese Schuhe tragen und diesen Ring am Finger haben.

»Wo bist du, der es nie satt kriegt, immer zu gehen? Hier hast du gegerbtes Leder für die Schuhe und Gold für den Ring.«

Der nahm das Gold und das Leder, machte nur einen Schritt, und schon ist er beim Schuster. Und dieser Schuster goß den Ring und nähte die Schuhe in nur anderthalb Stunden. Jener machte sich fertig, tat einen Schritt, und schon war er in einer Stadt. In dieser Stadt war die Schwester der Hyndži-Baba, die der Hunde-Janko in eine Stute verwandelt hatte.

»Wo geht Ihr hin?«

»Ich gehe in das Siebente Land auf Hochzeit.«

Sie sagt, auch sie geht dorthin auf Hochzeit. Und sie fragt den Mann: »Wo seid Ihr gewesen?«

Er sagte ihr die Wahrheit: »Ich war bei einem Schuster, der nähte Schuhe und goß einen Ring.«

Sie tat ihm etwas an, daß ihn der Schlaf befiel, er wurde schläfrig. Sie sagt zu ihm: »Setzt Euch ein wenig hin!« Er setzte sich hin und legte sich schlafen. Sie schob ihm einen Pferdeschädel unter den Kopf, damit er statt des Pferdes schlafe. Dann nahm sie ihm die Schuhe und den Ring weg und kehrte in die Stadt zurück.

Es verging eine Stunde, geblieben ist nur noch eine halbe Stunde Zeit. Der Kaiser wartet auf den Ring und auf die Schuhe, denn sonst wird die Hochzeit nicht stattfinden, wenn das bis zum Termin nicht geliefert wird.

Der Hunde-Janko rief seinen Helfern zu: »Wo bist du, der sich nicht satt sehen kann? Schau, wo der mit den Schuhen steckt!«

Er schaute hin und her und erblickte die Schwester der Hyndži-Baba mit den Schuhen und dem Ring in der Tasche. Sie stand mitten in der Stadt auf dem Marktplatz. Der mit dem großen Auge berichtete, die Schuhe habe die Schwester der Hyndži-Baba, und jener schlafe am Stadtrand.

»Wo bist du, der sich nicht satt werfen kann?«

»Hier.«

»Da, wirf diesen Hammer!«

Der eine, der sich nie satt sehen konnte, richtete den Hammer aus, und: »Ziele unter seinen Kopf, daß du den Pferdeschädel triffst, damit der Schädel unter seinem Kopf hervor beiseite springt und damit er aufwacht.«

Der warf den Hammer und traf gut, den Helfer erschlug er nicht, er weckte ihn nur. Dieser machte nun einen Schritt, fing die Schwester der Hyndži-Baba, nahm ihr die Schuhe und den Ring weg, machte einen Schritt, und schon ist er zu Hause auf der Hochzeit. Immer noch eine halbe Stunde vor dem Termin.

»Was ich dir befohlen habe, das hast du ausgeführt, jetzt gebe ich dir die Tochter zur Frau.«

Sie wurden von einem Pater, einem Pfarrer, getraut. Man gab ihnen vier Pferde und einen Kutscher. Man gab ihnen ein Regiment Soldaten, damit die Soldaten die Tochter des Zaren bis zu der Burg begleiteten, wo der Bräutigam wohnte.

Der Hunde-Janko machte sich auf den Weg mit seiner Frau. Der Ellenbart stieg in einen Sumpf, tauchte jedoch nur die Beine ein wenig ein. Dann ruft er nach dem Zaren: »Erhabener Zar, rettet mich, denn ich bin im Sumpf steckengeblieben und komme hier nie mehr heraus!« Der erbarmte sich seiner und schickte seine Soldaten, damit sie ihn herauszögen. Der Ellenbart war ein Teufel, und sie konnten ihn nicht herausziehen, denn er war schwer, wenn auch klein. Niemand wußte, wie tief er in der Erde steckte. Sie sahen: er in der Erde, nur der Bart oberhalb der Erde. Sie sagen zueinander: »Dieser Mann ist sehr tief in der Erde.«

Der Ellenbart sagt: »Die Soldaten werden mich nicht herausziehen, vielleicht könnte mich der erhabene Zar selbst herausziehen!« Na gut. Der Hunde-Janko hatte schon Not gelitten, darum wollte er ihm helfen. Dabei vergaß er, daß er diesem Feind schon begegnet war und daß dieser ihm die Stute weggenommen hatte, der Janko sehr nachtrauerte. Er stieg aus der Kutsche und reichte ihm die Hand, um ihn aus dem Sumpf herauszuziehen. Der Ellenbart riß den Janko zu sich, zog ihn in den Sumpf, seine Füße blieben bis zu den Knien darin stekken. Es wurde eiskalt, Jankos Füße froren fest. Der Ellenbart sprang auf die Kutsche und trieb die Pferde mit Jankos Frau – der Zarentochter – und mit dem Kutscher auf und davon. Geblieben ist der Narr von Hunde-Janko, jetzt war er die Stute und die Frau los.

»Soldaten des ruhmreichen Zaren! Geht nun nach Hause und sagt meinem Schwiegervater, daß es in meinem Land reichlich Soldaten gibt. In meinem Land sind die Leute anders als ihr. Sie essen nicht nur viel, sie trinken nicht nur viel. Bei denen könnt ihr nicht bleiben. Ich danke sehr schön meinem Schwiegervater, dem erhabenen Zaren, aber ich habe von allem reichlich.«

Die Soldaten gingen nach Hause, und er blieb im Sumpf. Weder weiß er, wohin die Soldaten gegangen sind, noch weiß er, wohin die Frau geraten ist. »Gott, laß mich hier herauskommen, aus diesem Sumpf!« Er kam aus dem Sumpf heraus. Der Ellenbart war verrückt gewesen, weil er ihm das Pferd zurückgelassen hatte. Er setzte sich auf sein Pferd und kam zu seinem Onkel in das Land der Sieben Burgen.

»Na, Janko, was ist, hast geheiratet?«

»Ich hab geheiratet.«

»Und wo ist die Frau?«

»Ein Bösewicht kam und jammerte im Sumpf. Er versank darin bis zum Bart, er hatte nur Beine.

Die Soldaten zogen und zogen, brachten ihn aber nicht heraus. Und er schrie: ›Der Schwiegersohn des Zaren allein, der wird mich herausziehen.' Ich erbarmte mich seiner, ging hin, zog ihn heraus und blieb selbst im Sumpf stecken. Der Bösewicht setzte sich in die Kutsche, trieb die Pferde an und entführte die Frau samt dem Kutscher. Mein lieber Onkel, was soll ich tun?«

»Ich gebe dir den Rat: geh in einen Wald, wo lauter Weißdorn wächst. Hinter diesem Wald ist ein großes Stück Land, das sich sieben Meilen ausdehnt. Dort findest du ein Haus auf einem Entenbeinchen, ein sehr schönes, drei Stockwerke hohes. Ein solches Haus wie das des winzigen Ellenbarts gibt's sonst nirgendwo auf der Welt.«

Janko saß auf und ritt auf seinem Pferd durch den üblen Wald. Er legte sieben Meilen zurück und fand das Haus auf dem Entenbeinchen. Er band das Pferd an einem Weißdornbaum fest, ging selbst zum Brunnen, aus dem man für dieses Haus Wasser holte, und versteckte sich dort. Am nächsten Tag kam seine eigene Frau zum Wasserholen und jammerte, wo ihr Herr sei. Ihr Herr machte sich bemerkbar: »Warum jammerst du?« Sie erkannte und umarmte ihn: »Wir werden zusammen sterben.«

»Hab keine Angst! Ich bleibe hier bis morgen. Und du kundschafte aus, wieso er so klein ist und doch so stark. Wo steckt seine Kraft, denn niemand ist so stark wie er.«

Der Abend kam, und sie fragt den aus: »Mein Herr, wohin gehst du?«

Er antwortete ihr: »In den Krieg, weil man mich zu Hilfe ruft. Derjenige, dem ich helfen werde, muß siegen.«

»Und wenn man dich tötet?«

»Mich wird niemand töten.«

»Wo hast du denn deine Kraft? Wo drin, wenn du so klein bist?«

Er donnerte sie an: »Was geht dich das an?«

»Ich will es wissen. Ich lebte in einer Stadt, und du hast mich in eine Wüste mitgenommen, wo es außer unserem Kutscher keine Menschenseele gibt. Dazu sagst du, daß du ihn umbringen, daß du ihn nicht zu Hause zurücklassen wirst. Sag mir also die Wahrheit!«

Er ließ sich erweichen und sprach zu ihr: »Wenn du morgen am Brunnen stehst, wirst du meine Kraft sehen, und wie gut sie versteckt ist. Am Brunnen steht ein Hirsch und trinkt Wasser. Im Hirsch ist ein Reh, im Reh ein Hase, im Hasen eine Ente, in der Ente sind zwei Eier. Töte den Hirsch, ich bleibe weiterhin stark. Töte auch das Reh, ich bleibe trotzdem stark. Töte den Hasen und auch die Ente, ich bleibe trotzdem stark. Zerschlage ein Ei, so schwindet die Hälfte meiner Kraft. Zerschlage beide, so zerfließe ich sofort; du bereitest mir den Tod.«

»Wohin gehst du denn?«

»Ich ziehe fort in den Krieg, denn ohne mich wird man nicht kämpfen, wenn ich nicht zu Hilfe komme.«

»Wie klein du bist! Das Haus steht auf einem Entenbeinchen. Mann, wie leicht könntest du die Kraft verlieren!«

Er sagt zu ihr: »Frau, wie verrückt du bist! Siehst du den goldenen Apfel an der goldenen Schnur? Würde ich ihn in die Hand nehmen und in die Tasche stecken, bliebest du hier ohne Dach überm Kopf.«

Gott ließ Morgen werden. Der Ellenbart ritt auf der Stute in das Siebente Land für einen Monat in den Krieg. Sie ging schnell hinaus und fragt: »Mein Herr, wo bist du? Der Ellenbart ist in den Krieg gezogen in unser Land, von wo du mich geholt hast. Man kämpft gegen meinen Vater, denn man zürnt uns.«

»Was hat dir der Ellenbart gesagt?«

»Er sagte zu mir, daß in dem hölzernen Hirsch am Brunnen seine Kraft ist. Im Hirsch ist ein Reh, im Reh ein hölzerner Hase, im Hasen eine Ente, und in der Ente sind zwei Eier.«

Er zerhaute das alles mit dem Säbel, fand die Ente, schnitt ihr den Kopf ab, die Frau schlitzte sie auf und nahm die zwei Eier heraus. Die teilten sie untereinander auf: Er nahm das eine, und sie nahm das zweite. Er schleuderte seines auf den Boden. Der Ellenbart spürte, daß er schwächer wurde. Sofort flog er auf der Stute heran. Sie schleuderte das zweite Ei auf den Boden. Als das erste Ei zerbrochen war, war der Ellenbart immer noch stärker als der Hunde-Janko mit seiner ganzen Kraft. Nachdem sie das zweite zerbrochen hatte, fiel er sofort zu Boden. Sie besiegten ihn zu zweit.

»Nun sag mir, Frau, wie können wir das Haus mitnehmen?«

Sie antwortete ihm: »Der Ellenbart hat mir erzählt, daß man den Apfel dort, an der seidenen Schnur, ergreifen, herunterreißen und in die Tasche stecken soll. Wenn man diesen Apfel dann in die Höhe wirft, wo man's will, baut sich dasselbe Haus von selbst wieder auf.«

Janko ging ins Haus, riß den Apfel herunter, das Haus preßte sich in den Apfel hinein, und den steckte er sich in die Tasche. Sie spannten die Pferde vor die Kutsche, und der Kutscher trieb sie an, nach Hause, in sein Land. Sie setzte sich auf die Stute, er auf das Pferd des Drachen, und sie reiten fröhlich dahin. Er sagt zu ihr: »In diesem Land werden wir einkehren, denn hier habe ich einen Onkel. Ob du schon irgendwo ein solches Tor gesehen hast? Hundert Meter hoch, und seine Spitze sieht man nicht.«

Sie kamen beim Onkel an. »Na, Janko, was ist?«

»Gut, Gott sei Dank! Ich habe die Frau und die Stute. Ich weiß nicht, in welches Land ich ziehen soll, denn alles gehört mir.«

»Geh zum Vater, Janko, bau das Haus, so daß es niemand merkt, dann werden dich deine Brüder und der Vater hoch achten.«

Sie kamen bei Nacht mitten in den Garten, sie kamen auf der Stute und auf dem Pferd des Drachens hergeritten. Sie warfen den Apfel in die Höhe und errichteten das Haus für sich. Am Morgen standen die Knechte seines Vaters auf: »Was ist das Seltsames?« Solche Burgen hatten sie noch nie gesehen. Sie meldeten ihrem Zaren: »In unserem Garten steht ein neues Haus.«

Man stellte Wachen auf: »Was für ein Feind ist da mitten in unserem Garten?« Sie beobachten, wer dort herauskommt. Da kam ihr Bruder heraus. Sie erkannten ihn, den Hunde-Janko, und begrüßten ihn schön. Er sagt zu ihnen: »Ich errang die Stute, bei dieser Reise heirate ich auch. Die Tochter des und des Zaren aus dem Siebenten Land habe ich zur Frau.«

Auch ich war dort beim Festmahl dabei. Ein Stummer bat mich, mitessen zu dürfen. Da gab ich ihm einen Hieb mit einem Knochen, daß er sich die Zunge abbiß, darum kann er nicht schwatzen. Ich schlürfte die Suppe. Ein Glatzkopf bat mich, mittrinken zu dürfen. Da schüttete ich ihm die Suppe auf den Kopf. Die Suppe war heiß, darum wurde sein Kopf kahl.

5. Eine lustige Historie vom starken Knees

Da war einmal ein Bauer, der ging frühzeitig am Morgen hinaus in den Wald und nahm seine Axt mit sich. Und als er dorthin kam, gewahrte er da eine Zwergin, die sehr schön war. Er bekam Verlangen nach ihr, ging hin und stillte seine Lust. Dann ging er von ihr und verrichtete seine tägliche Arbeit draußen im Wald. Am Abend begab er sich nach Hause und dachte nicht weiter daran.

Als die Zeit verstrichen war, gebar diese Zwergin einen Sohn. Den nannte sie Knees. Und sie zog ihn auf, und als er groß wurde, vermochte sie ihn nicht mehr zu ernähren, weil er so schrecklich viel aß. Und sie sagte zu ihrem Sohn: »Knees, geh zu der Kirche, die da draußen liegt, nimm diese Axt mit dir und stelle sie im Vorhaus dorthin, wo die anderen Bauern ihre Stöcke hinstellen. Und wenn sie dann herauskommen – wer dann die Axt wiedererkennt, das ist dein richtiger Vater. Und sage ihm, er soll dich so lange ernähren, wie ich dich ernährt habe.«

Und Knees nahm Abschied von seiner Mutter und machte sich auf den Weg und tat alles so, wie es die Mutter befohlen hatte. Er stellte seine Axt im Vorhaus zwischen die Stöcke der Bauern und stellte sich daneben. Und die Bauern kamen und nahmen ihre Stöcke. Unter den anderen erblickte auch der Bauer seine Axt. Er nahm sie in die Hand.

Da sagte Knees: »Die Axt gehört mir.«

»Nein«, sagte der Bauer, »das ist meine Axt.«

Da sagte Knees: »Wenn die Axt dir gehört, so bist du mein richtiger Vater.«

»Nein«, sagte der Bauer, »die Axt erkenne ich wohl, aber dich erkenne ich nicht.«

Schließlich mußte Knees den Bauern nach Hause begleiten. Und Knees war eine Zeit bei seinem Vater und arbeitete so schwer, daß der Vater zuletzt nichts mehr für ihn zu arbeiten hatte. Hingegen aß er aber so viel wie zwölf Männer, und der Bauer konnte ihn nicht mehr erhalten oder ernähren.

So ging der Bauer in die Stadt, und Knees begleitete ihn, und der Bauer ging aufs Schloß und fragte den König, ob er einen Knecht zur Arbeit brauche.

Der König sagte: »Wo ist er?«

Der Bauer hieß Knees heraufkommen. Und der König fragte, wie sein Name wäre.

»Knees heiße ich.«

Und der Bauer ging seines Weges und war froh, daß er Knees los war. Und der König trug ihm auf, er solle gehen und mit seinen anderen Knechten arbeiten.

Und Knees sagte: »Erst essen!«

Der König sagte: »Zu essen sollst du bekommen.«

Und als er gegessen hatte, ging er davon und arbeitete mit den anderen Knechten.

Und am anderen Tag sagte der König zu Knees: »Fahr heute in den Wald!«

Knees sagte: »Erst essen!«

»Zu essen sollst du bekommen.«

Und als er gegessen hatte, sagte der König: »Fahr nun in den Wald und hol ein Fuder Holz.«

Knees sagte: »Wie weit reicht ein Fuder? Zwölf Fuder werde ich heimfahren.«

Und er bat, der König möge ihm zwölf zweispännige Wagen geben und zwölf Paar Ochsen und elf Knechte, dann wolle er in den Wald fahren. Und er bekam alles. Und er fuhr los in den Wald und fing an zu schlagen, daß die elf Knechte nichts anderes zu tun hatten, als das Holz zu den Wagen zu tragen. Und wie Knees gerade beim besten Holzschlagen war, kam ein Bär und holte einen Ochsen von dem Wagen fort, den Knees fuhr, und zerriß ihn und dachte ihn aufzufressen. Da lief Knees dem Bären nach und ergriff ihn und spannte ihn mit dem anderen Ochsen zusammen vor den Wagen. Und so fuhr er wieder nach Hause.

Und als er heimgekommen war, ging er hinauf zum König. Und der König fragte ihn: »Wo ist das Holz, das du bringen wolltest?«

»Erst essen!«

»Zu essen sollst du bekommen«, sagte der König.

Und als er gegessen hatte, fragte ihn der König das gleiche.

Da sagte Knees. »Ich war im Wald, und eben als ich das Holz geschlagen hatte und es auf den Wagen lud, kam eine Katze aus dem Wald gelaufen und nahm das eine Kalb weg, das vor dem Wagen stand, und deshalb packte ich die Katze und setzte sie vor den Wagen und fuhr so nach Hause. Geh hinab in den Hof, da kannst du es sehen!«

Und als der König hinunter in den Hof kam, erblickte er einen großen Bären vor dem Wagen neben dem anderen Ochsen. Und der König nahm den Bären, und Knees bekam viel an Geld und Kleidung, so viel, wie er für eine lange Zeit brauchte.

Eine Zeit später kam der Feind in dieses Königreich, und der König sagte zu Knees: »Wenn du mir die Feinde aus meinem Land weg schaffst, so werde ich dir viel Geld geben.«

Knees sagte: »Erst essen!«

»Zu essen sollst du bekommen.«

Und als er gegessen hatte, kam der König herein. Und Knees sagte zum König: »Du sollst mir eine Keule aus Eisen machen lassen, die soll zwanzig Schiffspfund wiegen, und eine Peitsche, die zehn Schiffspfund wiegt.«

Und er sagte, der König sollte zwölf Paar Ochsen schlachten, sechs Paar sollten gebraten werden und sechs Paar gekocht, und die vierundzwanzig Ochsenhäute sollten zusammengenäht werden, und aus ihnen müßte man dann einen Sack machen. Da hinein kämen die vierundzwanzig Ochsen zusammen mit Brot.

Der König ließ sogleich zwölf Paar Ochsen schlachten und das Fleisch in den Ledersack geben, den man aus den Ochsenhäuten zusammengenäht hatte. Als Knees sich auf den Weg machte, fragte ihn der König, ob er einige hundert Mann mit sich nehmen wollte.

Knees antwortete: »Nein, ich gehe wohl alleine.«

Und so machte sich Knees auf den Weg und hatte seine Keule und die Peitsche auf der einen Schulter und seinen Eßsack auf der anderen Schulter und marschierte so seinen Weg dahin. Und nachdem er lange Zeit gegangen war, kam er ans Ziel. Als er noch eine viertel Meile vom Lager der Feinde war, da warf er seinen Eßsack zusammen mit der Keule und der Peitsche auf den Boden, daß man es bis ins Lager der Feinde hörte. Dort meinten sie sogleich, ihr Feind würde kommen, und sie machten sich fertig und kamen dahin, wo Knees saß. Dort bildeten sie einen Kreis um ihn und staunten ihn an. Knees machte seinen Eßsack auf und setzte sich hin, um zu essen. Als er gegessen hatte, steckte er wieder hinein, was übriggeblieben war, und band seinen Eßsack wieder zu. Dann stand er auf, nahm die Keule in die eine Hand und die Peitsche in die andere und schlug so lange zu, bis sich keiner mehr auf der Erde rührte. Knees nahm seinen Eßsack auf die eine Schulter, die Keule und die Peitsche auf die andere und marschierte seinen Weg dahin, und es dauerte gar nicht allzulange, da gelangte er wieder nach Hause. Er begab sich hinauf aufs Schloß und hinein zum König. Und der König fragte, wie es ihm ergangen sei.

Da sagte Knees: »Erst essen!«

»Ja, zu essen sollst du bekommen.«

Und er aß, und als er gegessen hatte, fragte der König, wie es ihm ergangen sei.

Knees antwortete: »Ja, es ging gut. Ich geriet mit ihnen zusammen und habe sie alle miteinander erschlagen. Wenn du's nicht glauben willst, so mach dich auf und sieh dir's an, so wirst du sehen, daß es wahr ist.«

Als der König das hörte, war er ganz zufrieden.

6. Der Habgierige, der nicht satt werden konnte

Es war einmal ein Reicher, der liebte das Geld sehr, nicht einmal seinem Schutzengel hätte er einen Schluck Wasser gegeben.

Als er nun eines Tages saß und seine Gulden zählte und voller Stolz war, kam der Teufel, stellte sich vor ihn hin und sagte: »Genügt dir noch nicht, was du hast? Was willst du noch mehr? Sag es mir, ich will es dir geben.«

Der wußte nicht recht, was er noch wünschen sollte ... Er dachte ein wenig nach und sagte: »Ich wünsche, daß alles, was ich anfasse, zu Gold wird.«

Der Teufel freute sich noch viel mehr, als er dies hörte, und sagte: »Ich halte dich nicht für einen schlechten Menschen. Du sollst es haben.« Und danach verschwand er.

Der Habgierige rieb sich die Augen und rieb sie sich immer wieder. Es war ihm, als hätte er das alles im Traum gesehen.

Nach kurzer Zeit erhob er sich. Ihm war der Mund trocken geworden vor Schreck. Durstig ging er an den Wasserständer, nahm den Wasserkrug und neigte ihn, um Wasser in den Becher zu gießen. Aber Becher und Krug wurden zu Gold, sobald seine Hand sie nur berührte, und glänzten ... Und auch das Wasser wurde zu einem Klumpen Gold, als es auf seine Lippen kam.

Als er sah, daß das in Erfüllung gegangen war, was er sich gewünscht hatte, vergaß er seinen Durst und fing an, vor Freude zu tanzen und alle Dinge ringsum anzufassen. Und als er all das Gold sah, was nun rings um ihn war, wurde er rein närrisch vor Freude.

Als aber ein paar Tage vergangen waren und er merkte, daß er weder essen noch sich hinlegen konnte, und nahe daran war, vor Hunger und Durst zu sterben, da sah er ein, daß ihm der Reichtum gar nichts nützte. Er saß ganz allein und beweinte sein Schicksal.

Seine Tochter, die einzige, die er hatte, war voll Mitleid mit ihrem Vater, den sie so in Nöten sah, und eines Tages trat sie an ihn heran, um ihn zu küssen und zu streicheln. Aber kaum berührte ihre Hand sein Gesicht, so wurde sie starr, und die Frau stand, ein Klumpen festen Goldes, mitten im Haus.

Als der Habgierige sie sah, bekam er Reue und begann, Gott zu bitten, ihm seine Habsucht zu verzeihen und ihn von dem Geschenk des Teufels zu befreien, wenn er auch arm und elend werden und alles verlieren sollte, daß er nur sein Kind wieder lebend an seiner Seite hätte und einen Bissen Brot und einen Schluck Wasser zu sich nehmen könnte, um den Hunger zu stillen und den Durst zu löschen.

Als Gott seinen Jammer und seine Reue sah, verzieh er ihm, nahm ihm allen Reichtum und alles Gold und ließ ihn arm, aber zufrieden zurück.

7. Die Ratschläge des Vaters

Zu Zeiten des Schahs Iskandar lebte einmal ein Bursche, jung, aber schon mit Familie. Sein hochbetagter Vater lebte noch, seine Frau war eine Zauberin.

Eines schönen Tages begann Iskandar, ein Heer zu sammeln, und auch diesem Burschen wurde befohlen zu kommen. Er ging zu Iskandar, und dieser sprach zu ihm: »Von nun an bist du mein Soldat. Ich lasse dich noch für acht Tage gehen, aber nach acht Tagen kommst du her, und wir brechen auf ins Nachbarland, dort müssen wir kämpfen.«

Der Bursche nickte und begab sich nach Haus. Dort angekommen, dachte er die ganze Nacht bis zum Morgen nach: »Meine Frau ist eine solche Zauberin, daß mein Vater, wenn ich ihn allein ihrer Pflege überlasse, in zwei Tagen gestorben ist.«

Am Morgen wachte der Bursche auf, frühstückte nicht einmal, sondern ging zu dem Meister, der Truhen herstellte, und sagte: »Höre, Meister! Mach mir eine solche Truhe, daß in ihr ein Mensch liegen und schlafen kann und imstande ist, sich zu waschen und daß in der Truhe ein Essensvorrat für einen Menschen für einen Monat Platz findet. Ich werde dich gut dafür bezahlen.«

Der Meister war mit dem Auftrag einverstanden, fertigte eine solche Truhe und übergab sie dem Burschen. Und dieser legte, als er zu Iskandar gehen mußte, seinen Vater in die Truhe und tat außerdem einen Vorrat an Essen und Trinken hinein. Dann lud er die Truhe auf ein Kamel und ritt zu Iskandar. Zwei Tagen später sollte der Feldzug losgehen.

Einige Tage und Nächte ritten sie und kamen dann in so eine Ebene. Da befiel die Soldaten eine Krankheit, und sie legten sich einer nach dem andern auf die Erde und starben. Fast die Hälfte der Soldaten war schon gestorben, und niemand wußte, was man machen sollte. Iskandar hielt Kriegsrat ab, versammelte alle noch Lebenden um sich und sagte: »Gibt es hier keinen Menschen, der uns von diesem Übel befreien kann?« Niemand meldete sich. Da lief der Bursche heimlich zu seiner Truhe und sagte dem Vater: »Väterchen! Bei uns sterben die Soldaten, bald wird keiner mehr übrig sein, und niemand weiß, was dagegen zu tun ist.«

Der Alte antwortete aus der Truhe: »Mein Sohn, sage Iskandar, er soll sich die Fußlappen von allen Soldaten anschauen. Er wird sehen: bei einem Soldaten ist der Fußlappen linksherum angezogen. Diesen Soldaten soll er sofort aufhängen lassen, alles Übel kommt von ihm.«

Der Bursche lief zurück und sagte Iskandar: »Mächtiger Schah, befiehl, daß die Fußlappen aller Soldaten untersucht werden. Einer hat sie linksherum angezogen, man muß ihn hängen, alles kommt von ihm!«

Iskandar befahl es. Sie begannen, die Fußlappen anzuschauen: Ein Soldat hat tatsächlich die Fußlappen linksherum angezogen. Er wurde sofort gehängt, und die Krankheit verschwand. Darauf gab Iskandar den Befehl weiterzuziehen.

Einen ganzen Monat ritten sie und kamen in eine wasserlose Wüste. Durch die Wüste gingen sie noch einige Tage und Nächte lang. Die Soldaten kamen vor Durst um, und den Pferden hing die Zunge bis auf die Erde. Iskandar befahl, daß der Heereszug anhalten sollte. Er sprach zu seinen Soldaten: »Ist unter euch nicht ein kluger Mann, der Wasser findet und uns vor dem Durst bewahrt?«

Niemand antwortete. Da lief der Bursche wieder zu der Truhe und erzählte alles dem Vater. Der Vater belehrte ihn: »Söhnchen, töte ein Pferd und lege es in die Sonne. Viele Hornissen werden zu dem Kadaver fliegen. An dem Bein einer Hornisse befestige dann einen langen Faden. Die Hornisse wird essen und dann wegfliegen, und du mußt wissen: Sie wird zum Wasser fliegen. Du nimmst das andere Ende des Fadens in die Hand, setzt dich aufs Pferd und reitest dorthin, wohin die Hornisse fliegt.«

Der Bursche kehrte zurück und sieht, daß alle erschöpft dasitzen und die Köpfe hängenlassen. Er sagt: »Schah, ich werde Wasser finden.« Iskandar antwortete: »Wenn du weißt, wie man das macht, dann tue es!«

Der Bursche tötet ein Pferd und legt es in die Sonne. Und siehe da! Es dauerte gar nicht lange, da kamen die Hornissen herbeigeflogen. Der Bursche befestigte einen Faden an dem Bein einer Hornisse, faßte mit der anderen Hand an das Ende des Fadens, sprang auf sein Pferd und wartete. Die Hornisse flog los, und der Bursche ritt hinter ihr her, wobei er den Faden nicht losließ.

Die Hornisse flog und flog, flog zu einem Berg, flog an ihm hoch und ließ sich dann an einer Quelle nieder. Der Bursche trank, tränkte auch sein Pferd, kehrte danach zu Iskandar zurück und erzählte ihm davon. Die Soldaten rasten förmlich zu der Quelle und tranken, soviel sie vermochten.

Iskandar dachte und dachte nach, schließlich rief er den Burschen und sagte zu ihm: »Höre! Unter uns sind doch kluge und erfahrene Leute, aber keiner von ihnen konnte mir solche Ratschläge geben wie du. Wie hast du all diese Schwierigkeiten gelöst?«

Der Bursche antwortete: »Herr, befiehl nicht, mich zu bestrafen, ich werde alles sagen.«

»Ich befehle es nicht, rede!« Und der Bursche erzählte: »Ich habe eine schlechte Frau und einen alten Vater. Als du anfingst, das Heer zusammenzurufen, beschloß ich, meinen Vater nicht der Pflege meiner Frau anzuvertrauen. Ich ließ eine Truhe anfertigen, legte meinen Vater hinein, lud die Truhe auf ein Kamel und brachte sie mit hierher.«

Iskandar befahl, die Truhe herzubringen. Sie wurde geöffnet, und heraus kletterte ein bärtiger Alter, der Iskandar begrüßte. Dieser setzte sich neben ihn und sagte: »Wenn du dich ohne einen Alten auf den Weg machst, kann sogar Iskandar verloren sein. Wenn du mit einem weisen Mann zusammen gehst, wirst du Frieden und Sorglosigkeit finden.«

8. Die gerissene Füchsin

So war es. Es lebten als Nachbarn eine Füchsin, ein Wolf, ein Bär und ein Elen.

Eines Tages ging die Füchsin am Ufer des Meeres entlang und entdeckte plötzlich einen Fisch, den die Wogen ans Ufereis geworfen hatten. Da freute sich die Füchsin: »Oh, das wird ein Fressen für mich!« Sie nahm den Fisch zwischen die Zähne und ging weiter. Sie begegnete dem Wolf. Der Wolf fragte: »Woher kommst du mit dem Fisch, Nachbarin?« Die Füchsin antwortete: »Ich habe ihn im Meer gefangen! Ich habe mich auf eine Eisscholle gesetzt, den Schwanz ins Wasser gesteckt, die ganze Nacht gesessen, und gegen Morgen hatten sich soviel Dorsche in meinem Schwanz festgebissen, daß ich mich satt essen konnte und noch etwas übrig blieb.

Der Wolf bittet: »Gib mir!«

»Schämst du dich denn nicht zu betteln, Nachbar! Du hast so einen langen Schwanz! Du kannst viel mehr als ich fangen, wenn du dir auch die Mühe machst!« Und die Füchsin lief in die Tundra, in ihren Bau.

Dem Wolf blieb nichts anderes übrig. Er steckte seinen Schwanz ins eisige Wasser und begann zu warten. Lange saß er so da, dachte, er fange Fische. Es begann schon hell zu werden. Der Wolf wollte seinen Schwanz herausziehen, doch der Schwanz war am Eis festgefroren! Der Wolf riß sich mit aller Kraft los und riß sich dabei den Schwanz ab. Da weinte er vor Schmerzen. Er lief den Spuren der Füchsin nach. »Nun«, dachte er, »dich Betrügerin werde ich lehren!«

Die Füchsin saß aber in ihrem Bau. Der Wolf lief herbei und sprach zu ihr: »Dich werde ich gleich für deinen Betrug töten! Ich habe keinen Fisch gefangen und bin auch noch ohne Schwanz geblieben!«

Die schlaue Füchsin aber kniff ein Auge zu und sprach: »Warum willst du mich denn töten? Was habe ich dir denn getan?«

Der Wolf schrie: »Deinetwegen ist mir der Schwanz abgefroren!«

Die Füchsin antwortete: »Siehst du denn nicht, daß ich nur ein Auge habe und nicht ans Ufer gehe? Du mußt dich geirrt haben. Ich habe gestern gesehen, wie eine andere Füchsin an meinem Bau vorbeigelaufen ist. Die hat dich betrogen! Such mal lieber nach ihr!«

Der Wolf lief los, aber die Füchsin folgte seiner Spur. Der Wolf lief und lief, kam so von Kräften und fiel um – und verreckte.

Die Füchsin lief durch die Tundra, und da begegnete ihr das Elen. Das Elen fragt die Füchsin: »Weißt du vielleicht, Nachbarin, wo hier Moos wächst? In unserer Gegend gibt es zu wenig davon.«

Die Füchsin sprach: »Gehen wir auf den Berg da. Ich werde dir zeigen, wo es viel Moos gibt.«

Sie stiegen auf den Berg, und die Füchsin sprach: »Dort unten, im Tal, gibt es Moos in Hülle und Fülle! Komm, ich werde als erste hinuntersteigen, und du folgst mir.«

Die Füchsin stieg hinunter und rief dem Elen zu: »He du, Gehörnter! Geh mal zwanzig Schritte weiter nach rechts und steig da herunter! Dort geht es besser!«

Das Elen hörte auf sie und begann herunterzusteigen. Da war aber ein steiler Abhang. Das Elen verlor den Halt, fiel von der steilen Klippe herunter, stürzte ab und war tot. Die Füchsin freute sich: »Wieviel Fleisch, wieviel Fett, nun ist mein Feiertag gekommen! Der gehörnte Narr hat sich selbst in Speise verwandelt!«

Die Füchsin fraß sich an dem frischen Fleisch satt. Die Füchsin nahm die Eingeweide des Elen mit und ging weiter durch die Tundra.

Da kam ihr der braune Bär entgegen. Als er sie gewahrte, bat er sie: »Oh, Nachbarin, bewirt mich mit dem Eingeweide!«

»Das sind die Eingeweide, die ich mir selbst herausgezogen habe. Wenn du willst, kannst du das gleiche machen!«

»Das tut doch weh!«

Darauf sprach die Füchsin: »Nun, ich werde dir helfen. Nimm dich nur einen Augenblick zusammen!«

»Na los, dann fang an!« sprach der Bär.

Die Füchsin schlitzte dem Bären den Bauch auf und begann, ihm die

Gedärme herauszuziehen. Der Bär jammerte: »Oh, ich kann nicht, oh, es tut weh!«

Die Füchsin freute sich und sprach: »Ach, du tapsiger Bär, nun habe ich dich erledigt!«

Der Bär verreckte, und die Füchsin hatte sich für den ganzen Winter mit Fleisch und Fett eingedeckt.

9. Die Tiere gehen zur Beichte

Es war einmal eine Frau, die hatte eine Katze. Die Frau sammelte Milch und sammelte so lange, bis sie einen großen Topf gefüllt hatte. Die Katze kam und stieß den Topf um mitsamt der Milch.

»Ich Ärmste«, jammerte die Katze, »was soll ich nun anfangen, wie soll ich Verzeihung erlangen für diese Sünde? Was wird da andres helfen, ich will gehn, meine Sünden wiedergutzumachen!«

Die Katze ging fort, um zu beichten, und geriet in den Wald; da kam ihr der Hase entgegen, der wünschte ihr einen guten Tag: »Sei gegrüßt, Gevatterin, wohin gehst du?«

»Sei selbst auch gegrüßt! Wohin ich geh? Ich lebte bei einer Frau, die Frau sammelte Milch, füllte einen ganzen Topf, ich Ärmste stieß ihn um, und nun gehe ich zur Beichte.«

»Ah, zur Beichte! Dann laß mich auch mitgehn!«

»Was hast du denn verbrochen?«

»Ich räumte im Hafer eines Wirtes auf; ein Hahn kann da jetzt dem andern zujodeln!«

»In diesem Falle komm nur mit!« Sie gingen und gingen, da begegnete ihnen der Fuchs: »Seid gegrüßt, Katze und Hase, wohin eilt ihr?«

»Zur Beichte eilen wir!«

»Wirklich zur Beichte! Was bedrückt denn euch das Herz?«

»Ich stieß meiner Hausfrau die Milch um!«

»Ich fraß einem Wirt den Hafer weg.«

»Oh, Gevatterchen, laßt mich auch mitgehn! Mein Herz ist mir auch schwer, ich traf auf eine große Herde Gänse und biß allen den Hals durch!«

»Komm nur mit!« Da gingen sie nun zu dreien, sie gingen und gingen; da kam ihnen der Wolf entgegen:

»Wünsche einen guten Tag, Gevatterchen, wohin geht ihr so zu dreien?«

»Wir gehn zur Beichte, haben viel verbrochen. Ich stieß meiner Hausfrau die Milch um.«

»Ich fraß einem Wirt den Hafer weg.«

»Ich biß Gänsen den Hals durch.«

»Dann laßt mich auch mitgehn; es war eine prächtige Kuh, die riß ich nieder.«

Sie gingen nun zu vieren, da kam ihnen der Bär entgegen; der wollte auch mit: »Es war ein herrlicher Hengst, dem habe ich den Garaus gemacht.« Da gingen sie nun alle und kamen zu einem großen tiefen Grabe, und über das Grab hinweg lag eine Stange. Die Katze sagte: »Wer auf der Stange über das Grab kommt, der hat seine Sünden gutgemacht.«

Die Katze machte selbst den Anfang und war hinüber wie der Wind. Der Hase ihr nach, fiel aber in das Grab. Dann schritt der Fuchs hinüber: bis zur Hälfte kam er, da glitt er hinein. Der Wolf kletterte auf die Stange: er schlug mal mit dem Schwanz, da lag er schon drin. Der Bär versuchte auch sein Glück, doch hatte er kaum die Vordertatzen auf der Stange, da war er schon auf die anderen gefallen mitsamt der Stange.

So lebten sie nun einige Zeit im Grabe, da fing der Hunger an, sie zu plagen. Was nun beginnen? Der Fuchs half aus der Verlegenheit: »Wir wollen singen! Wer die leiseste Stimme hat, den fressen wir auf.«

Prächtig! Sie fingen an zu singen: Der Bär brüllte so auf, daß der Sand von den Wänden rieselte, der Wolf heulte, daß die anderen taub wurden; was konnte neben ihnen der Hase mit seinem Gepiepse! Der Hase wurde verspeist. Der Fuchs hatte überhaupt den Mund nicht aufgetan, er hörte zu und gab das Urteil ab, wie die Stimmen der andern geklungen hatten. Mit dieser Nahrung lebten sie einige Tage, da stellte sich wieder das alte Übel ein: der Hunger. Sie fingen wiederum an zu singen. Der Bär brummte wohl so, daß der Boden erzitterte, doch die Stimme des Wolfes ist schriller: der Bär wurde verspeist. Der Fuchs, das schlaue Tier, fraß, soviel er nur konnte, außerdem stopfte er noch von des Bären Eingeweide unter seinen Sitz.

So lebten sie wiederum einige Tage, da fing der Wolf an zu jammern: »Füchschen, Gevatterchen, der Magen knurrt, ich möchte was zum Fressen!«

»Wie soll ich dir helfen, ich selbst fresse schon meine eigenen Eingeweide!« Mit diesen Worten holte er unter seinem Sitz des Bären Darm heraus und verspeiste ein Stückchen.

»Füchschen, Brüderchen, laß mich auch davon schmecken!«

»Meinetwegen, Onkelchen, ich geb dir vom eignen Körper, das wirst du mir nicht vergessen!« Der Fuchs gab dem Wolf ein Endchen vom Darme, und jene verschlang es gierig – der Fuchs wollte nichts mehr geben und sagte: »Nimm von den Deinigen!«

Der Wolf hatte an der Speise Geschmack gefunden; er fing an, die eigenen Gedärme herauszureißen, und endete auf der Stelle. Der Fuchs blieb allein nach und verspeiste den Wolf; er saß und saß; wie lange aber willst du ohne Essen sitzen! Was nun anfangen?

Da sah der Fuchs: ein Star hüpfte am Rande des Grabes; er fing an, dem Star zu drohen: »Hör einmal, Star! Sieh zu, daß du mich aus dem Grabe schaffst, sonst freß ich deine Jungen bis auf das letzte!«

»Aber wie soll ich dich herausschaffen?«

»Hol Ästlein, wirf Reisig!« Der Star schleppte und schleppte, daß ihm die Augen quollen, bis das Grab gefüllt war und der Fuchs hinauskonnte. »Hör du, Star, gib mir was zu fressen, sonst freß ich deine Jungen!«

»Wo soll ich was hernehmen?«

»Sieh, da geht eine Mutter mit ihrem Sohn zur Taufe, die trägt in einer Schale Kuchen. Flieg ihnen um den Kopf, immer um den Kopf, dann legt die Mutter den Kuchen nieder und geht eine Rute schneiden.«

Der Star flog und flog, die Frau ging, eine Rute zu schneiden, um den Star zu jagen; unterdessen besorgte der Fuchs den Kuchen. »Hör du, Star, schaff mir zu trinken, sonst freß ich deine Jungen!«

»Wie soll ich das anfangen?«

»Sieh, da fährt ein Mann zur Hochzeit, ein Faß Bier hat er auf dem Wagen; flieg um den Zapfen des Fasses, der Mann schlägt nach dir und schlägt zugleich den Zapfen heraus.«

Der Star flog um den Zapfen, der Mann scheuchte ihn mit der Peitsche und schlug den Zapfen heraus: das Bier strömte im Bogen hervor wie nur je aus dem Spundloch; der Fuchs pumpte sich den Magen voll, nahm sich auch den Kopf voll.

»Hör du, Star, jetzt schaff mir, worüber ich lachen kann, sonst freß ich deine Jungen!«

»Aber wie soll ich das machen?«

»Sieh mal, da drischt ein Vater mit seinem Sohn; flattere um den Kopf des Vaters, nur immer um den Kopf des Vaters; der Sohn langt nach dir mit dem Dreschflegel, schlägt dabei dem Vater um die Ohren – dann hab ich zu lachen genug.«

Der Star flatterte um den Kopf des Vaters, der Sohn wollte ihn vertreiben und versetzte dabei dem Vater einen gesalzenen Hieb: der Fuchs klatschte vor Freude mit den Tatzen und lachte so, daß ihm der Magen zitterte.

»Hör du, Star, jetzt sieh zu, daß ich springen kann!«

»Aber wie soll ich das machen?«

»Wir wollen aufs Gut! Da wart ich hinter dem Zaun, du gehst hinein und rufst: »Laßt die Windhunde los, die Windhunde laßt los, der Fuchs ist hinter dem Zaun! Dann kann ich springen, soviel das Herz nur begehrt.«

Sie gingen beide aufs Gut, der Fuchs blieb hinter dem Zaun, der Star rief die Windhunde heraus. Die kamen alle mit Gesaus und Gebraus und fingen an, dem Fuchse nachzujagen; sie jagten und jagten, doch ohne Erfolg: Der Fuchs verschwand wie der Wind und rettete sich in seine Höhle. In der Höhle fragte er seine Füße: »Was tatet ihr zu meiner Rettung?«

»Wir gruben, wir gruben, damit der Fuchs davonkäme.«

»Aber ihr Hinterfüße, was tatet ihr?«

»Wir sprangen, wir sprangen, damit der Fuchs davonkäme.«

»Aber ihr Augen?«

»Wir wiesen getreulich den Weg, damit der Fuchs davonkäme.«

»Aber du, Nase, was tatest du?«

»Ich schnupperte, ich roch, damit der Fuchs in seine Höhle käme.«

»Aber ihr Ohren?«

»Wir hörten nur und hörten, woher Gefahr käme.«

»Nun, und du, Schwanz?«

»Ich schlug an die Bäume, ich zerrte am Gesträuch, damit man den Fuchs finge.«

»Aha, also das tatest du! Da hast du, Hund, friß den Schwanz auf!«

Der Fuchs steckte den Schwanzbüschel aus der Höhle, da wartete auch gerade ein Hund, der schnappte zu, fraß den Schwanz und auch den Fuchs.

10. Der Fuchs, der Bär, der Wolf und der Hase

Es war einmal, da kam der Fuchs allabends nach Petrušna vas, Hühner zu holen, wie es seine Gewohnheit ist. Darüber beklagten sich die Leute beim Jäger Mihelj. Der müsse das Tier aus dem Weg räumen.

Der Fuchs war aber ganz und gar durchtrieben, verstand auch allen Schlingen und solchen Dingen auszuweichen. Da bemerkte er einmal in Brinars Bienenhaus, daß er eine Menge Honig hatte, einen ganzen Topf voll. Und einmal traf er im Walde mit einem Bären zusammen. Der Bär grüßte ihn, er sagte ihm: »Guten Tag, Füchslein, was gibt's Neues?«

Da sagte der Fuchs: »Wie gerufen«, sagt er, »ganz für dich: Dort im Dorf beim Brinar haben sie im Bienenhaus einen ganzen Topf voll Honig. Ich bin nicht stark genug, ihn zu tragen, du aber bist ja so ein Mordskerl, wirst ihn schon tragen können.«

Der Bär sagte zu ihm: »Zeig mir nur, wo, und ich gehe sogleich.«

Und so gingen sie zum Brinarhof. Und der Fuchs trieb ihn ins Bienenhaus. Dort zeigte er ihm den Honigtopf, der Bär klemmte ihn unter den Arm, und sie machten sich wieder auf den Weg.

Unterwegs begegneten sie dem Hasen, der nur so dahergeschnauft und dahergekeucht kam, dort an den beiden vorbei. Der Bär hält ihn an: »Wohin so eilig?« sprach er ihn an.

Sagt der Hase: »Sei still, der Wolf will mich zerreißen, so hab ich mich davongemacht.«

Sagt der Bär: »Fürchte den Wolf nicht, ich gehe ja jetzt mit dir.«

»Ja«, sagte der Hase, »das ist gut, aber er wird mich verfolgen auf meiner Spur und mich greifen.«

»Fürchte dich nicht«, sagte der Bär, »solange du bei mir bist, sei ohne Sorge um dein Blut!«

Und so gingen sie weiter im Wald, der Fuchs, der Bär und der Hase.

Einige Zeit darauf holte sie der Wolf ein. Und er bemerkte dort den Hasen. Schon wollte er ihn an den Ohren packen, da aber fuhr ihn der Bär an: »Halt, laß ihn in Ruhe«, sagt er, »und geh du auch mit uns! Ich habe da einen Topf voll Honig, und den werden wir schön aufessen, da oben auf der Culka, und schön liegen auf der Sonnenseite.«

Und so gingen sie wirklich bis nach oben zusammen. Gerade schön bis Tagesanbruch kamen sie gemächlich hinauf auf Markos Heuwiese und lagen dort auf der Sonnenseite, der Bär mit dem Honig, die übrigen aber so einer beim anderen.

Als sie dort an der Sonne schliefen, öffnete der Fuchs den Topf und leckte daraus vom Honig. Als er sich satt gegessen, verschloß er den Topf und ging wieder schlafen.

Und so kam schon die Mittagszeit heran. Der Fuchs erwachte wieder und machte sich an den Honig. Er aß sich wieder ziemlich voll und legte sich in der Sonne; die anderen aber schliefen alle drei, da sie müde waren, am meisten der Bär, weil er doch so schwer zu tragen gehabt hatte.

So um zwei Uhr erwachte der Fuchs und fühlte, daß ihm Honig aus dem Hintern trieft. Flugs wischte er sich ab und beschmierte den Hasen. Nun, so schlief er noch eine Weile.

Da erwachte der Bär, weckte alle übrigen, sprach: »Jetzt werden wir Honig essen.«

Er band den Topf auf, schaute hinein, da war nur wenig noch im Topf. Er begann zu schimpfen, zuerst fragte er den Wolf. Sagt: »Wer hat den Honig verschlungen? Du bist der Allergierigste, gewiß hast du ihn verschlungen!«

Der Wolf verteidigte sich, er habe es nicht getan. Sagt: »Hast du ihn halt verputzt, du Fuchs!«

Der Fuchs sagte dem Bären: »Sieh nur, wem der Honig aus dem Hintern trieft!«

Der Bär schaute den Hasen an, der neben ihm stand, und bemerkte, daß er überall um den Hintern beschmiert war.

»Ja«, sagt er, »Hase, gerade du hast es getan!«

Der Wolf erblickte den Hasen. »Ja«, sagt er, »gerade der. Hätte ich ihn doch schon gestern zerrissen und verschlungen!«

Der Hase erschrak und sprang eilends davon, der Wolf ihm nach, schnappte nach ihm und riß ihm dabei den Schwanz ab. Und noch heutzutage ist der Hase fast schwanzlos.

11. Der Fuchs und der Wolf

Ein Fuchs ging früh auf die Jagd und traf einen Wolf; der faulenzte an der Sonne. Und der Fuchs sagte: »Du wirst heute Glück haben.« Da war der Wolf sehr fröhlich und ging auch auf die Jagd. Bald begegnete er einem Manne mit einer Bürde voll Speck und dachte: »Das Glück wäre groß! Aber man kriegt großen Durst, frißt man sich an Speck satt, und muß den ganzen Tag trinken; laß es lieber.« Weiter ging er und begegnete einer Stute mit einem Fohlen, und weil er sehr hungrig war, wollte er es auffressen. Da bat die Stute, die vor ihm ging: »Ich habe gehört, Ihr seid ein gelehrter Doktor, ich habe mir etwas in den Fuß getreten, bitte, zieht mir das heraus.« Und er schaute herunter auf den Fuß, da gab sie ihm einen Schlag, daß er auf den Rücken flog. Und der Wolf dachte: »Jetzt nichts wie weg.«

So kam er weiter zu einer Mühle. Da fand er eine Sau mit Ferkeln, und weil er so hungrig war, wollte er sie nacheinander verschlingen. Da bat ihn die Sau so herzerbarmend, er möcht ihr noch etwas Zeit lassen, und sie nutzte die Galgenfrist, wühlte sich durch und lief mit den Ferkeln weg. Dachte der Wolf: »Hast wieder nichts«, und ging weiter und sah zwei Ziegen, die stritten sich um ein Stück Feld. Und sie boten ihm große Ehre an und sprachen: »Ihr seid ein großer Rechtsanwalt, möchtet Ihr nicht unsere Sache aburteilen?« Da stellte der Wolf beide Ziegen, jede an einem anderen Ende des Feldes, auf und sagte: »Welche zuerst bei mir ist, der gehört das Feld.« Beim Auseinandergehen aber verabredeten beide Ziegen: »Wir machen es so, daß wir beide zugleich zusammenstoßen.« Da blieb der Wolf ohne Atem liegen, und die Ziegen liefen weg und waren wieder fröhlich. Mit hungrigem Magen dachte er: »Jetzt gehst du weiter, ins Dorf.«

Da waren Schafe im Garten; die waren gerade von der Hütung gekommen und blökten lustig, und er wollte schon eins mit seinen großen Augen auffressen. Da bat das Schaf: »Besinnt Euch doch erst, welches von uns Ihr fressen wollt. Und dann, bitte, singt doch erst das Todesurteil. Der alte Singekantor ist gestorben, und Ihr seid vielleicht auch ein guter Kantor. Seid so gut und stimmt an.« Und der Wolf fing an zu blöken, und die Schafe blökten ihm nach. Das hörten die Drescher in der Scheune, liefen mit den Dreschflegeln herbei und schlugen auf den hungrigen Wolf ein. Auch die Dienstmagd mit der Mistgabel kam hinterher, und bunt und zerkratzt rannte der Wolf nach dem Walde. Da legte er sich an einen Baum, etwas auszuruhen, und schlief ein.

Aber bald weckte ihn der Fuchs und fragte: »Was ist mit dir?«, und der Wolf erzählte alles. Und der Fuchs sagte weiter: »Ich wüßte einen Brunnen, darinnen ist Schlippermilch (dicke Milch). Da könntest du deinen Hunger stillen.« Unten im Brunnen war nämlich weißer Sand zu sehen, und der sah aus wie Schlippermilch. Da trank der Wolf in einem fort aus dem Brunnen, und immer noch war die Schlippermilch unten, und weil er so viel Wasser getrunken, wurde ihm sehr kalt. Dann sagte der Fuchs: »Nun gehen wir nach der Spinnstube ins Dorf, zu den jungen Mädels. Der Bauer hat heute Schweine geschlachtet, sei so klug und spritz gleich dein Wasser auf die Mädels aus; ich gehe inzwischen in die Wurstkammer.« Unterdessen bekam der Wolf furchtbare Hiebe. Und der Fuchs fraß sich satt an der Wurst und stöhnte sehr und kriegte auch Hiebe. Weil aber die Stöcke entzweibrachen, schlugen sie ihn nur mit den Spindeln.

Nun gingen beide weiter, der Fuchs vor dem Wolfe. Des Weges vor ihnen fuhr ein Fuhrmann, der hatte eine Tonne Heringe auf dem Wagen und ging vorn beim Pferde. Da hob der Fuchs den Deckel von der Tonne auf und warf sich etliche Heringe heraus. Dann fing er an sie zu essen und verzehrte sie bis auf den letzten. Mittlerweile holte ihn der Wolf ein und fragte: »Was frißt du?« Sagte der Fuchs: »Heringe, vorn im Bache habe ich mir etliche gefangen; da gibt es Heringe genug.«

»Vorwärts, da gehen wir hin«, sagte der Wolf, der Fuchs aber sagte: »Ich bin sehr müde, du kannst mich über die Brücke tragen.« Und wie der Wolf ihn trug, sagte der Fuchs immer bei sich: »Der Geschlagene trägt den Ungeschlagenen; der Geschlagene trägt den Ungeschlagenen.«

»Was quasselst du?« fragte der Wolf, und der Fuchs sagte: »Ich weiß nicht, was ich vor Schmerz rede.« Da wurde der Wolf ärgerlich und warf den Fuchs vom Buckel ins Wasser. »Wart«, dachte der Fuchs, »jetzt werde ich dir's erst recht heimzahlen.«

In der folgenden Nacht nun fror es über dreißig Grad. Da kam der Wolf am Morgen wieder zum Fuchs und fragte: »Wo hattest du gestern die Heringe eigentlich her?« Meinte der Fuchs: »Da, wo wir gestern über den Bach gegangen sind, gleich am Ufer, da tu ich immer den Schwanz ins Wasser hineintunken, viele Fische hängen allemal daran.« Dann fragte der Wolf: »Wie lange soll ich denn den Schwanz ins Wasser halten?«

»Ich werde es dir schon sagen«, sagte der Fuchs. Als nun der Wolf den Schwanz eine Weile ins Wasser gehalten hatte, fragte er: »Wie lange soll ich ihn noch ins Wasser halten? Mich beißen die Fische schon fürchterlich.« Da sagte der Fuchs: »So lange, bis er recht schwer wird.«

Aber tüchtig hat es gefroren, und so war der Schwanz bald mit eingefroren. Und wenn er nicht losgekommen ist, muß der Wolf noch heute ohne Schwanz umherlaufen, steckt er aber noch im Eise, so hängt er auch noch heute daran.

12. Der Hund und die Katze

Der Hund und die Katze wollten dem Hausherrn nicht anders dienen als um Fleischkost. Der Hausherr war freilich zuerst dagegen, als er aber schließlich einsah, daß der Handel sonst nicht zustande kommen werde, gab er nach und unterzeichnete mit ihnen einen Vertrag, worin er sich verpflichtete, dem Hunde und der Katze einmal täglich Fleisch zu geben. Die Katze nahm den Vertrag an sich, brachte ihn in den Dachraum und band ihn dort an einen Querbalken.

Die Mäuse fanden den Kontrakt und zerknabberten ihn in lauter kleine Stückchen. Nachher, als der Hund und die Katze zum Hausherrn gingen, um von ihm das versprochene Fleisch zu verlangen, da wünschte er den Vertrag einzusehen; weil aber weder der Hund noch die Katze ihn vorzeigen konnten, ließ sie der Hausherr das Fleisch nicht einmal riechen.

Schließlich entbrannte zwischen dem Hund und der Katze ein Streit. Der Hund verlangte, die Katze solle den Vertrag herbeischaffen, denn ohne das hatten sie auch nicht einen Mundvoll Fleisch zu erhoffen. Weil aber die Katze den Vertrag auf keine Weise herbeischaffen konnte, so wurde seit jenem Tage der Hund zum schlimmsten Feind der Katze. Da nun die Katze trotz ihres Mutes dem Hunde nichts anhaben konnte, so begann sie die Mäuse zu verfolgen, weil sie den Vertrag zerrissen hatten.

13. Der Panther, der Wolf, der Fuchs und das Kamel

Lang, lang ist es her, da lebten vier Brüder: ein Panther, ein Wolf, ein Fuchs und ein Kamel. Der Winter zog sich hinaus. Die Vorräte schmolzen zusammen. Die Brüder mußten hungern. Eines Tages sprach nun der Fuchs:

»Wir haben nichts zu essen, unsere Kräfte schwinden. Bald werden wir alle tot sein. Damit wir nicht des Hungers sterben, müssen wir jemanden auffressen.«

Der Panther und der Wolf sprachen: »Richtig. Wir fressen dich.«

»Nein, wenn ihr mich freßt, habt ihr wenig davon. Was für Fleisch habe ich denn? Davon wird keiner satt. Wenn wir aber das Kamel fressen, wird es uns allen reichen, wir werden alle satt.«

»Nun«, sprach das Kamel, »wenn das zu eurer Rettung beiträgt, dann freßt mich.«

Sie rissen das Kamel. Der Panther nahm einen Strick und ging Holz holen. Und der Wolf und der Fuchs begannen, das Kamel abzuhäuten und auszuweiden. Als sich ihre Arbeit dem Ende näherte, schnappte sich der Fuchs ein fettes Stück Pansen und begann, es schnell herunterzuschlingen.

»Was machst du da?« schrie der Wolf. »Der Panther wird doch zurückkommen und sehen, daß ein Stück fehlt. Dann wird es dir schlecht ergehen!«

»Hör zu, Wolf, das Kamel war doch dumm. Und die Dummen haben keine Pansen. So sagen wir es auch dem Panther.«

Der Wolf dachte nach: »Unser Kamel war in der Tat dumm. Und woher soll denn so ein Narr fette Pansen haben?«

Der Fuchs frißt aber schon das Fett aus dem Innern. Sprach wiederum der Wolf: »Was machst du da, Fuchs? Der Panther wird kommen, und dann fragt er: ›Wo ist das Fett aus dem Innern?‹«

»Ach, wie begriffsstutzig du doch bist, Wolf! Das Kamel war doch dumm. Und gibt es etwa bei Dummköpfen inneres Fett? So sagen wir es dem Panther.«

Der Wolf überlegte: »Er hat recht, haben denn Dummköpfe Fett im Innern? Wahrscheinlich haben sie keines. Der Fuchs weiß ja alles.«

Der Fuchs frißt aber schon den Cagan Machan.

»Was machst du denn da, Fuchs, du wirst dich und mich ins Verderben stürzen!« schrie der Wolf.

Der Fuchs antwortete aber: »Mach dir nur keine Sorgen. Ich werde alles in Ordnung bringen. Wenn der Panther dich fragt, wo der Cagan Machan ist, dann sag kein Wort, sondern zeig mit dem Kopf auf mich, und ich weiß schon, was ich ihm antworten werde.«

Der Panther erschien wieder.

»Nun, wie sieht es bei euch aus? Alles in Ordnung? Alles an Ort und Stelle?«

»Alles in Ordnung«, antwortete der Wolf.

Der Panther begann, alles zu untersuchen. »Und wo ist der fette Teil der Pansen?«

Der Fuchs antwortete: »Unser Kamel war doch dumm. Und Dummköpfe haben keinen fetten Pansenteil.«

»Ja-a, ich habe davon nichts gehört, aber es kann sein, daß es so ist«, dachte der Panther.

»Und wo ist das innere Fett?« fragte er drohend.

»Ach, Panther, du bist der Klügste der Klügsten und urteilst doch wie ein Kind. Das Kamel war doch dumm, und haben Dummköpfe etwa inneres Fett?«

Der Panther begann zu überlegen. Er überlegte hin und her und entschied: »Wahrscheinlich hat der Fuchs recht. Dummköpfe haben kein Fett im Innern.«

»Nun, und wo ist der Cagan Machan?«

Alle schwiegen. Der Panther warf einen Blick auf den Wolf, der aber wies mit dem Kopf auf den Fuchs. Der Fuchs sprach: »Ach, Panther, Klügster unter den Klügsten, siehst du, wie der Wolf dich betrügt? Hat den Cagan Machan aufgefressen und zeigt mit dem Kopf auf mich!«

Der Panther stürzte sich auf den Wolf. Der Wolf nahm Reißaus. Der Fuchs begann aber, während sie fort waren, das Fleisch in eine Grube zu schleifen. Er schleppte das ganze Fleisch dorthin und schüttete es mit Erde zu.

Der Panther holte den Wolf ein, tötete ihn und lief zurück.

»Wo ist denn das Fleisch?«

»Ach, Panther, was hier alles geschehen ist, kann man einfach nicht beschreiben. Das Kamel ist wieder lebendig geworden und hat gesagt: ›Wenn wir uns im Winter gegenseitig auffressen, was wird dann im Frühling sein?‹ Es war sehr böse. Es sagte: ›Ich werde mich vor euch in die Erde verkriechen, damit ich euch nicht sehe.‹ Und es hat sich in die Erde verkrochen. Sieh mal, sein Schwanz sieht dort heraus.« Und der Fuchs wies auf einen dünnen Baumstumpf.

Der Panther packte dieses Baumstümpfchen und begann, aus vollen Kräften zu ziehen. Doch er konnte ihn nicht herausziehen. Vor Anspannung platzte ihm die Hauptader, und er verreckte. Nun begann der Fuchs in aller Ruhe, das schmackhafte Kamelfleisch zu fressen.

14. Fuchs und Wolf

Es kam einmal ein Wolf zum Fuchse und klagte über unerträglichen Hunger. »Oh«, sagte der Fuchs, »dir ist leicht zu helfen, aber du mußt schlau sein!«

»Das will ich auch«, wimmerte der Wolf. »Hilf mir nur, daß ich nicht verhungere.«

Und der Fuchs führte ihn zu einer Hütte, in der die Hirten ihre Käsevorräte verwahrten. Durch eine schmale Öffnung gelangten sie hinein. Der Wolf stürzte sich gierig auf den Käseberg und fraß mit einem wahren Wolfshunger. Der Fuchs dagegen war bedächtig und maß zuweilen mit den listigen Augen die Weite des Ausgangs und den Umfang seines Bauches.

So mochten sie sich wohl eine halbe Stunde an dem leckeren Mahle gelabt haben, als plötzlich die Tür geöffnet wurde und ein Hirt hereintrat.

Der Fuchs saß gerade mit der Schnauze so tief in einer Käseform aus rotem Ton, daß diese bei seinem hastigen Aufspringen ihm auf dem Hinterkopfe hängenblieb. Eiligst entschlüpfte er durch die Öffnung, wobei die rote Form infolge eines heftigen Stoßes gegen die Mauer in der Mitte einen großen Riß bekam.

Der Wolf aber vermochte ihm nicht zu folgen, weil sein Bauch von dem vielen Käse, den er darin aufzustapeln für gut befunden hatte, so angeschwollen war, daß er in dem engen Loche steckenblieb.

»Da habe ich den Käsedieb!« rief der Hirt, einen dicken Knüttel ergreifend, und bald sausten derbe Hiebe auf das Hinterteil des armen Gefangenen nieder, bis es diesem endlich gelang, mit der Kraft der Verzweiflung seinen dicken Bauch durch die schmale Öffnung hindurchzuquetschen. Zerschlagen und zerschunden schleppte er sich unter großen Schmerzen mühsam vorwärts. Nach einer qualvollen Stunde fand er den Fuchs am Waldrande liegend und machte ihm die bittersten Vorwürfe, daß er ihn in eine solche Falle gelockt habe.

Der aber spielte die gekränkte Unschuld und sagte: »Habe ich dir nicht gesagt, du müßtest schlau sein? Ich habe beim Fressen immer den Umfang meines Bauches mit der Weite der Öffnung verglichen, und so konnte ich leicht entwischen. Warum hast du das nicht auch getan?«

Der Wolf erinnerte sich einer alten Familienüberlieferung, die ihm seine Großmutter oft erzählt hatte, wonach in einem ähnlichen Falle einer seiner Ahnen von einem ebenso niederträchtigen Fuchse ganz dieselbe Antwort empfangen haben sollte. Schon als ganz kleines Wölfchen hatte er oft bedauert, daß sein Vorfahr den Frechen nicht gestraft hatte, der zu dem Schaden nachher noch den Spott hinzuzufügen sich nicht schämte. Er wollte es anders machen und war bereits im Begriff, seinen Ahn und sich zugleich zu rächen, als er den zerspaltenen Schädel – denn dafür hielt er die zerbrochene rote Käseform – und die schmerzverzerrten Züge des Fuchses bemerkte. Da wich sein Zorn dem Mitleid, und dieses wurde bei den jämmerlichen Klagetönen des Unglücklichen immer größer. So sah er von der Züchtigung des nach seiner Meinung bereits genügend Gestraften ab, sprach ihm sein herzliches Beileid aus und fragte freundlich, ob kein Wasser in der Nähe sei. Denn nach der überreichlichen Käsemahlzeit hatte sich ein brennender Durst bei ihm eingestellt.

»Ja«, antwortete der Listige mit weinerlicher Stimme, »eine halbe Stunde von hier ist kühles, klares Wasser in Fülle. Aber ich bin so elend und matt, daß ich keine fünf Schritte mehr gehen kann.«

»So trage ich dich«, entgegnete der Durstgeplagte, nahm den Schelm auf den schmerzenden Rücken und humpelte in der von dem Taugenichts angegebenen Richtung den Berg hinauf.

Im Selbstgespräch murmelte der Fuchs, der sich vor Vergnügen nicht zu lassen wußte:

»Ricke racke rick rack ranke
Den Gesunden trägt der Kranke.«

»Wie beliebt?« fragte der Wolf.

»Ich bete für dich und dann für mich«, erwiderte der Nichtsnutz.

Der Wolf war tief gerührt und bereute, so ergrimmt gegen diese gute Seele gewesen zu sein.

Endlich erreichten sie eine Zisterne, einen ausgemauerten Behälter, in dem die Südländer das Regenwasser auffangen. Da aber wochenlang Dürre geherrscht hatte, war nur wenig Wasser darin. Vergeblich streckte der Wolf die Schnauze hinunter, und sooft er auch mit vorhängender Zunge auf der Zisternenmauer herumlief, sein Durst wurde dadurch nicht geringer, quälte ihn im Gegenteil beim Anblick des unerreichbaren Wassers noch mehr. Hilfesuchend sah er den kranken Fuchs an.

Der wußte denn auch Rat. »Erst faßt du mich mit den Zähnen am

Schwanze«, schlug er vor, »hältst mich in den Brunnen hinunter und läßt mich saufen, bis ich rufe, und dann mache ich es ebenso mit dir.«

Das gefiel dem Wolfe sehr. Hastig biß er in den prächtigen Fuchsschwanz, hielt seinen arglistigen Reiter in die Zisterne hinunter und zog ihn auf das gegebene Zeichen hin wieder auf den Brunnenrand hinauf.

Ebenso schnell erwiderte der Fuchs den empfangenen Liebesdienst. Als aber sein Reittier endlich den Durst gelöscht hatte und der Verabredung gemäß »Auf!« rief, öffnete der Falsche das Maul und höhnte: »Ich mache es ja schon auf!«

Der Wolfsschwanz entglitt seinen Zähnen, und der Wolf fiel ins Wasser und ertrank, ein Opfer blinden Vertrauens zu einem Fuchs.

15. Der Haushalt von Fuchs und Bär

Der Bär und der Fuchs hatten sich einmal zusammen ein Viertel Butter gekauft, das wollten sie zu Weihnachten haben und verwahrten es daher unter einem dicken Tannenbusch. Darauf gingen sie fort und legten sich auf einem Hügel in der Sonne schlafen. Als sie eine Weile gelegen hatten, sprang der Fuchs auf und rief: »Ja!« und damit lief er geradewegs zu dem Butterviertel, wovon er gut den dritten Teil auffraß. Als er aber zurückkam und der Bär ihn fragte, wo er gewesen sei, daß er so fett ums Maul wäre, sagte er: »Meinst du denn nicht, ich sei zu Gevatter gebeten, du?«

»Na so!« sagte der Bär. »Wie hieß denn das Kind?«

»Angefangen«, sagte der Fuchs.

Damit legten sie sich wieder schlafen. Nach einer Weile sprang der Fuchs abermals auf und rief: »Ja!« und lief wieder zu dem Butterviertel. Als er zurückkam und der Bär ihn fragte, wo er gewesen sei, antwortete er: »Ach, wurde ich denn nicht wieder zu Gevatter gebeten, du?«

»Wie hieß jetzt das Kind?« fragte der Bär. »Halbverzehrt«, antwortete der Fuchs.

Der Bär meinte, das wär ein hübscher Name; aber es dauerte nicht lange, so fing er wieder an zu gähnen und schlief ein. Als er nun ein Weilchen gelegen hatte, ging es wieder ebenso, wie die beiden vorigen Male. Der Fuchs sprang wieder auf und rief: »Ja!«, lief zu dem Butterviertel und fraß nun auch den letzten Rest auf. Wie er zurückkam, war er wieder zur Kindtaufe gewesen, und als der Bär wissen wollte, wie das Kind hieß, antwortete er: »Den-Boden-geleckt.« Damit legten sie sich wieder zur Ruhe und schliefen beide eine gute Weile.

Danach wollten sie hingehen und sich nach ihrer Butter umsehen. Als es sich nun aber fand, daß sie rein aufgezehrt war, beschuldigte der Bär dafür den Fuchs, und der Fuchs beschuldigte wieder den Bären, und der eine behauptete immer, der andere sei bei der Butter gewesen, während er dagelegen habe und geschlafen.

»Nun«, sagte Reineke, »wir wollen's bald erfahren, wer von uns die Butter gestohlen hat; wir wollen uns jetzt wieder auf den Hügel schlafen legen, und wer dann am fettesten unten beim Schwanz ist, wenn wir aufwachen, der hat sie gestohlen.«

Ja, der Bär wollte gleich auf die Probe eingehen, und weil er bei sich selbst wußte, daß er die Butter nicht einmal gekostet hatte, legte er sich ganz ruhig auf dem Hügel schlafen. Da schlich Reineke sich aber fort nach dem Viertel und erwischte noch ein Klümpchen Butter, das in einer Ritze sitzen geblieben war; damit schlich er sich zurück zu dem Bären, bestrich ihn mit der Butter unten beim Schwanz und legte sich dann wieder schlafen, als wüßte er von nichts. Als nun beide aufwachten, hatte die Sonne die Butter geschmolzen, und da war's denn gleichwohl der Bär, der die Butter gefressen hatte.

16. Dorfmaus und Stadtmaus

Es war einmal eine Maus, die lebte in der Stadt. Als sie eines Tages über die Felder spazierenging, verlor sie den Weg und fand sich schließlich in einem Dorf. Da begegnete ihr eine andere Maus, und die fragte: »Freund, woher kommst du? Ich hab dich noch nie gesehen.«

Da antwortete die Stadtmaus: »Ich bin spazierengegangen und habe den Weg verloren. Ich wohne in der Stadt.«

Da sagte die Dorfmaus: »Mach dir keine Sorgen, ich zeig dir den Weg zurück in die Stadt. Aber jetzt ist's spät, und die Nacht kannst du bei mir bleiben.«

Da sagte die Stadtmaus: »Gut«, und die Dorfmaus nahm ihren Gast mit und ging zu ihrem Loch, das sich hinter der Wiese befand.

Als es Morgen wurde, traten die beiden aus dem Mäuseloch. Und dann lud die Dorfmaus ihren Gast zum Frühstück ein. Sie gingen auf die sattgrünen Felder, mal bissen sie in Kornähren, mal knabberten sie Maiskolben, mal rupften sie ein paar Rüben aus. Auf diese Art verging eine lange Zeit. Sie spielten auch, und als sie müde waren, legten sie sich aufs Feld, um auszuruhen.

Da sagte die Stadtmaus zur Dorfmaus: »Ach, Freund, warum lebst du hier in einem Loch wie die Ameisen unter der Erde und ernährst dich nur von einfachen Körnern? Komm mit mir in die Stadt. Ich zeig dir, was es alles bei mir zu essen gibt. In der Stadt gibt's frische Milch, Käse und süße Leckerbissen und Kuchen. Ach, es gibt so viele Sachen, daß man sich immer satt essen kann.«

Als die Dorfmaus das hörte, lief ihr das Wasser im Mund zusammen. Sie war bereit, mit in die Stadt zu gehen und all die Gottesgaben zu genießen. Da brachte die Stadtmaus die Dorfmaus mit zu sich nach Haus und bewirtete sie mit allen Leckereien, die sie hatte.

Zwei Nächte später sagte die Dorfmaus: »Ich will doch selber einmal mit dir gehen und sehen, woher du all dein Futter holst!«

Und als es Nacht wurde, da schlichen beide in ein Zimmer. Aber jedes Mal, wenn sie zu knabbern begonnen hatten, da machte etwas Geräusche. Die Tür ging auf, und jemand kam herein. Sie mußten eilends davon und sich verstecken.

Denn der Hausherr war von dem Knabbern wach geworden und ging in das Zimmer und machte Licht. Er konnte aber nichts feststellen, ging wieder raus und löschte das Licht. So verging die ganze Nacht. Weder hatten die Mäuse sich satt essen können, noch konnten sie ein Auge zutun.

Am nächsten Morgen sagte die Dorfmaus: »Lieber Freund, ich danke dir für alles, was es hier in der Stadt zu essen gab: Käse, Milch und Brot. Ich bin aber doch zufrieden mit meinem offenen Feld, meinem Mäuseloch hinter der Wiese und der frischen Luft im Dorf. Dort hab ich meinen guten Schlaf. Ich kann mich auch an einfachen Körnern satt essen.« Und machte sich auf den Weg nach Hause.

17. Die Elefantin bestellt ihr Feld

Die Elefantin hatte ihr Feld mit Erderbsen bestellt. Das Erdhörnchen kommt, gräbt sich die Keimlinge aus und frißt sie. Das macht es an mehreren Tagen so. Die Elefantin merkt, daß jemand auf ihr Feld kommt und beschließt, einmal schon früh am Morgen Wache zu halten. Dabei gelingt es ihr, das Erdhörnchen auf frischer Tat zu ertappen. Es sagt zur Elefantin: »Ihr Leute bestellt eure Felder und lebt davon! Was aber sollen wir tun? Sind eure Felder nicht gerade auch für uns da?« Darauf erwidert die Elefantin: »Das geht mich nichts an, wie du lebst. Auf jeden Fall habe ich mich bei der Feldbestellung tüchtig anstrengen müssen! Und du hast mir fast die ganze Saat zerstört! Ich weiß nicht, woher ich neue Saaterbsen nehmen soll! Das waren schon die letzten, die ich noch hatte. Und auch wenn ich noch welche bei den Leuten kriegen sollte, so ist es doch für die Aussaat zu spät; es würde nicht mehr viel bringen. Nein, du hast mir einen großen Schaden zugefügt, jetzt will ich dich töten.« Darauf sagt das Erdhörnchen: »Das ist dein gutes Recht, da ich nun ja einmal in deine Hände gefallen bin und du mit mir tun kannst, was du willst! Schließlich bin ich ja auch recht mollig geworden von deinen guten Erderbsenkeimlingen und gerade in der richtigen Verfassung, von dir aufgefressen zu werden.« Dazu sagt die Elefantin: »Wie dem auch immer sei, ich werde dich töten und nicht laufenlassen!«

Da tritt das Rebhuhn in seinem feinen Kleid auf und stößt einen Schrei aus. Rame ruft ihm zu: »Aber hör doch zu schreien auf! Es nützt doch nichts mehr! Sie hat mich nun einmal gefangen, da ist nichts mehr zu machen! Du wirst der letzte bleiben, für den ich so ein schönes Kleid gemalt habe. Nach mir wird es keinen Maler wie mich mehr geben.« Die Elefantin hört sich das an, sagt aber nichts dazu.

Nun kommt das Perlhuhn vorbei. Als es Schreie ausstößt, fragt es das Erdhörnchen: »Wozu stößt du denn Schreie aus? Das nützt nun doch nichts mehr. Man hat mich eben gefangen, und ich sitze fest. Wenn du schreist, dann verschwendest du nur deine Kräfte; laß es deswegen gleich sein! Du gehörst auf jeden Fall zur letzten Generation deiner Gattung, denn nach mir wird es keinen solchen Maler wie mich mehr geben, der deinesgleichen das schöne Kleid malen könnte!« Die Elefantin hat die ganze Zeit zugehört und richtet nun eine Frage an Rame: »Hast du denn dem Perlhuhn das schöne Kleid gemalt?«

»Ja, natürlich, wer denn? All die Tiere, deren Federkleid oder Fell eine schöne Zeichnung tragen, verdanken das mir.«

Jetzt kommen noch viele dieser Tiere mit einer besonderen Zeichnung in ihrem Federkleid oder Fell vorbei, und jedes Mal ruft ihnen nun die Elefantin zu: »Ihr seid die letzten eurer Gattung, der Maler, der eure Kleider und Felle gemalt hat, geht seinem Ende entgegen!« Schließlich kommt auch der Panther vorbei und brüllt. Da ruft ihm Rame zu: »Meringe, du bist wirklich der Schönste! Alle Welt bewundert deine Zeichnung; nur noch die vom Erdhörnchen und die der Gumsa-Gazelle können sich mit deiner vergleichen! Alle anderen Tiere, denen ich ihr Kleid gemalt habe, sind hier schon vorbeigekommen. Sie alle und auch du, ihr werdet die letzten eurer Rasse sein! Deine Kinder werden nicht mehr sein wie du! Du kannst darüber traurig sein und auch schrecklich brüllen – es nützt nichts mehr; geh nur deiner Wege!«

Jetzt fragt die Elefantin: »Hast du wirklich auch Meringe, dem Panther, das Fell gemalt?«

»Ja, ja, das war ich, der es ihm gezeichnet hat.«

»Wie hast du denn das gemacht?« Rame erklärt es ihr und sagt: »Ich brauche dazu ein Messer, einen Saucentopf, dann eine Schale, drei kleine Steine und außerdem Holz zum Feuermachen.« Die Elefantin fragt noch einmal nach: »Das alles brauchst du?«

»Ja«, antwortet das Erdhörnchen. Die Elefantin macht sich nun auf den Weg und besorgt alles, was Rame ihr genannt hat. Sie kommt zurück und übergibt ihm alles. Rame fordert nun die Elefantin auf: »Öffne dein Afterloch!«

Jetzt schlüpft Rame durch den After in den Bauch der Elefantin, bevor er aber ganz verschwindet, verlangt er, daß die Elefantin ihm die ganzen Utensilien hineinreicht. Im Inneren macht er sich gleich daran, die Leber der Elefantin in Stücke zu schneiden. Dann macht er Feuer, füllt den Topf an mit den verschiedenen schmackhaften Innereien und setzt ihn aufs Feuer.

Nun kommt Duyu, der Hyänerich, des Weges und fragt die Elefantin: »Womit bist du denn gerade beschäftigt?«

»Mit nichts«, antwortet die Elefantin. »Aber irgend etwas ist doch los, sag doch, was du machst!« Schließlich sagt die Elefantin: »Rame ist dabei, mir für meinen Körper ein Muster zu zeichnen.« Darauf sagt Duyu entrüstet: »Was will der Rame schon zeichnen? Ich bin doch der große Maler! Und wie will er das denn anstellen, der kleine Rame?« Darauf antwortet die Elefantin: »Du kannst ja zu ihm hineingehen, er ist in meinem Bauch!« Duyu läßt sich das nicht zweimal sagen und zwängt sich ebenfalls durch das Afterloch in das Innere der Elefantin. Er tappt herum, seine Augen gewöhnen sich nur langsam an das schwache Licht, das durch einen Schlitz im Afterloch ins Innere fällt, und ruft: »Wo bist du denn, Rame?«

»Da bin ich!« Das Erdhörnchen, das mitten bei seiner Mahlzeit ist, gibt Duyu ein Stück zum Kosten ab. Duyu schmeckt es, und er sagt: »Ach, so machst du das!« Das Erdhörnchen sagt: »Sei bitte hier drinnen nicht zu grob, ich bin auch sehr vorsichtig ans Werk gegangen! Doch sag mal, warum bist du denn überhaupt hierhergekommen?« Darauf sagt Duyu: »Nun, es ist ja wohl doch normal, daß man solche Dinge gemeinsam macht; und schließlich habe ich dazu genausoviel Recht wie du!« Nun stürzt er sich auf all die großen Fleischbrocken und reißt sie an sich – budum kem budum, budum kem budum. Schließlich reißt er auch das Herz an sich – in diesem Augenblick geht die Elefantin zugrunde. Nun wird es dunkel im Bauch. Duyu sagt aber: »Das ist meine Ferse, die den Lichtspalt verdeckt.«

»Dann tu sie doch weg, damit wir was sehen können!« Duyu hebt seinen Fuß hoch, es wird aber trotzdem nicht heller. Der Schlitz ist nun ganz zu, und es ist stockdunkel geworden. Rame tastet sich an das Afterloch heran, versucht, daran herumzubohren, muß aber bald einsehen, daß er die Lage nicht ändern kann. Er sagt daher: »Da es nun mal Nacht geworden ist, ist es wohl am besten, wir legen uns schlafen.« Sie können aber doch keine Ruhe finden und unternehmen alles, um doch auf irgendeine Weise wieder nach draußen zu gelangen. So versuchen sie es unter anderem, über den Schlund in den Mund zu gelangen, doch gelingt es ihnen nicht. Sie resignieren schließlich und finden sich mit ihrem Schicksal ab.

Es ist inzwischen Abend geworden. Zu Hause bei den Elefanten fragen sich die Kinder: »Es ist schon spät, wo bleibt nur unsere Mutter? Wir gehen sie besser suchen!« Sie brechen von zu Hause auf und kommen hinaus aufs Feld; da finden sie ihre Mutter tot am Boden liegen. Der Anblick stimmt sie tieftraurig, und sie weinen bitterlich. Dann fragen sie sich, woran die Mutter wohl gestorben sein könnte. Sie können äußerlich nichts finden, was den Tod gebracht haben könnte. »Da es Nacht ist, können wir ja kaum etwas sehen. Wir wollen daher Feuer anmachen und uns hier lagern; nach Hause können wir nicht zurückkehren, wir müßten ja unsere Mutter ganz allein hier liegenlassen!« Das sagt einer von ihnen. Ein anderer stellt noch einmal Überlegungen zum Tode der Mutter an: »Merkwürdig, daß man gar keine Spuren findet! Weder ein Einstich noch Blut, das fließt, sind zu sehen. Wir müssen deshalb wohl den Körper unserer Mutter öffnen!« Der ältere Bruder stimmt ihm zu und sagt: »Du hast recht, laßt uns sie öffnen!« Sie machen sich jetzt daran, die Haut abzuziehen. Davon dringen Geräusche bis ins Innere der Elefantin, so daß sich Duyu und Rame überlegen, wo sie sich verstecken sollen. Rame schlägt vor und sagt: »Duyu, du gehst in die Galle, ich aber ziehe mich in den Magen zurück!« Duyu zögert und meint: »Ich werde wohl schlecht in die Galle passen, das ist eher ein Versteck für dich. Da ich groß bin, passe ich besser in den Magen.«

»Gut, einverstanden, dann gehe ich in die Galle und du in den Magen!« Und so geschieht es.

Die Elefantenkinder schneiden jetzt den Leib ihrer Mutter auf. Im Bauch finden sie Rames Feuerstelle und wundern sich sehr darüber: »Wer hat das nur hier hereingebracht?« Der andere drückt ebenfalls seine Verwunderung aus und sagt: »Sogar wenn es ein Gott gewesen ist, bleibt so etwas äußerst merkwürdig!« Nun ruft ein anderer: »Reißt erst einmal die Galle heraus!« In dem Augenblick, da sie die Galle losreißen und sie im weiten Bogen wegwerfen, springt Rame mit einem Satz heraus und fängt sogleich an, sich laut schreiend zu beklagen: »Nun bin ich doch selbst auch gekommen, eure Mutter zu suchen, bin hier und dort auf der Suche gewesen, und wie ich nun gerade zu euch stoßen will, was tut ihr da? Ihr werft mir die Galle eurer Mutter mit all dem Blut an den Kopf und besudelt mich so sehr, daß ich gar nicht mehr aus den Augen schauen kann! Und das alles noch, bevor ich euch überhaupt begrüßen konnte!« Die Elefanten bedauern ihn und sagen: »Wir haben dich leider nicht gesehen; wir werden gleich Wasser holen und dich abwaschen.« Bald darauf haben sie Wasser herbeigeholt und beginnen, ihn abzuwaschen. Doch Rame schimpft und jammert weiter: »O weh, meine Augen, die werden noch blind, so habt ihr sie mir zugerichtet! Am Ende bringt ihr mich noch um! Und das alles wegen eurer Mutter!« Schließlich aber kommen sie zum Ende, sie schütten noch einmal viel Wasser über ihn – gopec gopec gopec.

Nun ist Rame zufrieden, dann sagt er: »Es ist richtig, daß ihr eure Mutter in Stücke zerschneidet, doch vor allem müßt ihr jetzt erst einmal das Orakel befragen, um zu erfahren, wer eure Mutter getötet hat!« Die Elefantenkinder stimmen ihm zu und gehen gleich daran, die Vorbereitungen zu treffen; Rame erbietet sich, das Orakel zu befragen. Er geht an eine Stelle, wo die Erde locker ist, macht seine Zeichen in die Erde und fängt nun auch schon an, das, was er sieht, vor sich hinzumurmeln:

»Durbu-durbul,
durbu-durbul ...

eure Mutter, ich glaube, ihre Krankheit, an der sie gestorben ist, sitzt im Magen ...

Durbu-durbul,
durbu-durbul.«

Der Hyänerich hört die Stimme des Erdhörnchens und flüstert ihm aus dem Magen leise zu: »Wir gehören doch auf jeden Fall zusammen, oder etwa nicht?« Rame antwortet ihm aber nicht, sondern versichert den Kindern der Elefantin: »Also ihr könnt es mir glauben, die Krankheit eurer Mutter hat ihren Sitz im Magen! Folgendes müßt ihr jetzt sofort tun: Geht hin, schneidet sieben Stöcke und flechtet sieben Strikke aus je sieben Palmfaserbündeln!« Sie entfernen sich und schaffen herbei, was ihnen Rame befohlen hat. Dann sagt Rame: »Fesselt zuerst den Magen mit den Stricken!« Das tun sie auch und legen den gefesselten Magen auf den Boden. Auf seinen Befehl hin fangen sie jetzt an, mit den Stöcken auf den Magen einzuschlagen. Sie verprügeln ihn eine ganze Zeit lang, schließlich hält es Duyu nicht mehr aus und bricht mit aller Gewalt – puruk – aus dem gefesselten Magen hervor. Die Elefantenkinder sind ganz verdutzt und rufen aus: »Du also hast unsere Mutter getötet!« Duyu aber verteidigt sich und sagt: »Ich nicht allein, Rame war auch dabei!« Sie sagen aber: »Wie denn? Der ist doch mit uns zusammen gekommen! Wie kann er dann unsere Mutter getötet haben? Er hat überall unsere Mutter gesucht, bis er schließlich zu uns gestoßen ist. Und in diesem Augenblick hatten wir das Pech, daß wir ihm die Galle an den Kopf geschleudert haben; wir haben ihn dann aber wieder reingewaschen! Wenn er etwas damit zu schaffen hätte, hätten wir ihn doch auch darin zusammen mit dir gefunden!« Darauf sagt Duyu: »Als ihr die Galle herausgeholt habt, war er darin!« Nun schaltet sich Rame ein und sagt: »Schweigt jetzt alle! Wir wollen gleich noch einen Test durchführen: Laßt uns die Leber rösten und dann essen! Der, dem sie im Halse steckenbleibt, hat eure Mutter getötet!« Sie rösten also die Leber, und beide fangen an, sie zu essen. Als Rame ein Stück Leber im Hals steckenbleibt und er sich zu räuspern beginnt, sagt er: »Seht dort, der Mond geht gerade auf!« Schnell stößt er das Stück Leber heraus und läßt es vor dem Hyänerich zu Boden fallen. Als die Elefantenkinder ihren Blick wieder vom aufgehenden Mond abwenden, sehen sie die Leber vor Duyu liegen. Sofort beginnen sie, Duyu zu verprügeln. »Es ist also wahr, daß Duyu eure Mutter umgebracht hat!« sagt Rame, das Erdhörnchen. Die jungen Elefanten sind jetzt der Meinung, daß es das beste sei, endlich nach Hause zu gehen, da könne man ja weitersehen. Sie packen die Fleischstücke zusammen und machen sich auf den Heimweg.

Am anderen Morgen verteilen sie als erstes die Hirse, damit die Leute Bier für die Begräbnisfeierlichkeiten brauen können. Ein kleiner Teil der Hirse wird zum Keimen ausgelegt; man legt Stroh darüber und besprengt das Ganze von Zeit zu Zeit; danach zerreibt man diese Hirsekeimlinge und vermischt das Mehl mit dem Mehl aus der ungekeimten Hirse; dann kocht man es über dem Feuer. Früh am Morgen brechen sie zum Grab auf und besprengen es mit dem frischgebrauten Bier. Bevor sie selbst mit Trinken anfangen, sagt der älteste Elefant: »Wem das Bier im Halse steckenbleibt, der hat unsere Mutter getötet; der andere aber, der Unschuldige, wird das Bier leicht trinken können!« Sie schenken jedem eine Kalebasse zum Trinken ein. Als Rame merkt, daß er sich verschlucken muß, sagt er schnell: »Seht mal, wie dort der Mond aufgeht – yururu yururu!« (Indem er diese Laute ausstößt, will er das Verschlucken verbergen.) Einer der Elefanten durchschaut aber seine Taktik und ruft aus: »Aha, du warst es also, der unsere Mutter getötet hat!« Er beginnt sofort, Rame durchzuprügeln. Dieser aber schreit: »Nein, nicht ich, sondern Duyu hat eure Mutter getötet!« Darauf wenden sie sich wieder Duyu zu und prügeln auf ihn ein. Dazu rufen sie: »Gott hat ihn uns in die Hände gegeben!« Und sie hauen ihn windelweich. Schließlich aber gehen sie vom Grabe nach Hause zurück und wollen nun endlich auch wieder etwas anderes tun.

Zu Hause versammeln sich alle und rufen nach mehr Bier. Man füllt ihnen die Kalebassen von neuem. Nun will man wissen, ob das Bier auch wirklich aus dem Dingile-Topf ist. »Ja, ja, es kommt aus dem Dingile-Topf.« Ein anderer ruft: »Jeder stellt seine Kalebasse jetzt vor sich auf den Boden! Der, dessen Kalebasse zerbricht, ist der Schuldige!« Als Rame sieht, daß seine Kalebasse sich spaltet, stößt er wieder seine Triller aus: »yururu!« und ruft: »Wie weit ist denn der Mond schon? Wieviel Tage ist er denn schon alt?« Alles blickt zum Himmel, da vertauscht er schnell seine eigene Kalebasse mit der des Duyu. »Seht doch her, seht doch, seht doch, die Kalebasse des Duyu hat sich gespalten!«

Wieder machen sich alle über Duyu her und prügeln ihn windelweich durch. »Es ist jetzt klar: Du hast unsere Mutter getötet!« Duyu antwortet aber: »Nein, es ist Rame, der sie getötet hat. Ihr habt ihn nur versehentlich mit der Galle herausgerissen und weggeworfen!«

»Aber nein, du warst es, die gespaltene Kalebasse ist doch der beste Beweis dafür!« Der älteste unter den Söhnen der Elefantin hat aber nachgedacht und kommt zu dem Schluß, daß wohl doch das Erdhörnchen der Schuldige sein müsse. Das sagt er nun auch seinen Brüdern. Diese aber meinen: »Nein, nein, es war bestimmt Duyu! Wir haben mehrere Beweise dafür!« Sie können sich darüber nicht einigen, lassen aber schließlich die Sache auf sich beruhen.

Die Leute wenden sich nun wieder dem Essen zu: »Bereitet eine Fleischsauce zu!« ruft einer von ihnen. Sie füllen die Eßschalen mit Sauce und stellen sie vor die Leute hin. Auch werden die Kalebassen nochmals mit Bier gefüllt und den Leuten hingestellt. Wieder ist es Rames Schale, die sogleich einen Sprung bekommt. Er nimmt sie schnell in die Hand und fängt an zu rufen: »Seht nur, seht nur, wer da kommt! Die Hofleute des Häuptlings kommen, um an den Begräbnisfeierlichkeiten teilzunehmen. Sicherlich ist die Kunde vom Tod eurer Mutter bis zu ihnen gedrungen!« Alle Blicke wenden sich in die Richtung, in die er weist, und in diesem Moment vertauscht er flink seine Saucenschale mit der Duyus. Dann ruft er laut in die Menge: »Seht, wieder ein Beweis für die Wahrheit! Die Schale von Duyu ist gespalten! Wieso könnt ihr nur immer mich beschuldigen?« Nun gehen sie wieder auf den Hyänerich los und verprügeln ihn aus Leibeskräften – tejop tejop tejop. Duyu fällt schließlich in Ohnmacht, da lassen sie endlich von ihm ab.

Immer noch quält sie im Innersten der Zweifel darüber, wer wirklich ihre Mutter getötet hat. »Wie sollen wir nur darüber eine endgültige Sicherheit bekommen?« Da ruft Duyu dazwischen: »Es war Rame, und ich habe mich zu ihm gesellt; er hatte drinnen im Bauch seine Feuerstelle, er hat gerade gekocht, da stieß ich zu ihm; da ich nun einmal einen großen Magen habe, bin ich natürlich über all die vielen schmackhaften Dinge im Innern hergefallen und habe mich satt gegessen; ich habe also nur das Werk Rames fortgesetzt. Wie kommt ihr also dazu, nur mich allein töten zu wollen?« Darauf antworteten die Elefanten: »Für uns bist du der Schuldige, den wir in Händen haben; wenn du deinerseits Rame verurteilst, ist das deine Sache!«

18. Von dem Alten und der Alten mit dem Hahn und dem Huhn

Es war einmal eine alte Frau und ein alter Mann, die hatten einen Hahn und ein Huhn. Sie lebten lange zufrieden miteinander, aber endlich wurden sie so uneins, daß sie die Tiere teilten, und dabei bekam der Alte den Hahn, und die Alte das Huhn. Das Huhn aber war tüchtig und legte der Alten viele Eier. Da sagte einmal der Alte zu ihr: »Ei, Alte, gib mir doch ein paar Eier!« Die aber wollte ihm keine geben und sagte: »Dein Hahn kann dir ja welche legen.«

Da wurde der Alte zornig, ergriff den Hahn und schlug so lange auf ihn, bis er ihm ein Bein gebrochen, und darauf schickte er ihn fort, um ihm Eier zu holen.

Da machte sich der Hahn auf und ging und ging, bergauf, bergab.

Endlich traf er auf einen Fuchs, der fragte ihn: »Wo gehst du hin, Schnapphahn?«

»Bis hierher und zurück«, antwortete dieser.

»Darf ich mitgehen?«

»Komm mit! Daß du mir aber nicht müde wirst!«

Da lachte der Fuchs und sprach: »Du hast nur einen Fuß, und ich habe viere, und ich sollte müde werden?«

Sie machten sich nun zusammen auf den Weg und gingen so weit, bis der Fuchs sagte: »Nun bin ich müde!«

Und der Hahn sprach: »So setz dich auf mein Schwänzchen.« Und so ging es wiederum ein gut Stück weiter.

Da traf er einen Wolf, der fragte ihn: »Wo gehst du hin, Schnapphahn?«

»Bis hierher und zurück!«

»Darf ich auch mitkommen?«

»Komm! Daß du mir aber nicht müde wirst!«

Da lachte der Wolf und sprach: »Du hast nur einen Fuß, und ich viere, und du sprichst mir von müde werden?«

Sie machten sich nun zusammen auf den Weg und gingen so weit, bis der Wolf sagte: »Nun bin ich müde!«

Da sagte ihm der Hahn: »So setz dich auf mein Schwänzchen.«

Nachdem der Hahn wieder ein gutes Stück gegangen war, kam er zu einem Fluß und wußte nicht, wie er darüber kommen sollte. Endlich fiel es ihm ein, und er rief zweimal seinem Bürzel zu: »Schlürf mir den Fluß ein!« Und dieser tat, wie ihm befohlen worden.

Nachdem er nun wieder eine Weile gegangen war, kam er an einen Krautgarten, der einem König gehörte; da schlüpfte er in einen faulen Kohlstrunk und schrie: »Kikeriki! Ich mache auf des Königs Bart, auf seines Sohnes Schnurrbart und auf den Rocken der Prinzessin!« Und rief so lange, bis es der König hörte. Da sagte der zu dem Diener: »Sieh mal hin und sieh zu, wer so schreit.« Der kam zurück und sagte: »Es schreit wie ein Hahn im Kohlgarten.«

Darauf sagte ihm der König: »Geh hin und schneide alle Kohlköpfe ab, und laß mir keinen stehen, damit wir herausbringen, wer das ist.«

Der Diener ging hin und schnitt alle Krautköpfe ab, konnte aber nichts finden; und wie er wieder zum König zurückkam, da fing der Hahn von neuem an und rief: »Kikeriki! Ich mache auf des Königs Bart, auf seines Sohnes Schnurrbart und auf den Rocken der Prinzessin!«

Da sprach der König zu dem Diener: »Du hast sie bestimmt nicht alle abgeschnitten!« Und der antwortete: »Ich habe nur einen faulen stehen lassen.«

Der König sprach: »Geh hin und schneide auch den ab.«

Darauf ging der Diener hin, schnitt ihn ab, fand den Hahn drin sitzen und brachte ihn dem König.

Der aber sagte zum Diener: »Tue ihn zu den Hühnern, damit sie ihn so lange beißen, bis er draufgeht.« Und das geschah. Da ließ der Hahn den Fuchs los, und der fraß die Hühner.

Darauf befahl der König: »Wirf den Hahn zu den Pferden, damit ihn diese tottreten.« Und das geschah. Da ließ der Hahn den Wolf los, und der fraß die Pferde auf.

Darauf sagte der König: »Heize mir den Backofen tüchtig, bis er glühend wird, und wirf ihn hinein, damit er darin verbrenne.«

Da heizte der Diener den Ofen so lange, bis er glühend wurde, und warf den Hahn hinein. Der aber ließ den Fluß los und löschte den Ofen.

Darauf sagte der König: »Nimm ihn und wirf ihn in das große Gewölbe, wo die großen Goldstücke sind, damit er davon fresse und daran ersticke.« Sie warfen also den Hahn hinein; der fraß und fraß, bis er nicht mehr konnte, nahm noch ein Goldstück in den Mund und stellte sich, als ob er tot wäre.

Nach einer Weile sagte der König zu seinem Diener: »Geh hin und sieh zu, ob er draufgegangen ist, und wirf ihn hinaus.« Der Diener ging und fand den Hahn auf der Erde liegen und glaubte, er wäre draufgegangen, hob ihn auf und warf ihn hinaus. Kaum war der Hahn draußen, so stand er auf und krähte: »Kikeriki, ich mache auf des Königs Bart, auf seines Sohnes Schnurrbart und auf den Rocken der Prinzessin!«

Da befahl der König dem Diener: »Geh hin und fange ihn, damit wir ihn schlachten.«

Und der Diener ging hin, und wie er den Hahn greifen wollte, schlug der mit den Flügeln, flog fort, kam zu dem Alten zurück und rief: »Alter, Alter, komm her und breite dein Strohmattlein aus und dein Säcklein, und nimm dein Seilchen und dein Stöckchen. Hänge mich auf und schüttle mich, damit du siehst, was für schöne Sachen ich dir mitgebracht habe.« Da nahm ihn der Alte, schüttelte die Goldstücke aus ihm heraus und füllte seinen Sack damit.

Als die Alte das sah, sagte sie zu ihm: »Gib mir doch auch ein paar Goldstücke!« Der Alte aber erwiderte: »Ei was! Neulich hab ich ein Ei von dir verlangt, da hast du mir auch keins gegeben; und da mir das der Hahn gebracht hat, so kannst du ja auch deine Henne ausschikken, um ebensoviel zu bekommen.«

Da griff die Alte die Henne, haute sie tüchtig und befahl ihr dann, fortzugehen und ihr auch Goldstücke zu bringen.

Das arme Huhn machte sich auf den Weg und lief hierhin und dorthin, fand aber nur ein paar alte Heller und falsche Groschen, ein paar Schlangen und Eidechsen; die verschluckte sie, kam zur Alten zurück und rief: »Alte, Alte! Komm her und breite dein Strohmattlein aus und dein Säcklein, und nimm dein Seilchen und dein Stöckchen. Hänge mich auf und schüttle mich, damit du siehst, was für schöne Sachen ich dir mitgebracht habe.«

Die Alte nahm nun das Huhn und schüttelte es, aber es fielen nur alte Heller und falsche Groschen heraus. »O Glücksstern!« rief die Alte. »Was für Dukaten mir die gebracht hat!« Darauf schüttelte sie von neuem. Da fielen die Schlangen und Eidechsen heraus und stürzten auf sie los, um sie zu beißen. Die Alte aber lief und lief, bis sie zu einem Stall kam, wo wilde Ziegen wohnten, und dort versteckte sie sich unter einem Waschtrog.

Als nun des andern Tags die Ziegen auf die Weide gegangen waren, da kam die Alte heraus und kehrte den Stall und versteckte sich dann wieder unter dem Trog.

Das geschah einmal und zweimal, da sagten die Ziegen zueinander: »Wer mag das wohl sein, der uns so schön auskehrt?« und machten aus, daß eine von ihnen morgen zurückbleiben solle, um zu sehen, wer das wäre.

Es blieb also ein Böckchen zurück; das wartete und wartete, bis es hungrig wurde und auf die Weide gehen mußte. Da kam die Alte hervor, kehrte aus und versteckte sich dann wieder unter dem Trog. Am Abend kamen die Ziegen zurück und fanden den Stall wieder ausgekehrt.

Als sie nun am andern Morgen auf die Weide gingen, blieb ein räudiges Zicklein zurück; das wartete und wartete, es kam aber niemand; da ließ es sich hinfallen und stellte sich tot. Als das die Alte sah, kroch sie heraus, nahm das Zicklein und beweinte es: »I, hi hi! mein Söhnlein! I, hi hi! mein Söhnlein!« Darauf legte sie es in eine Ecke, kehrte aus und versteckte sich wieder unter dem Trog. Das räudige Zicklein aber, das sich totgestellt hatte, lief zu den Ziegen und sagte ihnen: »Soundso: Es ist eine Alte, die kam unter dem Trog hervor, kehrte aus und versteckte sich wieder darunter.«

Als am Abend die Ziegen nach Hause kamen, gingen sie zum Troge, fanden die Alte darunter und fragten sie, was sie da mache; und die Alte erzählte ihnen, wie es ihr ergangen. Darauf sagten ihr die Ziegen: »Du hast gut getan, hierher zu kommen; du kannst immer bei uns auskehren und Zweige schneiden und dafür Milch essen.«

»Gut!« sagte die Alte, und dabei blieb es.

Der Alte schaute in seine Hand und las daraus, wo sie sei. Er machte sich also auf und kam zu ihr und sagte ihr: »Bringe mir eine Schüssel Milch!« Die brachte sie, und er aß sie aus. »Bring mir noch eine!« Die Alte brachte noch eine, und er aß sie aus. Darauf sprach der Alte: »Von der Schüssel kann ich nicht satt werden. Bring mir einen Eimer voll, damit ich mich einmal recht satt esse.«

»Gut«, sagte die Alte, »aber wenn du soviel Milch ißt, so mußt du furzen, und da laufen mir die Ziegen weg.«

»So verstopf mir das Loch mit dem Hammer.«

Das tat die Alte, und er aß sich knüppeldick. Da zog er den heraus – brrr! brausten die Winde –, hui! liefen die Ziegen.

Die Alte lief den Ziegen nach, und lief und lief, bis ihr ein Wolf begegnete. Zu dem sagte sie: »Herr Nicola! Herr Nicola! Hast du meine Ziegen und meine Zicklein nicht gesehen?«

»Ich habe sie nicht gesehen.«

Da lief die Alte weiter, bis ihr eine Füchsin begegnete; die fragte sie: »Frau Maro! Frau Maro! Hast du meine Ziegen und meine Zicklein nicht gesehen?«

»Jawohl!« antwortete diese. »Was gibst du mir, wenn ich dich zu ihnen führe?«

»Mein bestes Böcklein.«

»Wann gibst du's mir?«

»Nächsten Sonnabend.«

Da zeigte ihr die Füchsin die Ziegen, und sie nahm sie und trieb sie nach Hause.

Am andern Sonnabend machte sich die Füchsin auf, um das Böcklein zu verlangen. Die Alte aber nahm es und setzte es hoch auf das Dachgebälke.

Da kam die Füchsin und sagte: »Gib mir das Böcklein.«

»Ich muß erst in der Hand lesen«, sprach die Alte. »Komm, erst wollen wir essen.« Sie aßen also, und als sie fertig waren, sagte die Füchsin: »Nun gib mir's!«

»Nach der Hand! Lause mich erst ein bißchen!«

Die Füchsin lauste sie also und sagte darauf: »Gib mir's nun!«

»Es ist nicht hier, es kommt erst gegen Abend.«

Da pißte das Böcklein von oben herunter.

»Zit, zit!« rief die Alte. »Da ist mir der Honig ausgelaufen.«

Darauf mistete das Böcklein.

»Zit, zit!« rief die Alte. »Da laufen mir die Rosinen aus!«

Darauf meckerte das Böcklein: »Mäh, mäh!«

»Ei, Alte«, sagte die Füchsin. »Du hast das Böcklein und sagst, es wäre nicht hier!« Sie nahm es nun ohne Umstände, setzte sich darauf und ritt und ritt, bis sie einem Schafhirten begegnete, und rief: »He, Schafhirt, Schafhirt! Hast du Feuer, um dran zu sitzen, und Feuer, um sich zu wärmen?«

»Ich habe Feuer, um dran zu sitzen, und Feuer, um sich zu wärmen. Aber Essen und Trinken hab ich nicht.«

»Das hab ich unter meinem Schwänzchen.«

Darauf brieten sie Böcklein.

Und in der Frühe nahm die Füchsin das Fett, bestrich damit den besten Widder und rief: »He, Schafhirt, Schafhirt! Siehe, das Fett von meinem Böcklein ist an den Hörnern deines Widders.« Da nahm die Füchsin den Widder, setzte sich darauf und ritt und ritt, bis sie einen Kuhhirten fand. Dem rief sie zu: »Kuhhirt, Kuhhirt! Hast du Feuer, um dran zu sitzen, und Feuer, um sich zu wärmen?«

»Ich habe Feuer, um dran zu sitzen, und Feuer, um sich zu wärmen. Aber Essen und Trinken hab ich nicht.«

»Das hab ich unter meinem Schwänzchen.«

Nachdem sie den Widder gebraten und gegessen hatten, nahm die Füchsin das Fett und bestrich damit die beste Kuh.

Am andern Morgen stand sie auf und rief: »He, Kuhhirt, Kuhhirt! Das Fett von meinem Widder ist an deiner Kuh!« Darauf nahm sie die Kuh, setzte sich darauf und ritt und ritt, bis sie einen Pferdehirten fand.

»He, Pferdehirt, Pferdehirt! Hast du Feuer, um dran zu sitzen, und Feuer, um sich zu wärmen?«

»Ich habe Feuer, um dran zu sitzen, und Feuer, um sich zu wärmen. Aber Essen und Trinken hab ich nicht.«

»Das hab ich unter meinem Schwänzchen.«

Darauf brieten sie die Kuh. Und am andern Morgen beschmierte die Füchsin die beste Jungstute mit deren Fett und rief: »Pferdehirt, Pferdehirt! Das Fett von meiner Kuh ist an deiner Stute!«, setzte sich darauf und ritt heim, sperrte sie in den Stall und sagte zu ihr: »Wenn der Wolf kommt und zu dir spricht: ›Füllchen, Füllchen, mach das Türchen auf, ich bring dir kaltes Wasser und frisches Gras!‹, dann sag ihm: ›Du bist der Wolf und frißt mich‹ und mach ihm nicht auf. Denn wenn ich komme, will ich rufen: ›Füli, Füli, mach das Türli auf, ich bring dir kaltes Wasser und frisches Gras!‹«

Da kam der Wolf und rief: »Füllchen, Füllchen, mach das Türchen auf, ich bring dir kaltes Wasser und frisches Gras!«

Die Stute aber sagte: »Du bist der Wolf und frißt mich.«

Darauf ging der Wolf zum Schmied und sagte ihm: »Schmied, hämmere mir die Zunge fein, denn ich will die Stute der Frau Maro fressen.« Und der Schmied hämmerte ihm die Zunge, aber die wurde davon immer dicker. Und wie er nun vor dem Stalle rief:

»Füllchen, Füllchen, mach das Türchen auf. Ich bring dir kaltes Wasser und frisches Gras!«, so sagte die Stute: »Du bist der Wolf und frißt mich.«

Der Wolf ging also zum Schmied zurück und sagte ihm: »Warum hast du nicht besser draufgeschlagen?«

Der aber sprach: »Je mehr die Zunge gehämmert wird, desto dicker wird sie. Geh unter jenen Baum, dort ist ein Ameisenhaufen, da stecke die Zunge hinein und laß sie von den Ameisen so lange abfressen, bis sie fein wird.« Der Wolf tat, wie ihm geraten wurde, ging darauf zur Stute und rief: »Füli, Füli, mach das Türli auf! Ich bring dir kaltes Wasser und frisches Gras!«

Da machte die Stute die Türe auf und glaubte, es wäre die Füchsin; und der Wolf stürzte herein und fraß sie.

Wie nun die Füchsin zurückkam, fand sie die Stute gefressen und rief: »Der Herr Nicola hat sie gefressen, aber ich zahl's ihm heim!« Sie lud ihn also zu Gast und machte einen Kessel voll heißes Wasser; und nachdem sie tüchtig gegessen hatten, sagte sie zum Wolf: »Komm, wir wollen sehen, wer am besten über den Kessel springt«, und sprang bald von hier, bald von dort hinüber.

Darauf nahm der Wolf auch einen Ansatz, um drüberzuspringen; und die Füchsin gab ihm einen Stoß, daß er hineinfiel und sich verbrühte. Da rief er: »Zieh mich heraus, zieh mich heraus, Frau Maro!« Die Füchsin aber lachte: »Hahahaha! Dir geschieht ganz recht. Ebenso zappelte meine Stute, als du sie gefressen hast.«

19. Die Krähen

Es hatte ein rechtschaffener Soldat etwas Geld verdient und zusammengespart, weil er fleißig war und es nicht, wie die andern, in den Wirtshäusern durchbrachte. Nun waren zwei von seinen Kameraden, die hatten eigentlich ein falsches Herz und wollten ihn um sein Geld bringen, sie stellten sich aber äußerlich ganz freundlich an. Auf eine Zeit sprachen sie zu ihm: »Hör, was sollen wir hier in der Stadt liegen, wir sind ja eingeschlossen darin, als wären wir Gefangene, und gar einer wie du, der könnte sich daheim was Ordentliches verdienen und vergnügt leben.« Mit solchen Reden setzten sie ihm auch so lange zu, bis er endlich einwilligte und mit ihnen ausreißen wollte; die zwei andern hatten aber nichts anders im Sinn, als ihm draußen sein Geld abzunehmen. Wie sie nun ein Stück Wegs fortgegangen waren, sagten die zwei: »Wir müssen uns da rechts einschlagen, wenn wir an die Grenze kommen wollen. »Nein«, antwortete er, »da geht's gerade wieder in die Stadt zurück, links müssen wir uns halten.«

»Was, du willst dich mausig machen?« riefen die zwei, drangen auf ihn ein, schlugen ihn, bis er niederfiel, und nahmen ihm sein Geld aus den Taschen; das war aber noch nicht genug, sie stachen ihm die Augen aus, schleppten ihn zum Galgen und banden ihn daran fest. Da ließen sie ihn und gingen mit dem gestohlenen Geld in die Stadt zurück.

Der arme Blinde wußte nicht, an welchem schlechten Ort er war, fühlte um sich und merkte, daß er unter einem Balken Holz saß. Da meinte er, es wäre ein Kreuz, sprach: »Es ist doch gut von ihnen, daß sie mich wenigstens unter ein Kreuz gebunden haben, Gott ist bei mir«, und fing an, recht zu Gott zu beten. Wie es ungefähr Nacht werden mochte, hörte er etwas flattern; das waren aber drei Krähen, die ließen sich auf dem Balken nieder. Danach hörte er, wie eine sprach: »Schwester, was bringt Ihr Gutes? Ja, wenn die Menschen wüßten, was wir wissen! Die Königstochter ist krank, und der alte König hat sie demjenigen versprochen, der sie heilt; das kann aber keiner, denn sie wird nur gesund, wenn die Kröte in dem Teich dort zu Asche verbrannt wird und sie die Asche mit Wasser trinkt.« Da sprach die zweite: »Ja, wenn die Menschen wüßten, was wir wissen! Heute nacht fällt ein Tau vom Himmel, so wunderbar und heilsam, wer blind ist und bestreicht seine Augen damit, der erhält sein Gesicht wieder.« Da sprach auch die dritte: »Ja, wenn die Menschen wüßten, was wir wissen! Die Kröte hilft nur einem, und der Tau hilft nur wenigen, aber in der Stadt ist große Not, da sind alle Brunnen vertrocknet, und niemand weiß, daß der große viereckige Stein auf dem Markt muß weggenommen und darunter gegraben werden, dort quillt das schönste Wasser.«

Wie die drei Krähen das gesagt hatten, hörte er es wieder flattern, und sie flogen da fort. Er machte sich allmählich von seinen Banden los, und dann bückte er sich und brach ein paar Gräserchen ab und bestrich seine Augen mit dem Tau, der darauf gefallen war. Alsbald ward er wieder sehend und waren Mond und Sterne am Himmel und sah er, daß er neben dem Galgen stand. Danach suchte er Scherben und sammelte von dem köstlichen Tau, soviel er zusammenbringen konnte, und wie das geschehen war, ging er zum Teich, grub das Wasser davon ab, holte die Kröte heraus und verbrannte sie zu Asche. Mit der Asche ging er an des Königs Hof und ließ die Königstochter davon einnehmen, und als sie gesund war, verlangte er sie, wie es versprochen war, zur Gemahlin. Dem König aber gefiel er nicht, weil er so schlechte Kleider anhatte, und er sprach, wer seine Tochter haben wollte, der müßte der Stadt erst Wasser verschaffen, und hoffte, ihn damit loszuwerden.

Er aber ging hin, hieß die Leute den viereckigen Stein auf dem Markt wegheben und darunter nach Wasser graben. Kaum hatten sie angefangen zu graben, so kamen sie schon zu einer Quelle, aus der ein mächtiger Wasserstrahl hervorsprang. Der König konnte ihm nun seine Tochter nicht länger verweigern, er wurde mit ihr vermählt, und lebten sie in einer vergnügten Ehe.

Auf eine Zeit, als er durchs Feld spazierenging, begegneten ihm seine beiden ehemaligen Kameraden, die so treulos an ihm gehandelt hatten. Sie kannten ihn nicht, er aber erkannte sie gleich, ging auf sie zu und sprach: »Seht, das ist euer ehemaliger Kamerad, dem ihr so schändlich die Augen ausgestochen habt, aber der liebe Gott hat's mir zum Glück gedeihen lassen.« Da fielen sie ihm zu Füßen und baten um Gnade, und weil er ein gutes Herz hatte, erbarmte er sich ihrer und nahm sie mit sich, gab ihnen auch Nahrung und Kleider. Er erzählte ihnen danach, wie es ihm ergangen und wie er zu diesen Ehren gekommen wäre. Als die zwei das vernahmen, hatten sie keine Ruhe und wollten sich eine Nacht unter den Galgen setzen, ob sie vielleicht auch etwas Gutes hörten. Wie sie nun unter dem Galgen saßen, flatterte auch bald etwas über ihren Häuptern, und kamen die drei Krähen. Die eine sprach zur andern: »Hört, Schwestern, es muß uns jemand behorcht haben, denn die Königstochter ist gesund, die Kröte ist fort aus dem Teich, ein Blinder ist sehend geworden, und in der Stadt haben sie einen frischen Brunnen gegraben, kommt, laßt uns den Horcher suchen und ihn bestrafen.« Da flatterten sie herab und fanden die beiden, und eh sich die helfen konnten, saßen ihnen die Raben auf den Köpfen und hackten ihnen die Augen aus und hackten weiter so lange ins Gesicht, bis sie ganz tot waren. Da blieben sie liegen unter dem Galgen. Als sie nun ein paar Tage nicht wiederkamen, dachte ihr ehemaliger Kamerad: »Wo mögen die zwei herumirren«, und ging hinaus, sie zu suchen. Da fand er aber nichts mehr als ihre Gebeine, die trug er vom Galgen weg und legte sie in ein Grab.

20. Eteto

Es war einmal ein Jüngling namens Eteto. Er war verheiratet und hatte einen Schwager. Dieser sagte zu ihm, er töte ja gar nichts, obwohl er doch jeden Tag auf die Jagd ginge.

Eines Tages nun fand Eteto eine kleine Kürbisflasche. Sie gehörte Salo, dem Fischotter, der sie zur Hälfte mit Wasser füllte und am Ufer ausschüttete. Dann kamen viele Fische aus der Kürbisflasche. Salo hatte die Kürbisflasche am Ufer ausgeschüttet und war den Fischen, die herauskamen, nachgelaufen, um sie mit einem Stock totzuschlagen. Salo gab nicht acht auf die Kürbisflasche. Da kam Eteto, der alles gesehen hatte, ergriff die Kürbisflasche und lief davon. Salo tötete derweil Fische und merkte von alldem nichts.

Eteto kam ganz oben an einen Bach, an einen Ort, den er kannte, und füllte die Kürbisflasche bis zur Hälfte. Dann schüttete er sie am Ufer des Baches aus. Da kamen viele Fische heraus, Fische jeder Art. Davon tötete er viele. Er hielt die Kürbisflasche in der Achselhöhle, damit er sie nicht verlor. Dann verbarg er sie in dem Loch eines Baumstamms und ging mit den Fischen nach Hause. Niemals hatte er Fische heimgebracht. Sein Schwager, seine Frau, sein Schwiegervater, alle wurden mißtrauisch wegen dieser Beute. Aber sie aßen die Fische.

Eteto brachte nun alle Tage Fische heim. Eines Tages ging er nach Sonnenaufgang weg. Sein Schwager folgte seinen Spuren. Er fand Eteto, als er Fische fing und die Kürbisflasche in der Achselhöhle hielt. Er fragte ihn: »Hier tötest du also jeden Tag Fische, Schwager?« Eteto antwortete: »Ja, hier.« Dann sagte er: »Töte Fische, Schwager! Ich gehe unterdessen in den Wald.«

Er ging in den Wald und verbarg die Kürbisflasche. Der Schwager tötete Fische, aber er hatte gesehen, daß Eteto die Kürbisflasche verborgen hatte. Eteto hatte sie in dem Loch eines Baumstamms versteckt und kam nun zurück. Er befahl seinem Schwager: »Zieh die Fische auf eine Liane. Wir wollen nach Hause gehen!« Der Schwager antwortete: »Du kannst die Fische nach Hause tragen. Ich gehe noch ein bißchen in den Wald jagen.«

Eteto begab sich nach Hause. Was machte nun der Schwager? Er ging ein Stückchen den Bach entlang und wartete dort, ob Eteto auch wirklich nach Hause gegangen war. Dann folgte er den Spuren, suchte die Kürbisflasche und fand sie auch in dem Loch des Baumstamms. Er nahm sie und ging ans Ufer des Flusses. Dort füllte er sie ein wenig mit Wasser. Dann schüttete er es am Ufer des Flusses aus und ließ die Flasche liegen. Als er den Fischen nachlief, um sie zu fangen, rollte die Kürbisflasche das Ufer hinab und fiel ins Wasser. Ein Pirandirafisch ergriff sie und verschluckte sie. Die Kürbisflasche blieb in den Eingeweiden der Fische und wurde in eine Blase verwandelt.

Der Schwager fing viele Fische. Dann suchte er die Kürbisflasche, fand sie aber nicht mehr. Er ging mit den Fischen nach Hause. Als er dort ankam, sagte er sofort Eteto, er habe die Kürbisflasche verloren. Da zankte Eteto mit ihm und sagte, er habe die Kürbisflasche nicht zu nehmen brauchen, da er jeden Tag durch sie Fische zu essen gehabt habe. Dann zog Eteto aus, die Kürbisflasche zu suchen. Er suchte und suchte. Dann wußte er, daß die Fische sie verschluckt hatten.

Er ging flußabwärts und fand Palua, den Fischotter, mit einem Ruder. Palua sperrte den Fluß ab. Er steckte das Ruder am Ufer in das Wasser. Da wurde der Fluß abwärts ganz trocken. Als Palua flußabwärts gegangen war, um Fische zu fangen und das Ruder hatte stecken lassen, kam Eteto hinter ihm her und riß es an sich. Da kam das Wasser mit aller Kraft und riß Palua mit sich. Eteto lief mit dem Ruder flußaufwärts davon. Er gelangte an einen Bach, in dem Fische waren, und steckte das Ruder ins Wasser, wie es Palua getan hatte. Da trocknete der Bach aus, und er fing viele Fische. Er verwahrte das Ruder in dem Loch eines Baumstamms und ging nach Hause. Der Schwager dachte, Eteto habe die Kürbisflasche wiedergefunden. Dann brachte Eteto jeden Tag Fische.

Eines Tages ging der Schwager hinter ihm her. Er sah, wie Eteto es mit dem Ruder machte, blieb aber von ihm unbemerkt. Wieder fing Eteto viele Fische. Dann versteckte er das Ruder erneut in dem Loch des Baumes und ging mit den Fischen nach Hause. Als er weg war, kam der Schwager hervor und holte sich das Ruder, ging ans Ufer des Flusses und steckte es in das Wasser. Dann fing er viele Fische. Das Wasser staute sich so sehr, daß das Ruder es nicht mehr aufhalten konnte. Da riß das Wasser das Ruder mit sich fort, und der Krebs verschluckte es. Das Ruder blieb in seinen Armen bis auf den heutigen Tag.

Der Schwager kehrte it den Fischen nach Hause zurück und sagte zu Eteto, er habe sein Ruder verloren. Eteto stritt mit ihm, weil alle Sache durch ihn verloren würden! Dann zog er aus, das Ruder zu suchen.

Er ging am Ufer des Flusses hinter dem Ruder her und sah Yalima, der mit einem Pfeil ohne Ziel in die Luft schoß. Da fielen alle jagdbaren Vögel herunter. Eteto gab acht, wo der Pfeil hinfiel. Der Pfeil fiel weit. Während Yalima die Vögel aufsammelte, die auf dem Weg des Pfeils niedergefallen waren, lief Eteto dem Pfeil nach, nahm ihn auf und rannte mit ihm davon. Yalima blieb da. Eteto kam nahe an sein Haus und erprobte den Pfeil. Da fielen viele jagdbare Vögel herab. Er lief sofort dem Pfeil nach und nahm ihn zuerst an sich. Dann sammelte er die Vögel ein. Er versteckte den Pfeil in dem Loch eines Baumstamms und ging nach Hause.

Der Schwager mißtraute ihm. er dachte, Eteto habe wieder ein Zaubergerät gefunden. Dieser brachte jeden Tag Vögel heim, alle Vögel der Jagd. Er ging sehr früh in der Morgendämmerung weg, damit der Schwager es nicht wahrnehmen konnte.

Eincs Tages schlich der Schwager hinter ihm her. Er ging seinen Spuren nach und fand Eteto, wie er auf einem Baumstamm saß und den Morgen erwartete.

Der Schwager wollte wissen, was Eteto beabsichtigte. Er versteckte sich hinter einem Baum und wartete, was Eteto machen würde. Dieser ging auf den Baumstamm los, wo der Pfeil versteckt war, und zog ihn heraus. Der Schwager sah es. Eteto schoß. Da fielen viele Vögel herab. Eteto ging fort, den Pfeil zu holen. Dann sammelte er die Vögel auf und verbarg den Pfeil im Loch des Baumstamms. Der Schwager sah auch dies. Mit den Vögeln machte sich Eteto dann auf den Heimweg.

Der Schwager jedoch blieb in seinem Versteck. Als Eteto weg war, ging er hin und zog den Pfeil heraus. Dann schoß er damit in die Luft und tötete viele Vögel. Der Pfeil fiel nieder. Er ging hin und sammelte die Vögel auf und kümmerte sich nicht weiter um den Pfeil. Yalima nahm ihm den Pfeil weg. Dann ging der Schwager dem Pfeil nach, fand ihn aber nicht mehr. Yalima hatte ihn mitgenommen.

So ging der Schwager mit den Vögeln nach Hause. Er sagte zu Eteto, daß er den Pfeil verloren habe. Da zankte Eteto mit ihm und sagte: »Du hattest gut zu essen durch diesen Pfeil!« Dann ging Eteto aus, den Pfeil zu suchen. Er fand Kaikang, das große Gürteltier, am Eingang seines Loches sitzend. Kaikang hatte eine Kürbisrassel in der Hand und sang: »Der Jagdtiere Rassel schüttle ich!« Er schüttelte die Rassel. Da kamen alle Jagdtier, Tapire, Wildschweine, Hirsche und andere. Wenn Kaikang gerasselt hatte, verschwand er in dem Loch. Die Tiere liefen vorüber. Eteto hatte sich versteckt und sah zu.

Als Kaikang wieder an den Eingang des Loches kam und von neuem sang, stieß ihn Eteto mit dem Blasrohr gegen den Hintern. Da ließ Kaikang die Rassel fallen und schlüpfte ins Loch. Eteto ergriff die Rassel und lief davon. Er ging weit weg, stieg auf einen Baum und fing an zu singen, wie Kaikang gesungen hatte. Dann schüttelte er die Rassel. Da kamen viele Jagdtiere, Tapire, Wildschweine, Hirsche und andere Tiere. Mit seinem Blasrohr schoß er zwei Schweine und ging damit nach Hause.

Als er mit den Schweinen kam, mißtraute der Schwager wieder. Er dachte, Eteto habe wiederum ein Zaubergerät gefunden. Dann brachte Eteto jeden Tag Schweine heim. Als er eines Tages wegging, folgte ihm der Schwager. Er hörte den Lärm der Schweine, die Eteto mit seiner Rassel herbeigerufen hatte. Die Schweine, die er mit dem Blasrohr geschossen hatte, schrien laut. Der Schwager horchte. Eteto war mit den Schweinen auf dem Rücken nach Hause gegangen. Der Schwager ging dem Geschrei der Schweine nach und fand Spuren und Blut. Er fand auch die Spuren von Eteto und fand die Rassel, die Eteto in dem Loch eines Baumstamms verborgen hatte. Er erstieg einen Baum und sang den Gesang, den Eteto zu Hause in der Hängematte zum Zeitvertreib gesungen hatte. Dann schüttelte er die Rassel. Da kamen viele Schweine. Er legte die Rassel auf den Baum. Als er nach den Schweinen schoß, stieß er gegen die Rassel. Da fiel sie auf den Boden, und die Schweine nahmen sie mit. Er tötete ein Schwein und ging damit nach Hause. Dort sagte er zu Eteto, er habe die Rassel verloren. Da zankte Eteto mit ihm und sagte: »Jetzt ißt du nichts mehr! Jetzt leidest du Hunger!«

Eteto wußte, daß er jetzt nichts mehr finden würde. Er ging fischen. Er dachte viel nach und fing gar keine Fische. Dann kehrte er nach Hause zurück. Dort machte er einen Angelhaken aus einem Stückchen Eisen. Er sagte zum Angelhaken: »Wenn mein Schwager dich erproben will, dann dringe in seine Hand ein!« Dann bog er den Angelhaken um.

Da kam der Schwager. Er faßte alle Sachen an, die Eteto hatte. Er fragte ihn: »Ist deine Angel gut, Schwager?«

Eteto antwortete: »Ich weiß nicht, ob sie gut ist.«

Da sagte der Schwager: »Laß mich sehen.« Eteto gab ihm die Angel.

Der Schwager probierte die Angel an der Handfläche. Da drang die Angel ein. Der Schwager schrie laut. Die Angel zog ihn in die Höhe über die Tür des Hauses und fraß ihn auf. Sie ging ihm durch den Arm, kam an der Schulter heraus, drang an der einen Seite der Brust wieder ein, kam auf der anderen Seite heraus, drang in den anderen Arm ein, kam an der Hand wieder heraus, ging ihm durch die Beine und durch den ganzen Körper und machte ihn voll Wunden. Der Schwager verfaulte und starb. Die Angel verwandelte sich in ein Geschwür.

Da sagte die Mutter des Schwagers zu seinem Schatten: »Wenn Eteto fischen geht und auf dem Weg Hunger hat, dann verwandle dich in einen Baum voller Früchte! Verwandle dich in gekochtes Hirschfleisch!« Sie wollte Eteto töten.

Eines Tages ging Eteto fischen. Er fischte im Fluß und fing nichts. Er ging morgens weg und kam gegen Abend heim. Da fand er einen Acajubaum mit Früchten. Er ging vorüber, denn er wußte, daß es der Schwager war. Dann fand er Mais. Er ging vorüber, denn er wußte, daß es der Schwager war. dann fand er eine Kürbisflasche voll Kaschiri. Er hatte großen Hunger. Er zerschlug die Kürbisflasche. Er ging weiter und fand gekochtes Hirschfleisch mit Maniokfladen. Da sagte er: »Dieses gekochte Hirschfleisch, sagte meine Schwiegermutter, sei für mich zum Essen, aber ich esse es nicht!« Er warf den Topf um, daß er zerbrach.

Dann ging er weiter und fand einen Bananenbaum voller reifer Früchte. Er hatte großen Hunger, denn seit dem frühen Morgen hatte er noch nichts im Magen. Er sagte: »Überall ißt man diese Bananen! Ich werde sie sofort essen!«

Und er aß von den Bananen. Je mehr er davon aß, desto mehr Lust bekam er zu essen. Er aß alle Bananen. Dann verschluckte er seinen Bogen und seine Pfeile und verwandelte sich in Wöwöpodole, den Vater des Vielfraßes.

Es wurde Nacht, und er ging immer den Weg weiter. Er kam in die Nähe seines Hauses, setzte sich auf einen Stein und schrie: »Bring Feuer! Ich finde den Weg nicht mehr! Beleuchte den Weg!« Da kam seine Frau mit einem Feuerbrand. Er verschluckte den Feuerbrand. Dann verschluckte er die Frau. Darauf sagte er: »Ach, ich habe meine Frau verschluckt!« Dann schrie er von neuem. Da kam seine Schwiegermutter mit einem Feuerbrand. Er verschluckte den Feuerbrand. Dann verschluckte er die Schwiegermutter. Dann schrie er von neuem: »Bring anderes Feuer! Das Feuer ist erloschen!«

Da kamen drei Männer. Einer brachte einen Feuerbrand. Die beiden anderen blieben ein wenig zurück, um zu sehen, was da los wäre. Er sprach vom Felsen herab, als wenn die Leute, die er verschluckt hatte, noch um ihn herumstünden: »Sofort, als du mir das Feuer brachtest, ist es erloschen!« Da kam der Mann mit dem Feuerbrand. Möwö verschluckte das Feuer. Dann verschluckte er den Mann. Die beiden anderen lauschten. Da sagte Möwö: »Jetzt habe ich meinen Schwager verschluckt!«

Da sagten die anderen: »Ach, er ist in ein Gespenst verwandelt!« und kehrten ins Haus zurück. Sie verschlossen die Tür und verrammelten sie ganz mit Baumrinde. Möwö schrie fortwährend laut: »Bring Feuer!« Um Mitternacht hörte er schließlich auf zu schreien. Er sah, daß niemand mehr kam, und ging zum Eingang des Hauses und setzte sich dort nieder.

Als der Morgen kam, saß er immer noch vor dem Eingang. Die Leute sagten: »Er ist weg!« Doch Möwö lauerte draußen. Da öffneten die Leute die Tür. Als ein Mann herauskam, setzte sich ihm Möwö auf die Schulter. Der Mann sah ihn nicht. Er hörte ihn nur sprechen. Da litt der Mann großen Hunger, denn Möwö ließ ihn nicht essen. Er verschluckte alles, was der Mann essen wollte.

Eines Tages nahm der Mann die Angelrute und ging damit fischen. Er angelte Fische. Die Fische fielen nahe bei ihm nieder. Möwö kam von seiner Schulter herab und verschluckte die Fische sofort. Was tat nun der Mann? Als wieder ein Fisch an seine Angel biß, riß er ihn mit aller Kraft aus dem Wasser, so daß er von der Angel ab weit weg flog. Möwö sprang von seiner Schulter und lief dem Fisch nach. Der Mann lief sofort nach der anderen Seite weg den Bach entlang. Möwö kehrte zurück und fand den Mann nicht mehr. Er lief seinen Spuren nach. Der Mann lief auf dem Weg eines Tapirs. Möwö war dicht hinter ihm, um ihn zu fassen. Da begegnete der Mann dem Tapir, und der Tapir lief weg.

Der Mann verließ sofort den Weg des Tapirs und blieb zur Seite stehen.

Möwö hörte den Lärm, den der Tapir machte, und lief hinter diesem her, weil er glaubte, es sei der Mann. Er faßte den Tapir an der Schulter und setzte sich darauf. Er ließ ihn nicht mehr fressen. Wenn der Tapir Früchte essen wollte, verschluckte Möwö sie. Der Tapir starb Hungers.

Möwö blieb bei dem toten Tapir und wartete, wer kommen würde. Der Tapir verweste und stank. Da kamen die Aasgeier. Möwö sah zu. Des Nachts kam der Königsgeier, der Vater der Aasgeier. Möwö faßte ihn an der Schulter und setzte sich darauf. Da wurde der Königsgeier sehr froh und sagte: »Ah, Gefährte meines Kopfes.« Er freute sich sehr über ihn und dachte nicht mehr daran, den Tapir zu essen. Er flog mit Eteto zum Himmel.

Seit dieser Zeit hat der Königsgeier zwei Köpfe. Eteto ist sein linker Kopf. Vorher hatte er nur einen Kopf.

21. Der Herrgott auf Schleichwegen

Der Herrgott ging einmal auf der Erde spazieren. Da hatte er nichts zu essen. Was blieb ihm übrig, er kehrte daher als Bettler bei der Schwester des Teufels ein und bat um Essen. Sie gab ihm Grütze und Brot, aber der Herrgott sagte: »Liebes Mütterchen, willst du mir nicht auch etwas von dem Fleisch geben, das du dort im Hause hast?«

»Ich wollte dir schon davon geben, aber das Schulterstück soll für den langen Tag aufgehoben werden.«

»Nun, ich bin ja der lange Tag.«

»Ach so, lang bist du, das ist wahr, dann werde ich es dir wohl geben müssen.« Und die Schwester des Teufels gab ihm den Schinken und geleitete ihren Gast noch ein gutes Stück zum Tor hinaus.

Im Weitergehen bemerkte der Herrgott den Enkel den Teufels, der einen Acker pflügte. Der Herrgott lehnte sich an einen Baum und weidete sich seine Augen an einem kostbaren Hemd, das der Pflüger trug. Während er noch hinschaute, kam auf einmal ein fremder Herr vorbeigefahren und fragte, weshalb er denn an den Baum gelehnt stehe.

»Ich brüte über einem großen Plan«, erwiderte der Herrgott.

»Über was für einen Plan.«

»Ich möchte dem Pflüger sein kostbares Hemd rauben.«

»Das bringst du nicht fertig«, wandte der Herr ein, »das ist ja der Enkel des Teufels, wie willst du so einem sein Hemd rauben?«

»Ich werd's schon schaffen.«

»Du bringst es nicht fertig, ich verwette meinen Kopf, daß es dir nicht gelingt!«

»Gut, wetten wir! Dann mußt du dich aber dort auf der Insel im See verbergen und warten, bis ich das Hemd erbeutet habe.«

Der Herr setzte auf die Insel über und wartete.

In der Nacht raubte der Herrgott aus dem Stall des Teufels einen feinwolligen Widder und verbarg sich mitsamt dem Widder im Röhricht am See. Der Enkel des Teufels pflügte und pflügte, auf einmal hörte er seinen feinwolligen Widder im See blöken. Sogleich ließ er den Pflug Pflug sein und rannte, seinen Widder zu retten. Er kam ans Seeufer und sah auf der Insel den fremden Herrn sich bewegen. Da dachte der Enkel: »Wie mag mein feinwolliger Widder über das Wasser gekommen sein? Jemand muß ihn gestohlen und hinübergetragen haben, um ihn dort auf der Insel zu verbergen.«

Und in blindem Zorn riß er sich schleunigst das kostbare Hemd vom Leib und schwamm zur Insel herüber. Der Herrgott aber kroch aus dem Schilf heraus, ergriff am Seeufer das kostbare Hemd des Teufelsenkels und ging damit und mitsamt dem feinwolligen Widder auf und davon. Der Teufelsenkel aber schwamm und schwamm und arbeitete sich auch glücklich quer über den See zur Insel hin. Dort stieg er ans Ufer und wunderte sich: »Was ist das für ein Lichtschein im Norden?« (Das war der Herrgott, der mit dem kostbaren Hemd und dem feinwolligen Widder davonschlich, daher der strahlende Schein.)

Aber der Teufelsenkel hielt sich nicht lange mit Wundern auf, sondern suchte weiter nach seinem Widder. Zuletzt entdeckte er den auf der Insel versteckten fremden Herrn. Den hielt er für den Dieb seines feinwolligen Widders und riß ihm den Kopf herunter.

Der Herrgott aber war indessen schon über alle Berge. Er ging und ging und kam am Abend an eine Scheune, durch deren Fenster ein Junge mit einer Last Kartoffeln hinausstieg. Er ging dort hinein, um zu übernachten, und fand einen großen Haufen Kartoffeln, und auf einem anderen Haufen waren Kartoffelschalen zusammengeworfen. Da setzte er sich auf die Schalen nieder und aß von den Kartoffeln, bis er einschlief.

In der Nacht aber versammelte sich eine Unmenge von Teufeln. Sie selbst hielten sich in der Scheune auf, einen blinden Teufel aber hatten sie als Wächter vor die Außentür gestellt. Da dachte der Herrgott: »Was soll ich hier unter dem Teufelsgesindel? Ich will lieber sehen, daß ich fortkomme, ehe sie mich entdecken.« Er ging also hinaus. der blinde Teufel an der Außentür betastete des Herrgotts Körper und fühlte mit den Fingern, daß er das kostbare Hemd des Teufelsenkels am Leib hatte. Deshalb hielt er ihn für den Teufelsenkel und ließ ihn gern hinaus, indem er sagte: »Ei, der Enkel unseres Herrn ist heute auch da!«

Vor der Tür aber verhöhnte der Herrgott die Teufel. Da warfen sie mit Kartoffeln nach ihm, konnten ihm aber nichts anhaben.

22. Draußensitzen am Kreuzwege

Derjenige, der beschlossen hatte, »draußen zu sitzen«, um Tote aufzuwecken und von ihnen die Zukunft zu erforschen, mußte sich am Silvesterabend dazu ausrüsten und eine graue Katze, ein graues Schafsfell, eine Walroß- oder Bullenhaut und eine Axt mitnehmen. Mit all diesem mußte der Beschwörer auf einen Kreuzweg hinausgehen, von wo vier Wege, jeder geradeaus und ohne sich zu teilen, auf vier Kirchen zuführen. Wo sie alle zusammentreffen, da soll der Beschwörer liegen, sich gut mit der Haut bedecken und sie auf allen Seiten unter sich schlagen, so daß von seinem Körper nichts daraus hervorsehe. Die Axt muß er in beiden Händen halten, fest auf die Schneide starren und weder zur Rechten noch zur Linken sehen, was um ihn herum geschehen möge, auch kein einziges Wort antworten, wenn er auch angeredet wird. In dieser Stellung soll der Mann totenstill liegen, bis am anderen Morgen der Tag anbricht. Wenn der Beschwörer sich auf diese Weise vorbereitet hatte, konnte er mit den Zauberformeln und Beschwörungen beginnen, die dazu dienten, Tote zu beschwören. Hierauf kamen seine Verwandten zu ihm, wenn welche von ihnen tatsächlich bei einer oder mehreren der vier Kirchen begraben lagen, nach welchen die Kreuzwege hinführten. Sie sagten ihm alles, was er zu wissen wünschte, Vergangenes und Künftiges über viele Menschenalter hinaus. War der Beschwörer standhaft genug, um die Axtschneide anzustarren und niemals den Blick abzuwenden und kein Wort zu reden, was auch um ihn herum vorging, so behielt er nicht nur alles, was die Verstorbenen ihm sagten, in seinem Gedächtnis, sondern er konnte auch später, wann er nur wollte, ohne Gefahr sich von ihnen Auskunft über alle Dinge verschaffen, die er gern wissen wollte, indem er »draußen saß«.

Soviel ich weiß, wissen die Leute von niemandem zu erzählen, der ohne Schaden davongekommen wäre, wenn er auf dem Kreuzwege gesessen oder gelegen hatte; wenn auch wenig daran fehlte, daß es dem gewaltigen Wahrsager Jon Krukk ganz hübsch gelungen wäre. Die Geschichten von Jons Draußensitzen scheinen mehr dem Elben- und Gespensterglauben anzugehören, wie hier gezeigt werden soll, und doch lebte Jon am Anfange des sechzehnten Jahrhunderts. Da hierzulande der Glaube allgemein war, daß die Huldrenleute in der Neujahrsnacht ihre Umzüge bewerkstelligten, so mußte man gerade diese Nacht wählen, um am Kreuzwege zu sitzen, wollte man von ihnen angetroffen werden. Sie können dann nicht an demjenigen vorbei, der am Wege sitzt, und bieten ihm viele Kostbarkeiten an, Gold und andere wertvolle Sachen und ausgesuchte Leckerbissen aller Art. Schweigt der Mensch zu dem allem, so bleiben die Kostbarkeiten und die Leckerbissen bei ihm liegen, und er kann sie behalten, wenn er bis zum Tagesanbruch aushält.

Einstmals setzte sich ein Mann in der Neujahrsnacht auf einen Kreuzweg. Er hieß Jon, wenn auch einige seinen Namen nicht anführen. Er saß dort die ganze Nacht dem Elbenvolk im Wege, so daß keiner wußte, was mit ihm war, bis er am andern Morgen nach Hause kam und berichtete, was er erlebt hatte. Sobald es am Silvesterabend dunkel geworden war, sagte er, seien die Huldrenleute in Scharen zu ihm gekommen und hätten ihm Gold und Silber, gute Kleider und die leckersten Gerichte angeboten. Lange sei er standhaft geblieben und habe geschwiegen, was ihm auch geboten worden sei. Da seien die ersten fortgezogen und hätten das bei ihm zurückgelassen, was sie ihm angeboten, und so sei es die ganze Nacht bis gegen Morgen gegangen. Zuletzt aber war eine Frau zu ihm gekommen mit einer Kelle voll heißer Fettbrühe oder, wie manche sagen, Fleisch und Brühe. Jon aber liebte heißes Fett über alles. Da, sagte er, sei es ihm widerfahren, daß er hingeblickt und gesagt habe: »Selten habe ich fette Brühe genossen.« Dadurch verlor er alle Kostbarkeiten und Leckerbissen, die ihm zuvor angeboten waren und bei ihm lagen. Er stand nun auf und da graute der Tag.

Von der Zeit an wurde er verwirrt und schwachköpfig, doch hatte er fortan die Gabe, zukünftige Dinge voraussagen zu können, wenn er zuvor ganze Nächte draußen lag. Man sagt, er habe dazu vornehmlich die Weihnachtszeit gewählt, zum Beispiel die Christnacht, die Neujahrsnacht, die Dreizehntenacht, einzelne Male aber auch die Mittwinternacht und die der Jonsmesse. Dieser Jon wurde später Krukk vom Kreuzwege genannt und ist in Island allgemein bekannt unter diesem Namen wegen der Wahrsagungen, die von ihm in »Krukksspa« (Krukks Weissagung) und in mündlichen Berichten überliefert sind.

Unter anderm hat dieser Jon prophezeit, die Klippe, welche über dem Gehöft Ellidi in der Stadarsveit emporragt und von der schon große Lavablöcke herabgefallen sind, die nun um das Gehöft herumliegen, werde gänzlich darüber hinstürzen, wenn ein Bauer auf Ellidi wohne, der sieben Söhne habe, und wenn diese sieben Söhne alle auf einmal mit sieben Schwestern Hochzeit hielten. In Krukksspa soll auch stehen, die Domkirche in Reykjavik werde versinken, wenn in ihr neun Geistliche gleichzeitig in Amtstracht vor dem Altar ständen, und der Bischof dazu als der zehnte. Doch hat sich diese Prophezeiung im Jahre 1849 am 12. August nicht erfüllt, als Bischof Helgi Gudmundsson dort sieben Pfarrer weihte und im ganzen mit den Weihzeugen neun Geistliche vor dem Altar standen außer dem Bischofe. Das aber glaubt man bemerkt zu haben, daß dabei weniger andere Leute in der Kirche waren, als sonst bei einer so festlichen Gelegenheit der Fall zu sein pflegt, und man meint, jener Aberglaube sei schuld daran. In der Tat bezeichneten einige törichte Leute es als eine Tollkühnheit, an jenem Tage nicht vom Kirchenbesuche abzulassen.

23. Der Riese Faircheallach und Fionn MacCumhaill

Eines Tages waren Fionn und seine Recken auf Jagd und Hatz. Damit verstrich der ganze Tag von Sonnenaufgang bis Sonnenuntergang, und als sie nach Hause zurückkehren wollten und Oisín zurückblickte, sah er einen Riesen namens Faircheallach auf sie zukommen. Die Schar bewegte sich schnell voran, aber wie sie auch eilten, sie konnten den Riesen nicht abschütteln. Er hielt immer mit ihnen Schritt. Waren sie oben auf einem Berge, war er unten im Tale, und waren sie im Tal, war er oben auf dem Berg. So blieb er hinter ihnen, bis sie an des Königs Haus kamen. Dort setzten sie sich zum Essen nieder, und es wurde ihnen gebührend aufgetischt, und Fionn bewirtete sie und gab jedem

Speise und Fleisch, solange sie aßen. Und der Riese kam hinein und setzte sich hinten in eine Ecke. Fionn erblickte ihn und hieß ihn an der Tafel niedersitzen und mitessen, bis alle satt waren.

Am nächsten Morgen gingen sie wieder auf die Jagd und schlugen denselben Weg ein, und der Riese war wieder hinter ihnen wie am Tag vorher, und sie vermochten ihn abermals nicht abzuschütteln. Als sie am Abend nach Hause zurückkehrten, hielt er mit ihnen Schritt und folgte ihnen. So blieb er um sie ein Jahr und einen Tag lang. »Fionn MacCumhaill«, sagte er, »ich möchte dich und die Fenier von Irland zum Essen einladen.«

»Ach«, sprach Fionn, »wo willst du wohl für uns alle Platz und Speise finden?«

»O«, sprach der Riese, »es ist nicht einer unter den sieben mal fünfhundert deiner Mannen, vor den ich nicht ein Messer, eine Gabel und einen Teller setzen werde.«

Fionn sagte darauf nichts weiter, als daß sie kommen würden. Sie machten sich auf den Weg, und der Riese lief vor ihnen her und zeigte ihnen den Weg. Sie folgten ihm überall hin nach, und er lief gerade so weit vor ihnen voraus, wie er an den Tagen des vergangenen Jahres hinter ihnen zurückgeblieben war; und sie mußten sich alle Mühe geben, mit ihm Schritt zu halten. Er blieb stets in ihrer Sichtweite, bis er endlich in eine Höhle hineinging, und sie folgten ihm und gingen hinter ihm her hinein. Als sie an die Tür kamen, stand dort eine junge Frau. Sie hatte ihren Rücken an den Türpfosten gelehnt und ihre Arme über der Brust gekreuzt. Die waren vom Ellenbogen an entblößt. Sie hatte ein Bein über das andere gelegt und hatte keine Schuhe an. Sie war barfuß. Schönes goldenes Haar wallte ihr über den Rücken bis zu den Hüften, und ihre Augen waren so blau wie der Himmel. Ihr Hals war so weiß, wie sie ihn nie zuvor bei einer Frau gesehen hatten. Es war keiner unter den Helden, der nicht auf der Stelle in Liebe und Zärtlichkeit zu ihr entbrannte.

Sie gingen einer nach dem anderen an ihr vorbei hinein.

Ging ein alter Mann hinein, so sagte er: »Wie schade, daß du nicht mein bist!«

»Als ich bei dir war«, sprach sie, »hast du mich nicht gehalten.«

Ging ein junger Mann an ihr vorbei, so sprach er: »Schade, daß du nicht mein bist!«

»Ich bin bei dir«, sprach sie, »und halte du mich!«

So war stets ihre Rede, bis der letzte hineingegangen war.

Drinnen war ein schöner Palast. Und sie sahen niemanden außer einem alten Mann, der auf einem Holzklotz in der Ecke saß, den Kopf aufgestützt, seine beiden Hände unter dem Kinn, und einer Hündin, die neben dem Feuer ausgestreckt dalag. Als Fionn und die Fenier von Irland eintraten, rührte sich keiner von beiden. Und keiner hob seinen Kopf. Da kam der Riese auch hinein und stellte Speise und Trank auf die Tische für Fionn und die Fenier. Und es war nicht einer unter den Feniern, vor den er nicht Messer, Gabel und Teller stellte. Als der Riese das getan hatte, ging er zur Tür hinaus und sprach mit der jungen Frau. Sobald er hinausgegangen war, erhob sich die Hündin, die neben dem Feuer ausgestreckt dagelegen hatte, und sprang auf den Tisch, der ihr am nächsten war, und lief den Tisch entlang an ihnen vorbei. Und es war kein Bissen und kein Tropfen, den sie nicht von allen ihren Tischen verschlungen hätte, und als sie alles, was auf den Tischen war, verzehrt hatte, sprang sie wieder hinunter und streckte sich auf denselben Platz neben dem Feuer neben dem alten Mann wieder hin. Und wenn man auf sie blickte, hätte niemand vermutet, daß sie auch nur das Geringste gefressen hätte. Der Riese kam wieder herein und sah auf den Tischen keinen Bissen und keinen Tropfen mehr.

»Fionn MacCumhaill, habt ihr die Speise, die ich euch aufgetragen habe, schon verzehrt?«

Fionn gab ihm keine Antwort darauf, denn es war ihm unangenehm, darauf zu antworten, weil sie der Hündin die Speisen überlassen hatten.

»Ich möchte wetten, daß der Spaniel sie euch aufgefressen hat.«

»Ja, in der Tat«, sagte Fionn.

Wieder füllte er die Tische mit Speise und Trank und ging hinaus, um mit der jungen Frau zu sprechen. Alsbald sprang die Hündin wieder auf den Tisch, lief an ihnen vorbei, den Tisch die eine Seite hinunter, die andere Seite wieder herauf, und es blieb kein Bissen und kein Tropfen auf den Tischen, den sie nicht verschlungen hätte, und wieder hinunter ans Feuer zum alten Mann, und keiner hätte vermutet, daß sie auch nur ein Stückchen im Leib hätte. Der Riese kam zum zweiten Male herein, und auf den Tischen vor den Feniern war wieder nichts mehr. Er fragte Fionn abermals, ob sie die Speise verzehrt hätten oder ob die Hündin sie wieder gefressen hätte. Fionn sagte, nicht sie hätten sie verzehrt, sondern die Hündin hätte sie wieder gefressen. Da sprach der Riese zu dem alten Mann: »Wäre es nicht recht, daß du dieser deiner gefräßigen Hündin Einhalt gebietest?«

Der alte Mann hob den Kopf und blickte mit beiden Augen auf den Spaniel, so daß dieser auf der Stelle tot war.

Da wurden die Tische zum dritten Male gefüllt, und Fionn und seine Leute aßen sich satt, so wie sie früher nach Herzenslust gegessen hatten.

»So, Fionn MacCumhaill«, sprach Faircheallach, »hast du jetzt, wo du fortgehst, irgendeine Frage, die du, als du kamst, nicht gestellt hättest?«

Fionn sagte: »Ja!« und fragte ihn: »Wer war jene junge Frau, die an der Tür stand, als wir hineingingen, und die dem alten Mann, der zu ihr sagte: ›Schade, daß du nicht mein bist!‹, zur Antwort gab: ›Als ich bei dir war, hast du mich nicht gehalten?‹ Sag mir doch, wer war das?«

»Das war die Jugend«, sprach der Riese, »und sie hat dir die Wahrheit gesagt. Denn als sie bei dir war«, sagte er, »da hast du sie von dir gelassen, und jetzt bist du alt und verbraucht und müde. Und zu dem jungen Mann sagte sie: ›Ich bin jetzt bei dir und halte du mich!‹ Das war die Jugend, und hat sie nicht die Wahrheit gesprochen?«

»Sag mir jetzt«, sprach Fionn, »wer war der weißhaarige alte Mann, der in der Ecke saß und der, als du ihm sagtest, er solle der Hündin Einhalt gebieten, sie mit beiden Augen anblickte, so daß sie auf der Stelle tot war?«

»Das war der Tod«, sprach der Riese.

»Und jetzt sag mir«, sprach Fionn, »was für eine Hündin war das, die zweimal Speise und Trank, die auf den Tischen waren, aufgefressen hat, und niemand hätte vermutet, daß sie auch nur einen Bissen verzehrt hätte?«

»Das war die Hungersnot«, sprach der Riese.

24. Die Teufelsmühle

Ein armer Mann kam oft zu seinem reichen Bruder, der das Gut der Eltern nach deren Tod an sich genommen hatte, und bettelte um eine kleine Unterstützung. Seine Bitte wurde auch meistens erfüllt, doch waren die Gaben recht karg und wurden ihm zudem mit unfreundlichen Worten gereicht.

Eines Tages schlachtete der Reiche einen prächtigen Ochsen. Auch da kam der arme Bruder und bat um ein kleines Stückchen Fleisch zur Suppe. Der Reiche wollte ihm nichts mitgeben; als jedoch der Bruder nicht aufhörte, ihn darum zu bitten, warf er ihm schließlich eine Ochsenkeule zu und sagte, er sollte damit zum Teufel gehen. Der arme Mann nahm die Keule, kehrte zuerst zu seiner Frau zurück, um sich von ihr Schuhe und Verpflegung geben zu lassen, und machte sich dann auf den Weg zum Teufel.

Nach langer Wanderung begegnete ihm ein Mann, der ihn fragte, wo er denn eigentlich hin wollte. Als er das Ziel erfuhr und hörte, daß dem Wanderer der Weg dahin unbekannt sei, gab er ihm ein Knäuel, das vor ihm herlaufen und ihm den Weg zu einem Hügel zeigen würde. Mit einem Zweig, den der fremde Mann ihm reichte, sollte er dann an den Hügel schlagen. Darauf würde eine Öffnung entstehen, und da hinein sollte er die Keule werfen. Danach würden zwei Handmühlen heraufkommen, eine weiße und eine schwarze. Die weiße Mühle sollte er ergreifen und mit ihr immer dem Knäuel nach sich auf den Heimweg machen.

Der Mann befolgte die Anweisungen, und wie er nun mit der Mühle zurückkehrte, wartete der Unbekannte noch an derselben Stelle. Auf seine Frage, was er denn mit der Mühle anfangen könnte, riet er ihm, er sollte um sie ein schönes Gehäuse zimmern. Dann könnte er ihr befehlen, was immer er haben wollte, die Mühle würde ihm alles mahlen, wenn er dazu nur folgenden Spruch sagte:

»Mahle du weder Malz noch Salz,
Und mahle du in des Herrn Namen.«

Durch diese Mühle gewann der arme Mann alles, was er zum Leben nur benötigte, und lebte von nun an mit seiner Frau herrlich und in Freuden.

Wie er sich nun eines Tages eine große Menge Gold hatte mahlen lassen, plagte ihn die Neugier, und er wollte wissen, wieviel das wohl sei. Er lieh sich daher von seinem reichen Bruder ein Scheffelmaß, um in ihm das Gold zu messen. Seine Schwägerin hatte jedoch die Ritzen des Gefäßes mit etwas Harz bestrichen, und als sie das Maß zurückerhielt, war am Harz Goldsand hängengeblieben. Nun eilte sie zu ihrem Mann und teilte ihm ihre Entdekung mit. Auf Anstiften seiner Frau machte er sich dann gleich auf den Weg, um zu erfahren, woher der Reichtum des früher so armen Bruders herkäme.

Dieser erzählte ihm wahrheitsgemäß, wie sich alles zugetragen hatte, und erklärte, diese Mühle für die Ochsenkeule erhalten zu haben, mit der er von ihm einst zum Teufel geschickt worden sei.

Da ließ es dem reichen Bauern und seiner Frau keine Ruhe, die Teufelsmühle in Besitz zu bekommen: Er bot seinem Bruder den Herrenhof und all seine Besitztümer zum Tausch für die Mühle an. Endlich ging dieser auf den Handel ein.

Darauf kaufte sich der Reiche ein Schiff und segelte mit seiner Frau, den vier Kindern und der Mühle aufs Meer hinaus. Weil nun die Mühle ihm draußen auf hoher See einiges zu essen und zu trinken mahlen sollte, sprach er zu ihr den gewohnten Spruch. Doch die Mühle rührte und regte sich nicht, so oft er den Spruch auch wiederholte. Schließlich verlor er die Geduld und sagte wütend:

»Mahle du sowohl Malz wie Salz,
Und mahle du in des Teufels Namen.«

Da setzte sich die Mühle in Bewegung und mahlte so lange, bis das Schiff mit allen Insassen versunken war. Der Teufel war darüber sehr froh, denn er gewann durch den Tausch der Mühle sechs Seelen statt einer.

Der erste Mühlenbesitzer, der Zeit seines Lebens reich genug war, erzog zwei hilflose Waisen zu tüchtigen Menschen und bedachte mitsamt seiner Frau zur richtigen Zeit schon das Heil seiner Seele.

25. Die köstliche Versuchung

Ein Abt vom schwarzen Orden (Benediktiner), ein guter Mann von bewährtem Wandel, hatte recht wunderliche und nachlässige Mönche. Einige von ihnen hatten sich eines Tages verschiedenerlei Fleisch und gute Weine verschafft. Aus Furcht vor ihrem Abt wagten sie diese Sachen nicht in einem der Klosterräume zu verzehren, sondern taten sich in einem großen leeren Weinfaß zusammen und brachten ihre Vorräte dahin mit. Es wurde dem Abt hinterbracht, und tief betrübt darüber kam er unverzüglich gelaufen, schaute in die Tonne, und durch seine Gegenwart schlug die Lustigkeit der Zecher sogleich in Trauer um. Indem er ihr Erschrecken wahrnahm, spielte er den Munteren, trat zu ihnen ins Faß und sagte: »Oho, Brüder, habt ihr da ganz ohne mich schmausen und zechen wollen? Das ist nicht recht, aber mich stört es nicht. Ich werde mithalten!« Und er wusch sich die Hände, aß und trank mit ihnen und gab ihnen durch sein Beispiel die verlorene Munterkeit wieder.

Am folgenden Tage – nachdem er den Prior vorbereitet und von seinem Plan in Kenntnis gesetzt hatte – trat der Abt in Gegenwart jener Mönche im Kapitel vor den Prior hin, bat demütig um Verzeihung, spielte den Furchtsamen und rief: »Herr Prior, ich beichte Euch und allen meinen Brüdern hier, daß ich Sünder dem Laster der Völlerei erlegen bin und gestern, heimlich in einer Weintonne versteckt, gegen Vorschrift und Regel meines heiligen Vaters Benedikt Fleisch genossen habe.« Damit ließ er sich nieder und begann, sich zur Bußübung zu bereiten. Dem Prior, der ihn davon abhalten wollte, gab er zur Antwort: »Laßt mich nur Streiche erleiden. Es ist besser, ich büße hier als im zukünftigen Leben.« Nach der Strafe und Pönitenz kehrte er an seinen Platz zurück. Jene Mönche aber fürchteten, er würde sie aufrufen, wenn sie ihre Schuld verheimlichten, also erhoben auch sie sich und beichteten dasselbe Vergehen. Der Abt ließ ihnen durch einen vorher dazu bestimmten Mönch tüchtige Strafen verpassen, nahm sie scharf heran und bedrohte sie mit hoher Strafe, damit ähnliches nimmer vorkäme. So heilte er als ein kluger Arzt den Schaden, den er durch Worte nicht beheben konnte, durchs Exempel.

26. Das Märchen vom Schlaraffenland

Hört zu, ich will euch von einem guten Lande sagen, dahin würde mancher auswandern, wüßte er, wo selbes läge und eine gute Schiffsgelegenheit. Aber der Weg dahin ist weit für die Jungen und für die Alten, denen es im Winter zu heiß ist und zu kalt im Sommer. Diese schöne Gegend heißt Schlaraffenland, auf Welsch Cucagna, da sind die Häuser gedeckt mit Eierfladen, und Türen und Wände sind von Lebzelten und die Balken von Schweinebraten. Was man bei uns für einen Dukaten kauft, kostet dort nur einen Pfennig. Um jedes Haus steht ein Zaun, der ist von Bratwürsten geflochten und von bayerischen Würsteln, die sind teils auf dem Rost gebraten, teils frisch gesotten, je nachdem sie einer so oder so gern ißt. Alle Brunnen sind voll Malvasier, und andre süße Weine, auch Champagner, die rinnen einem nur so in das Maul hinein, wenn er es an die Röhren hält. Wer also gern solche Weine trinkt, der eile sich, daß er in das Schlaraffenland hineinkomme. Auf den Birken und Weiden da wachsen die Semmeln frischbacken, und unter den Bäumen fließen Milchbäche; in diese fallen die Semmeln hinein und weichen sich selbst ein für die, so sie gern einbrocken; das ist etwas für Weiber und für Kinder, für Knechte und Mägde! Holla Gretel, holla Steffel! Wollt ihr nicht auswandern? Macht euch herbei zum Semmelbach und vergeßt nicht, einen großen Milchlöffel mitzubringen.

Die Fische schwimmen in dem Schlaraffenlande obendrauf auf dem Wasser, sind auch schon gebacken oder gesotten und schwimmen ganz nahe am Gestade; wenn aber einer gar zu faul ist und ein echter Schlaraff, der darf nur rufen ›bst! bst!‹ – so kommen die Fische auch heraus aufs Land spaziert und hüpfen dem guten Schlaraffen in die Hand, daß er sich nicht zu bücken braucht.

Das könnt ihr glauben, daß die Vögel dort gebraten in der Luft herumfliegen, Gänse und Truthähne, Tauben und Kapaunen, Lerchen und Krammetsvögel, und wenn es zu viel Mühe macht, die Hand darnach auszustrecken, dem fliegen sie schnurstracks ins Maul hinein. Die Spanferkel geraten dort alle Jahr überaus trefflich; sie laufen gebraten umher, und jedes trägt ein Transchiermesser im Rücken, damit, wer da will, sich ein frisches, saftiges Stück abschneiden kann.

Die Käse wachsen in dem Schlaraffenlande wie die Steine, groß und klein; die Steine selbst sind lauter Taubenkröpfe mit Gefülltem oder auch kleine Fleischpastetchen. Im Winter, wenn es regnet, so regnet es lauter Honig in süßen Tropfen, da kann einer lecken und schlecken, daß es eine Lust ist, und wenn es schneit, so schneit es klaren Zucker, und wenn es hagelt, so hagelt es Würfelzucker, untermischt mit Feigen, Rosinen und Mandeln.

Im Schlaraffenland legen die Rosse keine Roßäpfel, sondern Eier, große, ganze Körbe voll, und ganze Haufen, so daß man tausend um einen Pfennig kauft. Und das Geld kann man von den Bäumen schütteln, wie Kästen (gute Kastanien). Jeder mag sich das Beste herunterschütteln und das Minderwerte liegen lassen.

In dem Lande hat es auch große Wälder, da wachsen im Buschwerk und auf Bäumen die schönsten Kleider: Röcke, Mäntel, Schauben,

Hosen und Wämser von allen Farben, schwarz, grün, gelb (für die Postillions), blau oder rot, und wer ein neues Gewand braucht, der geht in den Wald und wirft es mit einem Stein herunter oder schießt mit dem Bolzen hinauf. In der Heide wachsen schöne Damenkleider von Sammet, Atlas, Gros de Naples, Barège, Madras, Taft, Nanking und so weiter. Das Gras besteht aus Bändern von allen Farben, auch ombriert. Die Wacholderstöcke tragen Brochen und goldne Chemisett- und Mantelettnadeln, und ihre Beeren sind nicht schwarz, sondern echte Perlen. An den Tannen hängen Damenuhren und Chatelaines sehr künstlich. Auf den Stauden wachsen Stiefeln und Schuhe, auch Herren- und Damenhüte, Reisstrohhüte und Marabouts und allerlei Kopfputz mit Paradiesvögeln, Kolibris, Brillantkäfern, Perlen, Schmelz und Goldborten verziert.

Dieses edle Land hat auch zwei große Messen und Märkte mit schönen Freiheiten. Wer eine alte Frau hat und mag sie nicht mehr, weil sie ihm nicht mehr jung genug und hübsch ist, der kann sie dort gegen eine junge und schöne vertauschen und bekommt noch ein Draufgeld. Die alten und garstigen (denn ein Sprüchwort sagt: Wenn man alt wird, wird man garstig) kommen in ein Jungbad, damit das Land begnadigt ist, das ist von großen Kräften; darin baden die alten Weiber etwa drei Tage oder höchstens vier, da werden schmucke Dirnlein daraus von siebzehn oder achtzehn Jahren.

Auch viel und mancherlei Kurzweil gibt es in dem Schlaraffenlande. Wer hier zu Lande gar kein Glück hat, der hat es dort im Spiel und Lustschießen, wie im Gesellenstechen. Mancher schießt hier alle sein Lebtag nebenaus und weit vom Ziel, dort aber trifft er, und wenn er der allerweiteste davon wäre, doch das Beste. Auch für die Schlafsäcke und Schlafpelze, die hier von ihrer Faulheit arm werden, daß sie bankrott machen und betteln gehen müssen, ist jenes Land vortrefflich. Jede Stunde Schlafens bringt dort einen Gulden ein und jedesmal Gähnen einen Doppeltaler. Wer im Spiel verliert, dem fällt sein Geld wieder in die Tasche. Die Trinker haben den besten Wein umsonst, und von jedem Trunk und Schlunk drei Batzen Lohn, sowohl Frauen als Männer. Wer die Leute am besten necken und aufziehen kann, bekommt jeweil[s] einen Gulden. Keiner darf etwas umsonst tun, und wer die größte Lüge macht, der hat allemal eine Krone dafür.

Hier zu Lande lügt so mancher drauf und drein und hat nichts für diese seine Mühe; dort aber hält man Lügen für die beste Kunst, daher lügen sich wohl in das Land allerlei Prokura-, Dok- und andre toren, Roßtäuscher und die ***r Handwerksleute, die ihren Kunden stets aufreden und nimmer Wort halten.

Wer dort ein gelehrter Mann sein will, muß auf einen Grobian studiert haben. Solcher Studenten gibt's auch bei uns zu Lande, haben aber keinen Dank davon und keine Ehren. Auch muß er dabei faul und gefräßig sein, das sind drei schöne Künste. Ich kenne einen, der kann alle Tage Professor werden.

Wer gern arbeitet, Gutes tut und Böses läßt, dem ist jedermann dort abhold, und er wird Schlaraffenlandes verwiesen. Aber wer tölpisch ist, gar nichts kann und dabei doch voll dummen Dünkels, der ist dort als ein Edelmann angesehen. Wer nichts kann als schlafen, essen, trinken, tanzen und spielen, der wird zum Grafen ernannt. Dem aber, welchen das allgemeine Stimmrecht als den Faulsten und zu allem Guten Untauglichsten erkannt, der wird König über das ganze Land und hat ein großes Einkommen.

Nun wißt ihr des Schlaraffenlandes Art und Eigenschaft. Wer sich also auftun und dorthin eine Reise machen will, aber den Weg nicht weiß, der frage einen Blinden; aber auch ein Stummer ist gut dazu, denn der sagt ihm gewiß keinen falschen Weg.

Um das ganze Land herum ist aber eine berghohe Mauer von Reisbrei. Wer hinein oder heraus will, muß sich da erst überzwerch durchfressen.

27. Die Vision des MacConglinney

Ein guter Herrscher und ein großer Krieger war Cathal, König von Muster. Aber irgendwie kam es dazu, daß ein wildes Tier, noch dazu ganz ohne Grund, in seinem Körper sich ausbreitete, so daß er ständigen Hunger verspürte, der nicht gestillt werden konnte.

Schon am Morgen verschlang er von da an zum Frühstück ein halbes Schwein, eine Kuh und ein Kalb sowie drei Dutzend Weizenkuchen und trank dazu ein ganzes Faß frisches Bier aus. Und wenn er nun irgendwo ein Festmahl hielt, so bedeutete dies den Ruin für den ganzen Bezirk, weil ja von ihm die Nahrungsmittel für den König bereitgestellt werden mußten.

Zu dieser Zeit lebte in Armagh ein berühmter junger Gelehrter namens Anier MacConglinney. Der vernahm von der seltsamen Krankheit des Königs Cathal und von den Unmengen an Essen und Getränken, an Weizenmehl, Bier und Met, die am Königshof verbraucht wurden. Und so machte er sich dorthin auf, um sein Glück zu suchen und den König von seinen Leiden zu kurieren.

Am Morgen war er schon früh auf den Beinen, krempelte die Hemdsärmel hoch und hüllte sich in seinen faltenreichen Mantel. In seine rechte Hand nahm er einen knorrigen Stock, verabschiedete sich dann von seinen Freunden und ging fort.

Er reiste über Land, quer durch ganz Irland, bis er an das Haus des Pichan kam. Dort verweilte er, erzählte Geschichten, und allen bereitete er Freude.

Aber Pichan sprach zu ihm: »Alle Freude, die du uns schenkst, macht mich ganz tief in meinem Herzen doch nicht froh.«

Was hast du?« fragte MacConglinney.

»Weißt du nicht, Mann, daß heute abend Cathal mit seinem ganzen Gefolge hier einfällt? Der Hofstaat macht Mühe, aber der König macht Kummer. Seine Freßgier ist nur mit einer der Plagen zu vergleichen, die Gott über das Land der Ägypter kommen ließ! Wenigstens dreierlei muß dann zur Stelle sein: ein Sack Hafer, ein Sack Äpfel und ein Sack Kuchen. All dies stopft der König als Vorspeise in sich hinein, der Unersättliche.«

»Wie wäre es«, sprach darauf MacConglinney, »wenn ich den Herrscher von seiner Freßsucht heilte!«

»Das ganze Land wird dir die Füße küssen, aber davon wird keiner reich. Also besser, ich verspreche dir je ein weißes Schaf aus jedem Stall zwischen Carn und Cork.«

»Gut, ich bin einverstanden«, antwortete MacConglinney.

Cathal, der König, kam mit seinem Hofstaat und mit einem Trupp Berittener. Kaum hatte sich der König niedergelassen und auch nur die Schnürsenkel gelöst, da fing er auch schon an, jeden in Reichweite befindlichen Apfel in sich hineinzustopfen. Pichan und die Männer blickten traurig und sorgenvoll drein, weil sie Zweifel hegten, ob MacConglinney es auch gelänge, was er da versprochen hatte.

Der aber erhob sich, griff nach einem Wetzstein, stopfte sich diesen in den Mund und fing an, darauf wie wild herumzukauen.

»Bist du verrückt, mein Junge, oder was ist mit dir?« fragte Cathal ihn, als er das bemerkte.

»Ach, nichts von Bedeutung«, antwortete MacConglinney, es schmerzt mich, Euch allein essen zu sehen.«

Da schämte sich der König und warf ihm einen Apfel zu – und man sagt, es seien zuvor drei Halbjahre vergangen, daß er sich das letzte Mal zu einer solchen Wohltat habe hinreißen lassen!

»Erlaubt mir, daß ich mir etwas wünsche«, bat MacConglinney.

»Genehmigt bei meiner Ehre«, sagte der König.

»Dann wünsche ich mir, daß Ihr eine Nacht mit mir fastet.« Zwar war dieser Gedanke allein schon furchtbar für den König, aber er hatte den Wunsch ja nun einmal bei seiner Ehre zugestanden, und wo kämen wir hin, wenn auf ein königliches Wort kein Verlaß mehr wäre!

Am Morgen bestellte MacConglinney saftigen Schinken, zartes Roastbeef, Honig in einer Wabe und englisches Salz, das man in einem schön polierten Behälter aus Silber hereintrug. Im Kamin brannte ein Feuer: ohne Rauch, ohne Gestank, ohne Funken.

MacConglinney spießte Fleischstückchen auf und schickte sich an, sie über dem Feuer zu rösten. Dann rief er: »Seile und Schnüre her – und starke Männer!« Die Stricke wurden gebracht, und die stärksten Krieger kamen. Er gab ihnen Anweisung, den König zu ergreifen und so festzubinden, daß er sich nicht mehr bewegen konnte. Dann setzte er sich vor ihn hin, nahm das Messer aus seinem Gürtel, schnitt ein Stückchen von dem gerösteten Fleisch ab, tauchte es in den Honig und führte es vor dem Mund des Königs spazieren.

Als der König sah, daß er nichts bekommen und vierundzwanzig Stunden würde fasten müssen, schrie und schimpfte er. Dann befahl er, man sollte den MacConglinney töten.

Aber das wagte keiner.

»Nur keine Aufregung«, sagte der, »es ist nicht der König, der da befiehlt. Es ist das gesetzlose, wilde Tier, das da aus ihm spricht.«

»Herr König«, fuhr MacConglinney fort, »letzte Nacht hatte ich eine Vision. Davon muß ich Euch erzählen.« Und während er davon berichtete, führte er einen Fleischbrocken nach dem anderen an dem Mund und der Nase des Königs vorbei und aß sie am Ende selbst auf. Dies aber war es, was er sang, wenn er nicht gerade zu kauen hatte:

»Einen See aus frischer Milch sah ich
In der Mitte einer lieblichen Ebene.
Darinnen lag ein schönes Haus auf einer Insel,

Das Dach mit Butter gedeckt,
Puddings, frisch gekocht,
Dienten als Dachrost.
Zwei weiche Türpfosten aus Schlagsahne,
Als Betten herrliche Schinken,
Die Zaunpfähle – Käse,
Würste die Balken.
Fürwahr, ein reich gefülltes Haus dies war,
Mit hinreichend Vorrat für den Hunger des größten Essers.«

»Als ich nun diese Vision hatte«, erzählte MacConglinney, »hörte ich, wie jemand mir ins Ohr flüsterte: ›Geh keinen Schritt weiter, MacConglinney. Du weißt doch, was das Essen betrifft, so verträgst du nicht allzu viel!‹

›Was ist da zu tun?‹ fragte ich, denn die Vision hatte mich recht freßgierig werden lassen. Da forderte die Stimme mich auf weiterzugehen, bis ich zu der Einsiedelei des Zauberdoktors kommen würde. Dort bekäme ich dann schon den richtigen Hunger, den man für eine solche Fülle leckerer Speisen benötigte. Im Hafen entdeckte ich ein hübsches Boot aus Rindfleisch. Das Heck bestand aus Fett, der Bug aus Butter, die Ruder aus Streifen von Wildfleisch. Ich ruderte hin über die Weite des Frischen Milchsees, durch die Strömung von Brühe, an den Flußmündungen aus Pastete vorbei, über die Buttermilchstrudel, vorüber an den Inseln aus Käse. Dann umschiffte ich mit aller Vorsicht die Vorgebirge aus Quark, bis ich zu Füßen des Buttergebirges wieder festen Boden betrat und im Land der Früh-, Viel- und Allesfresser vor der Einsiedelei des Zauberdoktors stand.

Schon merkwürdig wunderbar sah es dort aus. Umgeben war sie von siebenhundert Stapeln, aufgesetzt aus gut abgehangenen Schinken. Statt Dornen auf jeder Zaunspitze konnte ich leuchtendes Fett erblikken. Das Tor selbst bestand aus Sahne, die Riegel waren aus Dauerwurst.

Auf dem Hof begegnete ich dem Türsteher Speckbursch, einem Mann aus dem Butterklan, in weichen Sandalen aus altem Frühstücksspeck, mit Beinkleidern aus Kochfleisch, einem He aus Roastbeef, den Gürtel aus Lachshaut, dem Helm aus Griesbrei, so saß er auf einer Stute aus Quark. Die vier Hufe der Stute waren aus Haferbrot, ihre Ohren aus Quark, und sie verfügte im Kopf über Augen aus Honig. In der Hand hielt sie eine Peitsche. Die Schnüre davon waren vierundzwanzig feine weiße Puddings, und allein jeder saftige Tropfen, der von einem der Puddings herabfiel, hätte einen gewöhnlichen Sterblichen satt werden lassen.

Als ich weiterging, stieß ich auf den Zauberdoktor höchstpersönlich. Statt in Handschuhen hatte er seine Hände in Rumpsteaks verborgen, denn er war gerade dabei, in seinem Haus, an dessen Wänden Kutteln hingen, Ordnung zu schaffen. In der Küche traf ich auf den Sohn des Zauberdoktors. Er saß dort mit einem Fischhaken aus Fett in der Hand, der hing an einer Schnur aus Rindermark. Damit angelte der Bursche in einem Teich voll Wein. Mal landete er einen saftigen Schinken, dann wiederum einen zarten Rehrücken. Schließlich aber stürzte er vor lauter Gier nach noch üppigeren Fängen in den Teich und ertrank. Ich trat ins Nebenzimmer. Dort stand ein Sofa. Aber wie sollte ich wissen, daß es ganz aus Butter bestand, als ich mich hinsetzte! So versank ich in dem goldgelben Brei bis zu meinen Haarspitzen. Acht Männer hatten alle Mühe, mich da wieder herauszuhieven.

Endlich führte man mich vor den Zauberdoktor. Der fragte mich, was mir fehle.

›Ach, andauernd wünsche ich mir, daß ein großes Stück von jeder Fleischsorte, die es auf der Welt gibt, vor mir liege, damit ich endlich einmal den Hunger stillen kann, der mich ständig plagt.‹

›Ja, ja‹, meinte der Doktor, ›das ist eine schlimme Krankheit. Aber ich will dir ein Rezept verraten, das wird dich und jeden, dem es genauso geht wie dir, von der Freßsucht befreien.‹

›Nun, was könnt ihr mir raten?‹ fragte ich ungeduldig.

›Wenn du heute abend heimkommst, dann wärme dich erst einmal vor einem rotglühenden Eichenfeuer so richtig gut durch. Mach dann dreimal neun Brocken, einen jeden so groß wie ein Fasanenei. In jedem Brocken soll ein Anteil Mehl aus jeder Getreideart sein: Weizen und Hafer, Roggen und Gerste. Dazu gibst du etwas Soße, einen ganz winzigen Tropfen nur, soviel eben, wie zwanzig Männer sich auftun, die nicht unter dieser Krankheit leiden. Und bevor du nun immer einen Brocken ißt, trinkst du jeweils einen guten Schluck dicksahniger Milch. Und hast du den Brocken heruntergeschlungen, so vergiß bitte nicht, noch einmal Sahne nachzuschütten. Wenn dies geschehen ist, dann wirst du so sicher wie das Amen in der Kirche von deiner Freßsucht geheilt sein. Und nun eile‹, fuhr er fort, ›im Namen des fetten

Käses und möge der saftige Schinkenspeck deinen Weg glätten. Die gelbkremige Sahne seit mit dir, ein Kessel voller Kartoffelsuppe erleuchte dein Angesicht usw.‹«

Nachdem MacConglinney seine Vision wiedergegeben hatte – mit der Aufzählung all der herrlichen Fleischsorten und der Beschreibung des Duftes der in Honig getauchten Brocken, die am Spieße steckten –, kam das gesetzlose wilde Tier, das im König saß, aus dessen Bauch heraufgestiegen und setzte sich lauernd auf dessen Lippe. Da bewegte MacConglinney seine Hand, in der er die Spieße hielt, gegen den Mund des Königs hin, wo das gesetzlose, wilde Tier hockte und begierig war, davon zu fressen. Aber MacConglinney paßte auf, daß er mit den Spießen nicht weiter als eine Armlänge an die Lippen des Königs herankam. Das gesetzlose wilde Tier sprang aus dem Mund hervor und verbiß sich in den Spieß.

Was machte nun MacConglinney? Der legte jenen Spieß, nachdem das Tier geschnappt hatte und an dem es nun hing, in die Glut des Herdfeuers und stellte den Kessel des königlichen Haushaltes darauf. So hielt er das gesetzlose, wilde Tier gefangen. Dann räumte man das ganze Haus leer, bis sich schließlich außer dem Kessel, dem Spieß und dem Feuer nicht einmal das Bein einer Küchenschabe darin befand, und legte an allen vier Ecken Feuer.

Als da nur noch ein rot zum Himmel lodernder Turm aus Flammen war, flüchtete das gesetzlose, wilde Tier auf die Dachbalken, und als es schließlich dort auch nicht mehr auszuhalten war, sprang es auf in die Luft: Und hernach ward es nimmermehr auf Erden gesehen, wohl aber in der Hölle.

Dem König aber wurde ein Bett mit Federkissen hergerichtet, und Spielleute und Sänger, Barden und Gaukler unterhielten ihn von Mittag an bis um Mitternacht. Dann verfiel er in einen tiefen, wohligen Schlaf. Als er daraus wieder erwachte, war er endgültig geheilt.

Zum Dank schenkte er MacConglinney eine Kuh aus jedem Bauernhof und ein Schaf aus jedem Gehöft in Munster. Außerdem bestellte er ihn zum Vorschneider und Speisenkoster an der königlichen Tafel.

Auf diese Weise wurde Cathal, König von Munster, von seiner Freßsucht geheilt, und MacConglinney erwarb sich dabei großen Ruhm und Ehre.

28. Die Riesenstube, deren Dach aus bloßen Würsten bestand

Es war einmal ein armer Hintersasse, wie es wohl viele gibt. Der wohnte tief im Walde. Er hatte zwei Kinder, einen Knaben und ein Mädchen. Eines Tages sagte der Hintersasse, daß sie ausgehen und kleines Reis hauen sollten. Die Kinder gehorchten; der Knabe nahm eine Axt, die Schwester folgte ihm, und so zogen sie in den Wald, um Reis zu hauen, wie ihnen ihr Vater befohlen. Aber wie sie vorwärts- und zurückwanderten, konnten sie zuletzt nicht den Weg nach Hause finden. Der Mittag kam, der Abend kam, und je länger es dauerte, desto mehr verliefen sich die armen Kinder in der Wildnis. Da ward das Mädchen ängstlich und setzte sich auf einen umgefallenen Baum und weinte bitterlich; der Knabe aber war guten Mutes und tröstete seine Schwester, so gut er es vermochte. »Weine nicht«, sagte er, »ich will für uns eine Hütte bauen; am Morgen, wenn es tagt, finden wir schon wieder heim.« Gesagt und getan. Er nahm seine Axt und baute eine kleine Hütte aus kleinen Reisern. Das Mädchen trocknete nun ihre Tränen ab, und so blieben sie über Nacht im Walde.

Am folgenden Morgen begannen die Kinder des Hintersassen wieder ihre Wanderung, aber ebensowenig wie den Tag vorher konnten sie den Weg finden. Als sie nun beide schon lange gewandert waren, ward das Mädchen müde, setzte sich nieder und weinte bitterlich. »Weine nicht«, tröstete der Bruder, »der Tag ist lang, und wir kommen wohl heim, ehe die Sonne in den Wald geht.« Das Mädchen sagte: »Ich vermag nicht länger zu gehen, ich bin so hungrig, so hungrig.« Der Knabe aber behielt seinen guten Mut und meinte, er würde schon Hilfe für den Kummer finden. Er bat nun seine Schwester zurückzubleiben, während er fortging, um ihr Nahrung zu verschaffen.

Als der Knabe eine Weile gewandert war, kam er zu einer kleinen Hölzung; mitten in der Hölzung war eine kleine Stube, deren Dach aus bloßen Würsten bestand. Da kam Freude bei ihm auf. Er schlich sich ganz nahe heran, um zu sehen, ob und wie er zu der schönen Speise kommen könnte. Nichts war zu hören, schließlich wagte es sich der Knabe, auf das Dach der Stube hinaufzukriechen. Er schaute durch ein Rauchloch ins Zimmer hinab und sah einen alten Riesen, der darin zugleich mit seinem Weibe wohnte. Da wollte der Knabe sich hinweg begeben, aber der Riese bemerkte das Gepolter und rief mit rauher

Stimme: »Wer ist es, der auf meinem Dache zappelt?« Der Knabe antwortete mit schwacher Stimme: »Bloß ein kleiner, kleiner Vogel.«

»Ja so«, brummte der Riese, »dann kannst du keinen Schaden tun.« Der Knabe nahm einen Bund Würste und sprang schnell zu seiner Schwester fort, die während der Zeit mit großer Angst und Furcht seine Ankunft abgewartet hatte.

Es waren so einige Tage vergangen, ohne daß die beiden Geschwister irgendeinen Mangel litten, obschon sie den Weg aus der Wildnis nicht finden konnten. Als nun der Speisevorrat zu Ende war, mußte der Knabe sich wieder nach dem Orte begeben, um mehreres herbeizuschaffen. Er schlich sich daher zu der Stube des Riesen, deren Dach aus bloßen Würsten bestand, und kroch leise auf das Dach hinauf. Aber der Riese hörte das Geräusch und rief mit barscher Stimme: »Wer ist es, der auf meinem Dache zappelt?« Der Knabe antwortete mit schwacher Stimme: »Bloß ein kleiner, kleiner Vogel.«

»Ja so«, antwortete der Riese, »da kannst du keinen Schaden tun.« Der Knabe nahm hierauf einen Bund Würste wie das vorige Mal und sprang eilig zu seiner Schwester fort, die mit Unruhe abwartete, wie seine Fahrt ablaufen mochte.

Nach einiger Zeit sollte sich der Knabe wieder hinweg begeben, um Nahrung für sich und seine Schwester herbeizuschaffen. Diesmal wollte das Mädchen mitgehen, um zu sehen, wie es sich zutrage. Der Knabe willigte lange nicht in ihr Begehren ein und meinte, es wäre besser, er ginge allein. Aber die Schwester war beharrlich, und wie es in solchen Fällen zu gehen pflegt, behielt sie zuletzt recht. Als sie nun zur Stube des Riesen kamen, ward dem Mädchen bange, und sie begann zu weinen. »O schweig«, tröstete der Bruder, »du sollst sehen, es ist nicht so gefährlich.« Er kroch auf das Dach und warf seiner Schwester, die unten stand, die Würste zu. Als der Riese das Geräusch hörte, brummte er wie früher: »Wer ist's, der auf meinem Dache zappelt?« Der Knabe antwortete mit heller Stimme: »Bloß ein kleiner, kleiner Vogel.« Das Mädchen konnte aber jetzt ihr Lachen nicht mehr zurückhalten, sondern schrie laut: »Hi, hi, hi.« Da wurde dem Knaben bange, und er wollte forteilen; in demselben Augenblicke aber glitt er aus, brach auf dem Dache das Loch ein, und er fiel Hals über Kopf durch die Öffnung hinab. Als das Mädchen dieses Unglück sah, erschrak es sehr und floh eilig in den Wald zurück.

»Ja, nun sehe ich, was für ein kleiner Vogel du bist«, sagte der Riese, als der Knabe durch das Stubendach herabfiel. Er sprach hierauf mit seiner Frau und sagte: »Mutter, nimm den Knaben und mäste ihn gut, daß wir in einigen Tagen einen guten Braten erhalten können.« Das Riesenweib tat, wie der Mann zu ihr gesprochen, ergriff den Knaben und sperrte ihn in eine Stube ein. Hier fand er Nußkerne und süße Milch so viel ihm zu essen gelüstete, und er wurde bald stärker und fetter, als er es vorher gewesen.

Es ging so einige Zeit vorbei, und der Riese wollte wissen, ob der Knabe schon hinlänglich gemästet war. Er ging daher zur Steige und rief, daß der Knabe seinen Finger hervorstrecken sollte. Aber dieser ahnte Schlimmes und streckte statt dessen eine Baumzwecke hervor. Der Riese griff danach und dachte, daß der Knabe noch sehr mager sein müßte, weil sein Fleisch so hart anzufühlen wäre. Der Riese ging nun zu seiner Frau und sagte, daß der Knabe doppelt so viel Nußkerne und süße Milch erhalten sollte als früher, was auch geschah.

Einige Tage darauf ging der Riese wieder zur Steige, um zu erfahren, ob der Knabe schon genügend fett wäre. Dieser streckte eine Baumzwecke hervor wie das vorige Mal. Der Riese wunderte sich sehr, daß der Knabe so wenig Fleisch hatte, und ward darum auf seine Frau nicht gut zu sprechen. Aber die Riesin entschuldigte sich und meinte, daß es wenig der Mühe lohne, den Knaben weiter zu mästen, weil er noch nicht fett geworden. Der Riese sagte: »Wenn es so ist, wie du sagst, will ich sogleich heute forteilen und unsere Verwandten zum Schmause laden, du kannst unterdessen den Ofen heizen und den Braten zubereiten.« Dies schien dem Weibe ein guter Rat zu sein, und sie versprach zu tun, wie ihr Mann gesagt hatte. Hierauf sattelte der Riese seinen Zelter und ritt seinen Weg.

Als der Riese fortgeritten war, zündete das Weib ein großes Feuer an und machte den Ofen sehr warm. Sie holte den Knaben aus der Steige und ließ ihn auf den Brotschieber sitzen, um ihn in den Ofen einzuschieben. Aber der Knabe merkte, daß es um sein Leben ging, und richtete es so ein, daß er herabfiel, sooft die Riesin den Schaft der Backschaufel ergriff. Die Riesin wurde unwillig über eine solche Ungeschicklichkeit; der Knabe aber entschuldigte sich, daß er nicht recht wüßte, wie er sitzen solle. »Mutter«, sagte er, »setzt euch selbst auf den Brotschieber, so könnte ich es vielleicht lernen.« Die Riesin tat, wie er gebeten, und setzte sich mit gekrümmtem Rücken auf die Schaufel. Sogleich war der Knabe bereit, faßte die Schaufel und schob die Riesin in den glühendheißen Ofen hinein. Das war ihr Tod. Als sie tot war, raffte der Knabe in Eile zusammen, was er im Hause finden konnte, und ging hierauf seine Schwester suchen. Er fand sie in der kleinen Reiserhütte, und jeder kann wohl denken, was das für eine Freude war, als sie sich trafen, da sie nicht geglaubt hatten, einander je wiederzusehen. Das Mädchen aber hatte sich während der Zeit von den Würsten ernährt, welche der Bruder vom Dache herabgeworfen hatte, als er von dem Riesen festgehalten wurde. Sie dachte nun, daß ihr Bruder längst aufgezehrt wäre, und hatte selbst die ganze übrige Zeit um ihn geweint.

Während sich das alles ereignete, kam der Riese wieder von seinem Ritt zurück und wunderte sich, daß seine Frau ihm nicht entgegenging, wie es ihre Sitte war. »Aber«, dachte er im stillen, »sie hat ja wohl so viel mit dem Gastmahl zu schaffen, daß sie nicht abkommen kann.«

Der Riese stieg nun vom Pferd und ging hinein. Aber seine Frau kam nirgends zum Vorschein. »Vielleicht«, meinte der Riese, »ist sie zum Walde gegangen; ich will unterdessen nach dem Braten sehen.« Als er nun das Ofenloch öffnete, siehe, da saß sein eigenes Weib gebraten und verbrannt im Ofen; der verschmitzte Knabe aber war entflohen. Als der Riese dies sah und begriff, wie alles zugegangen sei, ward er so erzürnt, daß sein Herz barst und er tot an der Feuerstätte niederstürzte.

Einige Tage danach war der Speisevorrat der Hintersassenkinder zu Ende. Da überlegte der Knabe für sich, daß er wohl gehen und sehen müßte, wie es um den Riesen stand. Diesmal ging das Mädchen nicht mit. Als der Knabe nun zur Stube des Riesen kam, kroch er ganz leise auf das Dach hinauf und spähte durch den Rauchfang. Aber jeder kann denken, wie er sich freute, als er den Riesen an der Feuerstätte tot liegen sah. Der Knabe sprang jetzt zu seiner Schwester und erzählte ihr, was er gesehen hatte. Hierauf gingen die Kinder des Hintersassen zurück und trugen alles Silber und andere Habe fort, welche die Riesenleute besessen hatten. Auf der andern Seite der Stube des Riesen fanden sie dann einen Pfad, der durch den Wald führte. Diesem folgten sie und gelangten auf diese Weise glücklich wieder zu ihrem Vater. Mehr habe ich seitdem nicht erfahren.

Von hilfreichen Menschen, Tieren und Gegenständen

29. Von dem Breikessel

Sieben Meilen hinter Eulenpfingsten lebten vor alter Zeit ein Mann und eine Frau, aßen und tranken und waren allezeit guter Dinge. Der Mann aber war ein Müller; nun rate, was die Frau war. Und sie hatten eine einzige Tochter, wenn die im Sommer am Bache saß und ihre Füßchen spülte, kamen alle Fische herbei und sprangen vor Freuden aus dem Wasser, so schön war sie. Einst wurde eine teure Zeit, und es kam nur wenig Korn zur Mühle; deshalb hatten sie nichts mehr zu essen. Da ging die Frau eines Tages hin, schüttelte alle Kisten und Kasten und klopfte alle Säcke aus, tat das letzte Salz daran, kochte einen Roggenbrei und sagte: »Dies wird die letzte Mahlzeit sein; wir können uns dann hinlegen und sterben.« Als der Brei bald fertig war, kam der Mann in die Küche, nahm den hölzernen Löffel und wollte einmal schmecken. Die Frau verwehrte es ihm, und als er Gewalt brauchen wollte, nahm sie den Kessel auf den Kopf und lief davon, daß ihr die Haare um den Nacken flogen; der Mann mit dem Löffel in der Hand setzte hinter ihr her, und als die Tochter das sah, nahm sie ihre Schuhe in die Hand und lief hinter dem Vater her. Und Sie kamen in einen Wald, da verlor das Mädchen den einen Schuh, und während sie den suchte, ohne ihn finden zu können, verschwanden Vater und Mutter hinter den Bäumen; da setzte sie sich hinter einen Busch und konnte nicht mehr weiter, so müde war sie, und weinte und wimmerte; und als sie daran dachte, daß sie ihren einen Schuh verloren hatte, weinte sie noch viel mehr. Den Schuh aber hatte der Zaunkönig gefunden, und die Frau Zaunkönigin wiegte ihre Jungen darin. Als sie nun so dasaß und klagte, daß es einen Stein hätte erbarmen sollen, da stand auf einmal eine alte Frau bei ihr, die sagte: »Was fehlt dir, mein Kind?« Das Mädchen antwortete: »Ja, die Mutter nahm das letzte Mehl und kochte einen Brei davon, da wollte der Vater schmecken, die Mutter wollte es aber nicht haben; nun ist sie davongelaufen mit dem Kessel auf dem Kopf, und der Vater läuft hinter ihr her, mit dem Löffel in der Hand; und als ich ihnen nachlief, da verlor ich einen Schuh, und wie ich den suchte, verschwanden Vater und Mutter hinter den Bäumen. Was soll ich nun anfangen? Hätte ich nur den Schuh!«

»Hier hast du einen andern«, sagte die Frau, griff in die Tasche, holte einen funkelnagelneuen heraus und setzte hinzu: »Nun sei ruhig und tu, was ich dir sage, so wird alles gut! Geh noch ein wenig tiefer in den Wald, da kommst du an ein großes Haus, das ist ein Königsschloß, da geh hinein; und wenn sie dir dann viele Kleider vorlegen, seidene, baumwollene und leinene, und dir sagen, du sollst dir davon eins wählen, so suche dir das schönste seidene aus, und wenn sie dich fragen, warum du dir das wählst, so antworte: ›Ich bin in Seide erzogen.‹« Das Mädchen bedankte sich und ging und kam bald an das Schloß, und als sie hineinkam und ihr die vielen Kleider vorgelegt wurden, seidene, baumwollene und leinene, suchte sie sich das schönste seidene aus. Da fragte sie der König: »Warum wählst du dir denn gleich ein seidenes?« Sie antwortete: »Ich bin in Seide erzogen.« Eigentlich war sie aber in Leinen erzogen. Nun hatte der König einen Prinzen, der war zwölf Jahre alt und sollte heiraten, und als die Müllerstochter in dem seidenen Kleide hereinkam, lief es ihm heiß durchs Herz, und er sagte: »Lieber Vater, wenn ich doch nun einmal mit Gewalt heiraten soll, so gebt mir die; eine andere nehme ich nun und nimmermehr!« Des waren alle froh, und die Hochzeit wurde angesetzt.

Eines Tages stand die Braut oben im Saale am Fenster und besah sich die Gegend, und als sie eben noch hinuntersah, siehe, da lief ihre Mutter vorbei mit dem Kessel auf dem Kopf, daß ihr die Haare um den Nacken flogen, und hinter ihr her lief der Vater mit dem großen hölzernen Löffel in der Hand; da konnte sie es nicht lassen, sie mußte laut auflachen. Das hörte der Prinz im Nebenzimmer und kam herein und sagte: »Schätzchen, was lachst du?«

Sie wollte die Geschichte von ihren Eltern nicht gerne erzählen und antwortete: »Ich lache darüber, daß wir in diesem kleinen Schlosse Hochzeit halten sollen; denn wo wollen hier die vielen Gäste unterkommen?« Da versetzte der Prinz: »Hast du denn ein größeres?« Sie antwortete: »Ja, viel größer«; sie hatte aber eigentlich gar kein Schloß.

»Ei«, sagte der Prinz, »so laß uns die Hochzeit noch acht Tage aufschieben! Wir bestellen dann alle auf dein Schloß, fahren auch dahin und feiern dort die Hochzeit.« Damit ging er weg, um es dem Vater zu sagen; sie aber stieg in den Hof hinab und war traurig, denn wo sollte das große Schloß herkommen? Und als sie dasaß und weinte, da war auf einmal die alte Frau bei ihr und sagte: »Was fehlt dir?«

»Ich stand gerade oben im Saale am Fenster und besah mir die Gegend, und siehe, da liefen meine Eltern unten vorbei, und da mußte ich laut auflachen. Das hörte mein Bräutigam im Nebenzimmer, und als er kam und fragte, warum ich gelacht habe, wandte ich vor, es sei wegen dieses kleinen Schlosses geschehen; ich hätte ein viel größeres. Nun soll dort die Hochzeit gefeiert werden, und ich habe doch gar kein Schloß.«

»Das hast du doch!« erwiderte die Alte. »Sei nur ruhig und fahre getrost mit ihm hin, und wenn ihr ein bißchen gefahren seid, springt ein weißer Pudel aus dem Gebüsch, den du allein sehen kannst; wo er hinläuft, da laß hinfahren.« Damit verschwand die alte Frau, und das Mädchen ging wieder in den Saal. Als die acht Tage um waren und die Gäste zur Hochzeit kamen, fuhren sie über die Brücke in den Wald, und bald sprang ein weißer Pudel aus dem Gebüsch, den das Mädchen allein sehen konnte, und wo der hinlief, ließ sie ihren Wagen fahren, und die anderen Wagen kamen alle hinterdrein.

Als sie eine Zeitlang unterwegs waren und es den Gästen allgemach zu lange dauerte, fragen sie: »Sind wir noch nicht da?« Sie antwortete: »Sogleich«, und in demselben Augenblick stand der Pudel still und verschwand in dem Gebüsch, und wo er verschwunden war, stand plötzlich ein großes Schloß mit hohen Türmen und hellen Fenstern, und lustig drängte sich der Rauch aus allen Schornsteinen. »Das ist mein Schloß«, sagte die Braut, und alle stiegen aus und gingen hinein. Und siehe, die Tische waren gedeckt, die Betten gemacht, und die Bedienten liefen ein und aus. Da hielten sie ein halbes Jahr Hochzeit. Und am letzten Tag, als sie schon eingepackt hatten, um wieder nach dem alten Schloß zu fahren, und eben zum letztenmal bei Tische saßen, da plötzlich rannte etwas gegen die Tür, daß sie krachend aufsprang. »Frau Königin! Frau Königin«, rief eine Frau, die mit einem Kessel auf dem Kopfe hereinstürzte, »Frau Königin, schütze mich; mein Mann will mich schlagen!« Und der Mann kam hereingestürzt mit einem hölzernen Löffel und war ganz wütend und wollte die Frau schlagen; als er aber die hohen Gäste sah, ließ er es bleiben. »Das sind meine lieben Eltern!« sagte die junge Königin, und der junge König freute sich und der alte auch, denn sie hatten die schöne Frau über die Maßen lieb; und als diese ihre ganze Geschichte erzählt hatte, mußten die Bedienten den größeren hölzernen Löffel nehmen und jedem der Gäste einen Löffel voll von dem Brei, dem alle ihr Glück verdankten, auf den Teller geben, und alle aßen davon und lobten ihn; der Müller und die Müllerin aber bekamen so viel Wein und Braten, wie sie nur essen konnten, und das war sehr viel, denn sie hatten sich ungemein hungrig gelaufen.

30. Der Leuteschinder

Es lebte einmal ein böser, gottloser Bauer, der seinem Gesinde weder an Sonn- noch an Festtagen Ruhe gönnte. Er jagte die Leute hin und her und trieb sie bald an die eine, bald an die andere Arbeit.

So schickte er einmal in aller Frühe des Michaelstages einen Knecht in den Wald, Holz für Faßreifen zu holen. Der Knecht ging zwar, war jedoch nachdenklich und bekümmert. Aber wenn man gehen muß, muß man gehen: Wenn der Bauer es befiehlt, dann muß es getan werden.

Als er das geeignete Holz geschlagen hatte, nahm er es auf die Schulter und schritt ernsten Gesichtes und in sich gekehrt nach Hause. Auf einmal – es kam so michnichtsdichnichts – befand er sich inmitten eines Wolfrudels. An der Stelle war der Wald so dicht wie eine Wand. Inmitten des Waldes befand sich eine große Lichtung, und diese Lichtung war voller Wölfe. Der Knecht erschrak sehr, denn er dachte, sein letztes Stündlein sei gekommen – die Wölfe würden ihn bestimmt nicht am Leben lassen. Aber welch Wunder! Auf einmal erschollen im ganzen Wald sonderbare Töne. Alle Bäume ringsherum – große und kleine – rauschten so merkwürdig, als würden sie ein Loblied singen. Der Knecht blieb stehen, ohne auch nur ein Wort sagen zu können. Alle Wölfe stellten sich Kopf an Kopf in einen Kreis auf, und inmitten dieses Kreises stand ein Mann. Während sich die Wölfe schweigend aufstellten, wollte der Knecht leise verschwinden und nach Hause eilen, aber der Man, der inmitten der Wölfe stand, erblickte ihn und rief ihm zu: »Geh nicht, du ehrenwerter Mann, von uns fort. Warte ein Weilchen ab und stell dich zu den Wölfen! Dir wird nichts Arges geschehen. Sieh zu, was wir machen werden. Und wenn Gott bestimmt hat, daß du dasselbe genießt, was wir jetzt genießen werden, dann wirst auch du deinen Anteil erhalten.«

Der Knecht mußte – ob er wollte oder nicht – sich zu den Wölfen stellen: ganz am Ende der Reihe. Nachdem der Mann unter den Wölfen so gesprochen hatte, rief er die Wölfe vom anderen Ende der Reihe nacheinander zum Mahl und reichte ihnen der Reihe nach Gottesbrot (=Hostie).

Alle Wölfe bekamen ihren Anteil, und ein Brot blieb übrig. Der Austeiler des Abendmahls kam auf den Knecht zu und sprach: »Du mußt das übriggebliebene Gottesbrot nehmen, ob du willst oder nicht, denn so ist es dir bestimmt.«

Wohl wollte der Knecht nicht recht zusammen mit den Wölfen am Mahl teilnehmen, aber dann erinnerte er sich an das Rauschen des Waldes und nahm mit Freuden am Mahl teil. Als der Abendmahlverteiler das Mahl verteilt hatte, sagte er zu dem Knecht: »Es ist gut, daß du unser Angebot nicht ausgeschlagen hast. Von nun an wirst du stark wie ein Wolf und sanft wie ein Lamm sein. Du wirst die Sprache der Tiere verstehen und die Gedanken der Menschen erraten können, sobald du sie ansehen wirst. Alle Arbeit wird dir glücken. Niemand wird dir etwas Böses antun können. Das Glück wird dich überall begleiten!«

Er verabschiedete sich von dem Knecht verneigte sich zusammen mit den Wölfen dreimal vor ihm und ging dann leise und lautlos davon. Der Knecht blieb allein zurück. Ihm kam das alles wie ein Traum vor. Er überdachte es gut, was er gesehen und gehört hatte, und erzählte niemandem zu Hause sein wunderbares Erlebnis.

Und wahrhaftig geschah alles so, wie der Abendmahlverteiler es vorausgesagt hatte. Der Knecht konnte jetzt die Sprache der Tiere verstehen, er war stark wie ein Wolf, sanft wie ein Lamm, lebte so glücklich wie im Ohr Gottes, und die Arbeit ging ihm so gut von der Hand wie noch nie, und er verrichtete alles aufs schnellste und beste, so daß der Bauer nichts an ihm auszusetzen hatte, obwohl er jeden Tag mit seinem Gesinde schalt.

An Sonn- und Feiertagen rührte der Knecht keine Arbeit mehr an, mochte der Bauer sich ärgern, soviel er wollte. Dafür arbeitete er nach Festtagen doppelt so viel. Einige Zeit ging das so weiter.

Da begann der Bauer, ihm immer mehr Arbeit aufzubürden. Als er dann merkte, daß der Knecht auch diese Mehrarbeit ohne zu murren bewältigte, begriff er, daß es jemanden geben mußte, der ihm dabei half. Deshalb drang er so lange in den Knecht, bis er ihm schließlich alles erzählte in der Hoffnung, endlich Ruhe zu haben. Aber – ach, du meine Güte – jetzt wurde sein Leben nur noch schwerer.

Seit dieser Zeit begann der Bauer ihn zu hassen, denn der Knecht kannte alle seine Gedanken, alle seine schlechten Taten. Indem er nun sich immer und überall am Knecht rächen wollte, machte er ihm das Leben so schwer, daß er schließlich fortging und auf eigene Faust zu leben anfing.

Das allein hatte der Bauer ja gewollt, um nun selbst am Michaelistag unbemerkt in den Wald gehen zu können. Der Tag kam heran. In aller Frühe machte sich der Bauer auf den Weg, Holz für Faßreifen zu holen. Nachdem er das Holz geschlagen hatte, begab er sich zu der beschriebenen Lichtung, auf der der Knecht zusammen mit den Wölfen am Mahl teilgenommen hatte. Der Fremde verteilte gerade das Mahl an die Wölfe, wie er es auch vor einem Jahr getan hatte. Der gierige Bauer stellte sich ungebeten neben die Wölfe ans Ende der Reihe hin. Der Abendmahlverteiler tat so, als habe er es gar nicht bemerkt, obwohl einige der Wölfe drohend knurrten, nachdem sie den Störenfried erblickt hatten. Das Abendmahl war verteilt worden, aber unglücklicherweise fehlte Brot für einen der Wölfe. Als der nun auch Brot verlangte, wies der Verteiler auf den Bauern und sagte: »Sieh, da ist dein Brot.«

Da stürzte sich der Wolf sogleich auf ihn und riß ihn in Stücke, wobei er ihn gleich an Ort und Stelle verzehrte. Dem Knecht aber ging es sehr gut. Er lebt glücklich und wurde ein reicher Mann.

31. Die wunderbare Flöte

Ein junger Schweinehirt hatte eine so gute Flöte, daß, wenn er sie blies, alles geschah, was er nur wünschte.

Einmal war er mit seiner Schweineherde an der Landstraße; er blies die Flöte, und die Schweine tanzten. Da ging eine reiche Kaufmannstochter des Wegs vorbei. Sie war sehr verwundert darüber, daß die Schweine tanzten, und wollte dem Burschen ein Schwein abkaufen. Der Bursche war auch bereit, es zu verkaufen. Er stellte nur die Bedingung, daß die Kaufmannstochter ihm ihr Gesicht zeigen solle. Die Kaufmannstochter war's zufrieden. Sie lüftete ihre Schleier und zeigte dem Burschen ihr schönes Gesicht. Dann ließ sie das Schwein nach

Hause bringen. Sie hoffte nun, daß das Schwein zu tanzen anfangen werde, das Schwein tanzte aber gar nicht.

Am anderen Tage klagte die Kaufmannstochter dem Burschen ihr Leid: »Hör einmal, Bursch, das gestrige Schwein tanzt gar nicht!« Der Bursche antwortete: »Wohl wahr, jenes tanzt nicht gut, aber die anderen tanzen besser!« Die Kaufmannstochter wollte sich sogleich ein anderes Schwein kaufen. Der Bursche erwiderte: »Zeigt mir Euren Hals, dann bekommt Ihr ein Schwein, welches tanzt!« Die Kaufmannstochter zeigte ihm ihren Hals. Dann bekam sie ein anderes Schwein.

Daheim jedoch erzählte der Bursche seinem Herrn, daß der Wolf das Schwein geholt habe. Die Kaufmannstochter wartete, daß das Schwein zu tanzen anfange, aber sieh mal an! Das Schwein tat nichts, was nicht auch andere Schweine tun.

Am nächsten Tage ging die Kaufmannstochter wieder, dem Burschen ihr Leid zu klagen, daß das Schwein nicht tanze. Der Bursch entgegnete: »Das Schwein versteht nicht allein zu tanzen. Nehmt noch ein drittes dazu, das tanzt am allerbesten. Dann tanzen sie alle zusammen!« Die Kaufmannstochter fragte, was das Schwein koste. Der Bursche antwortete: »Zeigt mir Euren Hals bis zu den Armen!« Die Kaufmannstochter zeigte es ihm. Der Bursche sah, daß sie unter dem einen Arm Goldhaare hatte, unter dem anderen Silberhaare. Der Bursche gab ihr das dritte Schwein ab.

Zu Hause erzählte der Bursche seinem Herrn, daß der Bär das Schwein geholt habe. Der Herr jagte den Burschen fort, weil er jeden Tag sich ein Schwein rauben lasse.

Der Bursche ging seines Weges und blies zum Zeitvertreib seine Flöte. Da sieht er: Es kommt ein Wagen, und drei Männer sind darin. Der Bursche bläst die Flöte und denkt: »Die Pferde sollen tanzen, die Herren sich prügeln!« Sofort begannen die Pferde vor dem Wagen zu tanzen und die Herren im Wagen sich zu prügeln. Die Pferde liefen aber immer weiter. Nach kurzer Zeit holte wieder ein Wagen den Burschen ein, ein Herr saß darin, ein schwarzer Hengst war vorgespannt. Der Bursche blies seine Flöte und dachte: »Möchte jener Herr mich in den Wagen nehmen!« Der Herr hielt sogleich das Pferd an und rief den Burschen in seinen Wagen. Er fragte den Burschen: »Fuhr hier nicht ein Wagen vorbei, in dem drei Herren saßen?« Der Bursche erwiderte: »Freilich fuhr er vorbei, aber die Herren zankten sich untereinander!« Der Herr erklärte: »Wie sollten sie sich denn nicht zanken?

Wir fahren alle vier, um die Kaufmannstochter zu freien. Sie zankten sich deswegen, wer von ihnen die Kaufmannstochter bekommen solle.«

In solchem Gespräch erreichten sie das Haus des Kaufmanns. Der Bursche bat: »Ich komme mit in die Stube hinein und kriech unter den Tisch. Wenn Ihr zu essen anfangt, so werft auch mir einige Mundvoll unter den Tisch hinab!« Der Herr versprach es. Die andern Herrn waren schon in der Stube und säuberten ihre blutigen Gesichter und Kleider. Jener, der mit dem Burschen gekommen war, wurde am allerfreundlichsten aufgenommen. Man setzte sich nun an einen prächtigen Tisch, um zu speisen.

Während des Essens warf der Herr dem Burschen unter dem Tisch auch etwas zu. Nach der Mahlzeit sprach der Kaufmann: »Nur derjenige bekommt meine Tochter, der ihre besonderen Kennzeichen nennen kann!« Der Bursch unter dem Tisch sprach: »Eure Tochter hat unter dem einen Arm Goldhaare, unter dem andern Silberhaare!« Der Herr sagte gleich: »Habt ihr es nicht gehört, ich hab es gesagt!« Die Kaufmannstochter hatte aber deutlich gehört, daß die Stimme unter dem Tisch hervorgekommen war. Man begann zu suchen, fand unter dem Tisch den Burschen und fragte ihn, ob er geantwortet habe. Kühn erwiderte der Bursche, er habe so gesprochen. Dann setzte er sogleich die Pfeife an den Mund und dachte, die Kaufmannstochter soll sich in ihn verlieben.

Sofort sprach die Kaufmannstochter zu den anderen Herren: »Dieser Bursche hat meine besonderen Kennzeichen genannt, deshalb nehme ich ihn zum Mann!« Der Kaufmann war damit zufrieden, die Freier dagegen zogen erbost ihres Weges.

Dem Burschen wurden feine Kleider angezogen. Die Hochzeit dauerte ununterbrochen sieben Tage und Nächte. Es wurde genug gegessen und getrunken, genug musiziert und getanzt. Der Bursche lud auch seinen früheren Herrn zur Hochzeit ein, der kam aber nicht.

Nach dem Tode des Kaufmanns erbte der Bursche dessen ganzes Vermögen. Zu der Zeit aber verschwand die Flöte des Burschen. Er hatte sie ja auch nicht mehr nötig, weil er sowieso schon reich genug war.

32. Das Wasser des Lebens

Es war einmal ein König, der war krank, und niemand glaubte, daß er mit dem Leben davonkäme. Er hatte aber drei Söhne, die waren darüber betrübt, gingen hinunter in den Schloßgarten und weinten. Da begegnete ihnen ein alter Mann, der fragte sie nach ihrem Kummer. Sie sagten ihm, ihr Vater wäre so krank, daß er wohl sterben würde, denn es wollte ihm nichts helfen. Da sprach der Alte: »Ich weiß noch ein Mittel, das ist das Wasser des Lebens, wenn er davon trinkt, so wird er wieder gesund; es ist aber schwer zu finden.«

Der älteste sagte: »Ich will es schon finden«, ging zum kranken König und bat ihn, er möchte ihm erlauben auszuziehen, um das Wasser des Lebens zu suchen, denn das könnte ihn allein heilen. »Nein«, sprach der König, »die Gefahr dabei ist zu groß, lieber will ich sterben.« Er bat aber so lange, bis der König einwilligte. Der Prinz dachte in seinem Herzen: »Bringe ich das Wasser, so bin ich meinem Vater der liebste und erbe das Reich.«

Also machte er sich auf, und als er eine Zeitlang fortgeritten war, stand da ein Zwerg auf dem Wege, der rief ihn an und sprach: »Wo hinaus so geschwind?«

»Dummer Knirps«, sagte der Prinz ganz stolz, »das brauchst du nicht zu wissen«, und ritt weiter. Das kleine Männchen aber war zornig geworden und hatte einen bösen Wunsch getan. Der Prinz geriet bald hernach in eine Bergschlucht, und je weiter er ritt, je enger taten sich die Berge zusammen, und endlich ward der Weg so eng, daß er keinen Schritt weiter konnte; es war nicht möglich, das Pferd zu wenden oder aus dem Sattel zu steigen, und er saß da wie eingesperrt.

Der kranke König wartete lange Zeit auf ihn, aber er kam nicht. Da sagte der zweite Sohn: »Vater, laßt mich ausziehen und das Wasser suchen«, und dachte bei sich: »Ist mein Bruder tot, so fällt das Reich mir zu.« Der König wollt ihn anfangs auch nicht ziehen lassen, endlich gab er nach.

Der Prinz zog also auf demselben Weg fort, den sein Bruder eingeschlagen hatte, und begegnete auch dem Zwerg, der ihn anhielt und fragte, wohin er so eilig wolle. »Kleiner Knirps«, sagte der Prinz, »das brauchst du nicht zu wissen«, und ritt fort, ohne sich weiter umzusehen.

Aber der Zwerg verwünschte ihn, und er geriet wie der andere in eine Bergschlucht und konnte nicht vorwärts und rückwärts. So geht's aber den Hochmütigen.

Als auch der zweite Sohn ausblieb, so erbot sich der jüngste, auszuziehen und das Wasser zu holen, und der König mußte ihn endlich ziehen lassen. Als er dem Zwerg begegnete und dieser fragte, wohin er so eilig wolle, so hielt er an, gab ihm Rede und Antwort und sagte: »Ich suche das Wasser des Lebens, denn mein Vater ist sterbenskrank.«

»Weißt du auch, wo das zu finden ist?«

»Nein«, sagte der Prinz. »Weil du dich betragen hast, wie sich's geziemt, nicht übermütig wie deine falschen Brüder, so will ich dir Auskunft geben und dir sagen, wie du zu dem Wasser des Lebens gelangst. Es quillt aus einem Brunnen in dem Hofe eines verwünschten Schlosses, aber du dringst nicht hinein, wenn ich dir nicht eine eiserne Rute gebe und zwei Laiberchen Brot. Mit der Rute schlag dreimal an das eiserne Tor des Schlosses, so wird es aufspringen; inwendig liegen zwei Löwen, die den Rachen aufsperren, wenn du aber jedem ein Brot hineinwirfst, so werden sie still, und dann eile dich und hol von dem Wasser des Lebens, bevor es zwölf schlägt, sonst schlägt das Tor wieder zu, und du bist eingesperrt.« Der Prinz dankte ihm, nahm die Rute und das Brot und machte sich auf den Weg.

Und als er anlangte, war alles so, wie der Zwerg gesagt hatte. Das Tor sprang beim dritten Rutenschlag auf, und als er die Löwen mit dem Brot gesänftigt hatte, trat er in das Schloß und kam in einen großen schönen Saal; darin saßen verwünschte Prinzen, denen zog er die Ringe vom Finger, dann lag da ein Schwert und ein Brot, das nahm er weg. Und weiter kam er in ein Zimmer, darin stand eine schöne Jungfrau, die freute sich, als sie ihn sah, küßte ihn und sagte, er hätte sie erlöst und sollte ihr ganzes Reich haben, und wenn er in einem Jahr wiederkäme, so sollte ihre Hochzeit gefeiert werden. Dann sagte sie ihm auch, wo der Brunnen wäre mit dem Lebenswasser, er müßte sich aber eilen und daraus schöpfen, eh es zwölf schlüge.

Da ging er weiter und kam endlich in ein Zimmer, wo ein schönes frischgedecktes Bett stand, und weil er müde war, wollt er erst ein wenig ausruhen. Also legte er sich und schlief ein; als er erwachte, schlug es dreiviertel auf zwölf. Da sprang er ganz erschrocken auf, lief zu dem Brunnen und schöpfte daraus mit einem Becher, der daneben stand, und eilte, daß er fortkam.

Wie er eben zum eisernen Tor hinausging, da schlug's zwölf, und das Tor schlug so heftig zu, daß es ihm noch ein Stück von der Ferse wegnahm. Er aber war froh, daß er das Wasser des Lebens erlangt hatte, ging heimwärts und kam wieder an dem Zwerg vorbei.

Als dieser das Schwert und das Brot sah, sprach er: »Damit hast du großes Gut gewonnen, mit dem Schwert kannst du ganze Heere schlagen, das Brot aber wird niemals all.« Der Prinz wollte ohne seine Brüder nicht zu dem Vater nach Haus kommen und sprach: »Lieber Zwerg, kannst du mir nicht sagen, wo meine zwei Brüder sind? Sie sind früher als ich nach dem Wasser des Lebens ausgezogen und sind nicht wiedergekommen.«

»Zwischen zwei Bergen stecken sie eingeschlossen«, sprach der Zwerg, »dahin habe ich sie verwünscht, weil sie so übermütig waren.« Da bat der Prinz so lange, bis der Zwerg sie wieder losließ, aber er warnte ihn und sprach: »Hüte dich vor ihnen, sie haben ein böses Herz.«

Als seine Brüder kamen, freute er sich und erzählte ihnen, wie es ihm ergangen wäre, daß er das Wasser des Lebens gefunden und einen Becher voll mitgenommen und eine schöne Prinzessin erlöst hätte, die wollte ein Jahr lang auf ihn warten, dann sollte Hochzeit gehalten werden, und er bekäme ein großes Reich. Danach ritten sie zusammen fort und gerieten in ein Land, wo Hunger und Krieg war, und der König glaubte schon, er müßte verderben, so groß war die Not. Da ging der Prinz zu ihm und gab ihm das Brot, womit er sein ganzes Reich speiste und sättigte; und dann gab ihm der Prinz auch das Schwert, damit schlug er die Heere seiner Feinde und konnte nun in Ruhe und Frieden leben. Da nahm der Prinz sein Brot und Schwert wieder zurück, und die drei Brüder ritten weiter.

Sie kamen aber noch in zwei Länder, wo Hunger und Krieg herrschten, und da gab der Prinz den Königen jedesmal sein Brot und Schwert und hatte nun drei Reiche errettet. Und danach setzten sie sich auf ein Schiff und fuhren übers Meer. Während der Fahrt, da sprachen die beiden ältesten unter sich: »Der jüngste hat das Wasser des Lebens gefunden und wir nicht, dafür wird ihm unser Vater das Reich geben, das uns gebührt, und er wird unser Glück wegnehmen.« Da wurden sie rachsüchtig und verabredeten miteinander, daß sie ihn verderben wollten. Sie warteten, bis er einmal fest eingeschlafen war, da gossen sie das Wasser des Lebens aus dem Becher und nahmen es für sich, ihm aber gossen sie bitteres Meerwasser hinein.

Als sie nun daheim ankamen, brachte der jüngste dem kranken König seinen Becher, damit er daraus trinken und gesund werden sollte. Kaum aber hatte er ein wenig von dem bitteren Meerwasser getrunken, so ward er noch kränker als zuvor. Und wie er darüber jammerte, kamen die beiden ältesten Söhne und klagten den jüngsten an, er hätte ihn vergiften wollen, sie brächten ihm das rechte Wasser des Lebens, und reichten es ihm. Kaum hatte er davon getrunken, so fühlte er seine Krankheit verschwinden und ward stark und gesund wie in seinen jungen Tagen. Danach gingen die beiden zu dem jüngsten, verspotteten ihn und sagten: »Du hast zwar das Wasser des Lebens gefunden, aber du hast die Mühe gehabt und wir den Lohn; du hättest klüger sein und die Augen aufbehalten sollen, wir haben dir's genommen, während du auf dem Meere eingeschlafen warst, und übers Jahr, da holt sich einer von uns die schöne Königstochter. Aber hüte dich, daß du nichts davon verrätst, der Vater glaubt dir doch nicht, und wenn du ein einziges Wort sagst, so sollst du noch obendrein dein Leben verlieren, schweigst du aber, so soll dir's geschenkt sein.«

Der alte König war zornig über seinen jüngsten Sohn und glaubte, er hätte ihm nach dem Leben getrachtet. Also ließ er den Hof versammeln und das Urteil über ihn sprechen, daß er heimlich sollte erschossen werden. Als der Prinz nun einmal auf die Jagd ritt und nichts Böses vermutete, mußte des Königs Jäger mitgehen. Draußen, als sie ganz allein im Wald waren und der Jäger so traurig aussah, sagte der Prinz zu ihm: »Lieber Jäger, was fehlt dir?« Der Jäger sprach: »Ich kann's nicht sagen und soll es doch.« Da sprach der Prinz: »Sage heraus, was es ist, ich will dir's verzeihen.«

»Ach«, sagte der Jäger, »ich soll Euch totschießen, der König hat mir's befohlen.« Da erschrak der Prinz und sprach: »Lieber Jäger, laß mich leben, da geb ich dir mein königliches Kleid, gib mir dafür dein schlechtes.« Der Jäger sagte: »Das will ich gerne tun, ich hätte doch nicht nach Euch schießen können.«

Da tauschten sie die Kleider, und der Jäger ging heim, der Prinz aber ging weiter in den Wald hinein.

Über eine Zeit, da kamen zu dem alten König drei Wagen mit Gold und Edelsteinen für seinen jüngsten Sohn; sie waren aber von den drei Königen geschickt, die mit des Prinzen Schwert die Feinde geschlagen und mit seinem Brot ihr Land ernährt hatten und die sich dankbar bezeigen wollten. Da dachte der alte König: »Sollte mein Sohn unschuldig gewesen sein?« Und sprach zu seinen Leuten: »Wäre er noch am Leben, wie tut mir's so leid, daß ich ihn habe töten lassen.«

»Er lebt noch«, sprach der Jäger, »ich konnte es nicht übers Herz bringen, Euern Befehl auszuführen«, und sagte dem König, wie es zugegangen war. Da fiel dem König ein Stein von dem Herzen, und er ließ in allen Reichen verkündigen, sein Sohn dürfte wiederkommen und sollte in Gnaden aufgenommen werden.

Die Königstochter aber ließ eine Straße vor ihrem Schloß machen, die war ganz golden und glänzend, und sagte ihren Leuten, wer darauf geradeswegs zu ihr geritten käme, das wäre der rechte, und den sollten sie einlassen, wer aber daneben käme, der wäre der rechte nicht, und den sollten sie auch nicht einlassen. Als nun die Zeit bald herum war, dachte der älteste, er wollte sich eilen, zur Königstochter gehen und sich für ihren Erlöser ausgeben, da bekäme er sie zur Gemahlin und das Reich daneben.

Also ritt er fort, und als er vor das Schloß kam und die schöne goldene Straße sah, dachte er: »Das wäre jammerschade, wenn du darauf rittest«, lenkte ab und ritt rechts nebenher. Wie er aber vor das Tor kam, sagten die Leute zu ihm, er wäre der rechte nicht, er sollte wieder fortgehen.

Bald darauf machte sich der zweite Prinz auf, und wie der zur goldenen Straße kam und das Pferd den einen Fuß darauf gesetzt hatte, dachte er: »Es wäre jammerschade, das könnte etwas abtreten«, lenkte ab und ritt links nebenher. Wie er aber vor das Tor kam, sagten die Leute, er wäre der rechte nicht, er sollte wieder fortgehen.

Als nun das Jahr ganz herum war, wollte der dritte aus dem Wald fort zu seiner Liebsten reiten und bei ihr sein Leid vergessen. Also machte er sich auf und dachte immer an sie und wäre gerne schon bei ihr gewesen und sah die goldene Straße gar nicht.

Da ritt sein Pferd mitten darüber hin, und als er vor das Tor kam, ward es aufgetan, und die Königstochter empfing ihn mit Freuden und sagte, er wär ihr Erlöser und der Herr des Königreichs, und ward die Hochzeit gehalten mit großer Glückseligkeit. Und als sie vorbei war, erzählte sie ihm, daß sein Vater ihn zu sich entboten und ihm verziehen hätte. Da ritt er hin und sagte ihm alles, wie seine Brüder ihn betrogen und er doch dazu geschwiegen hätte. Der alte König wollte sie strafen, aber sie hatten sich aufs Meer gesetzt und waren fortgeschifft und kamen ihr Lebtag nicht wieder.

33. Prinzessin Bernstein

Es war einmal ein König, der nur einen Sohn hatte. Als der König alt geworden war, gab er seinem Sohn einen Schlüssel und sprach zu ihm: »Öffne damit das Zimmer, die du bisher immer verschlossen vorgefunden hast. In diesem Zimmer wirst du zwölf Bilder von Prinzessinnen finden. Unter diesen wähle eine, die du gern heiraten würdest, aber wähle mit Bedacht!«

Da ging der Prinz in das Zimmer und fand darin die zwölf Bilder. Das letzte aber war mit einem Tuch bedeckt. Die Bilder stellten alle Prinzessinnen vor, von denen die eine immer schöner als die andere war. Da kam der Prinz auch an das zwölfte Bild und wunderte sich darüber, daß es bedeckt war. Sinnend stand er davor, dann zog er die Decke herunter und sah, daß diese Prinzessin noch schöner als alle anderen war. Nicht genug konnte er das Bild anschauen. Schließlich ging er zu seinem Vater und sagte zu ihm: »Diese und keine andere soll meine Frau werden!«

Da wurde der alte König traurig und sprach: »Mein Sohn, du hast nicht gut gewählt. Denn du mußt wissen, daß diese Prinzessin von einem bösen Riesen verzaubert worden ist und erst erlöst werden muß. O, hättest du doch verdeckt gelassen, was verdeckt war!« Weil der Sohn aber nicht von der Prinzessin lassen wollte, sagte sein Vater schließlich zu ihm: »Dann geh hin und erlöse sie!«

Da stieg der Sohn auf sein Pferd und machte sich auf den Weg, die Prinzessin, die in einer weit, weit im Norden des Reiches gelegenen Burg wohnte und auch von bösen Riesen bewacht wurde, zu erlösen. Als er so in Gedanken versunken dahinritt, kam er in einen großen Wald und wußte weder aus noch ein. Plötzlich stand ein Mann vor ihm und sagte: »Nimm mich mit, ich will auch kein unverdientes Brot essen!«

»Wie heißt du?« fragte ihn der Prinz.

Der Mann antwortete: »Ich heiße Hoch«, dabei reckte er sich so hoch, daß er über die nächsten Bäume sehen konnte, faßte dann das Pferd des Prinzen und führte es zum Wald hinaus.

Schweigend gingen sie weiter und trafen bald auf einen Mann, der einen so großen Leib hatte, daß er schier ein halbes Meer fassen konnte. »Der wird auch kein unverdientes Brot essen wollen«, meinte Hoch. »Gut«, sagte der Prinz, »nehmen wir Dick mit.«

Eine Weile gingen die drei miteinander. Da trafen sie auf einen Mann, der die Augen mit einem Tuch verbunden hatte und doch sicher seines Weges ging. Der Prinz fragte ihn, wie er heiße und warum er seine Augen verbunden habe. »Allesseher heiße ich«, antwortete der Mann, »und kann alles sehen, was in der Erde, im Wasser und in der Luft ist. Die Augen habe ich mir verbunden, damit das, was ich sehe, nicht sofort zu Staub zerfällt.«

»Komm mit uns, denn auch du wirst kein unverdientes Brot essen wollen«, sagte Hoch. Allesseher war einverstanden und ging mit.

So zogen alle miteinander weiter bis zum Abend. Weil aber den Prinzen hungerte, fragte er Allesseher, ob er nicht ein Haus erblicke, wo sie essen und auch übernachten konnten. Allesseher antwortete: »Auf einem Berg sehe ich ein Schloß, doch können wir dieses erst nach einem Jahr erreichen.«

»Heute noch werden wir unser Abendbrot dort essen«, sagte Hoch, steckte Dick in die eine, Allesseher in die andere Tasche, hob den Prinzen mit seinem Pferd auf die Schultern, reckte sich und war in kurzer Zeit vor dem Schloß.

Am Schloß gab es keinen Baum, der grünte, keine Blume, die blühte, keinen Vogel, der sang. Die Diener führten das Pferd in den Stall, der Prinz aber ging dem Schloß zu. Da sah er im Flur einen Mann, dessen Füße mit der Schwelle verwachsen waren. Er war vor Ermüdung umgefallen und schlief in seliger Ruhe. Der Prinz stieg über ihn hinweg, ging in einen Saal und fand an einem Tisch, der mit prächtigen Speisen gedeckt war, einen Jüngling, der einen Löffel vor dem Mund hatte, als wenn er essen wollte. Auch er schlief. Der Prinz ging weiter und fuhr erschrocken zusammen. Denn vor ihm stand ein Krieger, der sein Schwert gezogen hatte, als wenn er zuschlagen wollte. Aber auch der schlief. Alle waren sie gekommen, die schöne Königstochter zu erlösen.

Nun setzte sich der Prinz mit seinen Dienern an den Tisch, und alle ließen sich die saftigen Braten und herrlichen Früchte schmecken. Plötzlich wurde die Tür aufgerissen, und der Riese trat furchtbar schnaubend in den Saal und vor den Prinzen. »Was willst du hier?« schrie er ihn an.

»Die Prinzessin will ich erlösen«, antwortete wahrheitsgemäß der Prinz. Da lachte der Riese, daß die Fensterscheiben zitterten, und sagte: »Drei Tage gebe ich dir Zeit, die Königstochter zu suchen. Findest du sie aber nicht jeden Tag, so ist es um dich geschehen!« Dann verschwand er wieder.

Der Prinz legte sich mit seinen Dienern zum Schlafen nieder. Als er am anderen Morgen erwachte, sagte er zu Allesseher: »Sieh doch, wo sich die Prinzessin gerade aufhält!« Allesseher drehte dich einmal herum und sagte dann: »Hundert Meilen von hier steht eine Eiche, die nur eine Eichel trägt. In dieser Eichel schläft die Prinzessin verborgen.« Hoch lief hin und holte die Eichel herbei. Der Königssohn und die Diener wollten die Nacht über die Eichel bewachen, schliefen aber doch darüber ein.

Als der Prinz am anderen Morgen erwachte, war die Eichel verschwunden. Allesseher schaute sich wieder um und sagte: »Zweihundert Meilen von hier ist ein hoher Berg. Auf diesem Berg liegt ein Kieselstein, in dem die Prinzessin schläft.« Wieder lief Hoch hin und holte den Stein.

Auch diese Nacht wollten wieder alle wachen. Als es aber Mitternacht war, schliefen sie wieder ein. Und am anderen Morgen mußte der Prinz feststellen, daß der Stein fort war. Allesseher, der die Prinzessin sofort fand, sagte: »Dreihundert Meilen von hier ist ein tiefes Meer. Auf dem Grunde des Meeres liegt ein Stück Bernstein, in dem sich ein kostbarer Ring befindet. In dem Stein dieses Ringes schläft die Prinzessin verborgen.«

Hoch nahm Dick mit sich, und beide kamen bald an die Ostsee. Dick legte sich sogleich nieder und trank solange, bis das Meer ausgetrunken war. Dann nahmen sie das Stück Bernstein und machten sich auf den Rückweg. Weil aber Dick soviel Wasser getrunken hatte, wurde es Abend, und noch immer hatten sie die Burg nicht erreicht. Da nahm Hoch das Stück Bernstein, lief schnell damit zur Burg und warf es durch das offene Fenster dem Riesen, der gerade den Prinzen verzaubern wollte, vor die Füße, daß es entzwei sprang. Plötzlich stand die Königstochter in voller Anmut und Schönheit vor dem Prinzen. Der böse Zauberer aber verwandelte sich in einen Raben und flog durch das offene Fenster davon.

Im selben Augenblick erwachten alle aus ihrem Schlaf. Der Mann im Flur gähnte und stand dann auf. Der Jüngling führte seinen Löffel zum Mund, und der Krieger steckte sein Schwert ein. Darauf zogen alle zum Schloß des Königs, wo bald eine fröhliche Hochzeit gefeiert wurde. Der Prinz lebte sehr glücklich mit seiner schönen Frau und nannte sie immer nur seine liebe Prinzessin Bernstein. Die Diener zogen aber bald alle davon, weil sie unverdientes Brot nicht essen wollten.

34. Allerleirauh

Es war einmal ein König, der hatte eine Frau mit goldenen Haaren, und sie war so schön, daß sich ihresgleichen nicht mehr auf Erden fand. Es geschah, daß sie krank lag, und als sie fühlte, daß sie bald sterben würde, rief sie den König und sprach: »Wenn du nach meinem Tode dich wieder vermählen willst, so nimm keine, die nicht ebenso schön ist, als ich bin, und die nicht solche goldene Haare hat, wie ich habe; das mußt du mir versprechen.« Nachdem es ihr der König versprochen hatte, tat sie die Augen zu und starb.

Der König war lange Zeit nicht zu trösten und dachte nicht daran, eine zweite Frau zu nehmen. Endlich sprachen seine Räte: »Es geht nicht anders, der König muß sich wieder vermählen, damit wir eine Königin haben.« Nun wurden Boten weit und breit umhergeschickt, eine Braut zu suchen, die an Schönheit der verstorbenen Königin ganz gleichkäme. Es war aber keine in der ganzen Welt zu finden, und wenn man sie auch gefunden hätte, so war doch keine da, die solche goldene Haare gehabt hätte. Also kamen die Boten unverrichteter Sache wieder heim.

Nun hatte der König eine Tochter, die war geradeso schön wie ihre verstorbene Mutter und hatte auch solche goldene Haare. Als sie herangewachsen war, sah sie der König einmal an und sah, daß sie in allem seiner verstorbenen Gemahlin ähnlich war, und fühlte plötzlich eine heftige Liebe zu ihr. Da sprach er zu seinen Räten: »Ich will meine Tochter heiraten, denn sie ist das Ebenbild meiner verstorbenen Frau, und sonst kann ich doch keine Braut finden, die ihr gleicht.«

Als die Räte das hörten, erschraken sie und sprachen: »Gott hat verboten, daß der Vater seine Tochter heirate, aus der Sünde kann nichts Gutes entspringen, und das Reich wird mit ins Verderben gezogen.« Die Tochter erschrak noch mehr, als sie den Entschluß ihres Vaters vernahm, hoffte aber, ihn von seinem Vorhaben noch abzubringen. Da sagte sie zu ihm: »Eh ich Euren Wunsch erfülle, muß ich erst drei Kleider haben, eins so golden wie die Sonne, eins so silbern wie der Mond und eins so glänzend wie die Sterne; ferner verlange ich einen

Mantel, von tausenderlei Pelz und Rauhwerk zusammengesetzt, und ein jedes Tier in Euerm Reich muß ein Stück von seiner Haut dazugeben.« Sie dachte aber: »Das anzuschaffen ist ganz unmöglich, und ich bringe damit meinen Vater von seinen bösen Gedanken ab.«

Der König ließ aber nicht ab, und die geschicktesten Jungfrauen in seinem Reiche mußten die drei Kleider weben, eins so golden wie die Sonne, eins so silbern wie der Mond und eins so glänzend wie die Sterne; und seine Jäger mußten alle Tiere im ganzen Reiche auffangen und ihnen ein Stück von ihrer Haut abziehen; daraus ward ein Mantel von tausenderlei Rauhwerk gemacht. Endlich, als alles fertig war, ließ der König den Mantel herbeiholen, breitete ihn vor ihr aus und sprach: »Morgen soll die Hochzeit sein.«

Als nun die Königstochter sah, daß keine Hoffnung mehr war, ihres Vaters Herz umzuwenden, so faßte sie den Entschluß zu entfliehen. In der Nacht, während alles schlief, stand sie auf und nahm von ihren Kostbarkeiten dreierlei, einen goldenen Ring, ein goldenes Spinnrädchen und ein goldenes Haspelchen; die drei Kleider von Sonne, Mond und Sternen tat sie in eine Nußschale, zog den Mantel von allerlei Rauhwerk an und machte sich Gesicht und Hände mit Ruß schwarz. Dann befahl sie sich Gott und ging fort, und ging die ganze Nacht, bis sie in einen großen Wald kam. Und weil sie müde war, setzte sie sich in einen hohlen Baum und schlief ein. Die Sonne ging auf, und sie schlief fort und schlief noch immer, als es schon hoher Tag war.

Da trug es sich zu, daß der König, dem dieser Wald gehörte, darin jagte. Als seine Hunde zu dem Baum kamen, schnupperten sie, liefen ringsherum und bellten. Sprach der König zu den Jägern: »Seht doch, was dort für ein Wild sich versteckt hat.« Die Jäger folgten dem Befehl, und als sie wiederkamen, sprachen sie: »In dem hohlen Baum liegt ein wunderliches Tier, wie wir noch niemals eins gesehen haben: an seiner Haut ist tausenderlei Pelz; es liegt aber und schläft.«

Sprach der König: »Seht zu, ob ihr's lebendig fangen könnt, dann bindet's auf den Wagen und nehmt's mit.« Als die Jäger das Mädchen anfaßten, erwachte es voll Schrecken und rief ihnen zu: »Ich bin ein armes Kind, von Vater und Mutter verlassen, erbarmt euch mein und nehmt mich mit.« Da sprachen sie: »Allerleirauh, du bist gut für die Küche, komm nur mit, da kannst du die Asche zusammenkehren.« Also setzten sie es auf den Wagen und fuhren heim in das königliche Schloß. Dort wiesen sie ihm ein Ställchen an unter der Treppe, wo kein

Tageslicht hinkam, und sagten: »Rauhtierchen, da kannst du wohnen und schlafen.« Dann ward es in die Küche geschickt, da trug es Holz und Wasser, schürte das Feuer, rupfte das Federvieh, belas das Gemüs, kehrte die Asche und tat alle schlechte Arbeit.

Da lebte Allerleirauh lange Zeit recht armselig. Ach, du schöne Königstochter, wie soll's mit dir noch werden!

Es geschah aber einmal, daß ein Fest im Schloß gefeiert ward, da sprach sie zum Koch: »Darf ich ein wenig hinaufgehen und zusehen? Ich will mich außen vor die Türe stellen.« Antwortete der Koch: »Ja, geh nur hin, aber in einer halben Stunde mußt du wieder hier sein und die Asche zusammentragen.« Da nahm sie ihr Öllämpchen, ging in ihr Ställchen, zog den Pelzrock aus und wusch sich den Ruß von dem Gesicht und den Händen ab, so daß ihre volle Schönheit wieder an den Tag kam. Dann machte sie die Nuß auf und holte ihr Kleid hervor, das wie die Sonne glänzte. Und wie das geschehen war, ging sie hinauf zum Fest, und alle traten ihr aus dem Weg, denn niemand kannte sie, und meinten nicht anders, als daß es eine Königstochter wäre.

Der König aber kam ihr entgegen, reichte ihr die Hand und tanzte mit ihr und dachte in seinem Herzen: »So schön haben meine Augen noch keine gesehen.« Als der Tanz zu Ende war, verneigte sie sich, und wie sich der König umsah, war sie verschwunden, und niemand wußte wohin. Die Wächter, die vor dem Schlosse standen, wurden gerufen und ausgefragt, aber niemand hatte sie erblickt. Sie war aber in ihr Ställchen gelaufen, hatte geschwind ihr Kleid ausgezogen, Gesicht und Hände schwarz gemacht und den Pelzmantel umgetan und war wieder Allerleirauh. Als sie nun in die Küche kam und an ihre Arbeit gehen und die Asche zusammenkehren wollte, sprach der Koch: »Laß das gut sein bis morgen und koche mir da die Suppe für den König, ich will auch einmal ein bißchen oben zugucken; aber laß mir kein Haar hineinfallen, sonst kriegst du in Zukunft nichts mehr zu essen.« Da ging der Koch fort, und Allerleirauh kochte die Suppe für den König und kochte eine Brotsuppe, so gut es konnte, und wie sie fertig war, holte es in dem Ställchen seinen goldenen Ring und legte ihn in die Schüssel, in welche die Suppe angerichtet ward. Als der Tanz zu Ende war, ließ sich der König die Suppe bringen und aß sie, und sie schmeckte ihm so gut, daß er meinte, niemals eine bessere Suppe gegessen zu haben. Wie er aber auf den Grund kam, sah er da einen goldenen Ring liegen und konnte nicht begreifen, wie er dahin geraten war. Da befahl er, der Koch sollte vor ihn kommen. Der Koch erschrak, wie er den Befehl hörte, und sprach zu Allerleirauh: »Gewiß hast du ein Haar in die Suppe fallen lassen; wenn's wahr ist, so kriegst du Schläge.« Als er vor den König kam, fragte dieser, wer die Suppe gekocht hätte. Antwortete der Koch: »Ich habe sie gekocht.« Der König aber sprach: »Das ist nicht wahr, denn sie war auf andere Art und viel besser gekocht als sonst.« Antwortete er: »Ich muß es gestehen, daß ich sie nicht gekocht habe, sondern das Rauhtierchen.« Sprach der König: »Geh und laß es heraufkommen.« Als Allerleirauh kam, fragte der König: »Wer bist du?«

»Ich bin ein armes Kind, das keinen Vater und Mutter mehr hat.« Fragte er weiter: »Wozu bist du in meinem Schloß?« Antwortete es: »Ich bin zu nichts gut, als daß mir die Stiefeln um den Kopf geworfen werden.« Fragte er weiter: »Wo hast du den Ring her, der in der Suppe war?« Antwortete es: »Von dem Ring weiß ich nichts.« Also konnte der König nichts erfahren und mußte es wieder fortschicken.

Über eine Zeit war wieder ein Fest, da bat Allerleirauh den Koch wie voriges Mal um Erlaubnis, zusehen zu dürfen. Antwortete er: »Ja, aber komm in einer halben Stunde wieder und koch dem König die Brotsuppe, die er so gerne ißt.« Da lief es in sein Ställchen, wusch sich geschwind und nahm aus der Nuß das Kleid, das so silbern war wie der Mond, und tat es an. Da ging sie hinauf und glich einer Königstochter; und der König trat ihr entgegen und freute sich, daß er sie wiedersah, und weil eben der Tanz anhub, so tanzten sie zusammen. Als aber der Tanz zu Ende war, verschwand sie wieder so schnell, daß der König nicht bemerken konnte, wo sie hinging. Sie sprang aber in ihr Ställchen und machte sich wieder zum Rauhtierchen und ging in die Küche, die Brotsuppe zu kochen. Als der Koch oben war, holte es das goldene Spinnrad und tat es in die Schüssel, so daß die Suppe darüber angerichtet wurde.

Danach ward sie dem König gebracht, der aß sie, und sie schmeckte ihm so gut wie das vorige Mal, und ließ den Koch kommen, der mußte auch diesmal gestehen, daß Allerleirauh die Suppe gekocht hätte.

Allerleirauh kam da wieder vor den König, aber sie antwortete, daß sie nur dazu da wäre, daß ihr die Stiefeln an den Kopf geworfen würden und daß sie von dem goldenen Spinnrädchen gar nichts wüßte.

Als der König zum drittenmal ein Fest anstellte, da ging es nicht anders als die vorige[n] Male. Der Koch sprach zwar: »Du bist eine Hexe, Rauhtierchen, und tust immer etwas in die Suppe, davon sie so gut wird und dem König besser schmeckt, als was ich koche«; doch weil es so bat, so ließ er es auf die bestimmte Zeit hingehen.

Nun zog es ein Kleid an, das wie die Sterne glänzte, und trat damit in den Saal. Der König tanzte wieder mit der schönen Jungfrau und meinte, daß sie noch niemals so schön gewesen wäre. Und während er tanzte, steckte er ihr, ohne daß sie es merkte, einen goldenen Ring an den Finger, und hatte befohlen, daß der Tanz recht lang währen sollte. Wie er zu Ende war, wollte er sie an den Händen festhalten, aber sie riß sich los und sprang so geschwind unter die Leute, daß sie vor seinen Augen verschwand. Sie lief, was sie konnte, in ihr Ställchen unter der Treppe, weil sie aber zu lange und über eine halbe Stunde geblieben war, so konnte sie das schöne Kleid nicht ausziehen, sondern warf nur den Mantel von Pelz darüber, und in der Eile machte sie sich auch nicht ganz rußig, sondern ein Finger blieb weiß.

Allerleirauh lief nun in die Küche, kochte dem König die Brotsuppe und legte, wie der Koch fort war, den goldenen Haspel hinein. Der König, als er den Haspel auf dem Grunde fand, ließ Allerleirauh rufen; da erblickte er den weißen Finger und sah den Ring, den er im Tanze ihr angesteckt hatte. Da ergriff er sie an der Hand und hielt sie fest, und als sie sich losmachen und fortspringen wollte, tat sich der Pelzmantel ein wenig auf, und das Sternenkleid schimmerte hervor. Der König faßte den Mantel und riß ihn ab. Da kamen die goldenen Haare hervor, und sie stand da in voller Pracht und konnte sich nicht länger verbergen. Und als sie Ruß und Asche aus ihrem Gesicht gewischt hatte, da war sie schöner, als man noch jemand auf Erden gesehen hat. Der König aber sprach: »Du bist meine liebe Braut, und wir scheiden nimmermehr voneinander.« Darauf ward die Hochzeit gefeiert, und sie lebten vergnügt bis an ihren Tod.

35. Die Prinzessin auf dem Baum

Es war einmal ein armer Junge, der mußte tagaus, tagein die Schweine in den Wald treiben, daß sie bei Bucheckern und Eichelmast fett würden. Dabei war er nach und nach achtzehn Jahre alt geworden.

Eines Tages trieb er seine Schweine tiefer als sonst in den Wald. Da sah er plötzlich einen außergewöhnlich hohen Baum vor sich, dessen

Zweige sich in den Wolken verloren. »Unglaublich, das ist aber ein Baum!« dachte der Junge bei sich, »wie mag es wohl sein, wenn du dir von seinem Wipfel aus die Welt beschaust!«

Gedacht, getan. Er ließ seine Schweine im Boden wühlen und kletterte an dem Stamm empor. Er kletterte und kletterte, aber es wurde Mittag, die Sonne ging unter, und noch immer war er nicht in das Geäst gekommen.

Endlich, da es schon kräftig zu dunkeln begann, erreichte er einen armlangen Stutz, der in die freie Luft hinausragte. An den Stutz band er sich mit der neuen Peitschenschnur, die er in der Tasche trug, fest, daß er nicht hinabstürzte und Hals und Bein bräche, und dann schlief er ein.

Am anderen Morgen hatte er sich so weit erholt und auch etwas Essen zu sich genommen, daß er sich mit frischen Kräften wieder an die Arbeit machen konnte. Um die Mittagszeit langte er denn auch in dem Geäst an, und von dort ging das Steigen leichter, doch den Zopf erreichte er auch diesmal nicht. Wohl aber kam er gegen Abend in einem großen Dorf an, das in die Zweige hinein gebaut war.

»Wo kommst du her?« fragten die Bauern verwundert, als sie ihn erblickten.

»Ich bin von unten heraufgestiegen«, antwortete der Junge.

»Da hast du eine weite Reise gehabt«, sprachen die Bauern, »bleib bei uns, daß wir dich in unseren Dienst nehmen!«

»Hat denn hier der Baum schon ein Ende?« fragte der Junge.

»Nein«, gaben die Bauern zurück, »der Wipfel liegt noch ein gutes Stück höher.«

»Dann kann ich auch nicht bei euch wohnen bleiben«, versetzte der Junge, »ich muß in den Zopf hinauf. Aber zu essen könnt ihr mir geben; denn ich bin hungrig, und müde bin ich auch.«

Da nahm ihn der Schulze des Dorfes in sein Haus, und er aß und trank, und nachdem er satt geworden war, legte er sich hin und schlief. Am anderen Morgen bedankte er sich bei den Bauern, sagte ihnen Lebewohl und stieg weiter den Baum hinauf.

Die Sonne stand schon hoch am Himmel, als er ein großes Schloß erreichte. Da schaute eine Jungfrau zum Fenster hinaus, die freute sich sehr, daß ein Mensch gekommen sei, sie in ihrer Einsamkeit zu trösten. »Komm zu mir herein und bleibe bei mir«, sagte sie freundlich.

»Hat hier denn der hohe Baum seine Ende?« fragte der Junge.

»Ja, höher hinauf kannst du nicht«, sprach die Jungfrau, »und nun komm herein, daß wir uns die Zeit vertreiben.«

»Was machst du denn hier oben so allein?« fragte der Junge.

Antwortete die Jungfrau: »Ich bin eines reichen Königs Tochter, und ein böser Zauberer hat mich hierher verwünscht, daß ich hier leben und sterben solle.«

»Da hätte er dich auch ein wenig tiefer verwünschen können.« Das half nun aber nichts, sie saß da oben und mußte da oben bleiben; und weil die Prinzessin ein hübsches, artiges Mädchen war, so beschloß er, nicht wieder zurückzukehren und mir ihr zusammen im Schloß hauszuhalten.

Das war ein lustiges Leben, das die beiden da oben im Schloß auf dem hohen Baum führten. Um Speise und Trank durften sie sich nicht zu sorgen: Denn was sie wünschten, stand auch sogleich vor ihnen. Nur das wollte dem Jungen nicht behagen, daß die Prinzessin ihm verboten hatte, ein bestimmtes Zimmer im Schloß zu betreten. »Gehst du hinein«, hatte sie ihm gesagt, »so bringst du mich und dich ins Unglück.«

Eine Zeitlang gehorchte er ihren Worten; endlich aber konnte er es nimmer mehr aushalten, und, als sie sich nach dem Essen hingelegt hatte, um ein Stündchen zu schlafen, nahm er das Schlüsselbund und suchte den Schlüssel hervor, ging hin und schloß die verbotene Tür auf.

Als er drinnen im Zimmer stand, gewahrte er einen kohlschwarzen Raben, der war mit drei Nägeln an die Wand geheftet. Der eine ging ihm durch den Hals, und die beiden anderen durchbohrten seine Flügel. »Gut, daß du kommst«, schrie der Rabe, »ich bin vor Durst schier verschmachtet! Gib mir von dem Krug, der dort auf dem Tisch steht, einen Tropfen zu trinken, sonst muß ich eines elenden Todes sterben.«

Der Junge aber hatte über den Anblick einen solchen Schrecken bekommen, daß er auf die Worte des Raben gar nicht achtete und zur Tür zurücktrat. Da schrie der Rabe mit kläglicher Stimme, daß es einen Stein erweichen konnte: »Ach, geh nicht von fort, bis du mich genetzt hast; denk dran, wie dir zumute wäre, wenn dich jemand des Durstes wegen sterben ließe.«

»Er hat recht«, sprach der Junge bei sich, »ich will ihm helfen!« Dann nahm er den Krug vom Tisch und goß ihm einen Tropfen Wasser in den Schnabel hinein. Der Rabe fing ihn mit der Zunge auf, und sobald er ihn heruntergeschluckt hatte, fiel der Nagel, der durch den Hals ging, zu Boden. »Was war das?« fragte der Junge.

»Nichts«, antwortete der Rabe, »laß mich nicht verschmachten und gib mir noch einen Tropfen Wasser!«

»Meinetwegen«, sagte der Junge und goß ihm einen zweiten Tropfen in den Schnabel hinein. Da fiel auch der Nagel, welcher den rechten Flügel durchbohrt hatte, klirrend auf die Erde hinab. »Nun ist's aber genug«, sagte er.

»Nicht doch«, bat der Rabe, »aller guten Dinge sind drei!« Doch als der Junge ihm auch den dritten Tropfen eingeflößt hatte, war der Rabe seiner Fesseln frei, schwang die Flügel und flog krächzend zum Fenster hinaus.

»Was hast du getan?« rief der Junge erschrocken, »wenn es nur die Prinzessin nicht merkt!« Die Prinzessin merkte es aber doch; denn er sah kreidebleich aus, als er zu ihr in die Stube trat. »Du bist doch in dem verbotenen Zimmer gewesen?« sprach sie hastig.

»Ja, das bin ich«, antwortete der Junge kleinlaut, »aber ich habe weiter nichts Schlimmes dort verübt. Es hing nur ein verdursteter schwarzer Rabe an der Wand, dem gab ich zu trinken; und als er drei Tropfen getrunken hatte, fielen die Nägel, mit denen er angeheftet war, auf den Erdboden herab, und er bewegte die Flügel und flog durch das Fenster davon.«

»Das ist der Teufel gewesen, der mich verzaubert hat«, jammerte die Prinzessin, »nun wird's nicht lange mehr währen, so holt er mich nach!« Und richtig, es dauerte gar nicht lange, so war eines Morgens die Prinzessin verschwunden, und sie kam nicht wieder, obgleich der Junge drei Tage lang auf ihre Rückkehr wartete.

»Kommt sie nicht zu mir, so gehe ich zu ihr!« sagte er bei sich, als sie auch am Abend des dritten Tages nicht wieder zurückgekehrt war, und machte sich am folgenden Morgen auf den Weg, den Baum herab.

Als er in dem Dorf ankam, fragte er die Bauern: »Wißt ihr nicht, wo meine Prinzessin geblieben ist?«

»Nein«, sagten die Bauern, »wie sollen wir es wissen, wenn du es nicht weißt, der du von dem Schloß kommst!« Da stieg der Junge tiefer und tiefer, bis er endlich wieder auf den Erdboden gelangte. »Nach Hause gehst du nicht, da gibt's Schläge«, dachte er; darum wanderte er immer waldein, ob er nicht irgendwo die Spur der Prinzessin ausfindig machen könnte.

Nachdem er drei Tage im Walde umhergeirrt war, begegnete ihm ein Wolf. Er fürchtete sich und floh; doch der Wolf rief: »Fürchte dich nicht! Aber sage mir, wohin führt dich dein Weg?«

»Ich suche meine Prinzessin, die mir gestohlen ist«, antwortete der Junge.

»Da hast du noch weit zu laufen, ehe du sie bekommst«, sagte der Wolf. »Doch hier hast du drei Spier Haare von mir. Wenn du in Lebensgefahr bist und die Haare zwischen den Fingern reibst, so bin ich bei dir und helfe dir aus der Not.« Der Junge bedankte sich bei dem Wolf und ging weiter.

Über drei Tage kam ihm ein Bär in den Weg, und der Junge war vor Schreck wie versteinert; denn er hielt sich verloren. Auf einen Baum klettern hätte nichts genutzt, denn der Bär wäre ihm nachgestiegen und hätte ihn in den Zweigen zerrissen. Der Bär war aber gar nicht blutdürstig gesinnt, sondern rief dem Jungen freundlich zu: »Fürchte dich nicht, ich tue dir kein Leid an. Erzähle mir nur, was dir fehlt!« Als der Junge sah, wie gutmütig der Bär war, sagte er dreist: »Mir fehlt meine Prinzessin, die hat mir ein böser Zauberer gestohlen, und ich wandere jetzt in der Welt umher, bis ich sie finde.«

»Da hast du noch einen guten Weg, bis du zu ihr gelangst«, erwiderte der Bär, »aber hier hast du drei Spier von meinen Haaren! Wenn du in Lebensgefahr kommst und meine Hilfe brauchst, so reibe die Haare zwischen den Fingern, und ich bin bei dir und stehe dir bei.«

Der Junge steckte die Haare zu sich, bedankte sich und zog wieder drei Tage im Wald umher. Da begegnete ihm ein Löwe, und als der Junge vor Angst gerade auf einen Baum klettern wollte, rief das wilde Tier ihm zu: »Nicht doch. Bleib unten, ich tu dir nichts.«

»Das ist etwas anderes«, sagte der Junge, und dann erzählte er auch dem Löwen, warum er ohne Weg und Steg in dem Wald herumlaufe.

»Da hast du's gar nicht mehr weit«, antwortete der Löwe, »eine gute Stunde von hier sitzt die Prinzessin in dem Jägerhaus. Mach dich auf und geh zu ihr! Und wenn du in Lebensgefahr kommst und mich brauchen kannst, so nimm diese drei Spier Haare und reibe sie zwischen den Fingern; dann bin ich bei dir und helfe dir aus aller Not.« Damit übergab er dem Jungen die drei Spier Haare und trottete weiter in den Busch hinein; der Junge aber legte einen Schritt zu, um das Jägerhaus so schnell wie möglich zu erreichen.

Es dauerte auch gar nicht lange, so sah er es durch die Bäume schimmern, und noch ein kleines Weilchen, so hatte er die Tür aufgeklinkt und stand in der Stube und sah die Prinzessin vor sich stehen. »Junge, wo kommst du her?« rief sie erstaunt.

»Wo ich her komme?« antwortete der Junge, »denkst du, ich werde allein oben bleiben und dich bei dem bösen Zauberer lassen? Aber jetzt gib mir geschwind etwas zu essen, und dann wollen wir uns auf und davon machen und zu deinem Vater gehen!«

»Ach, mein Junge, das geht nicht so einfach«, sagte die Prinzessin traurig, »der alte Jäger, der mich bewacht, ist zwar den ganzen Tag über im Walde; aber er hat einen dreibeinigen Schimmel im Stall, der weiß alle Dinge und sagt ihm sogleich nach, wenn wir geflohen sind. Und wenn er das weiß, so holt er uns bald ein.« Den Jungen berührten ihre Worte aber gar nicht weiter, er aß und trank, und nachdem er satt war, nahm er die Prinzessin bei der Hand und lief mit ihr aus dem alten Jägerhaus auf und davon.

Als sie ein Weilchen gegangen waren, schrie der dreibeinige Schimmel im Stall Zeter und Mordio und hörte nicht eher auf, bis der alte Jäger herbeigelaufen kam und ihn fragte, was ihm fehle. »Es ist jemand gekommen und hat die Prinzessin gestohlen!« schrie der Schimmel. »Sind sie schon weit?« fragte der Jäger.

»Weit noch nicht«, antwortete der Schimmel, »setz dich nur auf meinen Rücken, wir werden sie bald einholen!« Als der Jäger den Jungen und die Prinzessin erblickte, rief er zornig: »Warum hast du mir meine Prinzessin gestohlen?«

»Warum hast du sie mir gestohlen?« gab ihm der Junge trotzig zurück

»Ach, du bist's«, antwortete der alte Jäger, »da will ich dir die Sache für diesmal verzeihen, weil du damals Mitleid hattest und mich mit dem Wasser tränktest. Aber unterstehst du dich noch einmal und raubst mir die Prinzessin, so muß dich mein dreibeiniger Schimmel in den Erdboden stampfen, daß du dein Leben vergessen kannst.«

Dann nahm er dem Jungen die Prinzessin ab, hob sie vor sich auf den Sattel und ritt mit ihr in das Jägerhaus zurück. Der Junge schlich sich jedoch leise nach, und als der alte Zauberer wieder in den Wald gegangen war, trat er von neuem in das Haus hinein und sagte zur Prinzessin: »Höre nur zu, ich rette dich doch! Wenn ich erst einen solchen Schimmel habe, wie ihn der alte Jäger besitzt. Ich werde unter das Bett kriechen, und du fragst ihn dann, wenn ihr im Bett seid, wie er den dreibeinigen Schimmel erworben hat.« Damit war die Prinzessin einverstanden, und der Junge kroch unter das Bett und wartete, bis der Abend kam und der Jäger nach Hause kehrte.

»Väterchen«, sagte die Prinzessin zutraulich, als der Zauberer zu Bett gegangen war, und kraulte ihm die struppigen Haare, »Väterchen, wie seid Ihr nur zu dem dreibeinigen Schimmel gekommen! Das ist ein prächtiges Pferd, ist klüger als ein Mensch und läuft schneller als der Wind.«

»Das will ich dir sagen, mein Töchterchen«, sprach der alte Jäger und schmunzelte über sein garstiges Gesicht, denn das Kraulen tat ihm wohl, »den Schimmel habe ich mir in drei Tagen erworben.«

»Kann sich jeder Mensch ein solches Pferd verdienen?« fragte die Prinzessin.

»Gewiß«, antwortete der Jäger, »wenn er klug ist, kann's ihm nicht fehlen. Ein Stündchen von hier im Walde wohnt eine Bauerfrau, das ist eine arge Hexe. Sie besitzt die schönsten Pferde weit und breit; und wer ihre Fohlen drei Tage zu hüten vermag, der kann sich zur Belohnung das Pferd aussuchen, das ihm von allen Tieren im Stalle am besten gefällt. Vor Zeiten gab sie auch noch zwölf Lämmer obendrein; mir hat sie die Tiere aber nicht gegeben; so kam's, daß die zwölf Wölfe, die in dem Walde wohnen, als ich mit meinem Schimmel davonritt, auf mich los stürzten. Und da ich keine Lämmer hatte, die ich ihnen vorwerfen konnte, so eilten sie meinem Schimmel nach, und ehe ich über die Grenze kam, die sie nicht überschreiten dürfen, hatten sie dem Tier den rechten Fuß ausgerissen, und seitdem hat er drei Beine bis auf den heutigen Tag.«

»Wer nun aber die Fohlen nicht hüten kann, wie geht's dem?« fragte die Prinzessin.

»Dem geht's schlecht«, erwiderte der alte Jäger, »die Hexe schlägt ihm das Haupt ab und spießt es auf dem Zaun, der um das Gehöft geht, auf; und da stecken schon so viele Köpfe, daß sie bald einen neuen Zaun bauen muß, um sie alle unterzubringen.« Jetzt wußte der Junge unter dem Bett genug; die Prinzessin hörte darum auf mit Fragen, und sie schliefen alle drei die ganze Nacht hindurch.

Am anderen Morgen, als der Jäger wieder in den Wald gegangen war, kroch der Junge unter dem Bett hervor, aß und trank mit der Prinzessin, und dann machte er sich auf den Weg nach dem Gehöft der Hexe, von dem der Jäger in der Nacht gesprochen hatte. Es dauerte auch gar nicht lange, so sah er den Zaun mit den Menschenköpfen vor sich, und nun wußte er Bescheid, daß er den richtigen Weg eingeschlagen hatte.

Als er an dem Hoftor war, trat ihm auch schon die Hexe entgegen und sprach zu ihm: »Was willst du hier?«

»Deine Fohlen hüten!« antwortete der Junge.

»Gut, ich will dich annehmen«, sagte die Hexe, »und wenn du mit den Pferden jeden Abend hübsch pünktlich um acht Uhr zu Hause kommst, so darfst du dir nach drei Tagen das Pferd in meinem Stall aussuchen, das dir am besten gefällt. Das soll dein Lohn sein! Kommst du aber später heim, so schlage ich dir das Haupt ab und stecke es auf den Staketenzaun.«

»Das magst du tun«, erwiderte der Junge, »aber der Lohn ist mir nicht hoch genug. Ich verlange außer dem Pferd noch zwölf Lämmer obendrein.«

»Das habe ich früher getan«, antwortete die Hexe, »aber die Zeiten sind schlechter geworden, und die Pferdezucht wirft die zwölf Lämmer nicht ab.«

»Dann hüte ich gar nicht«, antwortete der Junge. Als die Hexe sah, daß er auf seinem Kopfe bestand, brummte sie: »Meinetwegen, bekommen wird er sie ja ebenso wenig wie das Pferd«, dann sprach sie laut: »Die Sache ist abgemacht, du sollst auch die zwölf Lämmer erhalten, und morgen früh treibst du meine drei Fohlen auf die Wiese.«

Und so tat der Junge auch. Am frühen Morgen, ehe die Sonne aufging, schwang er sich dem stärksten Füllen auf den Rücken und ritt zur Wiese hinab, und es dauerte gerade eine halbe Stunde, bis er dort angelangt war. »Um halb acht mußt du wieder aufbrechen«, dachte er bei sich, dann ließ er die Fohlen grasen und legte sich hinter einen Schlehenbusch, um die schönen Sachen zu verzehren, die ihm die alte Hexe in den Korb gepackt hatte. Da war Weißbrot und Braten und Wurst, aber das Beste von allen war eine halbe Flasche Branntwein. Als er die an die Lippen gesetzt hatte und der erste Schluck die Kehle hinabgelaufen war, da tat ihm der Trunk so wohl, und er trank und trank, bis er den ganzen Branntwein ausgetrunken hatte. In den Branntwein hatte die alte Hexe aber einen Schlaftrunk gemischt, und so kam's, daß er in einen tiefen Schlaf verfiel.

Nachdem er endlich wieder aufgewacht war, rieb er sich die Augen und sah sich um. Ja, da war von den drei Fohlen nichts mehr zu sehen, sie waren auf und davon gegangen, und er klagte und jammerte und schlug sich mit der Hand vor den Kopf. Endlich fiel ihm der Wolf ein: »Wenn du in Not bist, sollst du die drei Spier Haare zwischen den Fingern reiben! hat er dir gesagt!« und damit zog er die Wolfshaare aus der Tasche hervor und rieb sie zwischen den Fingern. Sogleich stand der Wolf neben ihm und sprach: »Was ist dir, Junge, womit kann ich dir helfen?«

»Ach, mir sind meine Fohlen weggekommen«, jammerte der Junge, »und wenn du mir nicht hilfst, lieber Wolf, so schlägt mir die alte Hexe heute abend den Kopf ab und steckt ihn auf den Staketenzaun.«

»Zehn Meilen sind die Fohlen schon gelaufen«, antwortete der Wolf, »drum setz dich schnell auf meinen Rücken, und wenn ich sie eingeholt habe und ihnen zuvorgekommen bin, so schlage mit den drei Zäumen, die du in der Hand hast, drei Kreuze vor ihnen, und sie müssen stehenbleiben, als wären sie angewachsen.«

Da setzte er sich dem Wolf auf dem Rücken, und der lief so schnell, daß dem Jungen die Haare nur so flogen. Es dauerte auch gar nicht lange, da hatte der Wolf den Fohlen einen Vorsprung abgewonnen. Der Junge schlug mit den Zäumen dreimal ein Kreuz, und sie konnten weder vorwärts noch rückwärts. »Nun reite mit ihnen nach Hause«, sprach der Wolf, »du wirst noch beizeiten heimkommen.« Das ließ sich der Junge nicht zweimal sagen, er schwang sich auf den Rücken des stärksten Füllens hinauf, und dann kehrte er mit ihnen im Trab zur Wiese zurück und langte dort an, ehe die Glocke die siebente Stunde verkündet hatte. Dann ließ er die Tiere noch ein Weilchen abtrocknen und grasen, bis er sich um halb acht auf den Heimweg machte und zur rechten Zeit in das Gehöft zurückkehrte.

Die alte Hexe riß die Augen weit auf, als sie den Jungen mit den Fohlen zur rechten Zeit heimkehren sah. Aber sie beherrschte sich und reichte im freundlich die Hand und sprach: »Du bist ein tüchtiger Hütejunge, du gefällst mir!« Dann führte sie ihn die Stube und setzte ihm Speise und Trank vor, doch während er aß, lief sie in den Stall und bearbeitete die Fohlen mit dem Besenstiel. »Konntet ihr ihm denn nicht entlaufen, ihr ungehorsamen Tiere«, rief sie zornig.

»Wir sind zehn Meilen gelaufen«, schrien die Füllen, »er kam uns aber auf einem Wolf nachgeritten und hat uns wieder zurückgebracht.«

»Ein Wolf?« schrie die Hexe verwundert, »das ist etwas anderes; da müssen wir schon ein stärkeres Mittel gebrauchen«, und am anderen Morgen gab sie dem Jungen die Flasche, drei Viertel mit Branntwein gefüllt, mit auf den Weg. Der mundete ihm wieder so köstlich und tat ihm im Herzen so wohl, daß er ihn in einem Zug leerte. Dann sank er um und schlief unter dem Schlehdornbusch ein und rückte und rührte sich nicht.

Als er endlich aufwachte, merkte er wohl, daß die Mittagszeit schon vorüber sei, und von seinen Fohlen war wiederum nichts mehr zu sehen. Diesmal besann er sich aber nicht lange. »Gestern hat dir der Wolf geholfen, heute muß dich der Bär aus der Not retten«, dachte er und rieb sich die Bärenhaare zwischen den Fingern. Und schon stand er vor ihm und sprach: »Was ist dir, mein Junge, und womit kann ich dir helfen?«

»Hilf mir zu meinen Fohlen«, antwortete der Junge.

»Zwanzig Meilen sind sie schon gelaufen«, sprach der Bär, »aber setz dich geschwind auf meinen Rücken, daß wir sie einholen.« Da stieg der Junge dem Bären auf den Rücken, und der Bär lief, daß die Haare seines Reiters in der Luft sausten, und er hörte nicht eher auf, als bis er den Fohlen einen Vorsprung abgewonnen hatte. Darauf schlug der Junge mit den drei Zäumen die Kreuze, und als sie stillstanden, schwang er sich auf sein Handpferd hinauf und ritt so schnell wie möglich zur Wiese zurück; aber, so sehr er die Füllen auch laufen ließ, er konnte die Wiese nicht vor halb acht erreichen, so daß er stracks weiterreiten mußte, um noch zeitig in den Hof der Hexe zu gelangen.

»Das nenn ich mir einen Hirten«, sagte die Alte freundlich, und doch war sie inwendig Gift und Galle, »jetzt komm nur hinein und verzehr dein Abendbrot.« Und als der Junge in der Stube saß und aß, lief sie wieder in den Stall hinab und hieb mit dem Besenstiel auf die Fohlen ein. »Wir können nichts dafür«, riefen die Fohlen und schrien vor Schmerz, »wir sind zwanzig Meilen gelaufen, da kam er uns nachgeritten auf einem Bären und hat uns wieder zurückgebracht.«

»Auf einem Bären?« sagte die Hexe, »der Junge ist stärker als ich. Aber warte nur, morgen sollst du mir nicht entkommen.« Den anderen Tag gab ihm die Hexe die ganze Flasche voll Branntwein mit auf den Weg, und der Junge bedankte sich noch bei der alten Hexe für das schöne Getränk. Und als er auf der Wiese angelangt war, trank er die ganze Flasche in einem Zug aus und legte sich ins Gras und schlief fest ein und erwachte erst zur Nachmittagszeit wieder aus dem Schlaf.

»Donner und Doria! Hilft mir heute der Löwe nicht, so bin ich bestimmt verloren!« rief er erschrocken, zog die drei Spier Löwenhaare eilends aus der Tasche hervor und rieb sie zwischen den Fingern. Alsbald stand der Löwe vor ihm und sprach: »Nur rasch auf meinen Rükken hinauf, wir haben keine Zeit zu verlieren! Dreißig Meilen haben die Fohlen schon zurückgelegt!« Und als der Junge sich auf ihn gesetzt hatte, lief er, wie der Sturmwind saust, und die Haare simmten und summten dem Jungen um den Kopf, und als die Sonne sich ihrem Untergang neigte, hatte der Löwe auch die Fohlen eingeholt und der Junge sie zum Stehen gebracht. »So, nun spare Sporn und Peitsche nicht und laß sie laufen, was sie nur können, dann kommst du noch hin auf den Hof«, rief der Löwe, und der Junge tat, wie ihm geheißen war, und spornte sein Pferd, daß ihm das Blut aus den Weichen floß, und hieb auf die anderen Fohlen mit der Peitsche ein, daß die Fetzen flogen, und langte ein Viertel vor acht auf der Wiese an. Da war an Ruhe und Rast nicht zu denken, er trieb die Füllen nur um so schärfer an, und als die Glocke acht schlug, war er im Torweg, und die Flügel des Tores, welche die Alte zuwarf, hätten ihm beinahe die Fersen abgeschlagen.

»Das war allerhöchste Zeit!« rief der Junge atemlos und trat in das Haus hinein, die Alte aber lief zu den Fohlen und schlug sie mit dem Besenstiel, daß es einen Stein erbarmen konnte. »Wir können nichts dafür, verschon uns«, baten die Fohlen, »wir sind dreißig Meilen gelaufen, er aber kam uns auf einem Löwen nachgejagt und hat uns in Eile wieder zurückgebracht.« Als die Hexe das hörte, ließ sie nach mit dem Schlagen und kehrte ärgerlich in die Stube zurück; dafür ging jetzt der Junge in den Stall hinein, um sich ein Pferd auszusuchen, und die kleine Tochter der Hexe begleitete ihn. In dem Stall standen viele Pferde, und eins war immer schöner als das andere. Ganz hinten aber stand in einer besonderen Bucht ein hochbeiniger, magerer Schimmel. »Das ist meiner Mutter Reitpferd«, sagte das kleine Mädchen, »das läuft so schnell wie der Wind.« Da wußte der Junge genug und ging wieder hinein zu der alten Hexe.

Am anderen Morgen sagte die Hexe: »Nun, Junge, welches Pferd willst du haben als Lohn für die Hütezeit?«

»Den Schimmel in der kleinen Bucht«, antwortete der Junge.

»Ach, was willst du mit dem, der ist ja das Mitnehmen nicht wert! Sieh doch, wie mager und schmutzig er aussieht. Nein, mit dem Tier kann ich dich nicht ziehen lassen, die Leute würden über mich reden, wenn ich dir solch ein Pferd zum Lohn gäbe!« Der Junge aber blieb bei seiner Entscheidung, und da mußte sich die Hexe wohl oder übel fügen. Als er jedoch aus dem Stall getreten war, holte sie schnell einen Bohrer herbei und bohrte damit dem Schimmel Löcher durch alle vier Hufe; darauf nahm sie ein Rohr und sog ihm alles Mark aus seinem Gebein und tat es in einen irdenen Topf. Dann nahm sie Mehl, mengte es mit dem Mark und buk einen Kuchen daraus. Den schob sie dem Jungen ins Vorderhemd, daß er unterwegs zu essen habe und nicht Hunger leide. Nachdem sie das getan hatte, holte sie zwölf Lämmer aus dem Stall, band sie an den Hinterfüßen an einer Schnur auf und hing sie über den Schimmel. »Da hast du deinen Lohn«, sprach sie, und der Junge sagte ihr Lebewohl und ging neben dem Schimmel her zum Torweg hinaus. Auf das Pferd setzen mochte er sich nicht, denn es trat so steif auf und ließ sich so schwach an, als ob es bald sterben müsse. Auch wunderte ihn, daß es immer mit der Zunge nach seinem Vorderhemd leckte. »Was willst du denn dort, Schimmelchen?« fragte der Junge mitleidig. Da fing der Schimmel zu reden an und sprach: »Ich lecke nach dem Kuchen, denn die alte Hexe hat mir mit einem Rohr alles Mark aus meinem Gebein durch die Hufe gesogen, hat es mit Mehl gemengt und in deinem Kuchen gebacken. »Dann iß ihn nur«, sprach der Junge, »denn es steht dir von Rechts wegen zu.« Und als der Schimmel den Kuchen gegessen hatte, kam die alte Kraft wieder in sein Gebein, und der Junge schwang sich auf seinen Rücken, und er griff mächtig aus.

Es dauerte gar nicht lange, so kamen sie in den Wald, und wie sie ein wenig darin gewesen waren, stürzten die zwölf Wölfe, von denen der alte Jäger gesprochen, auf sie los. Rasch schnitt der Junge mit seinem scharfen Messer die Schnur entzwei, und die zwölf Lämmer fielen auf die Straße herab, und die zwölf Wölfe stürzten über sie her, erwürgten sie und fraßen sie auf. Als sie die Lämmer gefressen hatten, war der Schimmel aber schon so weit gekommen, als die Macht der Hexe nicht mehr reichte, und der Junge hatte ihn also vor den Wölfen in Sicherheit gebracht.

Nun machte er, daß er zu dem Jägerhäuschen kam. Dort ließ er den Schimmel am Türpfosten halten, lief hinein, holte die Prinzessin heraus und setzte sie vorne auf das Roß. Dann schwang er sich selbst hinauf und ließ den Schimmel laufen, was er laufen wollte. Als er fort war, erhob der dreibeinige Schimmel wieder wie damals einen grausamen Lärm und ruhte nicht eher, als bis der alte Zauberer herbeigelaufen kam und fragte: »Warum schreist du so? Was ist denn geschehen?«

»Der Junge ist wieder hier gewesen und hat die Prinzessin geraubt«, antwortete der dreibeinige Schimmel.

»Sind sie schon weit?«

»Nein, weit sind sie noch nicht, wir werden sie schon einholen, setz dich nur auf meinen Rücken.« Da setzte sich der Zauberer auf des dreibeinigen Schimmels Rücken und ritt dem Jungen nach.

»Schimmelchen lauf! Schimmelchen lauf!« rief der Junge, als er den Zauberer erblickte; aber der Schimmel lief nicht, sondern ging gemächlich Schritt; da war's denn kein Wunder, daß der alte Jäger sie einholte.

»Räuber«, rief er dem Jungen zu, »hab ich's dir nicht gesagt, du solltest es nicht noch einmal wagen, die Prinzessin zu stehlen; nun soll dich mein Schimmel in den Erdboden stampfen.«

Indem er das sagte, rief der vierbeinige Schimmel dem dreibeinigen zu: »Schwesterchen, wirf ihn ab!« Da warf der dreibeinige Schimmel den alten Hexenmeister auf die Erde, und der vierbeinige kam ihm zu Hilfe, und dann traten sie so lange mit ihren harten Hufen auf ihm herum, bis auch kein einziger Knochen unzermalmt war.

Als der Zauberer getötet war, setzte der Junge die Prinzessin auf den dreibeinigen Schimmel, er selbst blieb sitzen, wo er war, und sie ritten zusammen in das Königreich, wo der Vater der Prinzessin König war. Da war einmal die Freude groß, als er seine einzige Tochter wieder hatte, und als er hörte, daß der Junge sie erlöst habe, gab er sie ihm sogleich zur Frau, und es wurde Hochzeit gefeiert in großer Pracht und Herrlichkeit.

Der alte König starb bald darauf; da wurde der arme Schweinejunge König an seiner Statt, und er herrschte über seine Untertanen mit Recht und Gerechtigkeit.

Eines Tages fielen ihm seine beiden Schimmel ein, und er ging in den Stall hinab, in dem sie untergebracht waren. Da sprach der vierbeinige Schimmel zu ihm: »Mein Schwesterchen und ich haben dir geholfen, nun hilf du uns auch! Zieh dein Schwert und schlag uns das Haupt ab!«

»Das werde ich bleiben lassen. Ich habe euch viel zu lieb, und so lohnt man seinen Freunden nicht!«

»Wenn du mir nicht gehorchen willst«, sprach der Schimmel, »so schaffen wir dir Unglück über Unglück auf den Hals.« Das wollte der junge König nun auch nicht haben, darum zog er das Schwert aus der Scheide und schlug damit den beiden Schimmeln die Köpfe ab. Kaum hatte er das getan, da standen ein stattlicher Prinz und eine wunderschöne Prinzessin vor ihm, die bedankten sich, daß er sie erlöst habe. Derselbe alte Jäger, der die junge Königin auf den hohen Baum verwünscht, hatte auch sie in Pferde verwandelt. Nun aber waren sie und ihr ganzes Reich von dem Zauber erlöst, und die ganz großen Wälder, in denen der alte Jäger sein Wesen getrieben hatte, waren miterlöst und jetzt Städte und Dörfer, Mühlen und Seen geworden, und der Prinz und die Prinzessin waren Herrscher über das ganze Land. Sie blieben noch eine Zeit lang bei ihrem Erlöser und seiner Frau, dann zogen sie in ihr eigenes Königreich.

Der junge König lebte aber mit seiner Frau glücklich und zufrieden sein Leben lang, und wenn sie nicht gestorben sind, so leben sie heute noch.

36. Einäuglein, Zweiäuglein und Dreiäuglein

Es war eine Frau, die hatte drei Töchter, davon hieß die älteste Einäuglein, weil sie nur ein einziges Auge mitten auf der Stirn hatte, und die mittelste Zweiäuglein, weil sie zwei Augen hatte wie andere Menschen, und die jüngste Dreiäuglein, weil sie drei Augen hatte, und das dritte stand bei ihr gleichfalls mitten auf der Stirne. Darum aber, daß Zweiäuglein nicht anders aussah als andere Menschenkinder, konnten es die Schwestern und die Mutter nicht leiden. Sie sprachen zu ihm: »Du mit deinen zwei Augen bist nicht besser als das gemeine Volk, du gehörst nicht zu uns.« Sie stießen es herum und warfen ihm schlechte Kleider hin und gaben ihm nicht mehr zu essen, als was sie übrigließen, und taten ihm Herzeleid an, wo sie nur konnten.

Es trug sich zu, daß Zweiäuglein hinaus ins Feld gehen und die Ziege hüten mußte, aber noch ganz hungrig war, weil ihm seine Schwestern so wenig zu essen gegeben hatten. Da setzte es sich auf einen Rain und fing an zu weinen und so zu weinen, daß zwei Bächlein aus seinen Augen herabflossen. Und wie es in seinem Jammer einmal aufblickte, stand eine Frau neben ihm, die fragte: »Zweiäuglein, was weinst du?« Zweiäuglein antwortete: »Soll ich nicht weinen? Weil ich zwei Augen habe wie andre Menschen, so können mich meine Schwestern und meine Mutter nicht leiden, stoßen mich aus einer Ecke in die andere, werfen mir alte Kleider hin und geben mir nichts zu essen, als was sie übriglassen. Heute haben sie mir so wenig gegeben, daß ich noch ganz hungrig bin.«

Sprach die weise Frau: »Zweiäuglein, trockne dir dein Angesicht, ich will dir etwas sagen, daß du nicht mehr hungern sollst. Sprich nur zu deiner Ziege:

›Zicklein, meck,
Tischlein, deck‹,

so wird ein sauber gedecktes Tischlein vor dir stehen und das schönste Essen darauf, daß du essen kannst, soviel du Lust hast. Und wenn du satt bist und das Tischlein nicht mehr brauchst, so sprich nur:

›Zicklein, meck,
Tischlein, weg‹,

so wird's vor deinen Augen wieder verschwinden.« Darauf ging die weise Frau fort.

Zweiäuglein aber dachte: »Ich muß gleich einmal versuchen, ob es wahr ist, was sie gesagt hat, denn mich hungert gar zu sehr«, und sprach:

»Zicklein, meck,
Tischlein, deck«,

und kaum hatte sie die Worte ausgesprochen, so stand da ein Tischlein, mit einem weißen Tüchlein gedeckt, darauf ein Teller mit Messer und Gabel und silbernem Löffel, die schönsten Speisen standen rundherum, rauchten und waren noch warm, als wären sie eben aus der Küche gekommen. Da sagte Zweiäuglein das kürzeste Gebet her, das es wußte: »Herr Gott, sei unser Gast zu aller Zeit, Amen«, langte zu und ließ sich's wohl schmecken. Und als es satt war, sprach es, wie die weise Frau gelehrt hatte:

»Zicklein, meck,
Tischlein, weg.«

Alsbald war das Tischchen und alles, was darauf stand, wieder verschwunden. »Das ist ein schöner Haushalt«, dachte Zweiäuglein und war ganz vergnügt und guter Dinge. Abends, als es mit seiner Ziege heimkam, fand es ein irdenes Schüsselchen mit Essen, das ihm die Schwestern hingestellt hatten, aber es rührte nichts an.

Am andern Tag zog es mit seiner Ziege wieder hinaus und ließ die paar Brocken, die ihm gereicht wurden, liegen. Das erstemal und das zweitemal beachteten es die Schwestern gar nicht, wie es aber jedesmal geschah, merkten sie auf und sprachen: »Es ist nicht richtig mit dem Zweiäuglein, das läßt jedesmal das Essen stehen und hat doch sonst alles aufgezehrt, was ihm gereicht wurde; das muß andere Wege gefunden haben.«

Damit sie aber hinter die Wahrheit kämen, sollte Einäuglein mitgehen, wenn Zweiäuglein die Ziege auf die Weide trieb, und sollte achten, was es da vorhätte und ob ihm jemand etwas Essen und Trinken brächte. Als nun Zweiäuglein sich wieder aufmachte, trat Einäuglein zu ihm und sprach: »Ich will mit ins Feld und sehen, daß die Ziege auch recht gehütet und ins Futter getrieben wird.« Aber Zweiäuglein merkte, was Einäuglein im Sinne hatte, und trieb die Ziege hinaus in hohes Gras und sprach: »Komm, Einäuglein, wir wollen uns hinsetzen, ich will dir was vorsingen.« Einäuglein setzte sich hin und war von dem ungewohnten Weg und von der Sonnenhitze müde, und Zweiäuglein sang immer:

»Einäuglein, wachst du?
Einäuglein, schläfst du?«

Da tat Einäuglein das eine Auge zu und schlief ein. Und als Zweiäuglein sah, daß Einäuglein fest schlief und nichts verraten konnte, sprach es: »Zicklein, meck, Tischlein, deck«, und setzte sich an sein Tischlein und aß und trank, bis es satt war, dann rief es wieder:

»Zicklein, meck,
Tischlein, weg«,

und alles war augenblicklich verschwunden. Zweiäuglein weckte nun Einäuglein und sprach: »Einäuglein, du willst hüten und schläfst dabei ein, derweil hätte die Ziege in alle Welt laufen können; komm, wir wollen nach Haus gehen.« Da gingen sie nach Haus, und Zweiäuglein ließ wieder sein Schüsselchen unangerührt stehen, und Einäuglein konnte der Mutter nicht verraten, warum es nicht essen wollte, und sagte zu seiner Entschuldigung: »Ich war draußen eingeschlafen.«

Am andern Tag sprach die Mutter zu Dreiäuglein: »Diesmal sollst du mitgehen und achthaben, ob Zweiäuglein draußen ißt und ob ihm jemand Essen und Trinken bringt, denn essen und trinken muß es heimlich.« Da trat Dreiäuglein zum Zweiäuglein und sprach: »Ich will mitgehen und sehen, ob auch die Ziege recht gehütet und ins Futter getrieben wird.« Aber Zweiäuglein merkte, was Dreiäuglein im Sinne hatte, und trieb die Ziege hinaus ins hohe Gras und sprach: »Wir wollen uns dahin setzen, Dreiäuglein, ich will dir was vorsingen.« Dreiäuglein setzte sich und war müde von dem Weg und der Sonnenhitze, und Zweiäuglein hub wieder das vorige Liedlein an und sang:

»Dreiäuglein, wachst du?«

Aber statt daß es nun singen mußte:

»Dreiäuglein, schläfst du?«,

sang es aus Unbedachtsamkeit:

»Zweiäuglein, schläfst du?«,

und sang immer:

»Dreiäuglein, wachst du?
Zweiäuglein, schläfst du?«

Da fielen dem Dreiäuglein seine zwei Augen zu und schliefen, aber das dritte, weil es von dem Sprüchlein nicht angeredet war, schlief nicht ein. Zwar tat es Dreiäuglein zu, aber nur aus List, gleich als schlief es auch damit; doch blinzelte es und konnte alles gar wohl sehen. Und als Zweiäuglein meinte, Dreiäuglein schliefe fest, sagte es sein Sprüchlein:

»Zicklein, meck,
Tischlein, deck«,

aß und trank nach Herzenslust und hieß dann das Tischlein wieder fortgehen,

»Zicklein, meck,
Tischlein, weg«,

und Dreiäuglein hatte alles mit angesehen. Da kam Zweiäuglein zu ihm, weckte es und sprach: »Ei, Dreiäuglein, bist du eingeschlafen? Du kannst gut hüten! Komm, wir wollen heimgehen.« Und als sie nach Haus kamen, aß Zweiäuglein wieder nicht, und Dreiäuglein sprach zur Mutter: »Ich weiß nun, warum das hochmütige Ding nicht ißt; wenn sie draußen zur Ziege spricht:

›Zicklein, meck,
Tischlein, deck‹,

so steht ein Tischlein vor ihr, das ist mit dem besten Essen besetzt, viel besser, als wir's hier haben; und wenn sie satt ist, so spricht sie:

›Zicklein, meck,
Tischlein, weg‹,

und alles ist wieder verschwunden; ich habe alles genau mit angesehen. Zwei Augen hatte sie mir mit einem Sprüchlein eingeschläfert, aber das eine auf der Stirne, das war zum Glück wachgeblieben.« Da rief die neidische Mutter: »Willst du's besser haben als wir? Die Lust soll dir vergehen!« Sie holte ein Schlachtmesser und stieß es der Ziege ins Herz, daß sie tot hinfiel. Als Zweiäuglein das sah, ging es voll Trauer hinaus, setzte sich auf den Feldrain und weinte seine bitteren Tränen. Da stand auf einmal die weise Frau wieder neben ihm und sprach: »Zweiäuglein, was weinst du?«

»Soll ich nicht weinen!« antwortete es. »Die Ziege, die mir jeden Tag, wenn ich Euer Sprüchlein hersagte, den Tisch so schön deckte, ist von meiner Mutter totgestochen; nun muß ich wieder Hunger und Kummer leiden.«

Die weise Frau sprach: »Zweiäuglein, ich will dir einen guten Rat erteilen, bitt deine Schwestern, daß sie dir das Eingeweide von der geschlachteten Ziege geben, und vergrab es vor der Haustür in die Erde, so wird's dein Glück sein.« Da verschwand sie, und Zweiäuglein ging heim und sprach zu den Schwestern: »Liebe Schwestern, gebt mir doch etwas von meiner Ziege, ich verlange nichts Gutes, gebt mir nur das Eingeweide.« Da lachten sie und sprachen: »Kannst du haben, wenn du weiter nichts willst.« Und Zweiäuglein nahm das Eingeweide und vergrub's abends in aller Stille nach dem Rate der weisen Frau vor die Haustüre.

Am andern Morgen, als sie insgesamt erwachten und vor die Haustüre traten, so stand da ein wunderbarer prächtiger Baum, der hatte Blätter von Silber, und Früchte von Gold hingen dazwischen, daß wohl nichts Schöneres und Köstlicheres auf der weiten Welt war. Sie wußten aber nicht, wie der Baum in der Nacht dahingekommen war, nur Zweiäuglein merkte, daß er aus den Eingeweiden der Ziege aufgewachsen war, denn er stand gerade da, wo es sie in die Erde begraben hatte. Da sprach die Mutter zu Einäuglein: »Steig hinauf, mein Kind, und brich uns die Früchte von dem Baume ab.« Einäuglein stieg hinauf, aber wie es einen von den goldenen Apfeln greifen wollte, so fuhr ihm der Zweig aus den Händen; und das geschah jedesmal, so daß es keinen einzigen Apfel brechen konnte, es mochte sich anstellen, wie es wollte.

Da sprach die Mutter: »Dreiäuglein, steig du hinauf, du kannst mit deinen drei Augen besser um dich schauen als Einäuglein.« Einäuglein rutschte herunter, und Dreiäuglein stieg hinauf. Aber Dreiäuglein war nicht geschickter und mochte schauen, wie es wollte, die goldenen Äpfel wichen immer zurück. Endlich ward die Mutter ungeduldig und stieg selbst hinauf, konnte aber sowenig wie Einäuglein und Dreiäuglein die Frucht fassen und griff immer in die leere Luft.

Da sprach Zweiäuglein: »Ich will mich einmal hinaufmachen, vielleicht gelingt mir's eher.« Die Schwestern riefen zwar: »Du, mit deinen zwei Augen, was willst du wohl!« Aber Zweiäuglein stieg hinauf, und die goldenen Äpfel zogen sich nicht vor ihm zurück, sondern ließen sich von selbst in seine Hand herab, also daß es einen nach dem andern abpflücken konnte und ein ganzes Schürzchen voll mit herunterbrachte.

Die Mutter nahm sie ihm ab, und statt daß sie, Einäuglein und Dreiäuglein dafür das arme Zweiäuglein hätten besser behandeln sollen, so wurden sie nur neidisch, daß es allein die Früchte holen konnte, und gingen noch härter mit ihm um.

Es trug sich zu, als sie einmal beisammen an dem Baum standen, daß ein junger Ritter daherkam. »Geschwind, Zweiäuglein«, riefen die zwei Schwestern, »kriech unter, daß wir uns deiner nicht schämen müssen«, und stürzten über das arme Zweiäuglein in aller Eil ein leeres Faß, das gerade neben dem Baume stand, und schoben die goldenen Äpfel, die es abgebrochen hatte, auch darunter. Als nun der Ritter näher kam, war es ein schöner Herr, der hielt still, bewunderte den prächtigen Baum von Gold und Silber und sprach zu den beiden

Schwestern: »Wem gehört dieser schöne Baum? Wer mir einen Zweig davon gäbe, könnte dafür verlangen, was er wollte.«

Da antworteten Einäuglein und Dreiäuglein, der Baum gehörte ihnen zu, und sie wollten ihm einen Zweig wohl abbrechen. Sie gaben sich auch beide große Mühe, aber sie waren es nicht imstande, denn die Zweige und Früchte wichen jedesmal vor ihnen zurück. Da sprach der Ritter: »Das ist ja wunderlich, daß der Baum euch zugehört und ihr doch nicht Macht habt, etwas davon abzubrechen.« Sie blieben dabei, der Baum wäre ihr Eigentum. Indem sie aber so sprachen, rollte Zweiäuglein aus dem Fasse ein paar goldene Äpfel heraus, so daß sie zu den Füßen des Ritters liefen, denn Zweiäuglein war bös, daß Einäuglein und Dreiäuglein nicht die Wahrheit sagten. Wie der Ritter die Äpfel sah, erstaunte er und fragte, wo sie herkämen. Einäuglein und Dreiäuglein antworteten, sie hätten noch eine Schwester, die dürfte sich aber nicht sehen lassen, weil sie nur zwei Augen hätte, wie andere gemeine Menschen.

Der Ritter aber verlangte, sie zu sehen, und rief: »Zweiäuglein, komm hervor.« Da kam Zweiäuglein ganz getrost unter dem Faß hervor, und der Ritter war verwundert über seine große Schönheit und sprach: »Du, Zweiäuglein, kannst mir gewiß einen Zweig von dem Baum abbrechen.«

»Ja«, antwortete Zweiäuglein, »das will ich wohl können, denn der Baum gehört mir.« Und stieg hinauf und brach mit leichter Mühe einen Zweig mit seinen silbernen Blättern und goldenen Früchten ab und reichte ihn dem Ritter hin. Da sprach der Ritter: »Zweiäuglein, was soll ich dir dafür geben?«

»Ach«, antwortete Zweiäuglein, »ich leide Hunger und Durst, Kummer und Not vom frühen Morgen bis zum späten Abend: wenn Ihr mich mitnehmen und erlösen wollt, so wäre ich glücklich.«

Da hob der Ritter das Zweiäuglein auf sein Pferd und brachte es heim auf sein väterliches Schloß; dort gab er ihm schöne Kleider, Essen und Trinken nach Herzenslust, und weil er es so liebhatte, ließ er sich mit ihm einsegnen und ward die Hochzeit in großer Freude gehalten.

Wie nun Zweiäuglein so von dem schönen Rittersmann fortgeführt ward, da beneideten die zwei Schwestern ihm erst recht sein Glück. »Der wunderbare Baum bleibt uns doch«, dachten sie, »können wir auch keine Früchte davon brechen, so wird doch jedermann davor stehenbleiben, zu uns kommen und ihn rühmen; wer weiß, wo unser Weizen noch blüht!«

Aber am andern Morgen war der Baum verschwunden und ihre Hoffnung dahin. Und wie Zweiäuglein zu seinem Kämmerlein hinaussah, so stand er zu seiner großen Freude davor und war ihm also nachgefolgt.

Zweiäuglein lebte lange Zeit vergnügt. Einmal kamen zwei arme Frauen zu ihm auf das Schloß und baten um ein Almosen. Da sah ihnen Zweiäuglein ins Gesicht und erkannte ihre Schwestern Einäuglein und Dreiäuglein, die so in Armut geraten waren, daß sie umherziehen und vor den Türen ihr Brot suchen mußten. Zweiäuglein aber hieß sie willkommen und tat ihnen Gutes und pflegte sie, also daß die beiden von Herzen bereuten, was sie ihrer Schwester in der Jugend Böses angetan hatten.

37. Der goldne Vogel

Es war einmal ein König, der baute eine so schöne Kirche, daß weit und breit keine schönere zu finden war. Da kam eines Tages ein Wandersmann aus weiter Ferne, der staunte lange über die schöne Kirche. Der König ging zu ihm und fragte, wie sie ihm gefalle. Der Wandersmann sprach: »Es ist die schönste Kirche, die ich gesehen habe, und es fehlt auch nichts darin außer einem, das ist der goldene Vogel, dem Perlen aus dem Munde fallen, wenn er singt!«

Da fragte der Königssohn, wo der denn wohl zu finden wäre. »Das weiß ich nicht«, sprach der Wandersmann, »ich habe aber von ihm gehört.« Der König hatte nun keine Ruhe und dachte immer nur daran, wie er den goldenen Vogel bekommen könnte.

Da kam der älteste von seinen drei Söhnen eines Tages zu ihm und sagte: »Vater, ich will ausziehen und den goldenen Vogel suchen.« Der König war froh, gab ihm das beste Pferd und ließ ihn ziehen. Er kam bald in ein Gehölz und machte sich ein Feuerchen an. da lief ein Fuchs herzu und jammerte: »Ach, wie friere ich!«

»So mach dir Feuer und wärme dich!« sprach der Königssohn und nahm sein Essen hervor. Der Fuchs rief wiederum: »Ach, wie hungert mich!«

»So such dir was und sättige dich!« sprach der Königssohn, und der

Fuchs lief fort. Der Königssohn stand auf, ging weiter, verzehrte all sein Reisegut, geriet in schlechte Gesellschaft, verkaufte sein Pferd, machte Schulden und verdingte sich schließlich als Knecht in ein Wirtshaus.

Nach einiger Zeit machte sich auch der zweite Königssohn auf den Weg, den goldenen Vogel zu suchen. Sein Vater gab ihm ein stattliches Pferd und packte ihm ordentlich Essen und Trinken ein. Es erging ihm wie seinem älteren Bruder. Als er sich im Wald Feuer gemacht hatte, kam der Fuchs auch und jammerte: »Ach, wie friere ich, ach, wie hungert mich!«

»So mach dir Feuer und wärme dich, so such dir was und sättige dich!« sagte der Königssohn. Dann zog er weiter, geriet in schlechte Gesellschaft, brachte sich um sein Geld, verkaufte sein Pferd, machte Schulden und mußte sich als Kellner in ein Wirtshaus verdingen.

Da kam auch der Jüngste vor den König und sprach: »Vater, ich will ausziehen und den Vogel suchen!«

»Wo denkst dun hin! Wenn deine Brüder schon nichts ausgerichtet haben, wirst du am allerwenigsten etwas ausrichten.« Der Sohn ließ aber nicht nach mit Bitten, und so ließ ihn der König endlich ziehen. Er gab ihm jedoch ein schlechtes Pferd und nur ganz wenig Geld, denn er dachte: »Das ist ja doch alles verloren!« Der Knabe ritt fort. Allein sein Pferd sank schon außerhalb der Stadt zusammen. Er ging jetzt zu Fuß, kam in den Wald und machte sich ein Feuer. Da erschien der Fuchs und rief: »Ach, wie friere ich!«

»So komm und wärme dich!« Als der Junge nach dieser Aufforderung dann sein Essen hervornahm, jammerte der Fuchs: »Ach, wie hungert mich!«

»So komm her und sättige dich!« sprach da der Junge voller Mitleid. Der Fuchs kam zum Feuer, aß mit und schlief dann bis zum Morgen neben dem Jungen. Als dieser erwachte und fortgehen wollte, sagte der Fuchs: »Deine Brüder haben sich meiner nicht angenommen, und so haben sie auch den goldenen Vogel nicht erwerben können. Weil du aber Mitleid mit mir hattest, will ich dir gut raten und dir helfen. Geh nur fort durch diesen Wald, der ist noch sieben Tage lang, dann kommst du auf eine große Wiese. Am Ende der Wiese ist ein großes Schloß, dort geh hinein, und du wirst sehen, was du zu tun hast.« Zuletzt gab er ihm noch eine silberne Flöte und sprach: »Wenn du in der höchsten Not bist und dir nicht helfen kannst, so blase darauf, und ich will kommen und dir helfen!« Damit lief der Fuchs fort in den Wald. Der Knabe aber ging weiter des Weges.

Nach sieben Tagen gelangte er auf die Wiese und sah das Schloß. Er eilte nun dahin und ging ohne Furcht hinein. Da war eine schöne Jungfrau, die weinte, als sie ihn sah, und sprach: »Wie kommst du hierher, mein Herr ist ein sechsköpfiger Drache, er wird dich umbringen!«

»Ich fürchte mich nicht und will mit ihm kämpfen!« Es hing aber ein großes Schwert an der Wand, das nahm er gleich und übte sich damit. Nur einmal kam der Drache und schnaubte Feuer. Der Junge schwang rasch das Schwert und hieb ihm alle sechs Häupter auf einmal ab.

Nun war die Jungfrau sehr froh, brachte gleich Essen und wünschte, er sollte bei ihr bleiben.

Doch er sagte, das könnte nicht sein, er müßte noch den goldenen Vogel suchen, ob sie nichts von ihm gehört hätte. »Davon weiß ich nichts«, antwortete sie, »geh aber nur zu jenem Schloß herüber, da wohnt meine jüngere Schwester, vielleicht kann sie dir etwas sagen.« Sie gab ihm noch einen kupfernen Apfel und sprach: »Wenn du daran drehst, so fliege ich zu dir!«

Als der junge Königssohn zum zweiten Schloß kam, war hier wieder eine schöne Jungfrau, und sie weinte, als sie den Jungen sah. »Wehe dir, mein Herr ist ein neunköpfiger Drache, wenn er heimkommt, wird er dich umbringen!«

»Ich fürchte mich nicht und will mit ihm kämpfen.« Da nahm er das Schwert, das an der Wand hing, schwang es in der Luft und übte sich. Nur einmal kam der Drache wie ein Gewitter herbeigefahren und schnaubte Feuer. Der Junge hob sein Schwert und schlug ihm auf einmal alle neun Häupter ab. Die Jungfrau war sehr froh, brachte gleich Essen und wünschte, daß der Königssohn für immer bei ihr bliebe. Er aber verneinte: »Das geht nicht, ich muß den goldenen Vogel suchen, kannst du mir sagen, wo er zu finden ist?«

»So geh zu meiner jüngsten Schwester, die wohnt dort in jenem Schloß, die wird dir dazu verhelfen!« Sie gab ihm eine silberne Birne und sprach: »Wenn du sie drehst, so fliege ich zu dir!«

Als der Junge ins dritte Schloß gelangte, war da eine wunderschöne Jungfrau. Sie weinte, als sie ihn sah, und sprach: Wie kommst du hierher, mein Herr ist ein zwölfköpfiger Drache, er wird dich umbringen, wenn er heimkehrt!«

»Ich fürchte mich nicht«, sprach der Junge, »zwei Drachen habe ich schon umgebracht, mit diesem werde ich wohl auch noch fertig werden.«

Er nahm das Schwert, das an der Wand hing, schwang es in der Luft und übte sich.

Nur einmal kam der Drache wie Donner und Sturm hereingefahren. Der Junge schwang das Schwert und schlug ihm elf Häupter auf einmal ab, bis er aber das zwölfte abschlug, waren die elf wieder gewachsen, und bis er die elf zum zweiten Male abhieb, hatte der Drache das zwölfte wieder. Erst als die Sonne unterging, gelang es ihm, die zwölf Häupter auf einmal abzuschlagen. Nun, wer sich am meisten freute, war die Jungfrau. Sie brachte gleich zu essen und wünschte, der junge Königssohn würde für immer bei ihr bleiben.

»Das will ich gerne tun, aber zuvor muß ich den goldenen Vogel haben und meinem Vater nach Hause führen. Weißt du vielleicht, wo er zu finden ist?«

»Das weiß ich wohl, alle Jahre kommt er einmal auf diesen Baum vor dem Fenster und singt, aber nur einmal, am Neujahrsmorgen, ehe die Sonne aufgeht. Ich gebe dir ihn, denn er ist mein, warte nur, bis er kommt.« Das ließ sich der Königssohn gern gefallen. Aber die Jungfrau hatte den Knaben so lieb, daß sie ihn nicht gern von sich gehen lassen wollte.

Als daher der Neujahrsmorgen da war, stopfte sie ihm die Ohren zu, und als der goldene Vogel kam und sang, hörte er nichts. Die Sonne ging auf, und der Vogel war entschwunden.

»Wo ist der Vogel? Er kommt nicht«, rief der Junge traurig, als er erwachte. »Er war schon da und hat gesungen, siehe da das Wahrzeichen, die Perlen unter dem Baum. Jetzt, da du verschlafen hast, mußt du noch ein Jahr warten.« Was sollte er tun, er mußte bleiben, aber er war gar nicht mehr fröhlich wie zuvor. Als nun die Jungfrau sah, wie trübsinnig er war. daß er gar nicht heimkehren konnte, so wollte sie ihn nicht länger zurückhalten.

Am Neujahrsmorgen weckte sie selbst ihn auf. Der Vogel kam, setzte sich auf den Baum und sang, und ringsum lag alles voller Perlen. Darauf lockte sie den Vogel in ihre Hand, sperrte ihn in einen goldenen Käfig und überreichte ihn dem Königssohn. Damit er aber schnell nach Hause kommen sollte, gab sie ihm ein Pferd, das hatte sechs Füße, und darauf sollte niemand anders als er reiten können. Zuletzt schenkte sie ihm noch eine goldene Pflaume und sprach: »Wenn du sie drehst, so fliege ich zu dir.« Er zog nun auf seinem Pferd wie im Flug heimwärts.

Abends gelangte er zu einem Wirtshaus, und da war gerade sein älterer Bruder Kellner und sah schlecht aus. Er erkannte ihn jedoch gleich und erzählte ihm, wie er den goldenen Vogel erworben hatte und jetzt heimführen wollte. Er sollte doch auch mit ihm kommen. »Das möchte ich gern«, sprach sein Bruder, »aber ich habe noch viele Schulden.«

»Ich will für dich zahlen«, sagte der Junge und kaufte ihm auch ein Pferd, und sie ritten nun miteinander weiter. Am nächsten Abend kehrten sie dann in ein Wirtshaus ein. Hier war der älteste der Brüder Stallknecht und empfing gerade eine Tracht Prügel, als sie einzogen. Da erkannten sie ihren Bruder, und der Jüngste sprach: »Komm mit uns nach Haus. Ich führe den goldenen Vogel heim.«

»Das möchte ich gerne, aber mein Herr verlangt, daß ich ihm drei Pferde, die ich ihm zugrunde gerichtet habe, noch abdiene.«

»Laß mich das erledigen! Ich will sie bezahlen!« sagte der Jüngste. »Unser Vater hat auf euch so große Stücke gehalten, und nun wird er doch sehen, daß ich den goldenen Vogel bringe.« Da wurden die beiden zornig über die Worte des Jüngsten und beredeten sich untereinander, ihren Bruder zu töten. Während er schlief, stachen sie ihm die Augen aus, hieben ihm Arme und Beine ab und warfen ihn in einen tiefen Brunnen. Dann nahmen sie sein schönes Pferd und den Käfig mit dem goldenen Vogel, eilten zu ihrem Vater, hielten da großen Aufzug und sprachen: »Sieh, mit vieler Arbeit und Gefahr ist es uns gelungen, ihn zu bekommen!« Da freute sich der Vater und ließ den Käfig gleich in die Kirche auf den Altar stellen. Aber der Vogel ließ die Flügel traurig hängen und sang nicht. Und das schöne sechsfüßige Pferd ließ niemanden in seine Nähe und noch weniger auf seinen Rücken kommen.

Der Verstümmelte aber lag im Brunnen und wußte sich nicht zu helfen. Da kam ihm zufällig der kupferne Apfel, der aus seiner Tasche gefallen war, an den Mund und drehte sich. Gleich flog die älteste der geretteten Jungfrauen in einem kupfernen Mantel herbei und fragte, was er da mache. »Sieh mich an!« sprach er. »Morgentau ist gut für abgefallene Füße«, rief sie und flog fort, brachte davon und bestrich ihn damit. Gleich waren seine Füße frisch und gesund. Die Jungfrau enteilte wieder.

Nun trat er auf die silberne Birne, die war aus seiner Tasche herausgefallen und drehte sich. Gleich flog die zweite gerettete Jungfrau in einem silbernen Mantel herzu und fragte, was es gebe. »Sieh mich an!« sprach er. »Morgentau ist gut für abgehauene Arme«, sprach sie, flog fort, brachte davon, bestrich ihn, und alsbald hatte er frische und gesunde Arme und Hände. Die Jungfrau war aber sogleich wieder fort.

Nun griff er in seine Tasche und nahm die goldene Pflaume hervor und drehte sie. Sogleich flog die jüngste der erretteten Jungfrauen im goldenen Mantel herbei und fragte, was es gebe. »Du siehst es!«

»Morgentau ist gut für fehlende Augen«, sprach sie und flog fort, brachte davon, bestrich die Augenhöhlen, und gleich hatte er frische und gesunde Augen und sah die Jungfrau in ihrer vollen Schönheit vor sich. Ehe er sich aber bedachte, sie zu fassen, war sie wieder enteilt. Nun sah er erst, wo er war. Wie sollte er aus diesem tiefen Brunnen herauskommen? Da gewann er aus seiner Tasche die silberne Flöte, die ihm der Fuchs gegeben, und blies darauf. Umgehend war der Fuchs zur Stelle und fragte, was es gebe. »Du siehst es«, sprach der Junge, »ich kann nicht hinaus!« Da sprang der Fuchs in den Brunnen und sagte: »Fasse nur die Spitze von meinem Zagel!« Wie das geschehen war, sprang der Fuchs hinaus, zog ihn mit und sprach: »Jetzt kannst du dir wieder selbst helfen!« und lief fort in den Wald.

Da wanderte der Junge zu Fuß weiter und gelangte am Abend nach Hause. Sein Vater freute sich nicht sehr über seine Ankunft, weil er nichts brachte. Er aber erzählte nun alles, was er erlebt, wie er den goldenen Vogel und das sechsfüßige Pferd erworben, wie er seine Brüder ausgelöst hätte und wie sie dann so untreu und sündlich an ihm gehandelt hätten, und schließlich, wie er gerettet worden war. Der alte König wollte das nicht glauben. Da sagte der Junge: »Ich will es beweisen. Es ist doch sicher richtig, daß derjenige der rechtmäßige Besitzer des Pferdes ist, der es auch zu reiten vermag, und daß dies auch für den goldenen Vogel gilt, wenn der bei Eintritt des Besitzers in die Kirche die Flügel erhebt und singt?«

»Ja, da stimme ich dir zu«, sprach der Alte. Nun versuchten es zuerst die beiden älteren Brüder. Das Pferd aber ließ sie nicht in die Nähe kommen, und der goldene Vogel hielt seine Flügel gesenkt und sang nicht, als sie die Kirche betraten. Jetzt versuchte es auch der Jüngste. Als das Pferd ihn erblickte, wieherte es laut vor Freude und stand da wie ein Lamm, bis er aufgestiegen war. Dann ritt er eine Zeitlang hin und her. Drauf stieg er ab und ging zur Kirche. Kaum hatte er die Schwelle betreten, so hob der Vogel seine Flügel und sang auf einmal so wunderschön, daß dem König die Augen vor Freude und Leid übergingen.

Es fiel dem Jüngsten um den Hals und sprach: »Verzeih mir, daß ich dich weniger als deine Brüder geachtet habe. Da nimm sie aber jetzt, diese Falschen und Gemeinen, und mach mit ihnen, was du willst!«

»So will ich mich gleich an ihnen rächen, daß sie an mich mit Freuden denken sollen!« Und er nahm den kupfernen Apfel hervor und drehte ihn. Sogleich flog die älteste der Jungfrauen herbei und hatte einen kupfernen Mantel an. Sie war sehr schön, und die alte Königin, die Mutter des Jungen, rief: »Ei, du, mein Sohn, weißt gut zu wählen.« Er aber faßte sie gleich bei der Hand, führte sie zu seinem ältesten Bruder und sprach: »Das soll deine Frau sein, willst du?« Wer konnte erleichterter sein als er.

Jetzt drehte der Jüngste die silberne Birne, und es kam die Jungfrau im silbernen Mantel herbeigeflogen. Sie war noch schöner. »Nun nimm du jetzt die, denn es kann keine Schönere geben«, sagte seine Mutter wieder. Der Junge aber nahm sie bei der Hand, führte sie zu seinem mittleren Bruder und fragte: »Willst du sie zur Frau?« Der konnte nicht nein sagen.

Nun drehte er die goldene Pflaume. Da kam die jüngste Jungfrau herbeigeflogen. Sie trug einen goldenen Mantel, der war geschmückt mit Karfunkelsteinen und Perlen vom goldenen Vogel, daß er glänzte und glitzerte wie der Sternenhimmel. Die alte Königin verwunderte sich sehr über die große Schönheit und fing die Jungfrau in ihrer Schürze auf. Ihr zartes Wesen sollte nur ja nicht an dem harten Boden sich anstoßen. »Du weißt freilich besser als ich, wie man wählen soll!« sprach sie zum Jüngsten, »eine Schönere kann es aber unter der Sonne nicht geben!« Die nahm nun der Jüngste selbst zur Frau, und sie lebten viele Jahre glücklich und zufrieden.

Als aber nach langen Jahren die schöne Königin starb, verschwand auch das sechsfüßige Pferd und der goldene Vogel aus der Kirche, und seitdem hat beide niemand mehr gesehen.

38. Die Wunderdinge

Es lebte einmal ein Kaiser, der hatte einen Sohn, der sich um nichts Sorgen machte. Da befahl ihm der Vater, sich doch um etwas zu kümmern. Er schickte ihn in den Wald, um Wunderdinge zu holen. Der Kaisersohn nahm eine stumpfe Axt und ein Stück Brot, ging in den Wald und hackte krumme Bäume, solche, die krumm gewachsen waren. Die brachte er nach Hause und warf sie auf die Diele. Der Kaiser fragte ihn: »Nun, hast du Wunderdinge gefunden?« Und der Sohn antwortete: »Ei freilich, dort stehen sie auf der Diele.« Da sprach der Kaiser: »Das sind keine Wunderdinge.« Er schalt ihn und sagte: »Nimm dir Brot und geh noch einmal fort.«

Da ging er wieder in den Wald, geriet in die Wildnis und verirrte sich. Er kam zum Meeresstrande an eine Badehütte und ging hinein, um die Nacht dort zu verbringen. Hier war niemand, und er legte sich schlafen. In der Nacht aber kam ein alter Mann in die Hütte, der bat um ein Lager, und der Kaisersohn ließ ihn ein. Der Alte hatte einen Rindenranzen auf dem Rücken, den nahm er ab und sprach:

»Speis uns, Ränzlein,
Tränk uns, Ränzlein,
Pack Teller und Schüsseln wieder ein!«

Und der Ranzen speiste und tränkte sie und räumte die leeren Teller und Schüsseln wieder fort. Der Kaisersohn lag auf der Bank und betrachtete sich den Ranzen von unten und von allen Seiten und dachte bei sich: »Das ist mir ein Wunderding.« Als sich der Alte niedergelegt hatte und eingeschlafen war, stahl er ihm den Ranzen und ging damit fort.

Unterwegs begegnete ihm ein Mann, der fragte: »Wo kommst du her?« Er antwortete: »Ich habe ein Wunderding gesucht.«

»Gib mir das Wunderding, ich gebe dir dafür ein Schwert, das schlägt, wenn du es befiehlst, allen die Köpfe ab.« Da tauschte er dem Manne den Ranzen gegen das Schwert ein, denn er dachte: »Wunderdinge sind beide, ein Wunderding war der Ranzen, und ein Wunderding ist das Schwert.« Dann befahl er dem Schwerte: »Schlag dem Manne dort, der meinen Ranzen bekommen hat, den Kopf ab!« Und es ging hin und schlug dem Manne den Kopf ab. Dann nahm er Ranzen und Schwert und machte sich auf den Heimweg.

Da begegnete ihm wieder ein Mann, der fragte: »Wo kommst du her, Mann, und was trägst du da?« Der Kaisersohn sagte: »Ich habe Wunderdinge gesucht.«

»Gib mir den Ranzen«, bat der Wandersmann, »ich gebe dir eine Flöte dafür, auf der du dir alles herbeispielen kannst, was du wünschest. Und wenn du um noch soviel spielst, du bekommst es.« Er tauschte den Ranzen gegen die Flöte ein, aber beim Weitergehen sagte er wieder zu dem Schwert: »Geh und schlag dem Manne den Kopf ab.« Und er nahm ihm den Ranzen weg.

Da hatte er drei Wunderdinge: den Ranzen, das Schwert und die Flöte. Er kam nach Hause, ging auf einen weiten, steinigen Acker, holte seine Flöte hervor und spielte darauf, daß ihm Gott hier einen großen Herrenhof geben möchte. Da stand ein großer Herrenhof da. Er spielte und wünschte sich Vieh. Auch das bekam er. Dann spielte er: Gott möchte ihm hier eine große Brücke bis vor des Kaisers Schloß bauen. Als die Brücke fertig war, wunderte sich der Kaiser, wer sie wohl ohne seine Erlaubnis gebaut haben möchte. Und er schickte Soldaten über die Brücke, die sollten nachforschen, wer sie gebaut habe. Die Soldaten marschierten hinüber, und wie der Kaisersohn sah, daß seines Vaters Soldaten zu ihm kamen, nahm er seine Flöte und spielte darauf, damit die Toten aus den Gräbern auferständen. Und sie wurden lebendig, standen alle auf und gingen bis an die Brücke. Die kaiserlichen Soldaten, die sie erblickten, konnten nicht begreifen, was das für Volk war. Sie erschraken, kehrten wieder um und sagten zum Kaiser: »Wir können nicht sagen, was das für Volk ist.« Da schalt der Kaiser und sprach: »Wenn ich euch schicke, müßt ihr über die Sache Aufklärung bringen.« Und der Kaiser schickte sein ganzes Heer über die Brücke. Das sah der Kaisersohn und erkannte es. »Da kommt meines Vaters Heer, um mich zu sehen.« Und er ging auf das Heer zu und sagte zu den Soldaten: »Ich bin der Kaisersohn, den sein Vater ausgeschickt hat, Wunderdinge zu suchen. Geht zurück und sagt meinem Vater, daß er kommen und meine Wunderdinge ansehen möchte.« Als nun der Kaiser kam, um die Wunderdinge seines jüngsten Sohnes zu betrachten, holte dieser seinen Ranzen herbei und sprach:

»Speis uns, Ränzlein,
Tränk uns, Ränzlein,
Pack Teller und Schüsseln wieder ein!«

Und er fragte seinen Vater: »Ist das ein Wunder?« Der Kaiser antwortete: »Ja, das ist ein Wunder.« Dann befahl er dem Schwert, allen außer dem Kaiser die Köpfe abzuschlagen. Wieder fragte er: »Ist das ein Wunder?« Da schalt ihn der Kaiser: »Was tötest du meine Soldaten? Solche Wunder zu sehen, läßt du mich rufen?« Und er sprach: »Ich gehe nach Hause.« Da sagte der Kaisersohn: »Wart nur ein wenig, daß ich dir das dritte Wunder zeige!« Aber der Kaiser wollte nicht: »Ich danke für deine Wunder.«

»Wart, Vater, und wenn du noch so große Eile hast!« Er zeigte ihm das dritte Wunder, nahm die Flöte und spielte das ganze Volk, das sein Schwert totgeschlagen hatte, wieder lebendig, jedermann wurde wieder lebendig. Er spielte die Toten aus den Gräbern. Da war die Freude groß, als alle Soldaten wieder lebendig wurden, die er seinem Vater getötet hatte. Und er fragte seinen Vater: »Ist das ein Wunder?«

»Ja«, sagte der Vater, »das ist ein Wunder.«

Sie blieben beisammen, und ich ging meiner Wege.

39. Die Zauberente

Es lebten einst zwei Brüder. Der eine war reich und der andere arm. Der Reiche brauchte einen Knecht, und der Arme mußte sich als Knecht verdingen. Und sie gingen zusammen, der eine wie der andere, auf den Markt. Als sie sich auf dem Markt trafen, begrüßten sie sich, und der reiche Bruder fragte den armen: »Warum bist du gekommen, Bruder?«

»Ich bin gekommen, weil ich mich als Knecht verdingen muß.«

»Und ich«, sprach jener, »brauche einen Knecht, laß dich bei mir einstellen. Mir ist sowieso ein Mann aus unserer Familie lieber als ein fremder.«

Sie machten die Sache untereinander ab und gingen zurück nach Hause.

Am nächsten Tag fuhr der arme Bruder los, um bei seinem reichen Bruder zu pflügen. Man brachte dem Knecht das Frühstück. Er aß. Und während des Essens näherte sich ihm ein Vogel, so schön, daß es unmöglich war, ihn zu bewerten. Er lief dem Vogel nach. »Ich werde ihn fangen«, sprach er, »und ihn meinem Sohn Mitja bringen.«

Er jagte dem Vogel nach, und der Vogel flog immer wieder davon.

Er lief und lief, konnte den Vogel jedoch nicht fangen. Schließlich sprach er: »Offensichtlich nicht mein Glück.« Der Vogel aber antwortete ihm: »Ja«, sprach er, »nicht deins.«

»Wo ist denn mein Glück?«

»Dein Glück befindet sich jenseits von dreimal neun Ländern, im dreimal zehnten Zarenreich: An einer Kreuzung steht eine Eiche, unter der Eiche befindet sich eine Schatulle, und in der Schatulle ist dein Glück.«

Er spannte sein Pferd aus, ließ es seelenruhig zurück und zog los. Er ging und kam über kurz oder lang an den genannten Ort. Und als er die Eiche erreicht hatte, begann er, unter ihr eine Grube zu graben. Er grub, bis er auf die Schatulle stieß. Er zertrümmerte die Schatulle und fand in ihr drei alte Zehnkopekenstücke. Da wurde er nachdenklich und traurig.

»Was soll ich jetzt bloß tun? Was habe ich nur für ein Glück! Und was kann ich denn schon für die Zehnkopekenstücke kaufen? Ich habe meinen Bruder beleidigt und mir selbst keinen Nutzen verschafft! Nun, ich werde trotzdem in die Stadt gehen, für die drei Kopekenstücke wenigstens meinem Sohn Mitja irgendein Spielzeug kaufen.« Er näherte sich der Stadt. Es begegnete ihm ein Bäuerlein, das eine Ente zum Verkauf trug.

»Wieviel kostet die Ente?«

Das Bäuerlein antwortete: »Drei Zehnkopekenstücke.«

»Was soll's? Ich werde dem Mitja die Ente kaufen, dann kann er mit ihr spielen.«

Er gab ihm die drei Zehnkopekenstücke, nahm die Ente und ging nach Hause.

Er kommt nach Hause. Der Bruder ist böse auf ihn. Er gab die Ente Mitja. Mitja spielte eine Weile mit ihr und setzte sie dann in eine Ecke. Die Ente saß eine Weile, übernachtete die Nacht, und am nächsten Tag legte sie ein goldenes Ei. Das Bäuerlein freute sich sehr über das Ei; er nahm es und trug es zu dem reichen Bauern. Der gab ihm für dieses Ei hundert Rubel. Das Bäuerlein freute sich über das Geld. Und vierundzwanzig Stunden später legte sie ihm noch ein Ei. Und er bekam dafür wieder hundert Rubel. Vierundzwanzig Stunden später legte sie noch eins, und er bekam für das dritte ebenfalls hundert Rubel.

Unser Bäuerlein wurde fröhlicher und sprach: »Nicht umsonst hat mir der Vogel gesagt, mein Glück befinde sich unter der Eiche in der Schatulle!«

Sie legte ihm regelmäßig alle vierundzwanzig Stunden je eines dieser Eier; und schließlich erkannte das Bäuerlein den wirklichen Wert dieser Eier und verkaufte sie zu einem höheren Preis. Und nach einer unbestimmten Zeit, nach ein oder zwei Jahren, wurde dieser Bauer so reich, daß es in der Nähe nirgends einen so reichen gab.

Er kaufte seinem Mitja ein Pferd, und den Mitja schickte er zum Lernen in die Schule. Er selbst kaufte in der Stadt irgendein Geschäft auf und verteilte es an die Armen, die ganze Ware, so daß die Händler große Verluste zu verzeichnen hatten, der Handel ging stark zurück. Er selbst begab sich in ein fremdes Land für eine unbestimmte Zeit, um Waren herzuschaffen.

Seine Frau verliebte sich in den Popen. Und als der Pfarrer eines Tages zu ihr kam, fragte er sie: »Wie kommt das bloß? Wie konntet ihr in so kurzer Zeit so reich werden?«

»Ich werde dir das nicht sagen«, sprach sie.

»Wenn du es mir nicht sagst«, sprach er, »werde ich dich nicht mehr lieben!«

Ihr tat die Trennung von ihm leid, und so sprach sie: »Wir haben ein Entchen, Herr Pfarrer, das alle vierundzwanzig Stunden ein goldenes Ei legt.«

»Dann erlaube mir, einen Blick auf sie zu werfen«, sprach der.

Und als sie ihm dann die Ente brachte, entdeckte er auf ihrer Brust eine Inschrift, von der sie noch keine Ahnung hatten: »Wer Lunge und die Leber verspeist, wird reich; wer das Köpfchen verspeist, der wird Zar.«

Und da sprach der Pope: »Nun, mein Liebchen, laß uns die Ente braten.«

»Aber nicht doch, Herr Pfarrer, wovon leben wir denn und wovon sind wir so reich geworden? Wenn wir die Ente schlachten, wird sich unser Reichtum nicht mehr vermehren!«

»Aber ihr habt doch schon genug Reichtümer in der Schatzkammer, wozu braucht ihr denn noch mehr?«

Sie aber wollte sich nicht einverstanden erklären. Er aber sprach: »Wenn du sie nicht braten läßt, dann werde ich dich nicht mehr lieben.«

Nun, wie sehr sie sich auch wand, schließlich befahl sie, wissen Sie, die Ente zu braten. Er hatte den Wunsch, alles – das Köpfchen, die Lunge und die Leber – zu essen. Als der Koch die Ente gebraten hatte, kam im gleichen Augenblick Mitja aus der Schule und schaute in den Ofen. Als er dort die Ente entdeckte, nahm er, ohne lange zu überlegen, die Lunge, die Leber und den Kopf heraus und verspeiste sie. Die Ente aber rührte er nicht an; und dann machte er kehrt und ging wieder in die Schule.

Der Pfarrer kommt und spricht: »Nun los, meine Liebe, bring die Ente her, wir wollen sie verspeisen.« Der Koch brachte sie. Der Pfarrer suchte nun nach der Lunge, dem Kopf und der Leber – und nichts davon war da. Er begann zu fragen: »Meine Liebe, wo ist denn die Lunge, die Leber und der Kopf?« Sie schaute hin, und sie waren tatsächlich nicht da. Und sie sprach: »Mitja war aus der Schule da, wahrscheinlich hat er sie gegessen.« Sie fragten den Koch, ob Mitja dagewesen sei oder nicht. Der Koch erklärte, daß Mitja tatsächlich aus der Schule gekommen sei.

Und da sprach er, der Pfarrer: »Laß uns Mitja töten, ich werde ihn bestatten!«

»Was soll das denn? Wer soll dann unseren großen Besitz und Reichtum übernehmen?« Er aber antwortete ihr: »Wenn es einem Fremden zufällt, wird er sich noch öfter und besser an euch erinnern.« Sie wollte sich nicht bereit erklären, doch letzten Endes stimmte sie schließlich doch zu.

»Wie können wir ihn denn töten?« Er antwortete ihr darauf: »Ich werde dir ein Schlafkraut geben, und du nähst es ins Kissen. Und wenn er sich auf das Kissen legt, wird er für immer einschlafen.« Und dann gab er ihr das Kraut. Sie nähte es tatsächlich ins Kissen ein, machte ihm das Bett und legte es bereit.

Als aber Mitja aus der Schule nach Hause ging, schaute er bei seinem Pferd im Stall vorbei. Das Pferd sprach zu ihm mit menschlicher Stimme: »Nun, Mitja, deine Mutter hat sich in den Pfarrer verliebt und will dich umbringen. Sie hat in dein Kissen tödliches Kraut eingenäht, und wenn du dich hinlegst, wirst du für immer einschlafen. Leg dich also nicht auf das bereits gemachte Bett. Wenn sie dir aber sagt: ›Leg dich schlafen‹, dann sag ihr: ›Ich will noch nicht schlafen, Mama, ich werde noch etwas mit der Katze spielen‹, und wirf diese Katze auf das Kissen; dann wirst du sehen, was mit ihr geschieht.«

Und er bedankte sich bei dem Pferd und ging ins Haus. Er kommt in das Haus. Und die Mutter spricht zu ihm: »Mitja, willst essen?« Sie deckte ihm den Tisch; er aß. Darauf sprach sie: »Mitja, geh ins Bett schlafen, ich habe dir schon gedeckt.« Doch Mitja antwortete: »Ich möchte noch nicht schlafen, Mama; ich werde noch etwas mit der Katze spielen, dann lege ich mich schlafen.«

Er spielte, spielte und warf schließlich die Katze auf das Kissen; und die Katze war im gleichen Augenblick tot. Mitja aber legte sich daneben und schlief so durch.

Am nächsten Tag stand er in der Frühe auf und ging in die Schule. Der Pfarrer kommt und spricht: »Was? Ist Mitja tot oder nicht?« Sie antwortete: »Nein, Mitja ist nicht tot; er hat auf sein Bett die Katze geworfen, und die ist an seiner Stelle gestorben; er selbst ist aufgestanden und ist zur Schule gegangen.«

»Nun, dann werde ich dir Gift geben«, sprach er, »brat es in ein Birkhuhn ein. Und wenn er gegessen hat, reich ihm als Nachtisch dieses Birkhuhn.«

Mitja kommt aus der Schule und geht geradewegs in den Stall zu seinem Pferd. Das Pferd spricht wieder: »Deine Mutter hat für dich, Mitja, ein Birkhuhn gebraten mit Gift und wird es dir geben; iß es nicht, sondern sag ihr: ›Ich werde es später essen – wenn ich in die Schule gehe, oder in der Schule.‹«

Er verließ den Stall und kam ins Haus. Die Mutter hatte ihm das Essen hingestellt. Mitja aß, und sie bringt ihm dieses schmackhafte Birkhuhn und spricht: »Mitja, iß dieses Birkhuhn als Nachtisch.«

»Nein, Mutter, ich werde das Birkhuhn nicht essen. Ich werde in die Schule gehen und es dort essen.« Und er nahm das Birkhuhn mit; und unterwegs stieß er auf einen Hund und warf es kurzerhand dem Hund vor; und kaum hatte der Hund das Birkhuhn gefressen, da verreckte er auch schon.

Und um diese Zeit mußte der Vater schon aus den fernen Reichen zurückkommen.

Mitja geht von der Schule nach Hause. Und als sie sahen, daß er noch am Leben war, sprach der Pope: »Aller Wahrscheinlichkeit nach erzählt ihm das alles das Pferd. Und wenn wir das Pferd nicht töten, wird es uns nicht gelingen, Mitja zu töten.«

Und schließlich, als der Hausherr jeden Augenblick eintreffen mußte, schmierte er ihr (Mitjas Mutter) die Brüste mit Gift ein – und sie wurden ganz geschwollen. Und er sagte: »Wenn dein Mann zu

Hause eintrifft, sag ihm: ›Wieviel ich mich auch behandeln ließ, ich werde einfach nicht gesund. Man muß, sagt man, das Pferd töten und meine Brüste mit dem Speck des Pferdes einreiben, dann würde ich gesund.‹«

Und siehe, um die gleiche Zeit lief Mitja aus der Schule geradewegs zu seinem Pferd in den Stall. Das Pferd stellte sich vor ihm auf die Knie: »Nun, Mitja, ich habe dich gerettet, rette du nun auch mich. Deine Mutter hat mit dem Pfarrer ausgeheckt, mich zu schlachten und sich mit meinem Speck die Brüste einzuschmieren. Sag du aber, wenn dein Vater kommt: ›Papa, laß mich das erste und das letzte Mal auf diesem Pferd etwas reiten, dann können wir es schlachten.‹ Wenn du dich aber auf mich gesetzt hast, werden wir, unbekannt wohin, fortreiten.«

In diesem Augenblick, als Mitja in dem Stall war und mit seinem Pferd das Gespräch führte, traf sein Vater zu Hause ein; und niemand empfing ihn. Da sprach er zu sich selbst: »Aller Wahrscheinlichkeit nach ist zu Hause etwas nicht in Ordnung: So, wie Mitja mich nicht empfängt, empfängt mich auch die eigene Frau nicht.«

Er betrat das Zimmer und sah seine Frau krank auf dem Bett liegen.

»Was ist denn, meine liebe Gattin? Was fehlt dir denn?«

»Da, meine Brüste schwellen an, ich kann sie mit nichts heilen. Man sagt mir nur, ich müßte das Pferd schlachten lassen und mit dem Speck des Pferdes die Brüste einschmieren, dann würde ich wieder gesund werden.«

»Nun, was soll's, meine Liebe? Nicht das Pferd hat uns angeschafft, sondern wir haben das Pferd angeschafft!« Und in dem Augenblick kommt Mitja ins Haus.

»Nun, Mitja, deine Mutter ist krank?«

»Ja, Papa«, sprach der, »sie ist krank.«

»Und sie sagt, man müsse dein Pferd schlachten und mit dem Pferdespeck ihre Brüste einschmieren, dann würde sie gesund werden.«

»Nun, was soll's, Papa? Mama ist teurer als das Pferd.«

Sie aßen also, tranken einen Schluck und führten das Pferd heraus; und sie wollten es eben schon schlachten, da sprach Mitja: »Papa, erlaube mir ein erstes und letztes Mal, auf dem Pferd ein bißchen zu reiten.«

»Aber Mitja, es wird dich doch erschlagen.«

»Nein, Papa, es wird mich nicht erschlagen; bitte erlaub es.« Mitja setzte sich auf das Pferd, ritt die Straße hinunter und kehrte zu seinem Vater zurück. Und er sprach: »Nun, Mama, leb du mit dem Popen; und du, Papa, leb allein!« Darauf versetzte er dem Pferd einen Schlag und jagte schneller als ein Vogel davon.

Und nun, er ritt und kam über kurz oder lang an eine Stadt. In dieser Stadt aber war der Zar gestorben, und das ganze Zarengeschlecht war schon vernichtet. Und da prophezeiten die Edelleute und sprachen: »Es muß hier ein junger Prinz eintreffen, der Zar werden soll. Sein Name ist Mitja.« Sie suchten und suchten und fanden so einen Reisenden. Und nachdem sie ihn gefunden hatte, machten sie ihn tatsächlich zum Zaren.

Mitja übernahm das Reich, wurde erwachsen und heiratete. Und darauf fragte ihn seine Gemahlin: »Wie ist es, Mitja? Hast du Eltern zu Hause in deiner Heimat oder nicht?« Er antwortete ihr darauf: »Ich habe Vater und Mutter dort.«

»Fahr doch mal hin«, sprach sie, »und hol sie her!« Er hatte keine große Lust hinzufahren, doch schließlich fuhr er doch hin.

Und als er sich seinem Ort näherte, da entdeckte er seinen Vater, wie er eine Schweineherde hütete und sich von den gleichen Wurzeln ernährte wie die Schweine. Da sprach er zu ihm: »Großväterchen, fahr mit mir mit!« (Denn der Vater erkannte ihn nicht.) Das Großväterchen antwortete ihm: »Ich werde nicht nach Hause gehen: Meine Frau wird mich ja doch zurückschiken.« Doch es gelang ihm, ihn doch zu überreden, und sie fuhren zusammen weiter.

Sie näherten sich dem Haus. Der Pope spielt mit seiner Mutter Karten. Die Mutter rief ihn her. »Nun, Mitja, setz dich zu uns«, sprach sie, »setz dich zu uns und spiel mit uns Karten!« Mitja setzte sich hin. Und sie machten ab, daß der Verlierer gefesselt werden sollte. Und sie spielten, spielten und gewannen gegen den Popen. Sie gingen daran, den Popen zu fesseln; er schrie los, sie täten ihm weh, und sie banden ihn wieder los.

Dann spielten sie, spielten und gewannen gegen die Mutter. Sie gingen daran, sie zu fesseln, doch sie schrie ebenfalls: »Es tut weh!« Und sie banden sie wieder los.

Dann aber spielten sie, spielten und gewannen gegen Mitja. Sie begannen, ihn zu fesseln, und da schrie er: »Es tut weh«. Doch sie schnürten ihn darauf noch fester zusammen. Und als er dies bemerkte, riß er sich mit aller Kraft los und zerriß den Strick.

Darauf zog er seine Oberkleider aus und stand in Zarengewändern vor ihnen. Die Mutter, der Pope und auch der Vater waren erstaunt: Wie konnte bloß ihr Mitja ins Zarengeschlecht vordringen?

Der Pope erriet jedoch gleich, wodurch er dies hatte erreichen können.

Und er veranlaßte, daß der Pope und die Mutter am Galgen aufgehängt wurden. Seinen Vater aber nahm er mit und fuhr mit ihm in sein Reich.

40. Der Löwe und der Frosch

Es war ein König und eine Königin, die hatten einen Sohn und eine Tochter, die hatten sie herzlich lieb. Der Prinz ging oft auf die Jagd und blieb manchmal lange Zeit draußen im Wald, einmal aber kam er gar nicht wieder. Darüber weinte sich seine Schwester fast blind, endlich, wie sie's nicht länger aushalten konnte, ging sie fort in den Wald und wollte ihren Bruder suchen.

Als sie nun lange Wege gegangen war, konnte sie vor Müdigkeit nicht weiter, und wie sie sich umsah, da stand ein Löwe neben ihr, der tat ganz freundlich und sah so gut aus. Da setzte sie sich auf seinen Rücken, und der Löwe trug sie fort und streichelte sie immer mit seinem Schwanze und kühlte ihr die Backen. Als er nun ein gut Stück fortgelaufen war, kamen sie vor eine Höhle, da trug sie der Löwe hinein, und sie fürchtete sich nicht und wollte auch nicht herabspringen, weil der Löwe so freundlich war. Also ging's durch die Höhle, die immer dunkler war und endlich ganz stockfinster, und als das ein Weilchen gedauert hatte, kamen sie wieder an das Tagslicht in einen wunderschönen Garten. Da war alles so frisch und glänzte in der Sonne, und mittendrin stand ein prächtiger Palast. Wie sie ans Tor kamen, hielt der Löwe, und die Prinzessin stieg von seinem Rücken herunter. Da fing der Löwe an zu sprechen und sagte: »In dem schönen Haus sollst du wohnen und mir dienen, und wenn du alles erfüllst, was ich fordere, so wirst du deinen Bruder wiedersehen.« Da diente die Prinzessin dem Löwen und gehorchte ihm in allen Stücken. Einmal ging sie in dem Garten spazieren, darin war es so schön und doch war sie traurig, weil sie so allein und von aller Welt verlassen war. Wie sie so auf und ab ging, ward sie einen Teich gewahr und auf der Mitte des Teichs war eine kleine Insel mit einem Zelt. Da sah sie, daß unter dem Zelt ein grasgrüner Laubfrosch saß und hatte ein Rosenblatt auf dem Kopf statt einer Haube. Der Frosch guckte sie an und sprach: »Warum bist du so traurig?«

»Ach«, sagte sie, »warum sollte ich nicht traurig sein?« Und klagte ihm da recht ihre Not. Da sprach der Frosch ganz freundlich: »Wenn du was brauchst, so komm nur zu mir, so will ich dir mit Rat und Tat zur Hand gehen.«

»Wie soll ich dir das aber vergelten?«

»Du brauchst mir nichts zu vergelten«, sprach der Quakfrosch, »bring mir nur alle Tage ein frisches Rosenblatt zur Haube.« Da ging nun die Prinzessin wieder zurück und war ein bißchen getröstet, und so oft der Löwe etwas verlangte, lief sie zum Teich, da sprang der Frosch herüber und hinüber und hatte ihr bald herbeigeschafft, was sie brauchte.

Auf eine Zeit sagte der Löwe: »Heut abend äß ich gern eine Mükkenpastete, sie muß aber gut zubereitet sein.« Da dachte die Prinzessin, wie soll ich die herbeischaffen, das ist mir ganz unmöglich, lief hinaus und klagte es ihrem Frosch. Der Frosch aber sprach: »Mach dir keine Sorgen, eine Mückenpastete will ich schon herbeischaffen.« Darauf setzte er sich hin, sperrte rechts und links das Maul auf, schnappte zu und fing Mücken, soviel er brauchte. Darauf hüpfte er hin und her, trug Holzspäne zusammen und blies ein Feuer an. Wie's brannte, knetete er die Pastete und setzte sie über Kohlen, und es währte keine zwei Stunden, so war sie fertig und so gut, als einer nur wünschen konnte. Da sprach er zu dem Mädchen: »Die Pastete kriegst du aber nicht eher, als bis du mir versprichst, dem Löwen, sobald er eingeschlafen ist, den Kopf abzuschlagen mit einem Schwert, das hinter seinem Lager verborgen ist.«

»Nein«, sagte sie, »das tue ich nicht, der Löwe ist doch immer gut gegen mich gewesen.« Da sprach der Frosch: »Wenn du das nicht tust, wirst du nimmermehr deinen Bruder wiedersehen, und dem Löwen selber tust du auch kein Leid damit an.« Da faßte sie Mut, nahm die Pastete und brachte sie dem Löwen. »Die sieht ja recht gut aus«, sagte der Löwe, schnupperte daran und fing gleich an einzubeißen, aß sie auch ganz auf. Wie er nun fertig war, fühlte er eine Müdigkeit und wollte ein wenig schlafen; also sprach er zur Prinzessin: »Komm und setz dich neben mich und krau mir ein bißchen hinter den Ohren, bis ich eingeschlafen bin.« Da setzt sie sich neben ihn, kraut ihn mit der Linken und sucht mit der Rechten nach dem Schwert, welches hinter seinem Bette liegt. Wie er nun eingeschlafen ist, so zieht sie es hervor, drückt die Augen zu und haut mit einem Streich dem Löwen den Kopf ab. Wie sie aber wieder hinblickt, da war der Löwe verschwunden, und ihr lieber Bruder stand neben ihr, der küßte sie herzlich und sprach: »Du hast mich erlöst, denn ich war der Löwe und war verwünscht, es so lang zu bleiben, bis eine Mädchenhand aus Liebe zu mir dem Löwen den Kopf abhauen würde.«

Darauf gingen sie miteinander in den Garten und wollten dem Frosch danken, wie sie aber ankamen, sahen sie, wie er nach allen Seiten herumhüpfte und kleine Späne suchte und ein Feuer anmachte. Als es nun recht hell brannte, hüpfte er selber hinein, und da brennt's noch ein bißchen, und dann geht das Feuer aus und steht ein schönes Mädchen da, das war auch verwünscht worden und die Liebste des Prinzen. Da ziehen sie miteinander heim zu dem alten König und der Frau Königin und wird eine große Hochzeit gehalten, und wer dabei gewesen, der ist nicht hungrig nach Haus gegangen.

41. Der gestiefelte Kater

Ein Müller hatte drei Söhne, seine Mühle, einen Esel und einen Kater; die Söhne mußten mahlen, der Esel Getreide holen und Mehl forttragen und die Katz die Mäuse wegfangen. Als der Müller starb, teilten sich die drei Söhne in die Erbschaft, der älteste bekam die Mühle, der zweite den Esel, der dritte den Kater, weiter blieb nichts für ihn übrig. Darüber war er traurig und sprach zu sich selbst: »Ich hab es doch am allerschlimmsten kriegt, mein ältester Bruder kann mahlen, mein zweiter kann auf seinem Esel reiten, was kann ich mit dem Kater anfangen? Laß ich mir ein Paar Pelzhandschuhe aus seinem Fell machen, so ist's vorbei.«

»Hör«, fing der Kater an, der alles verstanden hatte, was er gesagt. »Du brauchst mich nicht zu töten, um ein Paar schlechte Handschuh aus meinem Pelz zu kriegen, laß mir nur ein Paar Stiefel machen, daß ich ausgehen kann und mich unter den Leuten sehen lassen, dann soll dir bald geholfen sein.«

»Was, ein paar ordentliche Stiefel willst du, wie andere Leut auch?«

»Das sollt ich meinen«, sprach der Kater.

Der Müllerssohn verwunderte sich, daß der Kater so sprach, weil aber eben der Schuster vorbeiging, rief er ihn herein und ließ ihm ein Paar Stiefel anmessen. Als sie fertig waren, zog sie der Kater an, nahm einen Sack, machte den Boden desselben voll Korn, oben aber eine Schnur daran, womit man ihn zuziehen konnte, dann warf er ihn über den Rücken und ging auf zwei Beinen, wie ein Mensch, zur Tür hinaus, klinkte sie auf, und mir nichts, dir nichts, durch die Gassen zum Tor hinaus.

Dazumal regierte ein König in dem Land, der aß die Rebhühner so gern; es war aber eine Not, daß keine zu kriegen waren. Der ganze Wald war voll, aber sie waren so scheu, daß kein Jäger sie erreichen konnte. Das wußte der Kater und gedacht, seine Sache besser zu machen; als er in den Wald kam, tät er den Sack auf, breitete das Korn auseinander, die Schnur aber legte er ins Gras und leitete sie hinter eine Hecke. Da versteckte er sich selber, schlich auf und ab, schaute und lauerte. Die Rebhühner kamen bald gelaufen, fanden das Korn, und eins nach dem andern hüpfte in den Sack hinein. Der Kater fing an zu spinnen vor Vergnügen, daß alles so wohl ging, doch hielt er sich, bis eine gute Anzahl darin war, da zog er den Strick zu, lief heran und drehte ihnen den Hals um; dann warf er den Sack auf den Rükken, war guter Dinge und ging geradeswegs nach des Königs Schloß. Die Wache rief: »Halt! Wohin?«

»Zu dem König«, antwortete der Kater kurzweg. »Bist du toll, ein Kater zum König?«

»Laß ihn nur gehen«, sagte ein anderer, »der König hat doch oft Langeweil, vielleicht macht ihm der Kater mit seinem Brummen und Spinnen Vergnügen.« Der Kater zog den Schwanz auf den Rücken und trat ein. Als er vor den König kam, machte er einen Reverenz und sagte: »Mein Herr, der Graf«, dabei nannte er einen langen und vornehmen Namen, »läßt sich dem Herrn König empfehlen und schickt ihm hier Rebhühner, die er eben in Schlingen gefangen hat.«

»Daß dich! sagte der König erstaunt, als er die schönen Rebhühner sah, blies daran und fühlte, ob sie auch recht fett wären, wußte sich vor Freude nicht zu lassen und befahl dem Kater, so viel Gold aus der Schatzkammer in den Sack zu tun, als er tragen könne. »Das bring deinem Herrn und dank ihm noch vielmal für sein Geschenk.«

Der arme Müllerssohn aber saß zu Haus am Fenster, stützte den

Kopf auf die Hand und dachte, daß er nun sein Letztes für die Stiefeln des Katers weggegeben, und was werde ihm der Großes dafür bringen können. Da trat der Kater herein, warf den Sack vom Rücken, schnürte ihn auf und schüttete das Gold vor den Müller hin. »Da hast du etwas für die Stiefeln, der König läßt dich auch grüßen und dir viel Dank sagen.«

Der Müller war froh über den Reichtum, ohne daß er noch recht begreifen konnte, wie es zugegangen war. Der Kater aber, während er seine Stiefel auszog, erzählte ihm alles, dann sagte er: »Du hast zwar jetzt Geld genug, aber dabei soll es nicht bleiben, morgen zieh ich meine Stiefel wieder an und geh aus, du sollst noch reicher werden, dem König hab ich auch gesagt, daß du ein Graf bist.«

Am andern Tag ging der Kater, wie er gesagt hatte, wohl gestiefelt, wieder auf die Jagd, und brachte dem König einen reichen Fang. So ging es alle Tage, und der Kater brachte alle Tage Gold heim und ward so beliebt wie einer bei dem König, daß er aus- und eingehen durfte und im Schloß herumstreichen, wo er wollte.

Einmal stand der Kater in der Küche des Königs beim Herd und wärmte sich, da kam der Kutscher und fluchte: »Ich wünsch, der König mit der Prinzessin wär' beim Henker! Die plagt wieder die Langeweile! Ich wollt ins Wirtshaus gehen und einmal trinken und Karte spielen, da soll ich sie spazierenfahren an den See.« Wie der Kater das hörte, schlich er nach Haus und sagte zu seinem Herrn: »Wenn du willst ein Graf und reich werden, so komm mit mir hinaus an den See und bad dich darin.« Der Müller wußte nicht, was er dazu sagen sollte, doch folgte er dem Kater, ging mit ihm, zog sich splinternackend aus und sprang ins Wasser. Der Kater aber nahm seine Kleider, trug sie fort und versteckte sie.

Kaum war er damit fertig, da kam der König dahergefahren; der Kater fing sogleich an, erbärmlich zu lamentieren: »Ach, allergnädigster König! Mein Herr, der hat sich hier im See gebadet, da ist ein Dieb gekommen und hat ihm die Kleider gestohlen, die am Ufer lagen, nun ist der Herr Graf im Wasser und kann nicht heraus, und wenn er länger darin bleibt, wird er sich erkälten und sterben.«

Wie der König das hörte, ließ er haltmachen, und einer von seinen Leuten mußte zurückjagen und von des Königs Kleidern holen. Der Herr Graf zog die prächtigsten Kleider an, und weil ihm ohnehin der König wegen der Rebhühner, die er meinte, von ihm empfangen zu haben, gewogen war, so mußte er sich zu ihm in die Kutsche setzen. Die Prinzessin war auch nicht bös darüber, denn der Graf war jung und schön, und er gefiel ihr recht gut. Der Kater aber war vorausgegangen und zu einer großen Wiese gekommen, wo über hundert Leute waren und Heu machten. »Wem ist die Wiese, ihr Leute?« fragte der Kater. »Dem großen Zauberer.«

»Hört, jetzt wird der König bald vorbeifahren, wenn der fragt, wem die Wiese gehört, so antwortet: dem Grafen; und wenn ihr das nicht tut, so werdet ihr alle totgeschlagen.« Darauf ging der Kater weiter und kam an ein Kornfeld, so groß, daß es niemand übersehen konnte, da standen mehr als zweihundert Leute und schnitten das Korn. »Wem ist das Korn, ihr Leute?«

»Dem Zauberer.«

»Hört, jetzt wird der König vorbeifahren, wenn er frägt, wem das Korn gehört, so antwortet: dem Grafen; und wenn ihr das nicht tut, so werdet ihr alle totgeschlagen.«

Endlich kam der Kater an einen prächtigen Wald, da standen mehr als dreihundert Leute, fällten die großen Eichen und machten Holz. »Wem ist der Wald, ihr Leute?«

»Dem Zauberer.«

»Hört, jetzt wird der König vorbeifahren, wenn er frägt, wem der Wald gehört, so antwortet: dem Grafen; und wenn ihr das nicht tut, so werdet ihr alle umgebracht.«

Der Kater ging noch weiter, die Leute sahen ihm alle nach, und weil er so wunderlich aussah und wie ein Mensch in Stiefeln daherging, fürchteten sie sich vor ihm. Er kam bald an des Zauberers Schloß, trat kecklich hinein und vor ihn hin. Der Zauberer sah ihn verächtlich an, und fragte ihn, was er wolle. Der Kater machte einen Reverenz und sagte: »Ich habe gehört, daß du in jedes Tier nach deinem Gefallen dich verwandeln könntest; was einen Hund, Fuchs oder auch Wolf betrifft, da will ich es wohl glauben, aber von einem Elefant, das scheint mir ganz unmöglich, und deshalb bin ich gekommen, um mich selbst zu überzeugen.« Der Zauberer sagte stolz: »Das ist mir eine Kleinigkeit«, und in dem Augenblick verwandelte er sich in einen Elefant. »Das ist viel, aber auch in einen Löwen?«

»Das ist auch nichts«, sagte der Zauberer und stand als ein Löwe vor dem Kater. Der Kater stellte sich erschrocken, kroch in eine Ecke und rief: »Das ist unglaublich und unerhört, dergleichen hätt ich mir nicht im Traume in die Gedanken kommen lassen; aber noch mehr als alles andere wäre es, wenn du dich auch in ein so kleines Tier, wie eine Maus ist, verwandeln könntest, du bist gewiß geschickter als irgendein Zauberer auf der Welt, aber das wird dir doch zu hoch sein.« Der Zauberer ward ganz freundlich von den süßen Worten und sagte: »O ja, liebes Kätzchen, das kann ich auch«, und sprang als eine Maus im Zimmer herum. Der Kater war hinter ihm her, fing die Maus mit einem Sprung und fraß sie auf.

Der König aber war mit dem Grafen und der Prinzessin weiter spazierengefahren, und kam zu der großen Wiese. »Wem gehört das Heu?« fragte der König. »Dem Herrn Grafen«, riefen alle, wie der Kater ihnen befohlen hatte. »Ihr habt da ein schön Stück Land, Herr Graf«, sagte er. Darnach kamen sie an das große Kornfeld. »Wem gehört das Korn, ihr Leute?«

»Dem Herrn Grafen.«

»Ei! Herr Graf! Große, schöne Ländereien!« Darauf zu dem Wald: »Wem gehört das Holz, ihr Leute?«

»Dem Herrn Grafen.« Der König verwunderte sich noch mehr und sagte: »Ihr müßt ein reicher Mann sein, Herr Graf, ich glaube nicht, daß ich einen so prächtigen Wald in meinem ganzen Reiche habe.« Endlich kamen sie an das Schloß, der Kater stand oben an der Treppe, und als der Wagen unten hielt, sprang er herab, machte die Türe auf und sagte: »Herr König, Ihr gelangt hier in das Schloß meines Herrn, des Herrn Grafen, den diese Ehre für sein Lebtag glücklich machen wird.« Der König stieg aus und verwunderte sich über das prächtige Gebäude, das fast größer und schöner war als sein Schloß; der Graf aber führte die Prinzessin die Treppe hinauf in den Saal, der ganz von Gold und Edelsteinen flimmerte. Da ward die Prinzessin mit dem Grafen versprochen, und als der König starb, ward er König, der gestiefelte Kater aber erster Minister.

42. Der Königssohn Ring und der Hund Snati-Snati

Es waren einmal ein König und eine Königin, die hatten eine Tochter mit Namen Ingeborg und einen Sohn, der hieß Ring; er war weniger mutig, als es sonst bei großen Herren üblich war, auch hatte er kein Verständnis für tüchtige Künste und Geschicklichkeiten. Als er zwölf

Jahre alt war, ging er mit seinen Leuten an einem schönen Tage in den Wald, um sich zu vergnügen. Sie waren schon lange unterwegs, als sie eine Hindin mit einem Goldring um das Geweih erblickten. Der Königssohn wollte sie haben, wenn es irgendwie möglich wäre. Sie jagten und ritten so lange hinter ihr her, bis alle ihre Pferde totgeritten waren und zum Schluß auch das Vieh des Königssohns zusammenbrach.

Da kam ein so dichter Nebel, daß sie die Hindin nicht mehr sehen konnten. Sie waren weit abgekommen von jeder menschlicher Behausung und wollten nun sehen, daß sie wieder heimkämen – aber sie hatten sich verirrt. Sie gingen zuerst alle miteinander, bis sie uneins wurden und ein jeder den Weg ging, den er für richtig befand. Sie trennten sich, und jeder zog seine Straße fürbaß.

Als nun der Königssohn da und dort herumirrte und nicht aus noch ein wußte, kam er nicht weit vom Meer zu einem freien Platz im Walde. Da sah er eine Frau auf einem Stuhle sitzen mit einem großen Faß vor sich. Der Königssohn begrüßte die Frau höflich, indem er auf sie zuging, und auch sie erwiderte seinen Gruß freundlich. Da sah er in das Faß und erblickte auf dem Boden des Fasses einen überaus schönen Goldring, von dem er sich nicht mehr trennen konnte, da eine heftige Lust, ihn zu besitzen, über ihn kam. Das sah die Frau und sagte, sie merke wohl, daß sein Sinn nach dem Ringe stehe auf dem Boden des Fasses. Er sagte, so sei es auch. Er könne ihn bekommen, sagte sie, wenn er ihn aus dem Fasse heraushole. Er dankte und sagte, das Herausholen sei das wenigste; er beugte sich auch gleich über das Faß, das ihm gar nicht tief vorkam. Er wollte schnell den Ring fassen, aber daß Faß wurde immer tiefer, je mehr er sich ausstreckte. Als er halb überm Rande des Fasses hing, da stand die Frau auf, stieß ihn kopfüber in das Faß hinein und sagte, hier drinnen möge er nun als Gast weilen. Dann verschloß sie das Faß und wälzte es hinaus ins Meer.

Dem Königssohn kam dies wenig behaglich vor. Er merkte wohl, daß das Faß vom Land fortkam und von den Wogen getrieben wurde; er wußte nicht, wieviel Tage lang das dauerte, bis er endlich merkte, daß es gegen einen Felsen stieß. Der Königssohn war voller Freude darüber, denn er war der festen Hoffnung, er sei an Land und nicht auf eine Klippe gestoßen. Nun kam er auf den guten Gedanken, den Versuch zu machen, ob er nicht den Boden des Fasses austreten könne, denn er verstand sich aufs Schwimmen. Er entschloß sich auch dazu, obwohl er befürchten mußte, auf diesem Wege nicht an Land zu kommen; da aber flache und niedrige Felsen ins Meer hingen, so ging es doch, und es glückte ihm auch hinüberzukommen. Hier waren nun hohe Berge, und wollte er etwas ins Land hineinkommen, so kam ihm das schwierig vor; trotzdem ging er eine Weile am Fuße der Berge dahin und begann dann hinaufzuklettern, was ihm auch gelang. Als er oben war, schaute er sich um und sah, daß es eine Insel war, auf die er geraten war. Sie war mit Wald bewachsen und fruchtbar, und er sah da gute Äpfel zum Essen wachsen; und es kam ihm da vergnüglich vor, wohin er gekommen war.

Als er einige Tage dort gewesen war, hörte er auf einmal ein starkes Dröhnen im Walde; da erschrak er so furchtbar, daß er in den Wald lief und sich verstecken wollte. Da sah er einen Riesen auf einem großen Schlitten daherkommen und auf ihn zusteuern. Da wußte er sich keinen andern Rat, als sich dort niederzuwerfen, wo er stand. Als der Riese ihn fand, blieb er eine Weile stillstehen und sah ihn an, dann nahm er ihn in seine Arme, trug ihn zu sich heim und war ungewöhnlich gut zu ihm; dann gab er ihn seiner Frau, die krank und bettlägerig war.

Er sagte, er habe dies Kind hier im Walde gefunden, sie dürfe es nun eine ganze Woche lang um sich haben. Der Frau kam dies vor wie ein schöner erfüllter Wunsch, und sie streichelte den Königssohn und sprach freundlich mit ihm. Er blieb bei ihnen, war sehr willig und fügsam in allem, was sie von ihm verlangten, und darum waren sie von Tag zu Tag lieber zu ihm.

Eines Tages zeigte ihm der Riese alle seine Räume – nur nicht den Wohn- und Küchenraum. Da wurde der Königssohn neugierig, in diesen Raum zu sehen, weil er dachte, dort seien große Kostbarkeiten verborgen. Als einmal der Riese im Walde war, versuchte er in den Raum zu kommen, bekam aber die Türe nur halb auf; er sah, daß etwas Lebendiges sich schüttelte, im Zimmer hin und her lief und etwas sagte; der Königssohn jagte rückwärts zur Tür hinaus, schlug sie zu, und vor Angst wurden seine Hosen naß. Als dann die Angst von ihm gewichen war, unternahm er's noch einmal, denn er wollte gerne hören, was es sagte, aber es kam wieder so wie beim erstenmal. Nun war er ärgerlich auf sich selbst und wollte sich zusammennehmen, so gut er konnte.

Er versuchte es nun zum drittenmal, schloß das Zimmer auf und brachte es fertig stehenzubleiben; da sah er, daß es ein zottiger Hund war, der zu ihm gesprochen hatte und sagte: »Wähle du mich, Königssohn Ring!«

Er machte sich schnell wieder davon, ganz erschreckt, und dachte bei sich: »Das ist kein kostbares Kleinod«, aber die Worte, die er in dem Raume gehört hatte, blieben ihm trotzdem im Gedächtnis.

Es wird nicht erzählt, wie lange er noch beim Riesen war, aber einmal kam der Riese zu ihm und sagte, er wolle ihn von der Insel aufs Land bringen, denn er werde dort nicht mehr lange zu leben haben; er dankte nun dem Königssohne für seine guten Dienste und sagte, er möge sich etwas von seinem Eigentum auswählen und er solle sofort bekommen, was er gern haben möchte. Ring dankte ihm herzlich und sagte, sein Dienst sei keines Lohnes wert, aber wenn er ihm unbedingt etwas geben wolle, so wähle er für sich das, was im Wohn- und Küchenraum sei. Da war der Riese traurig und sagte: »Da wählst du die rechte Hand meiner alten Frau, aber ich mag trotzdem mein Wort nicht brechen.«

Dann ging er und holte den Hund. Als der Hund mit großer Freude und gewaltigen Sprüngen herzukam, da bekam der Königssohn einen solchen Schreck, daß er kaum wieder Mut fassen und sich davon erholen konnte. Dann ging der Riese mit ihm zum Meer hinab; da sah er ein Steinboot, das kaum so groß war, um sie beide samt dem Hunde aufzunehmen. Als sie ans Land kamen, sprach der Riese freundlich mit Ring und sagte, das solle ihm gehören, was auf der Insel sei, als Erbe, und er solle sich's im Verlauf eines halben Monats holen, denn da seien sie beide, er und seine Frau, tot. Der Königssohn dankte ihm herzlich für dies und alles andere.

Der Riese fuhr nun heim, und der Königssohn ging landeinwärts. Er wußte nicht, was das für ein Land war, und wagte es auch nicht, den Hund anzureden. Als sie eine Weile schweigend dahingegangen waren, da sprach der Hund zu ihm und sagte: »Du scheinst nicht neugierig zu sein, da du mich nicht nach meinem Namen fragst.« Da sagte der Königssohn: »Wie heißt du denn?« Der Hund sagte: »Am besten nennst du mich Snati-Snati. Und nun kommen wir in ein Königreich, und den König dort sollst du drum bitten, daß er dich den Winter über da bleiben läßt und dir ein kleines Zimmer gebe für uns beide.«

Dem Königssohn schwand nun die Angst vor dem Hund ein wenig. Er kam in das Königreich, bat den König, bei ihm bleiben zu dürfen den Winter über, und der König erlaubte es ihm gern. Als die Leute des Königs den Hund sahen, fingen sie an zu lachen und den Hund zu hänseln. Als der Königssohn das sah, sagte er: »Ich rate euch, meinen Hund nicht zu reizen, sonst könnte es euch schlecht bekommen.« Sie machten sich über die beiden lustig. Ring blieb nun beim König, und sein Rat wurde beachtet. Als er schon einige Zeit dort war, schien es dem König zu gefallen, daß er gekommen sei, und er zeichnete ihn vor den andern aus.

Ein Ratgeber des Königs hieß Raud. Als er sah, daß der König den Ring andern vorzog, da packte ihn der Neid.

Eines Tages sprach Raud mit dem König und sagte, er verstehe nicht, was die Freundlichkeit bedeuten solle, die er jenem Manne, dem Fremdling, erweise, er habe sich ja durch keine Kunst oder Fertigkeit vor den andern hervorgetan. Der König meinte, er sei ja auch noch gar nicht lange da. Raud machte nun den Vorschlag, er solle sie beide am andern Morgen in den Wald schicken und Bäume fällen heißen, und da solle es sich zeigen, wer von beiden der Tüchtigere sei. Dies hörte Snati-Snati und erzählte es dem Ring; dann riet er ihm, den König um zwei Äxte zu bitten, damit er die andere habe für den Fall, daß die eine entzweigehe.

Am andern Morgen schickte der König Ring und Raud in den Wald zum Bäumefällen. Sie waren beide einverstanden. Ring bekam zwei Äxte, und dann ging jeder seines Wegs. Als Ring in den Wald gekommen war, nahm Snati eine Axt und fing an, mit dem Königssohn Bäume zu fällen. Am Abend kam der König, um sich das Tagewerk der beiden anzusehen, wie Raud es auch vorgeschlagen hatte; da war Rings Holzhaufen mehr als halbmal so hoch. Der König sagte: »Das war mir doch so, als sei Ring nicht gerade ein Schwächling. Ich habe noch nie eine solche Leistung in einem Tage gesehen.«

Ring genoß nun noch immer höheres Ansehen beim König als zuvor, aber Raud konnte das nur widerwillig mit ansehen. Eines Tages ging er denn auch wieder zum König und sagte: »Da Ring ein solcher Held ist, so bitte ihn doch, die Opfertiere draußen im Walde zu töten, sie abzuziehen und dir am Abend Haut und Hörner zu bringen.« Der König sagte: »Dünkt dir dies nicht ein gefährlicher Auftrag? Das bedeutet den Verlust dieses Mannes, denn noch keiner kam wieder, der es wagte, auf die Stiere loszugehen.« Raud aber sagte: er habe nur einmal sein Leben zu verlieren und es sei doch eine Lust und Genugtuung, eine Mannesprobe zu machen, und der König habe dann hinterher desto mehr Ursache, ihn zu ehren, wenn er auch diese Heldentat vollbracht habe. So ließ der König sich nun doch beschwatzen von Rauds beharrlichem Gerede, obwohl er's nur sehr ungern tat, und so bat er denn eines Tages den Ring, für ihn die Stiere zu erschlagen im Walde und ihm am Abend Hörner und Haut herzubringen.

Ring wußte ja nicht, wie wild die Stiere waren, und wollte gern dem König zu Willen sein; er ging auch gleich hinaus in den Wald: Raud war nun froh, denn nun zählte er Ring bereits zu den Toten.

Als nun Ring die Stiere zu Gesicht bekam, stürzten sie brüllend auf ihn los; der eine war mächtig groß, der andere kleiner. Ring geriet in furchtbare Angst, da sagte Snati: »Wie gefällt dir das jetzt?«

»Schlecht«, sagte der Königssohn. Snati sagte: »Es bleibt uns beiden nichts anderes übrig, als auf sie loszugehen, wenn es gut ausgehen soll, und geh du auf den kleineren los, ich auf den andern.« Zur selben Zeit lief Snati schon auf den mächtigen Bullen los, und es dauerte nicht lange, da hatte er ihn überwältigt. Der Königssohn ging schlotternd auf den kleineren Stier los, und als Snati kam, da hatte der Stier aber auch schon den Ring zu Boden geworfen; da war er nun nicht faul und half seinem Herrn. Dann machten sie sich fix über ihre Stiere her, und als Snati schon fertig war mit dem großen Stier, da hatte Ring dem kleinen Stier erst zur Hälfte die Haut abgezogen. Am Abend, als sie dann fertig waren, da traute sich Ring nicht zu, die Hörner und alle beide Häute zu tragen. Da sagte Snati, er solle sie nur auf seinen Rücken werfen, er werde sie schon heimwärts bis zum Burgtor tragen. Der Königssohn nahm dieses Anerbieten gerne an und überließ alles dem Hund bis auf die Haut vom kleinen Stier; mit ihr schleppte er sich selbst ab. Vor dem Burgtor ließ er alles zurück, ging zum König, bat ihn, mit ihm vors Tor zu gehen, und gab ihm Hörner und Häute von beiden Stieren.

Der König bewunderte aufs höchste seinen Heldenmut, sagte, es gebe nicht seinesgleichen, und dankte ihm aufs innigste für seine Heldentat. Daraufhin ließ er ihn an seiner Seite sitzen, es ehrten ihn alle sehr und hielten ihn für den größten Helden, ja selbst Raud konnte nichts dagegen sagen, wälzte aber doch immer den Gedanken, ihn beiseite zu schaffen.

Und so kam ihm auch eines Tages ein guter Gedanke. Er ging zum König und sagte, er habe mit ihm etwas zu besprechen. Der König fragte, was denn das sei; da sagte er, der gute Goldmantel, das gute goldene Brettspiel und das gute leuchtende Gold seien ihm wieder eingefallen, die dem König doch vor Jahresfrist fortgekommen seien. Der König bat ihn, doch daran nicht zu erinnern, aber Raud sagte, ob ihm denn nicht derselbe Gedanke schon gekommen sei wie ihm. Der König fragte, was das denn für ein Gedanke sein solle. Raud sagte, man sehe, daß Ring ein ganz besonders großer Held sei, und er glaube, daß Ring alles fertigbringe; da sei ihm nun der Gedanke gekommen, dem König zu raten, er solle doch Ring bitten, ihm diese Kostbarkeiten zu suchen und sie ihm noch vor Weihnachten zu bringen; er solle ihm dafür auch seine Tochter versprechen. Der König aber sagte, es komme ihm recht unpassend vor, an Ring eine solche Bitte zu richten, da er ihm auch nicht einmal andeuten könne, wo die Dinge etwa sein könnten. Aber Raud tat, als höre er alle Ausreden des Königs gar nicht, und beschwatzte ihn so lange, bis der König auf sein Gerede hörte.

Ein Monat vor Weihnachten war's gerade, da kam einmal der König mit Ring ins Gespräch und sagte, er habe eine gar große Bitte an ihn. Ring fragte, was es denn sei. Der König sagte: »Dies ist die Bitte, daß du den guten goldenen Mantel, das gute goldene Brettspiel und das gute leuchtende Gold wiederfinden möchtest, das mir vor Jahresfrist gestohlen worden ist, und wenn du mir dies vor Weihnachten wiederbringst, dann will ich dir meine Tochter zur Frau geben.« Ring sagte: »Wo könnte ich am besten nach diesen Dingen suchen?« Der König sagte: »Das mußt du dir alleine sagen, denn ich weiß das nicht.«

Ring ging nun fort vom König und war schweigsam, denn es kam ihm vor, als sei er auf Schwierigkeiten gestoßen, und doch wäre es ihm herrlich vorgekommen, wenn er die Königstochter hätte gewinnen können. Snati sah, daß sein Herr ratlos war, und sagte, er solle sich nicht grämen um die Bitte, die der König an ihn gerichtet habe, er möge nur auf ihn hören, sonst gehe es ihm ganz schlimm. Der Königssohn hörte darauf und fing an, sich zur Abfahrt zu rüsten. Dann ging er hinein zum König und sprach mit ihm. Als Ring sich vom König verabschiedet hatte, da sagte Snati: »Nun sollst du zunächst in der Umgegend herumfahren und soviel Salz holen, wie du bekommen kannst.« Der Königssohn tat dies auch und bekam soviel Salz, daß er's gar nicht tragen konnte. Snati sagte, er solle es nur ihm auf seinen Rücken laden. Das tat Ring auch.

Nun war's nahe an Weihnachten. Der Hund rannte so lange immer vor dem Königssohne her, bis sie zu einem Berge kamen. »Hier geht's hinauf«, sagte Snati. »Das wird nicht leicht sein«, sagte der Königssohn. »Halte du dich an meinem Schwanze fest«, sagte Snati. Dann sprang Snati mit Ring am Schwanze auf die niedrigste Stelle, da wurde Ring schwindlig. Dann sprang Snati mit ihm auf eine höhere Stelle, da war Ring nahe daran, bewußtlos zu werden. Beim drittenmal sprang er mit ihm ganz hinauf auf den Berg; da war Ring wirklich ganz bewußtlos. Als er nach einer Weile wieder zu sich gekommen war, da gingen sie eine Zeitlang auf ebenen Wegen, bis sie zu einer Höhle kamen. Es war dies am Weihnachtsabend. Sie gingen zur Höhle hinauf und fanden ein Fensterloch. Da hinein schauten sie und entdeckten vier Riesen, die am Feuer lagen und schliefen. Über dem Feuer hing ein großer Kessel mit Grütze. »Wirf nun alles Salz in den Grützetopf«, sagte Snati. Ring tat's, und da wachten die Riesen auf. Eine alte Riesin, die allerhäßlichste von ihnen, fing nun zuerst an, die Grütze zu kosten, und sagte: »Die Grütze ist ganz versalzen, wie kommt das nur? Ich zauberte gestern die Milch aus vier Königreichen herbei, damit wir Grütze zu schlecken hätten, und jetzt ist sie salzig.«

Alle fingen nun an, sich an die Grütze zu machen, und sie schmeckte ihnen gut. Als sie fertig waren, da bekam das Riesenweib einen solchen Durst, daß sie's nicht mehr aushalten konnte; sie bat ihre Tochter, ihr am Fluß Wasser zu holen, der ja ganz nahe bei der Höhle vorbeifloß. »Ich gehe nicht«, sagte die Tochter, »wenn du mir nicht das schöne glänzende Gold zum Spielen gibst.«

»Eher komme ich um, als daß du's kriegst.«

»Nun, dann komm du um«, sagte das Riesenmädchen. »Da nimm's, du dummes Ding, und mach schnell mit dem Wasser.« Das Mädchen nahm das Gold und lief damit hinaus; da glänzte die ganze Ebene.

Als sie zum Fluß kam, legte sie sich über das Wasser hin und fing an zu trinken. Da liefen Ring und Snati vom Fensterloch herab und stießen sie mit dem Kopf in den Fluß hinein. Der alten Riesin fing's nun an, unerträglich zu werden, daß das Mädchen mit dem Wasser zum Trinken so lange nicht kam, und sie sagte: »Sicher hüpft sie mit dem Gold draußen herum.« Und nun bat sie ihren Sohn um einen Schluck Wasser. »Ich hole keins«, sagte er, »wenn ich nicht den schönen Goldmantel kriege.«

»Eher komme ich um: Du bekommst ihn nicht!«

»Dann komm du um«, gab er zur Antwort. »Dann nimm ihn, du häßlicher Sohn, und geh und mach schnell mit dem Wasser«, sagte das alte Riesenweib. Er nahm nun den Mantel, und als er damit herauskam, leuchtete alles so, daß er gut den Weg finden konnte. Er kam nun zum Fluß und fing an zu trinken, wie seine Schwester auch getan hatte. Da liefen Ring und Snati zu ihm hin, zogen ihm den Mantel aus und warfen ihn in den Fluß.

Das alte Riesenweib konnte es nun vor Durst nicht mehr aushalten und bat ihren Mann, ihr was zum Trinken zu holen. »Sicher spielen die Kinder draußen, das ahnte ich gleich, als ich zum Unheil ihrem Betteln nachgab.«

»Ich gehe aber nicht«, sagte der alte Riese, »wenn du mir nicht das goldene Brettspiel gibst.«

»Eher sterb ich, als daß ich das tue«, sagte sie. »Nun, dann stirb, wenn du mir nicht diesen einen Wunsch erfüllen willst«, sagte der Riese. »Da nimm es, du Unmensch, du bist genau so einfältig wie die beiden Gören.«

Der Riese ging nun hinaus mit seinem Brettspiel, ging zum Fluß, wollte trinken, da kamen die beiden, nahmen ihm das Brettspiel weg und warfen ihn in den Fluß. Noch ehe sie zur Höhle wieder zurückgekommen waren, kam der tote Riese als Wiedergänger aus dem Wasser. Snati lief ihm sofort entgegen, Ring tat genau so, wenn auch der Mut ihm versagte, und nach schwerem Ringkampf besiegten sie ihn zum zweitenmal.

Als sie aber zum Fenster zurückkamen, da sahen sie das alte Riesenweib aus der Höhle herauskriechen. Da sagte Snati: »Nun bleibt uns nur übrig hineinzugehen und zu versuchen, mit ihr fertig zu werden; denn wenn sie erst draußen ist, dann können wir nicht Herr über sie werden. Sie ist das übelste Riesenweib, das es gibt, und kein Eisen beißt sie. Der eine von uns muß sie mit heißer Grütze aus dem Kessel begießen, der andere muß sie mit glühenden Eisen zwicken.«

Daraufhin gingen sie in die Höhle. Als das alte Weib Snati sah, sprach sie mit ihm und sagte: »Du bist hierhergekommen, Königssohn Ring, du hast wohl meinen Mann und meine Kinder gesehen.«

Snati merkte gleich, daß die Alte im Sinn hatte, einen Zauber auszusprechen, und ging mit glühendem Eisen auf sie los, Ring begoß sie dauernd mit der heißen Grütze, und so brachten sie sie schließlich ums Leben.

Dann verbrannten sie den Riesen und sie zu Asche, untersuchten die Höhle und fanden noch mancherlei Gold und Kostbares. Das Beste nahmen sie mit und gingen fort. Dann beeilten sie sich, mit den Kostbarkeiten zum König zu kommen.

Spät am Weihnachtsabend kam nun Ring in die Halle und gab dem König die drei Kostbarkeiten. Da war der König ganz außer sich vor Freude und war erstaunt, wie tüchtig Ring sich erwies bei jeder Aufgabe, wo es auf Stärke und Schlauheit ankam. Nun war er ihm nur noch freundlicher gesinnt als je zuvor, versprach ihm seine Tochter, und die Hochzeit sollte noch zur Festzeit gefeiert werden.

Ring dankte dem König in höfischer Weise für alles Gute, was er ihm erwiesen hatte, und als er in der Halle gegessen und getrunken hatte, ging er in seine Stube, um sich schlafen zu legen. Da sagte Snati, er wolle ihn um die Erlaubnis bitten, heute nacht in seinem Bett schlafen zu dürfen, und er solle unten bleiben auf seinem Hundelager. Ring sagte, das tue er gern, und er dürfe wohl mehr von ihm verlangen als nur dies. Snati stieg nun ins Bett hinauf. Kurz danach kam er wieder herunter und sagte, der Königssohn möge nun hinaufsteigen, aber er solle daran denken, daß er sich im Bett nicht im geringsten bewegen dürfe.

Nun erzählt das Märchen von Raud, daß er in die Halle kam und dem König seinen rechten Arm zeigte, an dem die Hand fehlte. Er sagte, der König solle nun selbst sehen, was sein Schwiegersohn für Gewohnheiten habe, dies habe er ihm angetan, und zwar ohne jeden triftigen Grund.

Da war der König sehr zornig und sagte, die Wahrheit müsse gleich herauskommen, und wenn Ring ihm, ohne daß er etwas getan hätte, die Hand abgehauen habe, so solle er gehängt werden; wenn dem aber nicht so sei, dann müsse Raud sterben.

Der König rief nun Ring vor sich und fragte ihn, wie es komme, daß er dem Raud habe müssen die Hand abhauen, ob denn Raud nicht schuldlos gewesen sei. Snati hatte dem Ring erzählt, wer schuldig war, als es sich zutrug in der Nacht; er bat deshalb den König, mit ihm zu gehen, und sagte, er wolle ihm ein Merkmal zeigen.

Der König ging mit Ring in seine Schlafstube und sah da eine Männerhand im Bett liegen, die ein Schwert festhielt. Ring sagte, eben diese Hand sei zur Nacht durch die Wand gekommen und habe ihn im Bett ermorden wollen; da habe er sein Schwert gezogen und sich gewehrt. Der König sagte, ihn treffe keine Schuld, er habe sich nur seiner Haut gewehrt, aber Raud habe sich sein eigenes Grab gegraben und müsse sterben. Raud wurde gehängt, und Ring hielt Hochzeit mit der Königstochter.

In der ersten Nacht, als sie zusammen schliefen, bat Snati den Ring um die Erlaubnis, zu seinen Füßen liegen zu dürfen. Ring gewährte ihm gern diese Bitte. Nun ging das Brautpaar zu Bett, und Snati schlief zu ihren Füßen. In der Nacht hörte Ring ein furchtbares Geheule und Gelärme neben sich. Er machte schnell Licht und sah da eine ungewöhnlich häßliche Hundehaut auf der Diele liegen, aber im Bett lag ein schöner Königssohn. Er nahm die Haut und verbrannte sie, den Königssohn, der bewußtlos dalag, brachte er mit Wasser zur Besinnung. Der Bräutigam fragte ihn dann, wie er heiße, und er sagte, er heiße Ring und sei ein Königssohn.

Er erzählte, er habe als kleines Kind seine Mutter verloren, und sein Vater habe eine Riesin geheiratet. Diese habe ihn verzaubert, daß er ein Hund werden und nie wieder von der Verzauberung loskommen solle, wenn nicht ein gleichnamiger Königssohn ihn in seiner Hochzeitsnacht zu seinen Füßen schlafen lasse.

Und so fuhr er fort: »Da sie wußte, daß ich an dir einen gleichnamigen Königssohn finden und durch dich erlöst werden könnte, da wollte sie dich aus dem Wege schaffen. Sie war die Hindin, die du mit deinen Gefährten erjagen wolltest, sie war die Frau, die du an der Waldlichtung bei der Tonne sitzen sahst, und sie war auch das Riesenweib, das wir in der Höhle erschlagen haben.«

Als die Hochzeit vorüber war, fuhren die beiden Namensbrüder zum Berg und brachten alles Kostbare in die Königshalle. Dann fuhren sie auch zur Insel, wo Ring bei den guten Riesen geweilt hatte, und holten dort, was an Kostbarem vorhanden war.

Ring gab seinem Namensbruder, der nun von seinem Zauber erlöst war, seine Schwester Ingeborg zur Frau und sein Vatererbe als Regierungssitz. Er selbst blieb beim König, seinem Schwiegervater, und teilte sich mit ihm in das Königreich. Nach dem Tode des Königs regierte er allein.

Von gastlichen und ungastlichen Leuten

43. Die Steinsuppe

Ein Mönch ging betteln. Er kam an die Tür eines Bauern, aber sie wollten ihm nichts geben. Der Klosterbruder war zum Umfallen hungrig und sagte: »Na, dann will ich sehen, daß ich mir eine Steinsuppe mache.« Und er hob einen Stein vom Boden auf, putzte die Erde ab und begann ihn zu betrachten, ob er sich für eine Suppe eignete. Die Leute aus dem Haus konnten sich vor Lachen über den Klosterbruder und über seinen Einfall nicht halten. Da sagte der Klosterbruder: »Wie, habt ihr nie Steinsuppe gegessen? Ich kann euch sagen, das ist eine leckere Sache.«

Sie antworteten ihm: »Nun, dann zeig uns das mal.«

Das wollte der Klosterbruder nur hören. Nachdem er den Stein saubergemacht hatte, sagte er: »Könnt ihr mir wohl einen Topf leihen?«

Man gab ihm einen Topf aus Steingut. Er füllte ihn mit Wasser und legte den Stein hinein. »Wenn ihr mich jetzt den Topf ans Feuer stellen ließet ...« Man ließ ihn gewähren. Sobald der Topf zu sieden begann, sagte er: »Mit ein wenig Schmalz würde die Suppe vorzüglich werden.« Man holte ihm etwas Schmalz. Die Suppe kochte und kochte, und die Leute aus dem Hause ließen den Mund offenstehen vor Verwunderung. Da probierte der Klosterbruder die Suppe und bemerkte beiläufig: »Sie ist ein wenig fad. Es fehlt unbedingt eine Prise Salz.«

Man gab ihm auch noch das Salz. Er schmeckte die Suppe ab und sagte: »Wenn jetzt noch ein paar junge Kohlblätter dazukämen, würde die Suppe himmlisch schmecken.«

Die Frau des Hauses ging in den Garten und brachte ihm zwei Kohlköpfe. Der Klosterbruder säuberte sie, zerpflückte sie zwischen den Fingern und ließ die Blätter in den Topf fallen. Als die Kohlblättchen gar waren, sagte er: »Also, ein Stück Wurst würde der Sache die Krone aufsetzen ...«

Man brachte ihm ein Stück Wurst, er warf es in den Topf, und während es kochte, zog er Brot aus seinem Rucksack und schickte sich an, gemächlich zu essen. Die Suppe roch, daß es eine Wonne war. Er aß und leckte sich die Lippen ab, und nachdem er den Topf geleert hatte, blieb der Stein auf dem Boden zurück. Die Leute aus dem Haus hingen mit den Augen an ihm und fragten ihn: »Sagt, Herr Klosterbruder, und der Stein?«

Da antwortete der Klosterbruder: »Den Stein, den wasch ich und nehm ihn für das nächste Mal mit.«

Und so kam er zu einem Essen, wo man ihm nichts geben wollte.

44. *Der kluge Schäfer*

Es war einmal ein Königssohn, der wollte sehen, wie es in seinem Reiche zuging. Und als er dazu von seinem Vater die Erlaubnis erhalten hatte, nahm er den Siegelbewahrer und andere Große mit sich, zog in Derwischkleidung durch Städte und Dörfer und fragte die Leute, wie es ihnen ginge.

Eines Tages kamen sie an einer Schäferei vorbei, in der gerade die Schafe gemolken wurden, und da sagte der Prinz zu seinen Begleitern: »Laßt uns dorthin gehen und Milch trinken und dabei auch die Schäfer fragen, wie es ihnen geht.« Als sie näher kamen, stürzten ihnen die Hunde entgegen und knurrten sie an: »kam! kum! kam! kum!« bis die Schäfer herbeikamen und sie zurückriefen.

Darauf gingen sie in die Schäferei und fragten die Schäfer, wie es ihnen ginge. Die hatten rasch eine Antwort parat: »Ganz gut, wir haben nicht zu klagen!« Nachdem die Schafe gemolken und die Milch gesotten war, setzten sie sich zum Essen und luden die Fremden ein mitzuhalten. Die setzten sich also zu ihnen, und der Königssohn kam neben den Oberschäfer zu sitzen. Dieser aber legte alles Brot, was er schnitt, vor den Jüngling, bis der zu lachen anfing und rief: »Warum legst du denn alles Brot mir vor? Gib doch auch den anderen!«

Da gab ihm der Hirte eine Ohrfeige und sprach: »In die fremde Speise sollst du kein Salz werfen, und in deinem eigenen Hause sollst du befehlen.«

Der Prinz steckte die Ohrfeige ein, ohne etwas zu erwidern. Als sie aber fertig gegessen hatten, gab er sich dem Schäfer zu erkennen und sagte: »Ich bin der Sohn des Königs, und für die Gastfreundschaft, die du mir erwiesen hast, will ich dir eine Schrift hinterlassen, und wenn du einmal in Not geraten solltest, dann komm zu mir, und ich werde dir helfen.«

Als das der Schäfer hörte, ward ihm angst, und er sprach zu dem Prinzen: »Verzeih mit meine Tollheit, denn ich wußte ja nicht, wer du warst.«

»Laß nur gut sein«, antwortete der Prinz, »mir ist ganz recht geschehen, was hatte ich mich da am fremden Tisch einzumischen.« Darauf ließ er den Brief schreiben, und der Siegelbewahrer mußte das königliche Siegel darunterdrücken, und beim Abschied sagte der Prinz noch zu dem Hirten: »Wenn du etwas nötig hast, dann komm in meine Hauptstadt und bring den Brief dem und dem Herrn, der ist mein Beamter und wird dich zu mir führen.«

Nach einiger Zeit geriet der Schäfer mit anderen Hirten über einen Weidebezirk in Streit und zog dabei den kürzeren. Da erinnerte er sich jenes Schreibens. Er nahm es also und begab sich damit in die Hauptstadt, fragte dort nach jenem Herrn, und als dieser das Schreiben gelesen hatte, führte er ihn sogleich ins Königsschloß. Der Prinz hörte die Klage des Hirten und sprach: »Sei guten Mutes! Das ist eine Kleinigkeit, die wollen wir schon einrichten. Jetzt komm erst mal und iß mit mir«, denn es war gerade Essenszeit. Zum Siegelbewahrer aber sagte er heimlich: »Du mußt auch mit essen, denn nun habe ich Gelegenheit, ihm seine Ohrfeige zurückzugeben.«

Der Hirte wehrte erst ab, das sei eine viel zu große Ehre und da könne er nicht einfach zusagen. Aber als er sah, daß er doch nicht anders konnte, lehnte er seinen Hirtenstab an die Wand, stieg mit seinen Sandalen auf den Diwan und setzte sich mit gekreuzten Beinen zum Prinzen. Da fing der Prinz an, das Brot aufzuschneiden, schnitt einen ganzen Haufen und legte alles auf den Platz des Schäfers. Der aber schwieg mucksmäuschenstill und ließ ihn gewähren. Da sprach der Siegelbewahrer zu ihm: »Warum wehrst du dich denn nicht gegen all das Brot, das dir vorgeschnitten wird?« Er aber antwortete: »Was habe ich an dem fremden Tisch zu befehlen?« Da lachte der Prinz und sprach: »Ich sehe, daß ich meine Ohrfeige nicht zurückgeben kann und will sie also behalten.«

Zu der Zeit, als der Schäfer zu Hof gekommen war, lag der König mit einem benachbarten Land im Krieg. Es ging dabei nicht alles wie geplant, und darüber gab es viel Reden bei Hof. Als der Schäfer davon hörte, bat er den Prinzen, er möge dem König sagen, daß er auch ihn in den Krieg schicken solle. Der aber anwortete: »Was willst du in dem Krieg? Du verstehst ja nichts davon!«

Doch der Schäfer ließ nicht locker und sagte: »Schick mich nur, und ich setzte meinen Kopf zum Pfand, daß ich gewinnen werde.«

Da sprach der Prinz mit dem König, und dieser antwortete: »Meinetwegen mag er hingehen, weil du für ihn bittest, was er aber dort nützen kann, begreife ich nicht.«

Darauf verlangte der Schäfer vom König vier ausgewählte Leute und fünfzig Hammel sowie hundert Kerzen und zog mit diesen vor die feindliche Stadt.

Als es Nacht wurde, ließ er an die Hörner jedes Hammels zwei Lichter binden und sie anzünden und rückte so vor die Stadtmauern. Da glaubten die, die darin waren, daß ein riesiges Heer gegen sie angerückt sei, und sie kamen heraus, um sich dem Feind zu unterwerfen.

Aber der Schäfer verweigerte ihnen alles Gehör, bevor sie ihm nicht die Stadtschlüssel gebracht hätten. Da gingen sie wieder zurück, holten die Schlüssel und überreichten sie ihm. Der Schäfer lief damit zum König, und als dieser die Schlüssel sah, da freute er sich sehr und fragte ihn, welche Gnade er ihm erweisen solle. Der Schäfer aber antwortete: »Ich bitte, daß du mir nun den Befehl über die strittige Weide ausfertigst, denn deswegen bin ich in die Stadt gekommen.«

Da sagte der König: »Sei doch kein Dummkopf und bleibe hier bei uns, wo du dein gutes Essen und Trinken und keine Sorgen hast und in hohen Ehren gehalten wirst.«

Der Schäfer aber antwortete: »Für ein solches Leben passe ich nicht, ich will wieder fort und sehen, was meine Schafe machen.« Da tat ihm der König seinen Willen und ließ ihm den Befehl über die strittige Weide ausstellen. Damit kehrte der Schäfer zu seiner Herde zurück, nahm die Weide in Besitz und lebte glücklich und zufrieden in seiner Schäferei, ohne jemals wieder nach Hofe zu gehen.

45. Die Schlange am Halse

Es war einmal eine Mutter, die hatte ihrem Sohne all ihre Güter übergeben, dachte, er wäre fromm und brav und würde wohl mit ihr handeln. Ja, man soll sich aber nicht eher austun, bis man schlafen geht!

Als der Sohn alles hatte, nahm er sich eine Frau, und da konnte die arme Mutter laufen.

Einmal saß er mit seiner Frau am Tisch und hatte ein gebratenes Hühnchen vor sich stehen, da klopfte die Mutter an der Tür. Da rief er schnell seinen Knecht, sprach: »Verbirg das Huhn solange da in der Kiste, bis die Mutter wieder weg ist.« Das tat der Knecht. Als die arme Mutter nun hungrig hereinkam und um ein Bröcklein Brot anhielt, da wies er sie mit Schimpf- und Schmähworten vor die Tür. Nachdem sie nun weg war, sprach er zu dem Knecht: »Nun geh und hol das Hühnchen wieder.« Der Knecht ging und machte die Kiste auf, aber da lag kein Hühnchen mehr auf dem Teller, sondern eine große Schlange. Man kann sich leicht denken, wie der Knecht erschrak und schrie. Der Sohn wollte das aber nicht glauben, schickte die Magd an die Kiste, aber die schrie auch und lief davon. Da wurde er böse und sprach: »Und wenn der Teufel auf dem Teller liegt, dann hol ich ihn«, ging an die Kiste und machte sie auf, doch da sprang die Schlange heraus und wand sich um seinen Hals, aß mit ihm und trank mit ihm und wich nicht. Wenn man ihr kein Essen gab oder gar Anstalten machte, sie von dem Halse herabzunehmen, dann preßte sie den Sohn so stark, daß er zu ersticken glaubte. Da konnte er mit der Schlange am Halse herumlaufen. Das hatte er nun davon, daß er so mit seiner Mutter umgegangen war.

46. Der arme Bruder und die Geschenke des Alten

Einmal lebten zwei Brüder zusammen. Der eine hatte viele Kinder, der andere keine. Sie lebten gut. Derjenige, der Kinder hatte, war der jüngere. Der begann, Schnaps zu trinken. Der ältere Bruder trank nicht, lebte geizig. Er kann sich keineswegs (von seinem Bruder) trennen. Er befiehlt seiner Frau: »Schilt ihn irgendwie ein wenig!«

Von jetzt an beginnt seine Frau, die Frau des Bruders zu schelten. »Wir arbeiten und unterhalten euch«, sagte sie. Die Frau des jüngeren Bruders erzählt es ihrem Mann. Der Mann sagt zu seinem älteren Bruder: »Bruder, deine Frau schilt meine Kinder, schilt meine Frau, sagt: ›Wir arbeiten und unterhalten euch.‹« Sein Bruder sagt: »Wohlan, trennen wir uns lieber, als daß wir im Streit miteinander leben!« Sie trennten sich auch gleich, teilten alles in zwei Teile. Der jüngere Bruder blieb im alten Haus, sein älterer Bruder geht in ein neues Haus. Der ältere Bruder beginnt, sich zu bereichern, der jüngere Bruder vertrinkt alles. Sein Getreide geht aus, er hat kein Geld, etwas zu kaufen. Die Kleider seiner Kinder sind verschlissen, er hat nichts, womit er neue kaufen kann. Er sitzt und grübelt, was er machen soll.

Abends geht er hinaus zum Holzhacken. Ein alter Bettler kommt, verlangt ein Nachtlager. »Mensch, laß mich zum Übernachten ein!«

Der Mann sagt: »Ich lasse dich ein, aber mein Haus ist kalt.«

Der Alte sagt: »Ihr schlaft doch dort?«

»Wir schlafen dort, aber wir legen uns auf den Ofen und schlafen da gut zugedeckt.«

»Gut, ich brauche nicht viel Platz.«

»Nun komm herein.«

Der Alte geht ins Haus hinein, legt seine Oberkleider ab und setzt sich nieder. Der Mann beendet das Holzhacken, geht ins Haus, befiehlt seiner Frau, daß sie Tee hinstelle. Der Mann sagt: »Alter, hast du Hunger?«

»Ich habe wenig Hunger.«

»Alter, ich würde dich bewirten, aber es ist kein Brot im Haus, und ich habe auch kein Geld.«

Der Alte sagt: »Ich habe ein wenig Brot, essen wir!«

»Gut.« Der Mann heizt den kleinen Ofen ein. Die Stube wird wärmer. Dann trinken und essen sie. Der Alte sagt: »Das Haus ist erwärmt, jetzt wird es besser sein zu schlafen.« Sie legen sich schlafen.

Am nächsten Tag stehen sie auf. Die Frau des Mannes heizt in der Stube ein, kocht Essen. Dem Alten geben sie auch etwas zu essen.

Der Alte sagt: »Da hast du, Mann, ich gebe dir für dein warmes Zimmer ein Rubelstück.« Der Mann sagt: »Ich brauche es nicht.«

»Nimm diesen Rubel und gib ihn niemandem und verliere ihn nicht! Mit diesem Rubel geh Ware kaufen! Für den ganzen Rubel kaufe nie! Um zehn oder fünf Kopeken soll es weniger sein als ein Rubel, dann wird der Rubel zurückkommen. So viel du auch kaufst, du wirst dann immer Gewinn haben.« Der Mann nimmt den Rubel und geht in den Laden. Er kauft Tee, Zucker, Tabak. Er kauft im ganzen um neunzig Kopeken. Er gibt den Rubel, der Kaufmann gibt zehn Kopeken heraus. Der Mann nimmt die zehn Kopeken, die Ware und geht heim. Er kommt heim, legt die Ware auf den Tisch. Seine Frau fragt: »Nun, hast du deinen Rubel hingegeben?«

»Ich habe ihn hingegeben. Vom Rubel hat er mir zehn Kopeken herausgegeben.« Er nimmt seinen Geldbeutel hervor, schaut nach, der Rubel liegt im Beutel, und die zehn Kopeken sind auch dort. Freudig sagt er zu seiner Frau: »Frau, der Rubel ist zurückgekommen. Sieh, er ist im Beutel.« Der Mann kauft immer mit diesem Rubel Ware. Der Rubel kommt immer zurück. Er begann reich zu werden, Vieh zu halten, kaufte auch schöne Kleider. Geld ist da, Brot ist da.

Sein Bruder kam während seiner Armut nicht ein einziges Mal zu ihm. Er läßt sich nie sehen. Er begann reicher zu werden. Jetzt schon besuchte er auch seinen jüngeren Bruder. Er denkt: »Wie wird er reich?« Er möchte es fragen, möchte es erfahren. Er kauft Schnaps, lädt seinen jüngeren Bruder samt Frau zu sich ein. Der jüngere Bruder sagt: »Wohlan, Frau, gehen wir zu meinem Bruder trinken!« Sie gehen hin, beginnen zu trinken. Sein älterer Bruder gibt ihm viel zu trinken, bis er und seine Frau volltrunken sind. Seine Frau geht heim. Der ältere Bruder fragt seinen jüngeren Bruder: »Wie hast du es angefangen, reich zu werden?« Der jüngere Bruder spricht zuerst nicht. Der ältere Bruder sagt: »Sag es, ich tue dir nichts! Ich nehme es dir nicht weg.« Der jüngere Bruder erzählt es und zeigt den Rubel. »Sieh, dieser Rubel hat mich reich gemacht. Sein Bruder sagt: »Wie macht ein Rubel reich?« Sein jüngerer Bruder sagt: »Ich gehe mit diesem Rubel Ware kaufen. Ich kaufe um neunzig Kopeken, zehn Kopeken heraus. Diesem Geld kommt der Rubel immer wieder nach.« Sein älterer Bruder sagt: »Verkaufe mir diesen Rubel! Wie viel willst du dafür haben?«

»Nein, ich verkaufe ihn dir nicht.«

»Ich gebe dir so viel, wie du verlangst. Mit diesem Geld kannst du bis zu deinem Tode leben.«

Der jüngere Bruder sagt: »Ich verlange ungefähr fünftausend Rubel.«

Sein älterer Bruder gibt ihm die fünftausend Rubel. Der jüngere Bruder gibt den Rubel seinem Bruder und geht singend heim.

Er kommt heim, sagt seiner Frau: »Frau, ich habe den Rubel für fünftausend Rubel verkauft.« Seine Frau fragt: »Warum hast du ihn verkauft?« Der Mann nimmt das viele Geld hervor. »Dies ist uns genug zum Leben bis zu unserem Tod.« Die Frau spricht nichts mehr. Er beginnt das Geld auszugeben. Das Geld wird weniger. Er beginnt zu trinken. Mit diesem Geld lebt er zehn Jahre lang gut, dann ist es aus damit, er wird arm. Wieder geht ihm sein Brot, sein Geld aus. Er sitzt grübelnd, was er machen soll. Sein Bruder hat seine Besuche wieder eingestellt.

Einmal kommt der Bettler, klopft ans Fenster. »Mann, laß mich für die Nacht ein!« Der Mann fragt: »Wer ist dort?« Der Bettler erneut: »Laß mich ein zum Übernachten!« Der Mann sagt: »ich lasse dich ein, aber das Haus ist kalt.«

»Nun gut, irgendwie übernachten wir schon!«

»Komm herein!«

Der Bettler geht hinein, um zu übernachten. Der Mann befiehlt seiner Frau, den kleinen Ofen einzuheizen. Sie heizt in der Stube ein, sie kochen Tee. Das Teewasser kocht auf, sie fangen zu trinken an. Sie trinken, essen. Der Bettler sagt: »Sieh, die Stube wird warm.« Sie legen sich schlafen.

In der Früh stehen sie auf, der Mann befiehlt seiner Frau, daß sie in der Stube einheize. Die Frau heizt in der Stube ein, kocht Essen. Sie geben dem Bettler zu essen. Der Bettler sagt: »Da hast du, Mann, ich gebe dir für deine warme Stube ein Tischtuch. Dieses Tischtuch breite auf dem Tisch aus. Du wirst da allerlei zum Essen und Trinken haben, was du nur brauchst. Gib es niemandem! Verkaufe es auch nicht! Wenn du es verkaufst, wirst du wieder arm.« Der Mann dankt dem Bettler. Der Bettler geht weg. Der Mann stellt sich dazu, breitet das Tischtuch aus und sagt: »Tischtuch, bereite mir allerlei zum Essen!« Er deckt nur den Tisch, sogleich erscheint allerlei zum Essen auf dem Tisch. Der Mann trinkt, ißt und begann, mit der Tischdecke wieder reich zu werden.

Einmal fuhr ein Herr durch dieses Dorf. Diesen Mann bittet er um Nachtlager und Futter für das Pferd. »Laß mich ein, Mann!«

Der Mann sagt: »Komm herein!« Der Mann kehrt ein, um sein Pferd zu füttern. Der Kutscher spannt das Pferd aus. Der Herr geht ins Haus hinein, kleidet sich aus. »Wirt, wir brauchen Tee und Essen!« Die Frau stellt die Teemaschine hin. Der Herr geht hinaus. Der Kutscher versieht die Pferde. Der Mann nimmt das Tischtuch und deckt damit den Tisch. Er sagt: »Es soll allerlei zum Essen, zum Trinken, allerlei Schnaps, ein Mittagessen bereit sein!« Der Herr kommt herein. Auf dem Tisch ist alles. Der Herr ist verblüfft. Er fragt: »Wie hast du es so schnell bereitet?«

»Was man fertig kauft, ist nicht schwer aufzutischen.«

Der Kutscher kommt ins Haus hinein, kleidet sich aus. Sie setzen sich zum Essen. Der Herr steht vom Tisch auf, sagt: Wieviel verlangst du für das Essen und Trinken?« Der Mann sagt: »Wieviel soll ich von dir verlangen?« Er verlangt: »Gib mir fünf Rubel.« Der Herr sagt kein Wort, gibt ihm die fünf Rubel. Er denkt: »Der Mann verlangt wenig von mir. Diese Speisen und Getränke sind zwanzig Rubel wert – so ein Mittagsmahl für zwei Personen!« Die Tscheremissin räumt den Tisch ab, dann legen sie sich schlafen.

Am nächsten Tag stehen sie auf, der Kutscher geht hinaus, die Pferde zu tränken. Der Herr geht hinaus. Der Mann nimmt das Tischtuch, breitet es auf dem Tisch aus. Er sagt: »Alles sei da zum Essen, zum Trinken, allerlei!« Die Frau stellt die Teemaschine auf. Der Herr kommt ins Haus herein. Alles ist fertig. Der Herr ist verblüfft. »Wie schnell er alles fertigmacht. Er weiß etwas.« Der Herr fragt den Mann: »Mann, wie schnell du alles fertigstellst!« Der Mann sagt wieder: »Ich habe alles fertig.«

»Neun, du weißt etwas!«

Der Mann sagt: »Soll ich es dir sagen?«

»Sag es! Ich lobe dich dafür, daß du so etwas auch machen kannst.«

Der Mann sagt es: »Dieses mein Tischtuch ist so: ich decke nur, und gleich wird alles bereit, was ich befehle.«

Der Herr sagt: »Verkaufe es.«

»Nein, ich verkaufe es nicht. ich brauche es selbst.«

»Ich gebe dir viel Geld. Dir wird es genug sein zu leben bis zu deinem Tode.«

Der Mann denkt nach: »Ich verlange ungefähr fünfzehntausend Rubel, mir wird es genug sein.« Er fragt seine Frau: »Frau, verkaufen wir es?« Seine Frau sagt: »Dann gibst du das Geld wieder aus, und wir werden arm.« Der Herr sagt: »Verkaufe es! So viel du verlangst, gebe ich.« Der Mann hört nicht auf seine Frau und verkauft es für fünfzehntausend Rubel. Der Herr gibt die fünfzehntausend, der Mann nimmt das viele Geld und gibt dafür das Tischtuch hin. Der Herr nimmt das Tischtuch. Der Kutscher spannt die Pferde ein, und sie fahren weg.

Der Herr kommt heim, geht ins Haus hinein, kleidet sich aus, sagt der Köchin: »Essen trage nicht auf, ich werde es selbst auftragen.« Er nimmt das Tischtuch, breitet es aus und sagt: »Alles zum Essen, Trinken sei da!« Er deckt nur, sofort erscheint alles auf dem Tisch. Die Köchin schaut es an, die Frau des Herrn ist erstaunt. »Was für eine Tischdecke hat er sich da verschafft?« Der Herr sagt: »Ich habe für diese Tischdecke fünfzehntausend Rubel gegeben.« Sie trinken, essen. der Herr legt das Tischtuch zusammen.

Der Mann gibt das Geld wieder aus. Er trinkt Schnaps. »Das Geld ist viel, es geht nicht aus«, denkt er. Es wird immer weniger. Mit diesem Geld lebt er fünfzehn Jahre gut, aber dann geht es aus. Er wird wieder arm. Sein Brot geht aus, er hat kein Geld mehr. Er denkt wieder: »Warum habe ich das Tischtuch verkauft? Wenn ich es nicht verkauft hätte, würde ich jetzt reich leben.« Er beginnt sich zu grämen.

Eines Abends kommt der Bettler. Er bittet: »Mann, laß mich ein zum Übernachten!« Der Mann sagt: »Komm herein!« Der Alte kommt herein zum Übernachten. Die Frau stellt Teewasser auf. Der Tee wird fertig. Sie trinken, essen, legen sich schlafen. In der Früh stehen sie auf. Die Frau heizt in der Stube ein, kocht Essen. Sie gibt dem Alten zu essen. Der Alte hatte einen Ledersack. Er sagt dem Mann: »An den Füßen und am Kopf!« Der Mann sagt: »Ledersack, an den Füßen und am Kopf!« Der Ledersack öffnet sich, eine Peitsche kommt heraus, sie beginnt, den Mann zu schlagen. Der Mann kann nirgends hingehen. Der Alte hält sie zurück, die Peitsche geht in den Ledersack zurück. Der Alte gibt dem Mann diesen Ledersack, er selbst geht fort.

Viel oder wenig Zeit vergeht, der Herr fährt wieder durch dieses Dorf. Es fällt ihm ein: »Da habe ich einen Bekannten, man muß dort hingehen, vielleicht hat er wieder etwas zu verkaufen.« Er kommt zu diesem Haus, sagt dem Kutscher: »Lenke zu diesem Tor, da gehen wir hinein!« Der Kutscher lenkt den Wagen vor das Tor. Er bittet den Mann: »Mensch, laß mich hinein, das Pferd zu füttern!« Der Mann sagt: »Komm herein!« Der Herr fährt hinein, steigt vom Schlitten, geht ins Haus. Der Kutscher versieht die Pferde. Die Frau stellt Teewasser auf. Der Tee ist fertig. Sie trinken, essen, plaudern. Der Herr fragt: »Mann, hast du nichts anderes zu verkaufen?«

»Doch, ich habe etwas.«

»Was hast du?«

Der Mann sagt: »Sieh, ich habe einen Ledersack.«

»Wieviel verlangst du dafür?«

»Viel verlange ich nicht. Für fünf Rubel gebe ich ihn hin. Mehr verlange ich nicht.«

Er gibt fünf Rubel, und dann fragt er: »Und was soll man damit machen?« Der Mann sagt dem Herrn: »Sag dem Ledersack: ›Am Kopf und an den Füßen.‹« Der Herr sagt dem Ledersack: »Am Kopf und an den Füßen.« Der Ledersack öffnet sich, aus dem Ledersack kommt die Peitsche heraus. Sie beginnt den Herrn zu prügeln. Er läuft auf einen Platz, auf den anderen Platz und befiehlt dem Kutscher, daß er die Pferde einspanne. »Schnell, spann ein, Kutscher.« Der Kutscher spannt ein, der Herr setzt sich in den verdeckten Wagen und fährt. Die Peitsche prügelt ihn fortwährend. Er wendet und sagt: »Mann, da hast du deinen Ledersack, ich brauche ihn nicht!«

»Wenn du ihn gekauft hast, was soll ich damit nun machen? Ich brauche ihn nicht.«

»Nimm ihn zurück, ich gebe dir Geld noch als Zugabe.«

»Nein, ich brauche ihn nicht. Bring mir das Tischtuch zurück!«

»Ich gebe es, halte die Peitsche nur zurück.«

»Bring es, dann werde ich sie zurückhalten.«

Der Herr nimmt das Tischtuch, gibt es. Der Mann hält den Ledersack zurück. »Genug«, sagt er. Die Peitsche geht in den Ledersack hinein. Der Herr wird befreit, setzt sich in den verdeckten Wagen und fährt weg. Der Mann stellt sich dazu, deckt das Tischtuch auf den Tisch. Er sagt: »Es sei alles zum Essen und Trinken da!« Und kaum hatte er gedeckt, da war alles sofort zu essen und zu trinken da.

Der Mann beginnt wieder, wie ein Reicher zu leben. Sein Bruder beginnt wieder, ihn zu besuchen. Der jüngere Bruder sagt: »Kaufe ihn, ich verkaufe dir einen Ledersack!« Sein Bruder fragt: »Wie viel verlangst du?«

Der jüngere Bruder sagt: »Ich verlange nicht viel. Gib zwei Rubel!«

Sein Bruder gibt ihm die zwei Rubel und sagt: »Was soll man mit diesem Ledersack machen?« Sein Bruder sagt: »Sage: ›An den Füßen und am Kopf.‹«

Der Ledersack öffnet sich, die Peitsche kommt heraus, Sie beginnt, ihn zu prügeln. Sein älterer Bruder kann nirgends hingehen. Er läuft heim. Die Peitsche geht ihm nach und prügelt ihn andauernd. Er geht in sein Haus, zu Hause prügelt sie weiter. Von Zuhause begibt er sich wieder zu seinem jüngeren Bruder. Er sagt: »Nimm diesen Ledersack zurück! Er erschlägt mich!«

Der jüngere Bruder sagt: »Was soll ich tun? Bring mir meinen Rubel, dann nehme ich ihn auch zurück.«

Sein Bruder denkt, daß es schade sei, ihn zurückzugeben, aber er kann nichts machen. Er erklärt sich einverstanden, gibt den Rubel zurück und auch den Ledersack. Dann hält der Bruder die Peitsche zurück. Die Peitsche läßt ab, geht in den Ledersack hinein. Sein älterer Bruder geht heim.

Der jüngere Bruder beginnt, wie ein Reicher zu leben, besser als sein älterer Bruder. Auch jetzt lebt er gut. Das Märchen dorthin, ich hierher!

47. Das einmalige Gastmahl

Meine Geschichte, liebe Freundinnen, die ich nun erzählen muß, soll euch zeigen, wie eine vornehme Dame mit Worten und mit Taten sich selbst bewahrte und auch ihren Verehrer von sich ablenkte.

Der Marchese von Monferrat, ein mutiger Ritter und Bannerträger der Kirche, war mit einem Kreuzzug der Christen übers Meer gefahren. Von seiner großen Tapferkeit wurde auch am Hof König Philipps des Einäugigen, der im Begriff stand, von Frankreich zu eben diesem Kreuzzug aufzubrechen, viel erzählt, und einer der Ritter versicherte, daß es unter der Sonne kein edleres Paar gäbe als den Marchese und seine Frau. Denn wie der Marchese sich vor allen anderen Rittern an Mut und Kühnheit auszeichne, so sei seine Frau schöner und tugendhafter als alle anderen Frauen der Welt.

Im Herzen des Königs von Frankreich hinterließen diese Worte einen so nachhaltigen Eindruck, daß er sich, ohne diese Frau jemals gesehen zu haben, glühend in sie verliebte. Er beschloß daher, sich zu dem geplanten Kreuzzug von keiner anderen Stadt als Genua einzuschiffen, um so auf dem Weg dorthin einen treffenden Vorwand zu haben, die Marchesa aufzusuchen. Da der Marchese nicht daheim war, hoffte er, es möchte ihm vielleicht gelingen, sein Verlangen zu stillen.

Was er sich vorgenommen hatte, wurde bald in die Tat umgesetzt. Er sandte sein ganzes Gefolge voraus und machte sich dann in Begleitung einiger weniger Ritter auf den Weg. Als er sich den Besitzungen des Marchese näherte, sandte er der Marchesa einen Tag zuvor die Botschaft, daß sie ihn am kommenden Tag zum Mittagessen erwarten möge.

Die Marchesa, eine kluge und verständige Frau, ließ höflich antworten, daß dies eine große Ehre für sie bedeute und daß er ihr willkommen sei. Bald danach aber kam ihr in den Sinn, was wohl der Besuch eines so großen Königs in Abwesenheit ihres Mannes bezwecken möge, und sie täuschte sich in der Annahme, daß der Ruf ihrer Schönheit hierzu die Veranlassung gegeben habe.

Als verständige Frau bereitete sie sich trotzdem darauf vor, ihn in allen Ehren zu empfangen, ließ einige achtbare Männer, die daheim geblieben waren, zu sich bitten und traf alle Vorbereitungen nach ihrem Rat. Lediglich das Gastmahl und die Speisen wünschte sie nach eigenem Belieben anzuordnen. Nachdem sie dazu alle Hennen, die in der Gegend aufzutreiben waren, eiligst hatte zusammenholen lassen, befahl sie ihren Köchen, aus diesen allein verschiedenartige Gerichte für das königliche Gastmahl zuzubereiten.

Am bestimmten Tag traf der König ein und wurde von der Marchesa mit großem Pomp und Prunk empfangen. Als er sie erblickte, erschien sie ihm noch tausendmal schöner, reizender und tugendhafter, als sie sich nach den Berichten seiner Ritter vorgestellt hatte. Voller Bewunderung pries er ihre Schönheit, und sein Begehren flammte um so höher auf, als er seine kühnsten Erwartungen noch übertroffen sah.

Nachdem er in den prächtig hergerichteten Gemächern, die für diesen königlichen Besuch festlich mit allem Nötigen versehen waren, eine Weile ausgeruht hatte und die Stunde des Mahls gekommen war, nahmen die Marchesa und der König an einer gesonderten Tafel Platz, während die übrigen Gäste nach Rang und Würden an anderen Tischen bedient wurden. Da dem König nach und nach viele Speisen und die köstlichsten und teuersten Weine vorgesetzt wurden und er ausreichend Gelegenheit hatte, die reizende Marchesa voller Entzücken anzuschauen, fühlte er sich bald außerordentlich wohl.

Schließlich aber begann er sich zu wundern, daß ein Gericht nach dem anderen, so auserlesen es auch zubereitet war, aus nichts anderem als Hühnerfleisch bestand. Er wußte, daß die Gegend, in der er sich befand, überreich an verschiedenstem Wildbret war, zudem hatte er die Dame von seinem Kommen so rechtzeitig verständigt, daß sie leicht noch hätte jagen lassen können. Doch obwohl er sich also sehr verwunderte, beschloß er, dies nicht anders zur Sprache zu bringen als mit einer Bemerkung über die Hühner. Und er wandte sich mit lächelnder Miene an seine Gastgeberin und fragte sie: »Meine Gnädigste, gibt es eigentlich in dieser Gegend nur Hennen und keinen einzigen Hahn?«

Die Marchesa verstand den Sinn seiner Frage ganz genau, und da es ihr schien, daß Gott ihr jetzt die rechte Gelegenheit gäbe, um, wie sie es gewünscht hatte, dem König ihren Entschluß zu verstehen zu geben, wandte sie sich offen an den Fragenden und antwortete: »Das nicht, Majestät, doch sind die Frauen hier, wenn sie sich auch in Kleidung und Sitten ein wenig von anderen unterscheiden, genauso beschaffen wie überall!«

Als der König diese Worte hörte, erkannte er sofort nicht nur den Zweck dieses Gastmahls aus Hühnerfleisch, sondern auch die Tugend der Marchesa, die sich in ihren Worten verbarg, und es wurde ihm klar, daß bei ihr jeglicher Überredungsversuch nutzlos und Gewalt nicht angebracht sei. So löschte er denn das unziemliche Feuer, in dem er so jäh für die Marchesa entbrannt war, zu seiner eigenen Ehre wieder einsichtsvoll wieder aus. Und da er ihre Antwort fürchtete, fuhr er fort zu speisen, ohne sich weiteren Hoffnungen hinzugeben oder der Marchesa noch weiter zuzusetzen.

Nach dem Mahl aber machte er sich sogleich auf den Weg nach Genua, um auf diese Weise durch eine schnelle Weiterreise den wenig schicklichen Besuch zu verdecken, doch nicht, bevor er ihr für die genossene Ehre gedankt und sie ihn Gott befohlen hatte.

48. Das Märchen von dem Knüppel aus dem Sacke

In einem kleinen Dorfe wohnte ein Bauer, der hatte Haus und Hof und Scheune und Ställe und drei Söhne. Diesen erzählte er aber so oft von anderen Dörfern und Städten und ganz anderen Ländern, die er in frühen Jahren gesehen hatte, daß sie alle eine Sehnsucht fühlten, auf einmal diese fremden Länder zu sehen.

Da trat denn erst der älteste der drei Söhne vor den Vater und sprach: »Vater, gib mir mein Erbgut, ich will einmal hinaus in die Welt, von der Du soviel zu erzählen weißt, und will sehn, daß ich mein Glück mache.« Da ging aber der Vater zu seinem Gevattermann, der ihm den ältesten Sohn über die Taufe gehoben hatte, und ratschlagte mit ihm, was er tun sollte. Aber der Gevatter sprach: »Lasset ihn ziehen in Gottes Namen! Er ist groß, und klug kann er auch sein nach seinem Alter. Vielleicht macht er sein Glück und bringt Euch großen Reichtum mit.« Da gab ihm der Vater sein Erbteil in Geld und ließ ihn ziehen, wohin er wollte. Und Hans zog aus von dannen, weit, weit, wie er meinte, über Flur und Feld, bis er am Abend in einen dichten Wald kam. Aber die Sonne neigte sich schon zum Untergange.

Da trat zu ihm ein klein, klein eisgrau Männlein, dem der Bart herabhing bis an den Gürtel, und sprach zu ihm: »Guten Abend, Hans. Wo gehst du hin?«

»In die Welt«, sprach Hans. »Ich will mein Glück machen und hab darum mein Erbteil mitgenommen.«

»Ei, gib mir das!« sagte das eisgraue Männlein. »Ich gebe Dir dafür ein Tischlein-deck-dich, das sich von selbst deckt mit Speis und Trank, was das Herz begehrt.« Das gefiel Hans, denn er war träg und dachte, er dürfe alsdann gar nicht mehr arbeiten, und es wär köstlich, wenn er immer einen wohlgedeckten Tisch habe und essen und trinken könnte, was er wollte. Denn er aß auch gern was Gutes. Darum sprach er zu dem Männlein: »Gibst Du mir das Tischlein, so sollst Du mein ganz Erbteil haben.«

Da führte ihn das eisgraue Männlein auf einen Seitenweg ein wenig in den Wald hinein, bis sie an eine Hütte kamen, die erbaut war von Moos und Rinden der Bäume. Als sie aber durch die Türe hineintraten, erstaunte Hans, denn sowas hatte er in seinem Leben noch nie gesehen. Das eisgraue Männlein stieß einen Laden auf, da fiel das Tageslicht in hundert Farben durch die farbigen Steine, woraus die Scheiben zusammengesetzt waren. Auf dem Boden lag ein Teppich von schwarzem Samt mit wunderbaren goldenen Linien und Winkeln durchwirkt. Die Wände waren jede nur ein großer Spiegel, darin aber alles golden schimmerte, was man darin erblickte. Und Hans erschrak, als er sich darin sah, denn er meinte, er sehe jetzt so golden aus. Die Decke schien so hoch als der Himmel, obgleich das Hüttlein von außen nur ganz niedrig erschien. Und die Farbe der Decke war tiefblau, und schimmerten hier und da rötliche und gelbe Funken darin wie Sterne. Auf dem Boden lagen zwei schwarze Polster zum Sitzen, und dazwischen stand ein alt einfach Tischlein von schlechtem Tannenholze, das gar wundersam zu der übrigen Pracht abstach. »Sieh«, sprach das Männlein, »das ist Dein Tisch. Gib mir Dein Geld und nimm ihn dafür mit Dir! Wenn Du Essen und Wein haben willst aller Art, so sag nur zu ihm: ›Tischlein deck dich!‹ Jetzt geh und versuch's draußen selber! Wenn Dich der Handel reut, so komm nur gleich wieder, Du sollst Dein Geld dann ohne Widerrede zurückbekommen.«

Da ging Hans hinaus auf den breiten Weg und stellte dort sein

Tischlein unter eine große Eiche und sprach: »Tischlein deck dich!« Und alsbald war das Tischlein gedeckt, und standen darauf sechs Platten und Schüsseln voll köstlicher Speisen, wie sie Hans noch nie gesehen hatte und von welchen er gar nicht wußte, ob man sie mit der Gabel oder mit dem Löffel ißt. Und auf jeder Ecke stand eine Flasche Wein.

Da setzte sich Hans ins Gras unter das Tischlein und ließ sich's schmecken, wie es ihm vorher noch nie geschmeckt hatte. Wenn aber ein müder Wandersmann oder ein paar Handwerksburschen des Weges kamen, so winkte er sie zu sich und zeigte ihnen das Weinglas von ferne und hieß sie mit essen und trinken. Und so ließ er das Tischlein sich etlichemal rüsten, bis es ganz Abend war. Dann packte er's auf die Schulter und wanderte zurück und kehrte im nächsten Wirtshause ein, um da zu übernachten.

Als ihm der Wirt aber hinaufleuchten wollte in seine Kammer, packte er sein Tischlein auch auf, um es mitzunehmen. Da fragte ihn der Wirt: »Mein, sag mir doch, warum haltet Ihr Euer alt schlecht Tischlein so wert, daß Ihr's mit Euch schleppen möget? Wenn Ihr glaubt, es könne Euch gestohlen werden, so irrt Ihr sehr. Ich habe gerade so eins und schenk's Euch auf der Stelle noch dazu, wenn Ihr es haben wollt.« Da lachte Hans recht herzlich und sprach: »Ja, ja, Ihr meint's vielleicht. Doch so ein Tischlein habt Ihr nicht, zu dem man nur sagen braucht: ›Tischlein deck dich!‹, wenn man essen will, und das sich von selbst mit Speis und Trank versieht.« Als der Wirt das hörte, machte er ein Paar große Augen vor Verwunderung und sprach: »Ja, wenn's freilich so ist, dann nehm ich's Euch nicht übel, daß Ihr so große Stücke darauf haltet.« Darauf wünschte er ihm eine geruhsame Nacht und ging hinab. Hans war aber müde von seiner Wanderschaft und legte sich nieder und schlief fest ein.

Aber dem Wirt ging's gewaltig im Kopfe herum, was Hans gesagt hatte von seinem Tischlein, und er erzählte es drunten seiner Frau, daß der Gast ein Tischlein habe, das sich von selbst decke, wenn man daran essen wolle. »Frau«, sprach er, »so ein Tischlein sollten wir haben. Wie oft kommt uns ein Gast, wenn gerade nichts zu essen im Hause ist. Dann hätt's keine Not mehr mit unserer Wirtschaft.«

»Ei«, sprach die Frau, »wer hindert uns? Komm, laß uns hinaufgehn und ihm sein Tischlein nehmen und unseres dafür hinstellen! Denn beide Tischlein sind eins wie das andere.« Aber der Wirt wollte doch nicht recht daran, denn er sagte, es sei unrecht, einem andern das Seinige zu nehmen. Da ward seine Frau aber böse und sprach: »Was, Unrecht hin, Unrecht her. Du bleibst doch dumm Dein Leben lang! Wenn Dir auch das Glück einmal eine gebratene Wurst unter die Nase hält, hast Du nicht einmal das Herz, darein zu beißen.« Und so schalt sie fort, bis er sein alt Tischlein nahm und mit ihr hinaufging.

Sie klopfte erst an die Türe ganz sacht an, zu hören, ob Hans nicht wache. Aber Hans schlief so fest, daß er schnarchte. Da traten sie beide hinein, und die Wirtin nahm Hansens Tischchen, und der Wirt stellte das seinige auf die Stelle und schlich sich wieder hinaus. Als er aber wieder hinabkam, saß seine Frau schon hinter dem gedeckten Tischchen und versuchte die Speisen. Er setzte sich aber auch zu ihr und aß jetzt noch einmal mit ihr zu Nacht und ließ sich besonders den Wein schmecken, denn er war viel besser als der beste, den er im Keller hatte und den er um zehn Kreuzer verzapfte. Als sie aber darauf zu Bette gingen, trugen sie das Tischlein-deck-dich in ihre Schlafkammer.

Des andern Morgens stand Hans vor Tage auf und nahm das Tischchen und ging hinab, und nachdem er dem Wirt sein Schlafgeld bezahlt hatte, machte er sich auf den Weg nach seinem Dorfe. Aber er lief, ohne auszuruhen und ohne zu essen, bis nach Hause. Da verwunderte sich sein Vater, als er ihn schon wiederkommen sah, und sprach: »Nun, was gibt's, Hans? Hast Du dein Glück schon gemacht?«

»Ja, Vater! Ja, Vater!« antwortete Hans. Da fragte ihn der Vater: »Aber warum bringst Du denn den alten zerbrechlichen Tisch mit dir?«

»Der ist eben mein Glück!« antwortete Hans. Da schalt ihn der Vater und fragte ihn, wo er mit seinem Gelde denn hingekommen sei. Hans antwortete ihm aber, er habe alles für das Tischlein gegeben. Aber das sei auch ein Tischlein, so gebe es kein mehr in der ganzen Welt.

Als sein Vater ihn darauf wieder schelten wollte, sagte er: »Seid nur ruhig, Vater, und wartet noch mit Eurem Schelten. Ihr werdet mich noch loben, gebt nur acht. Jetzt geht und ladet alle Eure Verwandten, Freunde und Gevatterleute im ganzen Dorfe zum Nachtessen ein. Sagt ihnen, daß ich wieder heimkommen sei und sie den Abend bewirten will. Und das sag ich Euch: Die Sanne soll gar nichts kochen, kein Span Holz soll auf dem Herde verbrannt werden. Und ich mach Euch doch satt, alle miteinander.«

Da wurde der Vater neugierig und lief herum im Dorfe und lud zusammen seine Gevatterleute, seine Verwandten und Freunde.

Und als sie zusammenkamen, da guckten alle erst in die Küche, zu sehen, ob's auch wahr wäre, was sie von Hansens Vater gehört hatten, daß sie satt werden sollten, obgleich kein Span Holz auf seinem Herde verbrannt würde. Als nun aber der Gevatter ...lmüller zuletzt kam, sagte Hans: »Jetzt stellt Euch alle um mein Tischlein da herum, das ich mit von meiner Reise gebracht habe, und gebt recht acht, was es geben wird!« Es gab aber nichts als ein Gelächter unter den Gästen. Denn Hans schrie wohl vierzigmal: »Tischlein deck dich!« Das Tischchen deckte sich aber nicht, sondern blieb da stehn, ungedeckt, ohne Speise und ohne Wein, und die geladenen Gäste mußten hungrig wieder nach Hause gehn.

Aber von der Stunde hieß Hans im ganzen Dorfe der Großhans, darum, daß er sich etwas vermessen, das er nicht leisten konnte.

Des andern Tages packte er nun sein Tischchen wieder auf und wollte es dem eisgrauen Männlein wiederbringen und sagen, der Kauf reue ihn. Er fand das Männlein aber nirgend, und selbst seine Hütte war verschwunden. Und jeder, den er nach ihm fragte, lachte ihn aus und sagte: »Vom eisgrauen Männlein weiß man hier herum nichts, und so eine Hütte hat nie in dem Walde gestanden.« Da zog er denn wieder traurig nach Hause und arbeitete bei seinem Vater als Knecht und ihn reute herzlich, daß er sein Glück zu machen ausgezogen war und sein Unglück gemacht hatte.

Jetzt fiel es aber dem zweiten Bruder ein, er wolle hinaus und wolle die Welt sehen und sein Glück machen, aber besser als Hans. Denn er dünkte sich klüger. Darum trat er vor seinen Vater und sprach: »Vater, gebt mir mein Erbteil! Ich will die Welt sehen und mein Glück aufsuchen.«

»Gelt«, sagte der Vater, »wie der Hans? Nein, Stoffel, sei gescheit und bleib daheim!« Stoffel wollte aber nicht bleiben und hatte Tag und Nacht keine Ruhe und ließ auch dem Vater keine Ruhe, bis er ihm sein Erbteil ausbezahlte und ihn ziehen ließ. Aber alle Bauern im Dorfe lachten darüber, daß wieder einer von des alten Xaviers Söhnen auszog, sein Glück zu machen.

Stoffel war kaum einen Tag gegangen, so kam er gegen Abend in einen dichten, dichten Wald, und auf einmal trat das eisgraue Männlein mit dem langen Barte zu ihm und fragte ihn: »Wohin, Stoffel?« Stoffel verwunderte sich, daß er ihn kenne, und antwortete: »Ich hab mein Erbteil vom Vater bekommen und will mein Glück in der Welt machen.«

»Da hättest Du zu niemand besser kommen können als zu mir«, sagte das Männlein. »Gib mir Dein Erbteil, und ich geb Dir einen Goldesel dafür, der nicht mit Geld zu bezahlen ist. Sagst Du zu ihm: ›Esel, schlag aus!‹, so schlägt er Dir aus mit allen vier Füßen, und aus jeder Hufe fliegen allemal die Goldstücke zu Haufen heraus, als wären's vier Kästlein, die ausgeschüttet werden, daß Du nur auflesen darfst.« Das gefiel Stoffel, und er versprach, wenn dem so wäre, sei er den Handel zufrieden.

Da führte ihn das eisgraue Männlein ein wenig vom Weg ab in den Wald und zeigte ihm den Stall, darin das Eselein stand. Aber Stoffel erstaunte, als er hineintrat. Der Stall war schöner, als er noch je eine Stube gesehen, und die Krippe war von Silber, der Trog war von Golde, und statt des Strohes waren ihm lauter ungesponnene Seidenfäden gestreut, darauf das Eselein lag, zwar kleiner, aber sonst völlig wie andere Esel auch. Denn es fraß auch Disteln und Kleie besonders gern und hatte davon in der Krippe und im Trog. Aber das eisgraue Männlein jagte das Eselein auf und sagte: »Nun, Stoffel, versuch's einmal, ob's auch wahr ist, was ich Dir davon gesagt habe!« Und Stoffel rief: »Esel, schlag aus!« Da schlug er aus, und die Goldstücke flogen im Stalle umher. Darob freute sich Stoffel über die Maßen, gab dem eisgrauen Männlein sein Erbteil und führte den Esel mit sich heimwärts. Die Nacht überfiel ihn aber bald.

Da kehrte er im nächsten Wirtshaus ein – und es war dasselbe Wirtshaus, wo sein Bruder Hans auch schon einmal mit seinem Tischlein über Nacht Herberge genommen hatte. Als ihm aber der Wirt das Eselein in den Stall führte, sagte Stoffel zu ihm: »Herr Wirt, haltet mir nur das Tierlein gut in Ehren! Legt ihm statt der Streu ein gutes Federbett unter! Ich will's Euch morgen reichlich bezahlen. Denn so gibt's nur einen Esel in der Welt. Sagt aber ja nicht zu ihm: ›Esel, schlag aus!‹ Sonst könnt's ein Unglück geben, für das ich nicht stehn mag.« So sagte er, damit er dem Wirte Angst machte, und hoffte jetzt gewiß zu sein, daß ihm der Esel nicht veruntreut würde. Denn nun, glaubte er gewiß, werde es dem Wirte nicht einfallen, zu dem Esel zu sagen: »Esel, schlag aus!« Und werde es so auch nicht merken, daß der Esel mit jedem Schlag seiner Hufe Gold von sich werfe.

Aber gerade umgekehrt. Als unser guter Stoffel nun schlief, ging der Wirt mit seiner Frau in die Scheune, wo er durch eine Ritze in der Tür in den Stall sehen konnte, darin das Goldeselein lag. »Da kann's doch kein Unglück geben«, sagte er zu seiner Frau, »er mag ausschlagen, wie er will. Wenn ich hinter der bretternen Türe stehe, so kann er mich nicht treffen.«

»Ach, was wird er Dich treffen!« antwortete die Frau. »Sag's nur! Ich bin recht begierig, was es geben wird.«

»Wenn's aber doch ein Unglück gäbe?« sagte der Wirt. Da schalt ihn die Wirtin einen alten furchtsamen Hasenfuß, und er schämte sich und rief schnell durchs Astloch in der Stalltüre: »Esel, schlag aus!« Und lief schnell weg hinaus in den Hof.

Aber die Frau war zu begierig zu sehn, was es geben werde, als daß sie weglaufen konnte. Sie war an der Ritze stehengeblieben und hatte zugesehen, was das Eselein machte. Und jetzt kam sie schnell in den Hof gelaufen und rief lachend, aber doch ganz heimlich, mehr im Winken als mit Worten, ihren Mann in die Scheune und sagte: »Hab ich's nicht gesagt? Da sieh einmal in den Stall und sieh, was hinter dem Esel liegt!« Und als er hineinging und verwundert eine Handvoll von glänzenden Goldstücken aufhob, rief sie ihm zu: »Gelt, was ein Unglück! Wenn nur alle Tage so eines über uns verhängt wäre!«

Da zog der Wirt seine weiße baumwollene Mütze ab und warf sie in die Höhe, daß sie an der Decke des Stalles abfuhr, und drehte sich auf einem Bein herum und rief: »Juchhei, nun sind wir reiche Leute! Nun will ich ein anderes Wirtshaus bauen als das eins ist, und der Esel darf mir nicht mehr aus dem Stalle!«

»Ja«, sagte die Frau, »das ist all recht. Aber der Fremde wird seinen Esel morgen früh wollen, und was willst Du da machen? Du mußt ihn doch hergeben.«

»Nein, nein, ich geb ihn nicht mehr her!« rief der Wirt ganz eifrig. »Laß mich nur machen, ich will ihn schon kriegen. O du liebes Goldeselein, nein, von Dir kann ich mich nicht mehr trennen! Weißt Du was, Frau? Hat nicht der Mühlhannes drunten im Tale geradeso ein klein Eselein wie das? Ich laufe geschwind hinunter und kauf's ihm ab und sage, es sei ein Gast bei mir, der es durchaus haben wollte und gut bezahle. Und wenn ich ihm vier von den Goldstücken dafür biete, so gibt er mir's mit Freuden.«

Und als er das sagte, lief er schon zur Türe hinaus und über den

Hof. Und schnell rannte er den Hügel hinab bis an die Mühle. Da machte er mit dem Müller den Kauf sogleich richtig und brachte fröhlich den Grauen hinauf. Und als er kam, suchte seine Frau noch mit der Laterne im Stroh herum, denn sie hatte das Goldeselein gar manchmal ausschlagen lassen, bis es ganz matt auf sein Federbett hingesunken war. Die Goldstücke sammelte sie aber alle gar sorgfältig, damit man am andern Morgen keines finden sollte, was bei dem Fremden leicht Verdacht erweckt haben würde. Als ihr Mann aber jetzt des Mühlhannes Mühleselein brachte, da ward erst ihre Freude recht groß, denn nun sah sie, daß es dem Goldeselein völlig ähnlich war wie ein Ei dem andern. Da banden sie denn das Goldeselein ab und versteckten es im Keller unter der Scheune, wo sie im Herbst ihre Kartoffeln und ihren Rosmarienstock aufhoben. Aber an seiner Stelle banden sie das Mühleselein und gingen dann schlafen. Doch einschlafen konnten sie lange nicht vor Freuden über ihr Glück. Und als die Frau eingeschlafen war, träumte ihr sogar von dem Goldesel, und sie rief einmal über das anderemal: »Esel, schlag aus!« Und als es Tag wurde, weckte sie sogar ihren Mann mit den Worten: »Esel, wach auf!« Denn sie konnte an gar nichts anderes mehr denken als an den Esel.

Unser guter Stoffel war aber auch bald aufgewacht, denn auch er konnte nicht ruhig schlafen vor Freude über das Goldeselein. Und wenn er sich dachte, in welches Ansehn er kommen würde in seinem Dorfe, bei seinem Vater und dessen Nachbarn, wenn er ein solch Wundertier mit sich brächte, so wußte er sich gar nicht mehr zu lassen vor Freude. Darum kleidete er sich schnell an und ging hinunter und bezahlte sein Schlafgeld und nahm den Esel und ward nicht gewahr, daß er ihm vertauscht worden, und zog mit ihm von dannen in sein Dorf.

Und er kam an, noch ehe zu Abend die Betglocke geläutet war. Sein Vater hatte aber eben die Kühe gefüttert und wollte die Treppe hinaufgehen, da sah er Stoffel durchs Unterdorf heraufziehen und den Grauen mit den langen Ohren vor ihm her. Und als er näherkam, rief er ihm entgegen: »Nun, woher so bald? Und Du kommst gar zu zweien? Hast Du schon Dein Glück gemacht?«

»Ja, Vater«, antwortete Stoffel und trieb seinen Langohr vor ihm her in den Hof. Da ward der Vater unwillig und rief: »Am Ende hast Du Dein Erbgut all für den krüpplichten Esel hingegeben und hältst nun den für Dein Glück?«

»Ja, Vater, er ist's auch!« antwortete Stoffel und band seinen Esel dabei ans Staffelgeländer. »Seid aber nur nicht böse! Gebt acht, ich hab's klüger gemacht als der Bruder Hans. Jetzt geht nur und ladet alle Eure Gevatterleute und Freunde und Nachbarn zusammen. Dann soll mein Esel sein Kunststück machen, daß Ihr Euch verwundern sollt.«

»Ja, ja«, sagte der Vater, »ich kann mir's schon denken, was das für ein Kunststück sein wird. Daß Dich auch das ganze Dorf auslacht, wie es Deinem Bruder Hans erging, der jetzt überall nur der Großhans heißt.«

»Vater«, antwortete Stoffel, »seid nur ruhig und tut, wie ich Euch sagte! Ihr werdet mich gewiß loben, wenn Ihr seht, welch einen guten Kauf ich getan habe. Wir sind reich, reicher als der Schulz und reicher als der gnädige Herr selbst, der droben im Schloß wohnt. Denn das ist kein gemeiner Esel, den ich da habe, das ist ein Goldesel.«

»Ein Goldesel?« fragte der Vater verwundert und schüttelte den Kopf, aber nicht mehr ganz so ungläubig. Denn er ging hinab und betrachtete das Wundertierlein hinten und vorn und von den Seiten und ging dann und lud seine Freunde und Gevatterleute und Nachbarn zusammen und führte sie mit sich heim und erzählte ihnen unterwegs, daß sein Sohn Stoffel einen Goldesel mitgebracht habe von seiner Wanderschaft, der ihn so reich mache wie den gnädigen Herrn selber und noch reicher sogar.

Als er aber mit seinen geladenen Gästen heimkam, war der Esel nicht mehr im Hofe, und als er die Staffel hinaufkam und in die Stube, da hatte Stoffel den Esel schon in die Stube geführt und eine Lampe angezündet. Denn es war in der Zeit dunkel geworden, und Stoffel fürchtete, man möchte in dem Hofe die Goldstücke nicht so leicht finden. Als sie nun alle in der Stube waren, hieß sie Stoffel sich in einem Kreise herumsetzen, und er stellte sich mit dem Grauen in die Mitte der Stube und sagte: »Jetzt gebt acht!«

Darauf wandte er sich zu dem Esel und rief: »Esel, schlag aus!« Aber der Esel schlug nicht aus. Und er rief wieder: »Esel, schlag aus!« Aber der Esel blieb stehen nach wie vor und senkte die Ohren und rührte sich nicht. Da fingen schon die Nachbarn insgeheim an zu lachen, und der Vater fing an, in sich zu brummen, und Stoffeln ward's bange, er möchte in Schimpf und Schande bestehen wie sein Bruder Hans. Und er schlug nun mit seiner Faust dem Esel ein Tüchtiges hinten auf und schrie lauter: »Esel, schlag aus!« Das verstand das Mühleselein endlich aber unrecht. Es stellte sich auf seine Vorderfüße und schlug mit seinen Hinterfüßen hinten hinaus, so weit es konnte, und schrie: »Ia, ia, ia!« Stoffel war aber gerade hinter ihm gestanden und bekam darum von den Hufen des Esels einen so gewaltigen Schlag an die Beine, daß er um purzelte. Da lachten die Freunde und Nachbarn und Gevatterleute aus vollem Halse und gingen und bedankten sich im Fortgehen, daß er ihnen den schönen Spaß gemacht habe. Und von der Stunde an hieß Stoffel im ganzen Dorf der Eselstoffel, und wo er sich nun sehen ließ, riefen ihm die Kinder nach: »Esel ia! Esel, schlag aus!« Und je böser er darüber ward, je mehr neckten sie ihn.

Stoffel ging aber auch wieder von dannen und wollte dem eisgrauen Männlein im Walde sein Eselein wiederbringen. Allein er fand weder das Männlein noch den Stall und mußte betrübt wieder nach seinem Dorfe zurückkehren. Und von nun an arbeitete er als Knecht bei seinem Vater.

Nun war die Reihe an dem jüngsten Bruder, der Thomas hieß. Dem fiel es jetzt auch ein, er wolle die Welt sehen und vielleicht sein Glück besser machen als seine beiden ältern Brüder. Darum ging er zu seinem Vater und begehrte sein Erbteil. Der Vater hatte aber nicht Lust dazu und sagte: »Thomas, Du warst von Kindheit an folgsamer als Deine Brüder. Sei mir nun auch in dem Stücke folgsam und bleib im Lande und nähre Dich redlich, daß ich nicht auch an Dir Schimpf und Schande erleben muß, wenn die Kinder auf der Gasse Dich zum Gespötte machen.« Thomas antwortete aber seinem Vater bittend: »Laßt mich nur ziehen, Vater! Und wenn mir's auch so geht wie meinen Brüdern, so ist's ja auch gut. Das soll mir ebenso lieb sein, als wenn ich mein Glück gemacht hätte. Seht, Vater, ich kann's so nicht mehr länger aushalten. Ihr haltet mich als Euern Sohn, und meine Brüder seht Ihr als Knechte an, und sie sind doch ebensogut Eure Söhne als ich. Hab ich aber mein mütterlich Erbteil auch verschleudert wie meine Brüder, so sind wir wieder gleich, dann könnt Ihr uns wieder alle als Söhne annehmen, oder ich werd Euch Euer Knecht wie meine Brüder und habe keinen Vorzug mehr vor ihnen, wie es recht ist.« Das gefiel dem Vater, und er umhalste seinen Sohn und sagte: »Ja, Du hast recht. Komm, Du sollst Dein Erbteil auch haben und in die Welt gehen.« Mit diesen Worten schloß er die Kiste auf und gab ihm aus der Nebentruhe sein Erbteil in Geld und ließ ihn ziehen.

Als die Leute im Dorfe aber hörten, daß jetzt auch der dritte Sohn des Xaviers ausgezogen sei in die Welt, um sein Glück zu machen, sagten sie untereinander, der alte Mann müßte selbst am Verstand schwach sein, daß er in die Torheit seiner Söhne so einwilligen könnte.

Der kleine Thomas war aber weit hinausgezogen am selben Tage und kam gegen Abend auch in den dichten, dunklen Wald, der gar kein Ende nehmen wollte.

Da trat ihm auf einmal, wo der Weg am schmalsten war, das eisgraue Männlein mit dem langen weißen Barte entgegen und sagte: »Guten Abend, Thomas!«

»Ei, woher kennst Du mich denn?« fragte Thomas. Da sagte das Männlein: »Ach, ich kenne Dich schon lange und weiß alles von Dir. Ich weiß, daß Du Dein Erbteil bei Dir trägst und daß es Dir eins ist, ob Du Dein Glück damit machst oder ob Du es auch verlierst wie Deine Brüder, weil Du Deine Brüder liebhast und nicht besser gehalten sein willst von Deinem Vater, als sie auch gehalten werden. Willst Du nun mir Dein Vertrauen schenken, so gib mir Dein Erbteil, und ich will Dir dafür etwas geben, das Dir zwar nicht viel wert scheinen wird, das Dir aber doch in der Welt noch gar gute Dienste leisten kann.«

»Wenn ich das wüßte«, sagte Thomas, »so wollte ich Dir mein Erbteil schon geben. Aber was ist es denn, das Du mir dafür geben willst?«

»Ich gebe Dir den Knüppel-aus-dem-Sack«, antwortete das Männlein. »Wenn Du den in der Tasche trägst und Du oder ein anderer sagt: ›Knüppel aus dem Sack!‹, so fährt er aus der Tasche heraus und prügelt die gar wacker durch, die es nicht gut mit Dir meinen, bis Du selbst sagst: ›Knüppel in den Sack!‹« Das gefiel dem kleinen Thomas. Er gab dem Männlein sein Geld und bekam dafür den Knüppel-aus-dem-Sack, den er sorgfältig in seiner Tasche verwahrte. Und dann kehrte er um, nach Hause zu gehen. Da rief ihm das Männlein noch nach: »Kehre nur im nächsten Wirtshaus vor der Waldhöhe ein, dort findest Du gute Herberge!«

Und Thomas kam im Wirtshause an, als es eben Nacht wurde. Weil er aber nur noch ein paar Groschen in der Tasche hatte, ließ er sich nur ein Stück trockenes Brot und ein Glas Bier zum Abendbrot geben und ging damit schlafen. Als er aber zur Türe hinausging, sagte er zu dem Wirte und seiner Frau: »Daß nur diese Nacht niemand in meine Schlafkammer geht und ruft: ›Knüppel aus dem Sack!‹. Es möchte ihm sonst übel bekommen.« Damit ging er hinauf und legte sich schlafen. Als er aber fort war, sagte die Wirtin: »Hast Du's gemerkt, Mann? Da läßt sich wieder etwas fischen. Das hat der Fremde nicht umsonst gesagt.«

»Ja«, antwortete der Wirt. »Ich hätte beinahe Lust, es doch zu versuchen. Aber freilich – so ein Knüppel könnte keinen Spaß verstehen. Es lautet gar zu verdächtig.«

»Ach was, verdächtig!« antwortete die Wirtin. »Gelt, das ›Esel, schlag aus!‹ lautete auch verdächtig, und doch ist Dir's gar wohl bekommen. Wer weiß? Der Knüppel bringt uns vielleicht gar noch größeres Gut als der Esel. Vielleicht wird man recht gesund oder gar wieder jung, wie man dergleichen ja schon in den alten Märlein gehört hat.«

»Du kannst wohl recht haben«, versetzte der Wirt. »Wir wollen's gleich einmal versuchen.«

Und bald darauf schlichen sie hinauf in die Stube, wo Thomas schlief, und als sie ihn schlafend fanden, traten sie näher und sagten voller Erwartung: »Knüppel aus dem Sack!« Da fuhr der Knüppel aus Thomsens Tasche und schlug tüchtig bald auf den Rücken des Wirtes, bald auf den Rücken der Wirtin, daß sie jämmerlich zusammen schrien und daß Thomas davon erwachte.

Thomas freute sich aber herzlich, daß die Wirtsleute für ihre betrügerische Neugierde so schön bestraft wurden, und rief selbst noch einmal: »Knüppel aus dem Sack!« Da fuhr der Knüppel mit doppelter Eile und mit doppelter Stärke auf dem Rüken der Wirtsleute herum, und sie liefen schreiend zur Türe hinaus und die Treppe hinunter. Aber der Knüppel fuhr ihnen immer nach und verfolgte sie durch das ganze Haus und wohin sie nur gingen und tanzte ihnen weidlich auf dem Rücken. Und so kamen sie wieder herauf zu Thomas und baten ihn mit Tränen und Jammergeschrei, er möge doch seinem Knüppel befehlen, daß er aufhöre. Sie wollten ihm auch das Tischchen-deck-dich und den Goldesel geben. Er möge nur den Knüppel einmal wieder in seine Tasche bringen. Da sagte Thomas: »Knüppel in den Sack!« Und der Knüppel fuhr den Augenblick in seine Tasche. Da mußte Thomas lachen.

Aber die Wirtsleute gingen weinend hinunter und legten sich zu Bette. Sie konnten aber gar nicht schlafen, nicht vor Freude, wie bei dem Tischchen-deck-dich und bei dem Goldesel, sondern vor Ärger, daß sie sich damit nicht begnügt hatten und durch ihre habsüchtige Neugier um das alles gekommen waren.

Am andern Morgen kam Thomas früh herunter und verlangte gleich das Tischchen-deck-dich und den Goldesel. Da weigerten sich der Wirt und die Wirtin. Aber Thomas fragte: »Soll ich meinen Knüppel herauslassen?« Da schrien sie aber beide: »Nein, lieber, goldener Herr! Laßt nur den Knüppel weg! Wir haben noch genug von der Nacht her!« Und holten gutwillig das Tischlein. Und der Mann brachte auch den Esel aus dem Stalle.

Thomas war aber nicht dumm. Er versuchte erst das Tischchen und sagte: »Tischchen deck dich!« Da deckte es sich und war versehen mit allerlei Speisen. Die ließ er sich wohl behagen. Dann mußte auch der Esel sein Probestücklein machen, und als er rief: »Esel, schlag aus!«, da schlug er aus, und die Goldstücke flogen in dem Hofe herum. Da sagte Thomas zu dem Wirte: »Nehmt das Gold für mein Nachtlager!« Und packte das Tischlein-deck-dich dem Goldeselein auf den Rücken und zog freudig von dannen. Aber die Wirtsleute sahen ihm traurig nach.

Als aber am andern Abende nach Thomsens Abreise der alte Vater Xavier wieder auf seiner Treppe vor der Haustüre stand und hinaus auf die Landstraße sah, zog ein junger Bursche daher, der einen beladenen Esel vor sich hertrieb. Und als er näherkam, dachte er: »Der sieht gerade aus wie mein Thomas.« Und als Thomas ins Unterdorf kam, erkannte er ihn.

Aber diesmal durfte der Vater nicht erst seine Freunde und Gevatterleute und Nachbarn zusammen laden. Das ganze Dorf, jung und alt, lief Thomsen von selber nach. Und die Kinder schrien und schalten, und die Alten freuten sich schon wieder auf den Spaß, den es nun wieder in Xaviers Hause geben würde, da wieder einer von seinen Söhnen von der Wanderschaft zurückgekommen sei.

Thomas trug aber alles ganz geduldig und sagte nichts, die Leute mochten spotten und schelten, soviel sie wollten. Und als er nun vor seines Vaters Haus ankam, stellte er schweigend sein Tischlein von des Esels Rücken und rief dann seinen Vater und seine Brüdern. Die kamen zwar, waren aber ganz verlegen, denn sie fürchteten, es gehe wieder wie vorher immer.

Als sie aber bei ihm waren, sagte Thomas: »Tischchen deck dich!« Und das Tischlein war mit den köstlichsten Speisen versehen. Dann sagte Thomas: »Esel, schlag aus!« Und der Esel schlug aus, und die Goldstücke flogen umher, und manche von den Kindern, die seiner vorher gespottet hatten und gescholten, bückten sich jetzt danach und wollten sich auch von den glänzenden Goldstücken etliche aufnehmen. Da sagte er aber: »Knüppel aus dem Sack!« Und der Knüppel fuhr aus seiner Tasche und schlug unter die Menge und traf recht tüchtig auf die alle, die seiner vorher gespottet und ihn gescholten hatten. Und als sie davonlaufen wollten, flog ihnen der Knüppel nach durchs ganze Dorf und erregte viel Gelächter und Geschrei und Lärmen, aber machte auch manchem einen blauen Rücken, ehe Thomas sagte: »Knüppel in den Sack!«

Und als nun alle fort waren, die Spötter, da gab Thomas seinem Bruder Hans sein Tischchen-deck-dich und seinem Bruder Stoffel den Goldesel und sagte: »Was Euch gehört, soll Euer sein, und ich will's Euch nicht vorenthalten.« Da fielen ihm der Vater und die Brüder um den Hals und dankten ihm herzlich, und führte jeder seine Gabe mit sich. Dann setzten sie sich fröhlich zusammen, und das Tischchen-deck-dich mußte sich gar manchesmal decken, und fortan lebten sie in treuer brüderlicher Eintracht beisammen.

Aber als sie durch den Goldesel immer reicher wurden und auch manchem ihrer Nachbarn aus der Not halfen, da verlor Hans nach und nach seinen Spottnamen Großhans, und von dem Esel Ia sprachen alle Leute im Dorfe mit großer Ehrerbietigkeit, und hieß niemand mehr den guten Stoffel, wie vorhin, den Eselstoffel. Wenn aber Thomas durch die Gasse ging, zogen alle, die ihm begegneten, den Hut ab, und wenn er vorbei war, zeigten sie ihn ihren Kindern und sagten ihnen dabei: »Seht, der hat das Tischchen-deck-dich und den Esel-schlag-aus seinen Brüdern gebracht. Er selbst hat aber den Knüppel-aus-dem-Sack in der Tasche. Seid brav und hütet Euch, sonst läßt er ihn heraus, und dann gibts tüchtige Schläge!«

Und als das Tischchen-deck-dich schon lange zerbrochen und der Esel-schlag-aus schon lange gestorben und Thomas schon lange begraben und auch der Knüppel-aus-dem-Sack schon lange zerschlagen war, da warnte man die Kinder in jenem Dorfe noch immer vor ihnen. Und alle Kinder, welche die Geschichte davon erfuhren, hatten Furcht vor ihm und wurden seinetwillen alle brav.

Heutzutage ist aber die Geschichte beinahe ganz vergessen, darum gibt's auch so viele böse Kinder. Hütet Euch aber und spottet niemand, der ruhig seiner Wege hingeht! Wer weiß? Am Ende ist's sonst vielleicht gar so ein Thomas mit einem Knüppel in dem Sack.

49. Die geizigen Eheleute und der Gast

In einem Lande lebten einst ein Mann und eine Frau. Sie waren geizig und deshalb auch sehr ungastlich.

Eines Tages hatten sie den Tisch für das Mittagessen vorbereitet. Sie waren gerade dabei, sich die Hände zu waschen – das taten sie immer, bevor sie das Brot auf den Tisch legten –, da traf ein Gast ein, der ihr Verwandter war. Beide Eheleute sprachen wie aus einem Mund zu ihm: »Schade, daß du nicht etwas früher gekommen bist und auch nicht gesagt hast, daß du zu der und der Zeit kommst. Nun bist du da, wir sind aber schon mit Essen fertig.« Und sie fingen an, den Tisch abzuräumen, und wollten ihm damit zeigen, daß sie sich die Hände nicht vor dem Essen, sondern bereits nach dem Essen gewaschen hatten.

Nachdem der Gast wieder gegangen war, deckten sie den Tisch erneut und begannen mit dem Essen. Just in diesem Augenblick kehrte der andere zurück, und als er sie beim Essen antraf, bemerkte er ironisch: »Was für ein seltener Zufall, ihr eßt also zehnmal am Tag!«

Dies sprach er, weil sie gesagt hatten, daß er gekommen wäre, nachdem sie ihr Essen schon beendet hatten. Und nun aß er mit ihnen zusammen.

50. Die Frau, die nicht mit ihrem Mann aß

Meine Geschichte handelt von einem Bauern und seiner Frau. Sie lebten glücklich zusammen. Nebenan wohnte ein Gevatter.

Als der Bauer eines Tages gemeinsam mit dem Gevatter seine Mahlzeit auf dem Feld einnahm, fand folgendes Gespräch statt. »Ich bin sehr bekümmert, weil meine Frau nicht ißt«, sagte der Bauer. Da sie sehr, sehr dick war, sagte der andere: »Das erstaunt mich aber, daß sie nichts ißt, wo sie doch so dick ist.«

»Nein, meine Frau ißt nicht, weil ihr immer schlecht ist.«

Da fragte der andere: »Was heißt, sie ißt nicht? Da sie so dick ist, ißt sie bestimmt!«

»In meiner Gegenwart ißt sie jedenfalls nicht«, sagte der Bauer.

»Passen Sie auf, was wir tun werden. Wir wollen Ihre Frau auf die Probe stellen, um zu sehen, ob sie wirklich nicht ißt. Tun Sie so, als gingen Sie aufs Feld mit Ihren Tieren. ich werde sie aufs Feld bringen, während Sie sich im Haus verstecken, um zu sehen, ob Ihre Frau etwas zu sich nimmt.«

Schön, am anderen Tag verabschiedete sich der Bauer von seiner Frau, holte die Tiere und ging aufs Feld. Dort übergab er sie seinem Gevatter und kehrte dann heimlich ins Haus zurück, ohne daß seine Frau es merkte, und versteckte sich, so daß er unbemerkt alles sehen konnte, was sie tat.

Kaum war der Mann fort, begann es zu nieseln. Die Frau sagte: »Ach Gott, was soll ich heute essen? Da es ein so scheußlicher Tag ist, werde ich mir Brot rösten.«

Es war noch sehr früh am Tag, kaum sechs Uhr. Gut, sie röstete sich eine Pfanne voll Brot und verzehrte es. Dann legte sie sich hin und ruhte sich aus. Um elf Uhr erhob sie sich und sagte: »Ich bin ganz schwach vor Hunger. Was kann ich denn jetzt essen?«

Sie ging in den Hof hinaus, wo die Hühner ein Dutzend Eier gelegt hatten, und machte einen Pfannkuchen und aß ihn. Dann legte sie sich wieder hin und schlief.

Schön, gegen drei stand sie wieder auf und sagte: »Ich bin ganz schwach vor Hunger. Was kann ich denn bloß essen? Ich werde den schwarzen Hahn töten.« Und sie ging in den Stall und packte den schwarzen Hahn, tötete ihn und bereitete ihn mit Tomaten zu. Dann aß sie ihn auf und setzte sich im Wohnzimmer in den Lehnstuhl. Da blieb sie bis um sechs Uhr, da wurde sie wieder müde und sagte: »Schon sechs. Was esse ich denn jetzt?« Sie machte sich ein Kartoffelgericht und aß es. Bald wurde es dunkel, und sie sagte: »Nun wird mein Mann gleich kommen.« Sie legte sich ein weißes Tuch auf die Stirn und ein schwarzes Tuch um die Schultern, begab sich zu Bett und spielte krank.

Inzwischen war der Mann heruntergekommen, ohne daß sie ihn gehört hatte, und dem Gevatter entgegengegangen, der schon mit den Tieren vom Feld kam. Er rief: »Maria! Warum kommst du nicht heraus, um mir den Beutel abzunehmen?« Sie erhob sich und kam mit dem Leuchter heraus. »Ach, mein guter Juan, wenn du wüßtest, wie übel mir ist! Den ganzen Tag plagten mich die Kopfschmerzen, auch erbrechen mußte ich!«

Er sagte: »Laß dich nicht stören, Maria. Ich möchte nicht, daß sich dein Zustand verschlechtert. Leg dich ins Bett.«

Als er hereinkam, fragte sie: »Bist du naß geworden?«

»Siehst du das nicht? Wenn ich nicht eine gute Decke gehabt hätte, wäre es viel schlimmer.«

Schön, sie bat ihn, in die Küche zu kommen und zu essen. Er fragte: »Aber Maria, warum gehst du nicht ins Bett? Wenn du krank bist, mußt du dich hinlegen.«

»Ja, aber zuvor will ich dir dein Essen geben.« Sie stellte eine Schüssel und ein Gedeck auf den Tisch und rief ihn herbei.

»Komm, Maria, laß uns essen«, sagte er, doch sie erwiderte: Fang doch an, Juan, mir ist so elend, daß ich nichts essen kann.«

»Aber, Frau, davon wird es noch schlimmer. Du bist ganz aufgeschwollen, und das gefällt mir gar nicht. Iß doch.«

»Neun, nein, ich kann nicht.« Sie ergreift den Löffel und tut so, als wolle sie essen, aber sie kann nicht und sagt: »Ach, Juan, ich kann nicht, mir ist so elend, mir ist so übel!« Sie verließ den Tisch.

Darauf sagte er: Schau her, Maria, das gefällt mir gar nicht, morgen gehst du zum Arzt.«

Nun machte er sich über das Essen her. Hernach gingen sie ins Wohnzimmer, und er setzte sich in einen Sessel und sagte, er wäre so müde. Da fragte sie: »Juan, bist du naß geworden?«

Er erwiderte: »Schau, Maria, es fiel ein leichter Regen, so fein wie die Krumen, die du geröstet hast, und wenn ich mich unter den Pfannkuchen gestellt hätte, den du mittags gegessen hast, wäre ich schwärzer geworden als der Hahn, den du heute abend gegessen hast.«

51. Der Großvater und sein Enkel

Des Mittags nach dem Essen sammelte Stilling einen Haufen Kinder um sich her, ging mit ihnen hinaus aufs Feld oder an einen Bach, und dann erzählte er ihnen allerhand schöne empfindsame Historien, und wenn er sich ausgeleert hatte, so mußten andre erzählen.

Einstmals waren ihrer auch einige zusammen auf einer Wiese, es fand sich ein Knabe herzu, der fing an: »Hört, Kinder! Ich will euch was erzählen: Neben uns wohnt der alte Frühling, ihr wißt, wie er dahergeht und so an seinem Stock zittert. Er hat keine Zähne mehr, auch hört und sieht er nicht viel. Wenn er denn so da am Tisch saß und zitterte, so verschüttete er immer wieder, auch floß ihm zuweilen etwas wieder aus dem Mund. Das ekelte dann seinem Sohn und seiner

Schnur, und deswegen mußte der alte Großvater endlich hinter dem Ofen im Eck essen, sie gaben ihm etwas in einem irdenen Schüsselchen und noch dazu nicht einmal satt, ich habe ihn wohl sehen essen, er sah so betrübt nach dem Tisch, und die Augen waren ihm dann naß.

Nun hat er vorgestern sein irdenes Schüsselchen zerbrochen. Die junge Frau keifte sehr mit ihm, er sagte aber nichts, sondern seufzte nur. Da kauften sie ihm ein hölzernes Schüsselchen für ein paar Heller, da mußte er gestern mittag zum erstenmal daraus essen. Wie sie so dasitzen, so schleppte der kleine Knabe von viereinhalb Jahren auf der Erde kleine Brettchen zusammen.

Der junge Frühling fragte: ›Was machst du da, Peter?‹

›Ho!‹ sagte das Kind, ›ich mache ein Tröglein, daraus sollen Vater und Mutter essen, wenn ich groß bin.‹

Der junge Frühling und seine Frau sahen sich eine Weile an, fingen endlich an zu weinen und holten sofort den alten Großvater an den Tisch und ließen ihn mitessen.«

52. Die gefräßige Frau

Es war einmal ein Jäger, der brachte immer alles, was er erlegte, von der Jagd mit nach Hause, Kaninchen wie Rebhühner. Und seine Frau war sehr gefräßig. Sie kochte die Beute, aß stets allein alles auf und warf nur die Knochen in den Topf. Ihrem Mann sagte sie dann, die Katze habe das Fleisch aufgefressen. Und so bekam der arme Mann immer nur die Brühe aus dem Topf.

Eines Tages nun, als er wieder aufs Feld ging, begegnete ihm eine Hexe, die sagte zu ihm: »Hör mal, weißt du eigentlich, daß deine Frau und nicht die Katze jeden Tag das Fleisch aufißt? Sieh hier, heut abend nimmst du diese drei Bohnen mit nach Haus und legst eine davon in die Küche, die andere auf den Flur und die dritte an den Hauseingang.«

Und der Jäger nahm die drei Bohnen und ging auf die Jagd. Diesmal schoß er zwei Rebhühner und brachte sie nach Haus. Und er gab sie seiner Frau und sagte, er wollte noch einen kleinen Spaziergang machen, während sie das Essen bereitete. Und dann ging er hin und nahm die Bohnen und legte sie dahin, wo die alte Hexe ihm gesagt hatte, eine in die Küche, eine auf den Flur und die dritte an den Hauseingang. Darauf ging er zur Tür und versteckte sich dahinter, um zu sehen, was geschehen würde.

Und die Frau bereitete die Rebhühner und kochte sie. Und dann begann sie, in der Küche davon zu essen. Da sagte die Bohne:

»Und das ißt sie alles und ohne ihren Mann?
Sag ich's ihm nicht, der Teufel mich holen kann!«

Da erschrak die Frau und ging auf den Flur hinaus. Und wieder machte sie sich an das Essen. Da sagte die zweite Bohne:

»Und das ißt sie alles und ohne ihren Mann?
Sag ich's ihm nicht, der Teufel mich holen kann!«

Nach alledem nun konnte die Arme nicht weiteressen, und sie ging hin und warf das ganze Fleisch in den Topf. Und der Mann, der alles gesehen hatte, kam und aß an dem Abend viel Fleisch. Und von der Zeit an aß seine Frau nie mehr allein das Fleisch auf.

53. Die Geschichte von der Metzelsuppe

In einem Dorfe hatten die Bauern ihren Pfarrer so gern, daß sie ihm beinah alle, sooft sie ein Schwein schlachteten, etwas von der Metzelsuppe schickten. Da geschah es, daß der Pfarrer selbst einmal ein Schwein gemästet hatte; als es aber geschlachtet werden sollte, fiel ihm mit Schrecken ein, daß er allen Bauern, die ihm sonst etwas geschickt, nun ebenfalls ein Stück Fleisch und ein paar Würste schicken müsse. »Dazu wird das eine Schwein kaum hinreichen, und für mich behalte ich gar nichts«, dachte er und begab sich zu seinem Mesner und fragte den um Rat, wie er es doch machen solle, daß er den Bauern keine Metzelsuppe zu geben brauche. Da riet ihm der Mesner: Wenn er das Schwein geschlachtet habe, so solle er es nur vor dem Hause hängen lassen, bis es Nacht sei, es dann still beiseite schaffen und am andern Tage den Bauern sagen, das Schwein sei ihm gestohlen worden, so werde niemand eine Metzelsuppe von ihm erwarten. Dieser Rat gefiel dem Pfarrer so gut, daß er ihn sogleich in Ausführung brachte und das Schwein schlachten und vor dem Hause aufhängen ließ.

Als es nun dunkle Nacht war, kam der Mesner ganz heimlich, nahm das Schwein herunter und ging damit fort in seine Wohnung. Darauf begab sich der Pfarrer am andern Morgen zu dem Mesner und sprach: »Da ist mir doch gestern abend ein arger Streich gespielt worden, man hat mir mein Schwein gestohlen!«

»Ja, ja«, sprach der Mesner, »so muß man sagen, dann glauben's die Leute!«

»Nein, in der Tat, es ist kein Spaß, man hat mir ganz eigentlich mein Schwein gestohlen!« sagte der Pfarrer. »So ist's recht, so muß man sagen«, sprach der Mesner, »und ich will schon helfen, daß es unter die Leute kommt.« Als aber der Pfarrer gar nicht nachgab, sagte endlich der Mesner: »Ach, Herr Pfarrer, ich weiß ja alles, ich habe Ihnen ja selbst diesen Rat gegeben, bei mir bedarf's keiner Verstellung!« Da wurde der Pfarrer nur immer ungeduldiger, und weil das Betragen des Mesners ihm verdächtig vorkam, so bat er ihn zuletzt, ob er nicht eine Kiste, die er im Augenblick nicht gut unterbringen könne, ihm einige Tage lang in seiner Stube aufbewahren wolle. Ja, das wolle er recht gern tun. In die Kiste aber steckte der Pfarrer seine Schwiegermutter, die sollte horchen und ausspüren, ob nicht der Mesner das Schwein weggenommen habe; denn der Pfarrer meinte gewiß, daß er sich mit seiner Frau davon unterhalten würde. Dem Mesner aber sagte er noch, daß er die Kiste ja nicht öffnen solle.

Am nächsten Sonntag nun kochte die Frau des Mesners Sauerkraut und dazu ein Stück von dem frischen Schweinefleisch; und als sie bei Tisch saßen und aßen, sagte die Tochter des Mesners: »Ach, wie schmeckt des Herrn Pfarrers Fleisch gut!« Das hörte nun die alte Schwiegermutter in der Kiste und konnte das Lachen nicht verhalten, so daß es der Mesner merkte. Da dachte er: »Wart, ich will dir doch für deine Horcherei ein Andenken geben«, und nahm eine Schwefelschnitte, zündete sie an und steckte sie durch eine Ritze in die Kiste hinein.

Die Frau aber verhielt sich ganz ruhig in der Kiste und rief nicht um Hilfe, wie er erwartet hatte. Deshalb brach er nach einer Weile selbst die Kiste auf. Allein, wie erschrak er da, als die Frau, von dem Schwefeldampfe erstickt, tot dalag. Neben ihr lagen Fleisch und Brot, davon sie gegessen hatte. Da nahm der Mesner schnell ein Messer, schnitt ein Stück von dem Fleische ab und steckte ihr das in den Hals und machte dann die Kiste wieder zu.

Als nun am folgenden Tage der Pfarrer die Kiste zurückholen ließ und sie aufmachte, da schlug er die Hände über sich zusammen und rief: »Ach, du lieber Gott, meine Schwiegermutter ist erstickt, was soll ich armer Mann nun anfangen?« Dann ließ er den Mesner kommen und sagte ihm, die Schwiegermutter sei so plötzlich gestorben, daß er fürchte, man werde ihm Vorwürfe machen, weil er keinen Arzt zur Hilfe gerufen habe. Deshalb möge er sie doch heimlich begraben, er wolle ihm auch gern dafür einen Scheffel Dinkel geben, er dürfte sich ihn selbst einmessen.

Der Mesner war es zufrieden, nahm die Tote und trug sie mit auf den Kornboden, wo er sich den Scheffel Frucht einmaß; und als er damit fertig war, stellte er die Frau mitten in den Kornhaufen und ging heim. Auf der Treppe aber verzettelte er eine ganze Handvoll von dem Korn. Und als nun am andern Morgen die Magd die Treppe abkehren wollte und das Korn sah, strich sie es zusammen und trug es wieder in die Fruchtkammer. Kaum aber hatte sie die Tür aufgemacht, so sah sie die alte tote Frau in dem Kornhaufen stehen und entsetzte sich darüber so sehr, daß sie kaum die Treppe hinabsteigen und zu dem Pfarrer gehen und ihm sagen konnte, was sie auf dem Fruchtboden erblickt hatte. Der Pfarrer aber eilte zum Mesner und fragte ihn, ob er denn seine Schwiegermutter nicht begraben habe. »Ei, freilich hab' ich sie begraben!«

»Nicht möglich«, sprach der Pfarrer, »sie steht ja auf meinem Fruchtboden!«

»Die wird eine Hexe sein«, sagte der Mesner, »sonst wäre sie wohl nicht wiedergekommen!«

Da bat der Pfarrer den Mesner so dringend und bot ihm hundert Gulden als Belohnung an, wenn er sie noch einmal begraben wolle, so daß er sich endlich dazu verstand und die Leiche mitnahm und sie in den Wald trug. In dem Walde aber traf er unter einem Baume einen Krämer, der war eingeschlafen und hatte eine große Kiste neben sich stehen. Da rief ihn der Mesner an und schüttelte ihn; allein der Mann schlief so fest, daß er davon nicht aufwachte.

Darauf öffnete der Mesner die Kiste und nahm alle Waren, die sich darin befanden, heraus, versteckte sie in einem hohlen Baume und legte dafür die tote Frau hinein und schloß die Kiste wieder zu. Dann hielt er sich in der Nähe bis gegen Abend auf, wo der Krämer endlich wach wurde, und ging zu ihm und fragte, was er da zu verkaufen habe. Da sprach der Krämer: »Ich habe allerlei Waren, besonders sehr schönes schwarzes Zeug; wißt Ihr mir niemand, der etwas kauft?«

»O ja«, sagte der Mesner, »geht nur da ins nächste Dorf zum Pfarrer, der hat Trauerkleider nötig, weil ihm seine Schwiegermutter gestorben ist.«

Da begab sich der Krämer ins Pfarrhaus, bot seine Ware an, und als er sie sehen lassen wollte und die Kiste aufmachte, da rollte eine tote Frau heraus. »Um Gottes willen«, rief der Pfarrer, »da ist ja meine Schwiegermutter wieder!« Der Krämer aber fiel vor Schrecken in Ohnmacht.

Nun ließ der Pfarrer sogleich wieder den Mesner holen und sagte, ob er denn seine Schwiegermutter nicht begraben habe. »Ei freilich«, sagte er, »schon zweimal: Ich habe sie diesmal noch dazu in den Wald hinausgetragen; aber daran, daß sie immer wiederkommt, kann man recht deutlich sehen, daß sie eine Hexe gewesen sein muß.«

Der Pfarrer bat ihn, doch noch einmal die Schwiegermutter zu begraben, und der Mesner versprach es denn auch endlich für zweihundert Gulden und führte es diesmal wirklich aus.

»Was bekomme ich denn für meine Ware?« sprach der Krämer, der sich allmählich wieder erholte.

»Ich kann Euch nichts geben«, sagte der Pfarrer, »ich habe von Euch ja nichts bekommen!«

»Dann verklage ich Euch«, sagte der Krämer, »und Eure Schwiegermutter dazu; denn die hat mir meine Sachen gestohlen, die wenigstens zweihundert Gulden wert waren.«

»Nun, so haltet nur reinen Mund und bringt meine Schwiegermutter nicht in das Gerede der Leute«, sprach der Pfarrer, »ich will Euch die zweihundert Gulden geben!«

Das ist die wahrhafte Geschichte von der Metzelsuppe, die der Pfarrer für sich allein zu verzehren gedachte.

54. Die Mühle auf dem Meeresgrund

In alten Tagen lebten einmal zwei Brüder; der eine war reich und der andere arm. Als der Weihnachtsabend vor der Tür stand, hatte der Arme nicht ein Krümchen an Essen mehr im Hause, weder Fleisch noch Brot. Da ging er zu seinem Bruder und bat ihn denn in Gottes Namen um eine Kleinigkeit zum Weihnachtsfest. Es war wohl nicht das erstemal, daß der Bruder ihm etwas hatte geben müssen; aber geizig war dieser immer gewesen, und so sah er ihn auch jetzt nicht gerade erfreut an.

»Willst du das tun, worum ich dich bitte, so sollst du einen ganzen Schinkenspeck bekommen«, sagte er.

Das versprach der Arme augenblicklich und bedankte sich obendrein.

»Hier hast du ihn. Scher dich geradewegs in die Hölle!« sagte der Reiche und warf ihm den Schinkenspeck hin.

»Was ich versprochen habe, werde ich halten«, sagte der andere, nahm den Schinken und zog los.

Er wanderte und wanderte, den ganzen Tag. Als es dunkel wurde, kam er an ein hell erleuchtetes Gehöft. Hier wirst du mal nachsehen, ob du richtig bist, dachte der Mann mit dem Schinken. Vor dem Holzverschlag stand ein alter Mann mit langem weißen Bart und hackte Holz für das Weihnachtsfest.

»Guten Abend!« sagte der mit dem Schinkenspeck.

»Gleichfalls einen guten Abend! Wo willst du hin so spät?« fragte der Greis.

»Wenn ich hier recht bin, soll ich zur Hölle«, antwortete der arme Mann.

»Ja, du bist schon richtig gegangen, die ist hier«, meinte der andere. »Dort drinnen werden sie dir alle deinen Schinkenspeck abkaufen wollen; denn Fleisch ist eine seltene Kost in der Hölle. Doch du darfst den Speck für nichts Geringeres als die Handmühle hergeben, die hinter der Tür steht. Wenn du dann wieder herauskommst, werde ich dir beibringen, mit der Mühle umzugehen, sie ist von mancherlei Nutzen.«

Der Mann mit dem Speck dankte für den guten Rat und klopfte bei dem Teufel an. Als er eingetreten war, kam es, wie der alte Mann vorausgesagt hatte; alle Teufel, ob groß oder klein, umringten ihn wie Ameisen eine Made, und einer überbot den anderen, um den Schinkenspeck zu bekommen.

»Eigentlich wollten die Frau und ich ihn als Weihnachtsessen haben, doch weil ihr so darauf versessen seid, werde ich ihn euch wohl überlassen müssen«, sagte der Mann. »Soll ich ihn jedoch weggeben, so will ich die Handmühle dafür haben, die dort hinter der Tür steht.«

Mit dieser aber wollte der Teufel nur ungern heraus, er handelte und feilschte; der Mann jedoch bestand darauf, und so mußte der Teufel sie hergeben.

Als der Mann wieder auf den Hof kam, fragte er den alten Holzbauer, wie er die Mühle ein- und abstellen müsse. Und als er es gelernt hatte, bedankte er sich und lief auf dem schnellsten Weg nach Hause, wo er aber nicht vor der zwölften Stunde des Heiligabends anlangte.

»Wo in aller Welt bist du nur gewesen?« fragte die Frau. »Stunde um Stunde habe ich hier gesessen und gewartet und hatte nicht einmal zwei Holzscheite, um die Weihnachtsgrütze kochen zu können.«

»Oh, ich konnte nicht eher kommen, ich hatte so manches zu besorgen, und der Weg war weit. Aber nun sollst du sehen!« sagte der Mann, stellte die Mühle auf den Tisch und forderte diese auf, zuerst eine Kerze zu mahlen, dann ein Tischtuch und darauf Essen und Bier und allerlei Leckeres, was zum Weihnachtsschmaus gehört. Und die Mühle mahlte alles, was er herbeiwünschte.

Die Frau bekreuzigte sich ein um das andere Mal und wollte wissen, wo er die Mühle herhabe. Aber das wollte der Mann nicht verraten.

»Es ist einerlei, wo ich sie herhabe. Wie du siehst, ist die Mühle gut, und das Mühlwasser gefriert nicht«, antwortete er.

Dann mahlte er Speisen und Getränke und andere gute Dinge für alle Weihnachtstage, und am dritten Tag lud er seine Freunde ein; nun wollte er ein Fest geben.

Als der reiche Bruder sah, was es alles auf dem Gastgeberhof gab, wurde er verdrießlich und wütend, denn er gönnte seinem Bruder nichts.

»Am Heiligabend warst du so in Not, daß du zu mir gekommen bist und mich in Gottes Namen um etwas anflehtest, und nun gibst du ein Gelage, als wärst du ein Graf oder König«, meinte er. »Aber wo zum Teufel hast du all den Reichtum herbekommen?« fragte er den Bruder.

»Hinter der Tür hat er gestanden«, sagte der Bruder, dem die Mühle gehörte. Er hatte nicht weiter Lust, darüber Rechenschaft abzulegen.

Doch im Laufe des Abends, als ihm die Getränke zu Kopf gestiegen waren, konnte er sich nicht länger beherrschen und brachte die Mühle herbei.

»Hier siehst du, womit ich mir all den Reichtum geschaffen habe!« sagte er und ließ die Mühle so allerhand mahlen.

Als der Bruder dies sah, wollte er die Mühle um alles in der Welt haben, und nach langem Hin und Her sollte er sie auch bekommen, mußte aber dreihundert Taler dafür geben, und der andere sollte sie noch bis zur Heuernte behalten dürfen; denn habe ich die Mühle bis dahin, so kann ich mir einen Vorrat für viele Jahre mahlen, dachte der arme Bruder.

Man kann sich vorstellen, daß die Mühle in dieser Zeit keinen Rost ansetzte. Und als die Heuernte kam, bekam sie der Bruder. Doch der andere hatte sich wohl gehütet, ihm zu zeigen, wie die Mühle ein- und abzustellen war.

Am Abend brachte der Reiche die Mühle mit nach Hause, und am nächsten Morgen wies er seine Frau an, aufs Feld zu gehen und hinter den Schnittern das Heu auszubreiten; er wollte heute selbst das zweite Frühstück bereiten, sagte er.

Als die Frühstückszeit herankam, stellte er die Mühle auf den Küchentisch. »Mahle Hering und Milchbrei; und das rasch und gut!« sagte der Mann.

Und die Mühle begann, Hering und Milchbrei zu mahlen. Zuerst mahlte sie alle Schüsseln und Tröge voll, und dann ergoß sich alles auf den Küchenfußboden. Der Mann stocherte und stellte an der Mühle herum, um sie zum Stehen zu bringen. Aber soviel er auch an ihr herumdrehte und fingerte, die Mühle mahlte weiter, und viel fehlte nicht, und der Mann wäre in dem Brei ertrunken, so hoch war dieser gestiegen. Da riß er die Stubentür auf. Doch es dauerte nicht lange, da hatte die Mühle auch die Stube voll gemahlen, so daß der Mann mit Müh und Not die Türklinke finden konnte in dieser Breiflut.

Als er die Tür aufbekommen hatte, machte er, daß er aus der Stube kam, wie man sich vorstellen kann, und eilte nach draußen; der Milchbrei und der Hering jedoch kamen hinter ihm her und überschwemmten Hof und Felder.

Schließlich fand die Frau, die dabei war, das Heu auszubreiten, daß es recht lange dauerte, bis das zweite Frühstück fertig war.

»Wenn auch mein Mann noch nicht gerufen hat, so wollen wir trotzdem losgehen; er versteht sich wohl nicht so recht aufs Milchbreikochen. Sicherlich werde ich ihm helfen müssen«, sagte die Frau zu den Schnittern.

Und so machten sie sich auf den Weg. Doch als sie ein Stück über die Hügel gekommen waren, kamen ihnen Hering, Milchbrei und Brot entgegen, strömten heran und wanden sich umeinander, und der Mann selbst lief vor dieser Flut her.

»Hätte doch jeder von euch hundert Mägen! Seht euch vor, daß ihr nicht im Frühstücksbrei ertrinkt«, schrie er und stürzte an ihnen vorbei, als wäre ihm der Leibhaftige auf den Fersen. Er rannte zur Wohnung seines Bruders.

Er solle um Gottes Willen die Mühle zurücknehmen, flehte er diesen an, und zwar sofort; »denn mahlt sie noch eine Stunde weiter, geht der ganze Ort in Hering und Milchbrei zugrunde«, sagte er.

Der Bruder wollte sie jedoch nur zurücknehmen, wenn der andere ihm nochmals dreihundert Taler zahlte. Dem Reichen blieb nichts anderes übrig.

Jetzt besaß der Arme sowohl Geld als auch die Mühle. Es dauerte nicht lange, da hatte er sich einen Hof gebaut, der viel stattlicher als der seines Bruders war. Und mit der Mühle mahlte er sich so viel Gold, daß er ihn mit puren Goldplatten verkleiden konnte. Und weil der Hof dicht am Meeresstrand lag, leuchtete und glänzte er weithin über den Fjord.

Jeder, der vorübersegelte, wollte den reichen Mann im Goldhof begrüßen. Und alle wollten sie die wunderbare Mühle sehen, von welcher man schon weit und breit erzählte. Es gab niemanden, der noch nichts von ihr gehört hatte.

Eines Tages kam auch ein Schiffer, der die Mühle sehen wollte; er fragte, ob sie auch Salz mahlen könne.

»Ja, gewiß, Salz kann sie auch mahlen«, antwortete der Besitzer.

Als der Schiffer das hörte, wollte er die Mühle unter allen Umständen haben, koste sie, was sie wolle. Denn er dachte, wenn er sie erst besitzt, braucht er nicht mehr so weit übers Meer zu segeln, um Salzladungen heranzubringen. Zuerst wollte der Mann die Mühle nicht weggeben, doch der Schiffer bat und bettelte, bis er sie ihm für viele, viele tausend Taler verkaufte.

Als sich der Schiffer die Mühle auf die Schultern geladen hatte, hielt er sich nicht unnötig lange dort auf, denn er befürchtete, der Mann könne es sich noch anders überlegen. Er nahm sich nicht einmal die Zeit, danach zu fragen, wie sie abzustellen wäre. So schnell er konnte, rannte er zu seiner Schute.

Als er ein Stück aufs Meer hinaus gekommen war, stellte er die Mühle vor sich hin.

»Mahle Salz, und das rasch und gut!« sagte der Schiffer.

Und die Mühle begann, Salz zu mahlen, daß es nur so sprudelte. Als nun der Schiffer das Schiff voll hatte, wollte er die Mühle abstellen. Doch was er auch anstellte und so sehr er an ihr herumdrehte, die

Mühle mahlte unaufhörlich weiter, und der Salzberg wuchs höher und höher, bis das Schiff schließlich auf Grund ging.

Die Mühle steht bis zum heutigen Tag dort auf dem Meeresgrund und mahlt Salz. Und daher kommt es, daß das Meerwasser so salzig ist.

55. Die Mär vom Machandelbaum

Das ist nun alles lange her, wohl zweitausend Jahr, da war ein reicher Mann, der hatte eine schöne, fromme Frau, und sie hatten sich beide sehr lieb, hatten aber keine Kinder; sie wünschten sich aber sehr welche, und die Frau betete so viel darum, Tag und Nacht; dennoch kriegen sie keine und kriegen keine. Vor ihrem Hause war ein Hof, darauf stand ein Machandelbaum, hinter dem steht die Frau einst im Winter und schält sich einen Apfel. Und als sie sich den Apfel so schälte, so schnitt sie sich in den Finger, und das Blut fiel in den Schnee. »Ach«, sagte die Frau und seufzte so recht hoch auf und sah das Blut vor sich an und war so recht wehmütig, »hätte ich doch ein Kind so rot wie Blut und so weiß wie Schnee!« Und als sie das sagte, da ward ihr so recht fröhlich zumute, ihr war recht, als sollte das was werden. Da ging sie zu dem Hause, und es ging ein Monat hin, der Schnee verging und zwei Monde – da war das Grün, und drei Monde – da kamen die Blumen aus der Erde, und vier Monde –, da drängten sich alle Bäume ins Holz, und die grünen Zweige waren alle ineinander gewachsen. Dort sungen die Vögelchen, daß das ganze Holz schallte, und die Blüten fielen von den Bäumen. Da war der fünfte Mond weg, und sie stand hinter dem Machandelbaum, der roch so schön; da sprang ihr das Herz vor Freuden, und sie fiel auf ihre Knie und konnte sich nicht lassen. Und als der sechste Mond vorbei war, da wurden die Früchte dick und stark, da ward sie ganz still. Und der siebente Mond – da griff sie nach den Mandelbeeren und aß sie so naschig, daß sie traurig und krank ward. Da ging der achte Monat hin, und sie rief ihren Mann und weinte und sagte: »Wenn ich sterbe, so begrabe mich hinter dem Machandelbaum!« Da wurde sie ganz getrost und freute sich, bis der neunte Monat vorbei war, da kriegte sie ein Kind so weiß wie Schnee und so rot als Blut; und als sie das sah, so freute sie sich so, daß sie starb.

Da begrub sie ihr Mann hinter dem Machandelbaum, und er fing an zu weinen, einige Zeit ganz untröstlich; dann ward er was stiller, und als er sich ausgeweint hatte, da hörte er auf, und noch einige Zeit – da nahm er sich wieder eine Frau.

Mit der zweiten Frau kriegte er eine Tochter, das Kind aber von der ersten war ein Söhnchen und war so rot als Blut und so weiß wie Schnee. Wenn die Frau ihre Tochter ansah, so hatte sie sie so lieb; aber sah sie den lustigen Jungen an, und das ging ihr so durchs Herz, und ihr deuchte, als stünde er ihr allerwegen im Weg, und dachte zumal immer, wie sie ihrer Tochter all das Vermögen zuwenden wolle. Und der Böse gab ihr das ein, daß sie dem Jungen ganz gram ward und stets um ihn herum, von einer Ecke in die andre, und pufft ihn hier und knufft ihn dort, so daß das arme Kind immer in Angst war; wenn er denn aus der Schule kam, so hatte er keine ruhige Stunde.

Einst war die Frau auf die Kammer 'gangen, da kam das Töchterchen auch herauf und sagte: »Mutter, gib mir einen Apfel!«

»Ja, mein Kind«, sagte die Frau und gab ihr einen schönen Apfel aus der Kiste; die Kiste aber hatte einen großen, schweren Deckel mit einem großen scharfeisernen Schloß. »Mutter«, sagte die Tochter, »soll Bruder nicht auch einen haben?« Das verdroß der Frau, doch sagt sie: »Ja, wenn er aus der Schule kommt.« Und als sie aus dem Fenster gewahr wurde, daß er kam, so war das recht, als wenn der Böse über sie kam, und sie griff zu und nahm ihrer Tochter den Apfel wieder weg und sagte: »Du sollst nicht eher einen essen als Bruder.« Darauf schmeißt sie den Apfel in die Kiste und macht die Kiste zu. Da kommt der Junge an die Tür; da gab ihr der Böse ein, daß sie freundlich zu ihm sagte: »Mein Sohn, willst du einen Apfel essen?« und sah ihn so hastig an. »Mutter«, sagte der kleine Junge, »was siehst du grausig aus, ja, gib mir einen Apfel!« Da war ihr, als sollte sie ihn töten. »Komm mit mir«, sagt sie und macht den Deckel auf, »hol dir einen Apfel heraus!« Und wie sich der Jung hinein bückt, so rät ihr der Böse: bratsch – schlug sie den Deckel zu, daß der Kopf abflog und unter die roten Äpfel fiel. Da überlief sie das in der Angst und dachte: »Konnte ich das von mir bringen?« Drauf ging sie bebend nach ihrer Stube, nach ihrem Tragkasten und holt aus der Wäschlade ein weites Tuch und setzt den Kopf wieder auf den Hals und band das Halstuch so um, daß man nichts sehen konnte, und setzte ihn vor die Tür auf einen Stuhl und gab ihm den Apfel in die Hand.

Da kam darnach Marleinichen zu ihrer Mutter in die Küche, die stand bei dem Feuer und hatte einen Kessel mit heißem Wasser vor sich, den rührte sie immer um. »Mutter«, sagte Marleinichen, »Bruder sitzt vor der Tür und sieht ganz weiß aus und hat einen Apfel in der Hand; ich habe ihn gebeten, er soll mir den Apfel geben, aber er antwortet mir nicht. Da ward mir ganz traurig.«

»Geh noch mal hin«, sagte die Mutter, »und wenn er dir nicht antworten will, so gib ihm eins an die Ohren.« Da ging Marleinichen hin und sagte: »Bruder, gib mir den Apfel!« Aber er schwieg still; darauf gab sie ihm eins auf die Ohren, da fiel der Kopf herunter. Darüber entsetzte sie sich und fing an zu weinen und zu trauern und lief zu ihrer Mutter und sagte: »Ach Mutter, ich habe meinem Bruder den Kopf abgeschlagen!« und weinte und wollte sich nicht zufriedengeben. »Marleinichen«, sagte die Mutter, »was hast du denn? Aber schweig nur still, daß kein Mensch merkt, das ist nun doch nicht zu ändern; wir wollen ihn in Suppe kochen.« Da nahm die Mutter den Jungen und hackte ihn in Stücken, tat ihn da in den Topf und kochte ihn zu Brühe. Marleinichen aber stand dabei und weinte und weinte und die Tränen fielen alle in den Topf.

Da kam der Vater nach Hause und setzte sich zu Tisch und sagte: »Wo ist denn mein Sohn?« Da trug die Mutter eine große, große Schüssel auf mit schwarzer Brühe, und Marleinichen weinte und konnte sich nicht halten. Da sagte der Vater wieder: »Wo ist denn mein Sohn?«

»Ach«, sagt die Mutter, »er ist über Land 'gangen, nach M. zum Oheim, er will dort was bleiben.«

»Was macht er denn da? Und hat mir nicht mal adieu gesagt!«

»Oh, er wollte gern hin und bat mich, ob er da wohl sechs Wochen bleiben könnte.«

»Ach«, sagte der Mann, »mir ist so recht traurig, das ist doch nicht recht, er hätte mir doch adieu sagen sollen!« Und er fing an zu essen und sagte: »Marleinichen, was weinst du? Bruder wird wohl wiederkommen!«

»Ach Frau«, sagt er dann, »was schmeckt mir das Essen schön, gib mir mehr«; und je mehr er aß, je mehr wollte er haben und sagte: »Gebt mir mehr, ihr sollt nichts davon haben, das ist, als wenn das alles mein wäre!« Und er aß und aß, und die Knochen schmiß er alle unter den Tisch, bis er alles aushatte. Marleinichen aber ging hin nach ihrer Kommode und nahm aus dem untersten Fach ihr bestes seidnes Tuch und holte alle die Beinichen und Knochen unter dem Tisch herauf und band sie in das seidene Tuch und trug sie vor die Tür und weinete ihre blutigen Tränen. Da legte sie sie unter den Machandelbaum in das grüne Gras, und als sie sie dahin gelegt hatte, so war ihr mit einmal so recht leicht und weinte nicht mehr. Da fing der Machandelbaum an, sich zu bewegen, und die Zweige taten sich immer so recht voneinander und wieder zusammen, so recht, als wenn sich einer so recht freut und mit den Händen so tut. Und alsbald ging daraus so ein Nebel von dem Baum, und recht im Nebel, da brannte ein Feuer, und aus dem Feuer, da flog so ein schöner Vogel heraus, der sang so herrlich und flog hoch in die Luft. Und als er weg war, da war der Machandelbaum, wie er zuvor gewesen, und das Tuch mit den Knochen war weg. Marleinichen aber war so recht leicht und vergnügt, recht als wenn der Bruder noch lebte. Darauf ging sie wieder ganz lustig ins Haus bei Tisch und aß.

Der Vogel aber flog weg und setzte sich auf eines Goldschmieds Haus und fing an zu singen:

»Mein Mütterlein mich bräkelte,
Mein Väterchen mich häkelte,
Mein Schwesterlein Marleinichen,
Die suchte meine Beinichen,
In eines Tüchleins seidnem Sarg
Am Baum sie mein Gebeine barg!
Piroli, Mahandel, Mahandelbaum,
Ich bin ein Vogel und weiß es kaum!«

Der Goldschmied saß auf seiner Werkstelle und machte eine goldene Kette. Da hört er den Vogel, der auf seinem Dach saß und sang, und das dünkt ihm so schön. Da stand er auf, und als er hinausging, so verlor er einen Pantoffel, er ging aber so recht mitten auf der Straße, einen Pantoffel und eine Socke an, sein Schurzfell hat er vor, und in der einen Hand hatte er die goldne Kette und in der andern die Zange. Und die Sonne scheint so hell auf der Straße, da ging er rechts zu stehen und sah den Vogel an. »Vogel«, sagt er da, »wie schön kannst du singen, sing mir das Stück nochmal!«

»Nein«, sagt der Vogel, »zweimal singe ich nicht umsonst, gib mir die goldne Kette, so will ich dir das nochmal singen!«

»Da«, sagt der Goldschmied, »hast du die goldne Kette und sing mir das noch mal.« Da kam der Vogel und nahm die goldne Kette so in die rechte Kralle und ging vor den Goldschmied und sang:

»Stiefmütterchen hat mich zerrissen,
Mein Väterchen hat mich gebissen,
In das Schürzchen meine Mareile
Zusammenlas meine Gebeine,
Die hat sie getragen zum Baum, zum Baum,
Zu der Mutter grünem Mahandelbaum!
Kiwidi, kiwidi, kiwit!
Ich bin kein Vogel nit!«

Da flog der Vogel weg nach einem Schuster und setzte sich nieder auf seinem Dach und sang dasselbige Liedel.

Der Schuster hörete das und lief vor seine Tür im aufgestrisselten Hemdenärmel und sah nach seinem Dach und mußte die Hand vor die Augen halten, damit die Sonne ihn nicht blende. »Vogel«, sagt er, »was kannst du schön singen!« Da rief er in seine Tür herein: »Frau, komm mal heraus, dort ist ein Vogel, sieh mal, der Vogel da kann mal schön singen!« Da rief er seine Tochter und Kinder und Gesellen und die junge Magd, und kamen alle auf die Straße und sahen den Vogel an, wie er schön wäre. Und er hatte so recht rote und grüne Federn, und um den Hals war das aus lauter Gold, und die Augen blitzerten ihm im Kopf wie Sterne. »Vogel«, sagt der Schuster, »nun sing mir das Stück nochmal!«

»Nein«, sagt der Vogel, »zweimal sing ich niemals umsonst, du mußt mir was schenken.«

»Frau«, sagt der Mann, »geh nach der Bank auf der Oberstube, da stehen ein Paar rote Schuhe, die bring her.« Da ging die Frau hinauf und holte die Schuhe. »Da, Vogel«, sagt der Mann, »nun sing mir das Stück nochmal!« Drauf kam der Vogel und nahm die Schuh in die linke Klau' und flog wieder auf das Dach und sang das vorige Liedel.

Und als er ausgesungen hatte, so flog er weg. Die Kette hatte er in der rechten und die Schuhe in der linken Klau', und er flog weit weg nach einer Mühle, und die Mühle ging klipp klapp – klippe klappe – klipp klapp, und in der Mühle, da saßen zwanzig Müllerburschen, die hauten einen Stein und hackten, hick hack – hicke hacke – hick hack, und die Mühle ging dazu klipp klapp – klippe klappe – klipp klapp.

Da ließ sich der Vogel auf einem Lindenbaum nieder, der vor der Mühle stand und sang:

»Stiefmutter, die mich zerreißt«,
da hörte ein Mühlknappe auf,
»Mein Vater mich aufspeist«,
da hörten noch zwei auf und hörten das,
»Mein Schwesterchen Marleinichen«,
da hörten wieder vier auf,
»hat 'funden meine Beinichen!
In einem Scharlachschreinichen«,
nun hackten noch acht Mann,
»Sie trug sie«,
nun noch fünf Mann,
»zum Mahandelbaum!«,
nun noch ein Mann,
»Kitsch-schitsch-scheritschie!
Ich bin der Vogel hie!«

Da hört der letzte auch auf und hat das letzte noch gehört. »Vogel«, sagt er, »was singst du schön, laß mich das auch hören, singe mir das nochmal!«

»Nee«, sagt der Vogel, »zweimal singe ich nit umsonst, gib mir den Mühlenstein, so will das noch mal singen!«

»Ja«, sagt der Mühlbursche, »wenn er mir allein gehört, so sollst du ihn haben!«

»Ja«, sagten die andern, »wenn er nochmal singt, so soll er ihn haben.«

Da kam der Vogel herab, und die Müllers faßten alle zwanzig mit Bäumen an und bohrten den Stein auf in die Höhe, ho hopp hoch – huh nuh nuff! Darauf steckte der Vogel den Hals durch das Loch und nahm den Mühlstein um wie einen Kragen und flog wieder auf den Baum und sang das alte Lied. Und als er das ausgesungen, da tat er die Flügel voneinander und hat in der rechten Klaue die Kette und in der linken die Schuhe und um den Hals den Mühlenstein und flog weit weg nach seines Vaters Hause.

In der Stube saß der Vater, die Mutter und Marleinichen bei Tisch, und der Vater sagt: »Ach, wie wird mir leicht, mir ist recht groß zumute!«

»Nein«, sagt die Mutter, »mir ist so angst und bange, so recht, als wenn ein schwer' Gewitter käme!« Marleinichen aber saß und weinte und weinte. Da kam der Vogel angeflogen und so, daß er sich auf das Dach setzt. »Ach«, sagt der Vater, »mir ist so recht freudig, und die Sonne scheint heute so schön, mir ist recht, als sollte ich einen alten Bekannten wiedersehen!«

»Nein«, sagt die Frau, »mir ist so bänglich, die Zähne klappern mir, und da ist mir wie Feuer in den Adern! Und sie richtete sich ihr Kissen zurecht und so mehr. Aber Marleinichen saß in einer Ecke und weinte und hatte ihr Tüchel vor den Augen und weinte das Tüchlein ganz madennaß. Da setzte sich der Vogel auf den Machandelbaum und sang:

»Meine Mutter, die mich gesäbelt«,

da hielt die Mutter die Ohren zu und kniff die Augen zu und wollte nicht sehen und hören. Aber das brauste ihr in den Ohren wie der allerstärkste Sturm, und die Augen brannten ihr und zückten wie Blitze,

»Mein Vater, der mich geschnäbelt«,

»Ach Mutter«, sagt der Mann, »das ist ein schöner Vogel, der singt so herrlich, die Sonne scheint so warm, und das riecht wie lauter Zimmet!«

»Meine Schwester, das Marleinichen«,

da ließ Marleine den Kopf auf die Knie und weinte in eins weg. Der Mann aber sagte: »Ich geh' heraus, ich muß den Vogel dicht besehen!«

»Ach, gehe nicht«, sagte die Frau, »mir ist, als bebte das ganze Haus und stünde in Flammen.« Aber der Mann ging heraus und sah den Vogel an.

»Nahm die gesagten Beinichen,
Und tat sie in dem seidnen Saum
Da unter den Mahandelbaum!
Kitsch-schitsch-scheritschie!
Ich bin der Vogel von hie!«

Damit ließ der Vogel die goldne Kette fallen, und sie fiel dem Mann just um den Hals, so recht hier herum, daß sie so recht schön paßte. Dann ging er herein und sagt: »Sieh, was ist das für ein schöner Vogel, hat mir so eine schöne goldne Kette geschenkt und sieht so schön aus!« Der Frau aber war so entsetzlich und fiel der Länge lang in die Stube hin, und die Mütze fiel ihr vom Kopfe. Da sang der Vogel wieder:

»Mutter, Mutter, die mich zerdrucket«,

»Ach, daß ich tausend Fuder unter der Erde wäre, daß ich das nicht hören sollte!« schrie die Frau.

»Mein Vater hat mich verschlucket«,

da fiel die Frau für tot nieder,

»Die Schwester, mein Marleinichen«,

»Ach«, sagte Marleine, »ich will auch herausgehn und sehen, ob der Vogel mir was schenkt.« Da ging sie heraus,

»Sie suchte all meine Gebeinichen
Und legte im seinen Leinichen«

da warf er ihr die Schuhe herab,

»Sie untern Mahandelbaumbaumbaum hi!
Kitsch-schitscheritsch-schitscheritschie!«

Da war ihr so leicht und fröhlich, da zog sie die neuen roten Schükelchen an und tanzte und sprang herum. »Ach«, sagte sie, »ich war so traurig, als ich herausging, und nun ist mir so leicht, das ist mal ein herrlicher Vogel, hat mir ein Paar rote Schuhchen geschenkt!«

»Nein«, sagte die Frau, und die Haare standen ihr zu Berge wie Feuerflammen, »mir ist, als solle die Welt untergehen, ich will auch heraus, ob mir leichter werden soll!«

Nun, als sie aus der Tür kam – bratsch! – schmiß ihr der Vogel den Mühlenstein auf den Kopf, daß sie ganz zu Splitter und Brei ward.

Der Vater und Marleinichen hörten das und gingen heraus, da ging ein Dampf und Flamme und Feuer auf von der Stätte, und als das vorbei war, da stand der leibhaftige Bruder, und er nahm seinen Vater und Marleinichen bei der Hand, und waren alle drei so recht vergnügt, und er ging mit ihnen in das Haus zu Tisch, und da saßen sie denn. Und sind sie nicht über dem Essen gestorben, so essen sie noch heute.

Von Schelmen und Einfältigen

56. Die wissende Eiche

Unbehaglich ist's 'ner jungen Frau mit einem alten Mann; genauso unbehaglich ist es einem alten Mann mit 'ner jungen Frau! Ins eine Öhrlein kriecht sie hinein, aus dem andern wieder heraus; sie irrlichtert hin und her – vor den Augen macht sie einen dumm, aus dem Wasser kommt sie trocken wieder heraus: Du siehst es genau, du weißt es genau, aber du kriegst sie nicht zu fassen!

Ein wackerer Alter bekam ein junges Weib – ein gerissenes Frauenzimmer. Kaum will er ein Wörtchen sagen, da ist sie gleich mit der Antwort bei der Hand: »Nichts da, du alter Faulpelz; dann gibt's eben kein Essen und kein Trinken und kein sauberes Hemd zum Anziehen!« Aber wenn du's nicht aushältst – und ein Wörtchen sagst, dann bleibt es doch immer die alte Geschichte!

Da kam der Alte auf den Gedanken, seiner Frau den Standpunkt auf andere Weise klarzumachen. Er ging in den Wald, brachte ein Bündel Reisig nach Haus und erzählte ihr: »Was es doch für wunderbare Dinge auf der Welt gibt! Im Wald hat mir eine alte Eiche alles mögliche aus der Vergangenheit richtig erzählt und die Zukunft – vorausgesagt!«

»Ach, da will ich doch auch gleich hinlaufen! Sieh mal, du weißt ja, Alter: Unsere Hühner sterben, unser Vieh will beim Melken nicht stehenbleiben ... Ich will mich mal heranmachen; vielleicht wird sie auch mir etwas sagen.«

»Nun, geh nur schnell, solange die Eiche noch redet; denn wenn sie aufhört, wirst du kein Wort aus ihr herausbringen.«

Während die Frau sich eiligst zum Gehen fertigmachte, ging der Alte voraus, kroch in eine Höhlung der Eiche und erwartete sie da nun. Tatsächlich kam die Frau. Vor der Eiche warf sie sich zu Boden, bat und winselte: »Du eichene Eiche, du redendes Alterchen! Wie soll ich's machen? Ich will den Alten nicht liebhaben, ich will ihn blind machen; sag mir, welch Mittel ich gebrauchen soll!« Da antwortete die Eiche: »Da brauchst du gar kein Mittel anzuwenden, kein Gift unnütz zu vergeuden; fang nur an, ihn ein bißchen fetter zu füttern! Brat ihm ein Hühnchen in Sahne, knausere nicht: Mag er essen – selbst setz dich nicht an den Tisch! Koch einen Milchbrei und tu ordentlich Butter hinein; laß ihn tüchtig essen – gönne es ihm! Backe Plinsen; red ihm zu, müh dich um ihn, daß er sie ordentlich in Butter eintaucht und immer kräftig zulangt – dann wird dein Alter blinder als blinde Hennen werden.«

Die Frau kam nach Hause, schon ächzte der Alte auf dem Ofen. »Aber mein Alterchen, wo tut es denn wieder weh? Bist du wieder so krank? Soll ich ein Hühnchen schlachten? Plinsen backen? Milchbrei ordentlich mit Butter anmachen? Soll ich mal?«

»Ich würd's schon essen; aber woher nehmen?«

»Da mach dir keine Sorge! Wenn du auch mit mir knurrst, so tust du mir doch leid! Da, Alterchen, iß, lang zu, trink! Laß dir's gut tun!«

»Komm, setz dich zu mir!«

»Ach nein, warum? Ich muß doch für dich sorgen! Für mich esse ich schon zwischendurch hie und da einen Happen – und dann bin ich satt. Iß, Täubchen, mach dir einen guten Tag!«

»Heda, Frau, gib doch mal einen guten Schluck zu trinken!«

»Da steht ja der Wodka auf dem Tisch.«

»Wo auf dem Tisch? Ich sehe nichts.«

»Er steht ja vor dir.«

»Wo denn? Ich weiß nicht – vor den Augen ist mir so dunkel geworden.«

»Nun, so kriech auf den Ofen!« Der Alte schickt sich an, mit dem Kopf in den Ofen zu klettern. »Nanu, was ist denn mit dir los? Bist du denn blind geworden – was?«

»Oh, daran ist meine Sünde schuld, Weib! Es hat mir zu gut geschmeckt, nun ist das liebe Gotteslicht auf immer für mich verdunkelt. O weh, weh!«

»Was für ein Jammer! Nun, bleib nur erst noch liegen; ich will gehen, noch dies und das besorgen.«

Sie lief fort, flog nur so, trommelte Gäste zusammen, und es begann ein gewaltiges Gelage. Sie tranken und tranken, schließlich war der Wein alle; das Weib lief nach neuem Wein. Der Alte sieht, daß sie nicht mehr da ist, aber die Gäste betrunken sind und die Nasen schwer hängen lassen, hurtig glitt er vom Ofen, und nun gib ihnen den Segen! Dem einen vor die Plautze, dem andern auf den Buckel; alle schlug er sie tot und würgte jedem eine Plinse ins offene Maul, als wenn sie selbst daran erstickt wären; ganz außer Atem kroch er danach wieder auf den Ofen und legte sich hin, um sich auszuruhen und wieder zu Atem zu kommen.

Als die Frau wieder heimkam, traute sie ihren Augen nicht – so zu Tode erschrocken war sie: Alle ihre Liebsten, ihre Freunde liegen da wie Eber nach der Treibjagd, in den Zähnen hängen ihnen die Plinsen; was tun, wohin mit den Toten? Da schwor sich das Weib in seiner Not, nie wieder Gäste zusammenzuholen, nie wieder den Alten wegwerfend zu behandeln.

In dem Augenblick kam gerade ein gutmütiger Tölpel vorüber. »Hola, wackerer Helfer!« schreit das Weib.

»Da hast du 'n Goldstück,
Verschreib dich mir mit Leib und Seel
Und schaff mir bloß die Angst von der Kehl!«

Der Tölpel nahm das Geld und schleppte die Toten hinaus:

Den einen er in eine Wuhne setzt,
Den andern er mit Schlamm benetzt,
Und weg sind alle Spuren zuletzt.

57. Der Großbauer und der Knecht

Es lebte einmal ein Großbauer, und das war ein solcher Geizhals, daß er aus seinen Knechten das Letzte herauspreßte. Er zwang sie, von Dunkelheit zu Dunkelheit zu arbeiten, bezahlte sie nur mit Groschen und sorgte lediglich für karge Kost.

Dieser Großbauer war ein ganz schön gerissener Kerl. Damit der Knecht wenig aß, dachte er sich folgenden Trick aus: Er gab dem Knecht etwas zum Frühstück und fragte ihn dann: »Vielleicht ißt du auch gleich zu Mittag?« Der Knecht, nach dem mageren Frühstück, erklärte sich einverstanden, das Mittagessen gleich hinterher zu verspeisen.

Kaum hatte er das Mittagessen beendet, fragte der Bauer wieder: »Vielleicht willst du auch gleich zu Abend essen?« Dem immer noch hungrigen Knecht war es nur recht, und er stimmt freudig zu, auch gleich das Abendessen einzunehmen.

Nun weiß jeder, daß ein Mann – egal, wie man das Essen auch nennen mochte, ob Frühstück oder Abendbrot – nur so viel essen kann, wie man auf einmal vermag. Und das war gerade das, was der Bauer wollte. Danach mußte der Knecht den ganzen Tag hungrig arbeiten und, da er ja auch zu Abend gegessen hatte, auch hungrig schlafen gehen.

Viele Knechte waren schon bei diesen Großbauern gewesen, doch keiner hatte es länger als drei Tage ausgehalten, alle waren ihm davongerannt. Schließlich fand sich doch einer, der es sich vorgenommen hatte, den Großbauern zu überlisten. Und deshalb verdingte er sich bei ihm.

Als erstes forderte der Bauer den Knecht zum Frühstück auf. Der aß das Frühstück. Dann bot er ihm an, auch gleich das Mittagessen zu verzehren und dann das Abendessen. Und als der Knecht sich schön gestärkt hatte, stand er auf, gähnte und fragte den Bauern: »Wo kann man hier bei Euch ausschlafen?«

»Was heißt denn hier Schlafen!« schrie der Bauer verwundert, »und wann wirst du arbeiten?«

»Was denn, Herr, bist du verrückt geworden oder was? Wo hast du denn schon einmal gehört, daß anständige Leute nach dem Abendessen arbeiten? Nach dem Abendessen muß man sich schlafen legen.«

Wieviel der Bauer auch schimpfte und wie er auch drohte, der Knecht streckte sich auf der Bank aus und schlief ein.

58. Der Einfältige und das Glück

Als der Zisterzienserabt Herr Wido nach Köln geschickt worden war, um die Wahl des Königs Otto gegen dessen Gegner Philipp zu bestätigen, berichtete er dort eine ergötzliche Geschichte von heiliger Einfalt. »Eines der Häuser unseres Ordens«, so erzählte er, »war in der Herrschaft eines vornehmen und mächtigen Mannes gelegen. Der Tyrann, der weder Gott noch Menschen fürchtete, plagte das Kloster häufig und auf jede Weise. Er nahm weg, was er wollte, Korn, Wein und Vieh, und ließ den Brüdern bloß, was ihm beliebte. Er hatte sich daran gewöhnt, als wäre es sein Recht, und der Konvent, nachdem er sich oft vergeblich beklagt hatte, trug es nun eben mit Seufzen und Schweigen. Und so raubte er eines Tages den größten Teil der Herde und gab Befehl, sie zu seinem Schloß zu bringen. Abt und Mönche, als sie dies erfuhren, regten sich nicht wenig auf, und es wurde viel darüber verhandelt, was da zu tun sei. Man beschloß, es müsse einer, am besten der Abt, zum Schloß gehen und dem Bösewicht klarmachen, was für ein Lohn im Jenseits ihm gewiß sei. Der Abt aber sagte: ›Ich gehe nicht hin, es ist hoffnungslos, ihm zuzureden.‹ Prior und Verwalter hatten ebensowenig Lust. Da fragte der Abt: ›Ist einer da, der doch noch hingehen will?‹ Alle blieben still, einer aber, auf göttlichen Antrieb, antwortete ohne Zögern: ›Jener Mönch dort möge gehen!‹ und nannte einen, der sehr alt und sehr einfältigen Geistes war.

Der Mönch wurde gerufen und gefragt, ob er zum Schloß gehen wollte. Er fügte sich drein, und so schickte man ihn los. Als er sich vom Abt verabschiedete, sprach er aus der großen Einfalt seines Herzens: ›Vater, wenn ein Teil des Geraubten mir zurückerstattet würde, soll ich es dann annehmen oder nicht?‹ Der Abt antwortete: ›Nimm nur in Gottes Namen, was immer du kriegen kannst! Etwas ist besser als gar nichts.‹ Der Mönch ging. Er kam ins Schloß und richtete jenem Tyrannen Auftrag und Bitten des Abtes und der Brüder aus. Und weil des Gerechten Einfalt, nach Hiob, eine verachtete Lampe vor den Augen des Bösen ist, so gab der Tyrann wenig auf seine Worte und sagte höhnend: ›Wartet, Domine, bis Ihr gefrühstückt haben werdet, dann sollt Ihr Antwort bekommen.‹ Zur Zeit des Frühmals ward er an die allgemeine Tafel gebracht, und man setzte ihm die Speisen vor, welche alle aßen, nämlich eine tüchtige Portion Fleisch. Der heilige Mann erinnerte sich der Worte seines Abtes, nahm von dem Fleisch, soviel er nur bekommen konnte, und aß wie die anderen, um nicht ungehorsam zu sein, denn er zweifelte nicht daran, daß das so reichlich dargebotene Fleisch von der Herde seines Klosters stammte. Der Schloßherr saß mit seiner Frau ihm gegenüber und bemerkte recht wohl, daß der Klosterbruder Fleisch genoß, darum rief er nach der Mahlzeit den Menschen zu sich und fragte ihn: ›Sagt, guter Mann, pflegt denn Eure Brüderschaft, Fleisch zu essen?‹

›Niemals!‹ rief der Mönch, und jener fuhr fort zu fragen: ›Auch nicht auf Reisen?‹ Der Mönch gab Antwort: ›Nein, sie essen kein Fleisch, nicht drinnen und nicht draußen.‹ Der Tyrann fragte: ›Und warum habt denn Ihr heut Fleisch gegessen?‹ Der Bruder sprach: ›Als mich mein Abt hierher sandte, schrieb er mir vor, ich dürfe nichts ausschlagen, was irgend ich von unserem Vieh zurückbekommen könnte. Weil ich mir nun denken konnte, das aufgetragene Fleisch sei von dem unseren, und weil ich fürchtete, es möchte mir weiter nichts zurückgegeben werden, als was meine Zähne faßten, so aß ich aus Gehorsam, um nicht mit völlig leeren Händen heimzukehren.‹

Und weil Gott den Einfältigen nicht verwirft noch seine Hand den Gottlosen reicht, sagte der Edelmann, gerührt durch des Mönchs Einfalt, oder vielmehr ermahnt vom heiligen Geist, der durch den Mund des Alten sprach: ›Wartet hier auf mich, ich will mit meiner Frau zu Rat gehen, was ich in Eurer Sache tun soll.‹ Er kam zu seiner Gemahlin und erzählte ihr, was der Alte gesagt hatte, dann fügte er hinzu: ›Ich fürchte Gottes rasche Strafe über mich, wenn ich diesen so einfachen und braven Mann jetzt von mir weise.‹ Auch die Frau empfand ähnlich und gab zustimmende Antwort. Er ging zu dem Alten zurück und sagte: ›Guter Vater, Eurer heiligen Einfalt wegen, die mich zum Mitleid bewegt hat, will ich Eurem Kloster wiedergeben, was von jenem Vieh noch da ist, ich will auch mein Unrecht an euch gutmachen, soviel ich kann, und euch von diesem Tage an nie mehr plagen.‹ Auf dies Wort hin sprach der Greis seinen Dank aus, kehrte fröhlich mit der Beute ins Kloster zurück und brachte den staunenden Brüdern die Antwort des Mächtigen. Von der Zeit an hatten sie Frieden und lernten an dem Beispiel, wie groß die Tugend der Einfalt ist.«

Da habt ihr ein Exempel, wie zuweilen eine sonst verbotene Tat, der guten Absicht und des reinen Herzens wegen, licht und gut werden kann. Eigentlich hätte der Mönch mit seinem Essen des Fleisches eine Sünde begangen, wenn nicht die Einfalt ihn entschuldigt hätte. Und der Ausgang der Geschichte zeigt, daß er nicht bloß keine Sünde tat, sondern sich noch ein Verdienst erwarb.

59. Wie ein Pope seine Knechte plagte

In einem Zarenreich, und zwar in dem, in dem auch wir wohnen, lebte einmal ein Bauer. der hatte drei Söhne. Zwei davon waren klug, und der dritte war ein Dummkopf. Sie waren sehr, sehr arm.

Der Vater schickte seine Söhne daher fort. »Geht wenigstens einer von euch als Knecht, zu Hause ist nichts zu tun!« Die Söhne kamen zusammen, und weder der eine noch der andere hatten Lust, als Knecht zu arbeiten. Sie berieten und beschlossen, das Los zu werfen, wer Knecht werden sollte. Sie warfen das Los, und es traf den ältesten Bruder. Der fragte nun herum und machte sich dann auf den Weg. Schließlich wurde er Knecht bei einem Popen. Der jedoch gab ihm fast überhaupt nichts zu essen und ließ ihn den Winter über hungern. Der Älteste ging fort.

Im nächsten Jahr ging der mittlere Bruder zu dem gleichen Popen und starb auch dort beinahe vor lauter Hunger. Nun kam die Reihe an den kleinsten Bruder, Iwan der Dummkopf.

Er packte seine Siebensachen und machte sich auf den Weg. Als er aus dem Haus kommt, da begegnet ihm der Pope. »Willst du weg, guter Mann?« fragte der Pope.

»Ich will mir eine Arbeit suchen«, sagte der Kleinste.

»Nun, dann verdinge dich mir als Knecht.«

»Nimm mich!« sagte er. »Wieviel gibst du?«

»Hundert Rubel gebe ich für den Winter!«

»Na, wenn du hundert Rubel gibst, dann will ich bei dir bleiben!« sagte er.

»Gut, wenn du deine Entscheidung getroffen hast, dann besteig den Schlitten, wir wollen zu mir fahren!« Sie stiegen auf den Schlitten und machten sich auf den Weg zum Popen.

Dort angekommen, gab ihm der Pope Tee zu trinken und Abendbrot zu essen. »Leg dich schlafen!« sagte er, »morgen früh müssen wir nach Heu fahren.«

Am Morgen weckt der Pope den Knecht noch mitten in der Nacht: »Steh auf, wir müssen los!« Er selbst stärkte sich noch am Tee, frühstückte ordentlich, dem Knecht jedoch gab er nichts zu essen mit auf den Weg. Der Knecht spannte zwei Pferde an. »Nun, steig auf, Väterchen, fahren wir los!«

Sie stiegen auf und fuhren los. Da kamen sie aufs freie Feld. »Väterchen«, sprach der Knecht, »ich hab die Stricke vergessen! Wie sollen wir jetzt das Heu festbinden!«

»Ach, du Vergeßlicher. Nur gut, daß wir so bald dran gedacht haben. Lauf nur zu, ich werde hier warten!«

Iwan der Dummkopf kam zur Popenfrau gerannt. »Mütterchen, gib mir schnell einen Lachs und eine Flasche Wein! Der Pope hat's befohlen!« Die Popenfrau gab ihm sogleich das Gewünschte, und der

Knecht rannte wieder los. »Hier sind die Stricke, Väterchen! Jetzt können wir das Heu festbinden.«

Sie fuhren an die vierzig Werst, beluden den Schlitten, banden alles fest, und dann machten sie sich auf den Heimweg. Außerdem wurde es schon dunkel, bis nach Hause waren es aber noch weitere vierzig Werst zu fahren. Iwan der Dummkopf sitzt auf der Fuhre, trinkt aus der Flasche und ißt Lachs. Der Pope sagt zu ihm: »Wanja, paß auf. Rechts geht ein Weg ab, daß das Pferd nicht etwa auf diesen Weg abbiegt. Ich will ein bißchen schlafen.«

»Ist gut, Väterchen, fahr nur zu. ich werde auf diesen Weg schon aufpassen.« Wanja fährt und fährt und paßt auf diesen Weg auf. Als er ihn sah, sprang er von der Fuhre herunter und führte das Pferd seitwärts auf den Weg, den sie nicht fahren sollten. Dann fuhren sie so an die fünfzehn Werst. Da wachte der Pope auf, besah sich verwundert die Gegend und bemerkte, daß sie hier nicht auf dem richtigen Weg sein konnten.

»Wanja, wir fahren doch falsch!«

»Woher soll ich wissen«, sagte der, »was richtig und was falsch ist! Du sitzt doch vorn und ich hinter dir.«

»Ach, Wanja, ich habe dir doch gesagt, paß auf, rechts geht ein Weg ab, und du bist gerade in ihn eingebogen!«

»So ist's richtig, sitzt selbst vorn, und ich bin eingebogen!«

»Nun läßt sich ja nichts mehr ändern, Wanja. Jetzt müssen wir diesen Weg schon fahren. Nicht weit von hier muß ein Dorf sein, dort müssen wir dann, da hilft alles nichts, übernachten.« So fuhren sie also in der gleichen Richtung weiter.

Nach einiger Zeit gelangen sie in ein Dorf. Der Pope schickt den Knecht: »geh und bitte den und den Bauern um ein Nachtlager!« Der Knecht lief zur Tür. Er sieht, daß die Tür verschlossen ist. Sogleich kam die Frau heraus und öffnete die Tür. Der Knecht trat ein und bat den Bauern: »Laß uns hier übernachten, den Popen und mich.«

»Ja, gerne«, sagten sie, »bleibt nur hier!«

»Ich wollte euch zugleich um noch eins bitten: Gebt dem Popen kein Abendessen. Wenn ihr ihm etwas gebt, treibt er es nur noch schlimmer. Laßt ein Wort davon fallen, aber fordert ihn nicht weiter zum Setzen auf. Wenn ihr ihn aber an den Tisch setzt, dann beschwert euch nicht, wenn er es schlimm treibt!«

»Nun, es ist gut so!«

Der Knecht spannte die Pferde aus und stellte sie neben den Schlitten. Sie gingen hinein und zogen sich aus, der Pope und der Knecht.

»Ihr wollt wohl nichts zu Abend essen, Väterchen!« Der Pope gibt nichts zur Antwort. Der Knecht aber, nicht faul, setzt sich sofort an den Tisch. Er aß zu Abend, wie es sich gehörte; dem Popen aber war es peinlich, sich hinzusetzen, sie hatten nur so dahin geredet und ihn auch nicht weiter zum Setzen aufgefordert, dabei hatte er doch solchen Hunger!

Der Knecht jedoch hatte, wie gesagt, gegessen und kletterte auf den Hängeboden. Der Pope hinterher. Nun fing der Knecht, kaum hatte er sich niedergelegt, mächtig an zu schnarchen, während der Pope, den der Hunger quälte, nicht einschlafen konnte. Er stieß den Knecht in die Seite: »Knecht, ich habe doch Hunger!«

»Ach, da soll doch gleich ..., du Nascweis! Sie haben dich aufgefordert, am Tisch Platz zu nehmen, du aber hast dich nicht gesetzt. Bist doch hier nicht zu Hause, wo die Popenfrau dich an den Händen zum Tisch führt. Geh, ich habe bei der Bäuerin einen Topf Brei stehen, geh und iß!« Der Pope kletterte vom Hängeboden herunter und fand auch einen Topf. »Knecht«, sagte er, »womit soll ich den Brei denn essen? Ich kann nirgends einen Löffel entdecken!«

»Ach, du Hungerleider, was bist du für eine Nervensäge! Zu essen hat man dir gegeben, und auch dann gibst du noch keine Ruhe! Kremple die Ärmel hoch und iß dann so!«

Der Pope fuhr mit den Händen hinein und verbrannte sich. Denn in dem Topf war gar kein Brei, sondern Pech. Und so kam er wieder mit dem Topf gerannt: »Knecht, ich kriege die Hände nicht wieder heraus!«

Der Knecht sagte: »Ach, da hat man mir aber ein zottiges Gespenst aufgebunden. Die ganze Nacht gibst du keine Ruhe mit deinem Brei.«

Die Nacht war ganz klar, der Mond schien hell. »Dort«, so sagte er, »an der Schwelle liegt ein Wetzstein, schlag mit dem Topf dagegen, dann kannst du deine Hände herausziehen!«

Der Pope nahm Anlauf und wuchtete gegen diesen Wetzstein. Aber das war gar kein Wetzstein, was dort lag, sondern es war der kahlköpfige Bauer, der dort schlief. Und der Pope hatte gegen seine Glatze geschlagen!

Der Bauer brüllte auf, der Pope sprang erschrocken zurück und heraus aus dem Haus. Da sprang die ganze Familie hoch und rannte nach

Licht. Der Bauer schrie etwas, und der Knecht schrie: »Wo ist der Pope hin?«

Nun, ich weiß nicht, was alles geschah. Die Bauersleute jedenfalls schrien den Knecht an: »Warum habt ihr den Alten erschlagen?« Und der Knecht schrie sie an: »Wohin habt ihr den Popen gebracht? Los, her mit ihm! Wenn ihr ihn nicht wieder herbeischafft, gehe ich auf der Stelle zum Dorfpolizisten und hole das ganze Dorf zusammen! Bringt mir den Popen sofort, egal woher!«

Da stutzten die Bauersleute: »Wohin ist der Pope geraten?«

»Gebt mir dreihundert Rubel«, sagte der Knecht, »und ich will die ganze Sache vergessen, wenn nicht, dann gehe ich zum Dorfpolizisten.« Die Bauersleute drucksten hin und her und gaben schließlich die dreihundert Rubel. »Nur erzähl niemandem, was geschehen ist!«

Nun spannte der Knecht die Pferde an und fuhr mit seinem Heu nach Hause. Der Pope war also nicht zu finden. Er fährt durch das Dorf, da steht der Pope an einer Scheune, steht da, guckt hinter einer Ecke hervor und sieht, daß der Knecht mit dem Heu angefahren kommt. Der Pope fragt: »Bist du es, Wanja, der da gefahren kommt?«

»Ich bin es wahrhaftig, du Schlaumeier!« sagt der. »Du wirst bald im Gefängnis landen, weil du den Bauern erschlagen hast!«

»Hab ich ihn denn wirklich totgeschlagen, Wanja?«

»Gib dreihundert Rubel, dann werde ich nicht darüber sprechen, wenn nicht, wirst du ins Gefängnis kommen.«

Da erklärte sich der Pope einverstanden, dem Knecht die geforderten dreihundert Rubel zu bezahlen, wenn er nicht darüber sprechen würde. Der Knecht kehrte daraufhin ins Dorf zurück, stand eine Weile da und kehrte wieder um. »Fahr zu, Väterchen. Jetzt wird nichts mehr geschehen. Laß uns heimfahren!«

Sie kamen zu Hause an. Der Pope war die Liebenswürdigkeit in Person: Er hatte auf einmal ein Herz für alle Knechte. Wenn er sich hinsetzte, um Tee zu trinken, dann hieß er auch den Knecht, bei ihm Platz zu nehmen. Wanja blieb den Winter über dort und hatte nun insgesamt siebenhundert Rubel erhalten statt nur hundert. Und als er nach Hause zu seinem Vater kam, sagte er: »Hier, Vater, nimm, das ist Geld! Sieh nur, was ich alles verdient habe! Im Gegensatz zu deinen anderen beiden klugen Söhnen!«

Und hernach lebten sie herrlich und in Freuden und als reiche Leute. Auch heute noch geht es ihnen gut.

60. Die Tat des Bauern

Es lebte ein Bauer, der hatte einen Fürsten als Ziehsohn. Eines schönen Tages, es war gerade ein Feiertag, beschloß der Bauer, sich mit einer Bitte an seinen Ziehsohn zu wenden. Zu diesem Zweck nahm er einen Hahn, band ihn mit einem Strick am Fuß fest und brach auf. In den Händen hielt er einen großen Knüppel.

Alle Leute, die ihm auf dem Weg begegneten, lachten ihn aus, sie dachten, der Bauer sei verrückt geworden, doch er schenkte ihnen keine Beachtung. Und so betrat er, den Hahn am Strick, den Hof seines Ziehsohns. Als das Gesinde ihn bemerkte, wunderte es sich sehr und meldete dem Fürsten: »So und so ist es. Irgendein Bauer hält einen Hahn am Strick und ist auf dem Weg zu dir. Er hat schon den Hof betreten.«

Der Fürst mußte laut lachen und sprach: »Geht ihm entgegen, nehmt den Hahn und sperrt ihn in den Hühnerstall, und der Bauer soll zu mir heraufkommen.«

Konnten sie etwa dem Fürsten widersprechen? Sie liefen dem Bauern entgegen, nehmen ihm den Hahn ab und lassen ihn in den Hühnerstall, ihn selbst aber führten sie zum Fürsten. Kaum war der Bauer eingetreten, da sprach er zu dem Fürsten: »Ich gratuliere (zum Feiertag)! Ich wünsche dir Glück!«

Man setzte den Bauern an den Tisch. Essen und Trinken standen da in Hülle und Fülle. Der Bauer hielt sich nicht zurück. Er war das Schmuckstück des Tisches. Er trank auf die Gesundheit derer, denen es zustand. Und so saß er den lieben langen Tag vom Morgen bis zum Abend am Tisch des Fürsten, aß und trank. Gegen Abend aber, als er sich vom Tisch erhob, da konnte er nur mit großer Mühe auf den Beinen stehen. In der Zwischenzeit hatte der Fürst zu seinem Gesinde gesagt: »Am Abend, wenn der Bauer aufbrechen will, gebt ihm ein Pferd und sagt, der Fürst habe es ihm geschenkt!«

Der Abend brach herein. Der Bauer rüstete sich für den Weg. In diesem Augenblick führte das Gesinde einen großen Rappen aus dem Pferdestall heraus, legte ihm den Halfter an und führte ihn zu dem Bauern mit dem Worten: »Der Mann, den du heute besucht hast, ist dein Ziehsohn. Wir wünschen dir und deinem Ziehsohn, euch beiden, daß ihr ewig leben möget und euch gegenseitig liebt. Mögen eure Bande fest sein! Damit du aber deinen Ziehsohn nicht vergißt, schenkt er dir das Pferd!«

»Ich danke!« antwortete der Bauer. »Mögen wir mit meinem Ziehsohn unzertrennlich bleiben, mögen unsere Bande stark sein und wir uns niemals verlieren! Und ihr möget glücklich sein, möge das Glück niemals an euch vorübergehen.« So sprach er, dann begann er zu überlegen, überlegte und überlegte und fragte dann, indem er sich an einen der Diener wandte: »Ich brauche eine Axt. Geh und hol sie mir!«

Der Diener ging, ohne ein Wort zu sagen, schnell fort und besorgte eine Axt. Der Bauer nahm sie entgegen, ging in den Wald, hackte eine knorrige Erlenstange ab, brachte sie her und warf sie auf den Boden. Dann hob er diese Stange auf, stellte sie als eine Art Leiter an den Pferderücken und begann hinaufzusteigen, um sich auf das Pferd zu setzen.

Die Diener schauten zu und verwunderten sich. Einer von ihnen ging zum Fürsten hinauf und erzählte von den Streichen des Bauern. Der Fürst mußte lachen: »Das macht er deshalb, weil das Pferd keinen Sattel hat. Offenbar ist er ein kluger Mann, möge Allah ihn bestrafen!« sprach der Fürst. »Geht schnell, nehmt meinen Sattel ab und sattelt ihm das Pferd!«

Die Diener schnappten sich den Sattel, sattelten schnell das Pferd, und kaum hatten sie die Stange fortgenommen, da flog der Bauer in den Sattel, wählte danach einen Platz, wo der Fürst ihn sehen konnte, machte ein paar tollkühne Reiterkunststückchen und ritt davon.

Alle anderen Bauern, die zum Fest des Fürsten Stiere und Kühe hergetrieben hatten, gingen mit leeren Händen aus, der schlaue Bauer aber hatte für seinen Hahn ein Pferd mit Sattel bekommen und war nach Hause geritten.

Den ganzen Tag herrschte eine schreckliche Hitze. Auf dem Weg nach Haus kehrte der Bauer in irgendeinen Hof ein. Die Wirte des Hauses bereiteten ein Opfer vor und bewirteten keine Fremden mit diesem Essen. Alle Speisen waren schon fertig: Auf dem Tisch standen große Schüsseln mit Hühnern in Soße. Ein köstlicher Fladen war gebacken, über dem Feuer hing ein Kessel mit Fleisch ... alles stand bereit.

Doch als der Bauer, auf dem Pferd herumtollend, an das Haus heranritt, versteckten die Wirte alles: Ein einjähriges Kalb, dem man zur Hälfte das Fell abgezogen hatte, trug man in den Speicher, den Fladen versteckte man möglichst weit weg, die Hühner in den Schüsseln mit

Soße stellte man ins Regal, und den Kessel mit dem Fleisch hängte man weit höher übers Feuer. Dann gingen die Wirtsleute dem Gast entgegen, halfen ihm abzusteigen, luden ihn ins Haus und ließen ihn Platz nehmen. Eine Zeit verging, und niemand dachte daran, den Gast zu bewirten. Kein Wort sagten die Gastgeber vom Essen, kein Wort vom Trinken. Schweigend sitzen sie neben dem Gast.

Der Bauer sieht, wie die Zeit vergeht. Und da spricht er zu den Gastgebern: »Wißt ihr was, ich habe heute ein Wunder gesehen!«

»Was für ein Wunder?«

»Also folgendes: Ich ritt heute über eine Anhöhe, schaue mich um, und was sehe ich da! In einem kleinen Sumpf – so groß wie eure Schüssel mit Soße, sitzt ein Frosch genau so groß wie euer Huhn. Nicht weit von dem Sümpflein war ein Stein, wie der Fladen bei euch auf dem Regal. Ich hob diesen Stein auf und warf ihn nach dem Frosch, der im Sümpflein saß. Darauf machte er so große Augen, genau solche wie euer Kessel mit Fleisch. Wenn das, was ich gesagt habe, eine Lüge ist, dann könnt ihr mir die Hälfte der Haut wie von diesem Kalb hier abziehen«, schloß der schlaue Bauer.

Den Gastgebern wurde es langsam peinlich. Sie schauten sich gegenseitig an und sprachen zu dem Bauern: »Wenn du ein Gewissen hast, dann erzähl davon niemandem, erzähl den Leuten nichts davon, verscharr uns nicht bei lebendigem Leibe. Wir haben dich deshalb nicht bewirtet, weil wir heute ein Opfer veranstalten, und wir dürfen einen Fremden, wer auch immer das sein mag, nicht bewirten. So ist der Brauch aus den Zeiten unserer Väter und Vorväter. Doch du, Gast, bist hinter alles gekommen und hast uns völlig durchschaut! Jetzt werden wir dich, auch wenn wir umkommen, trotzdem bewirten!«

Nachdem die Gastgeber so gesprochen hatten, begannen sie, den Tisch zu decken. der Gast war damit nicht einverstanden, wollte fortgehen, doch die Gastgeber ließen ihn nicht fort. Sie bereiteten das Gastmahl zu, ließen sich zusammen mit ihrem Gast am Tisch nieder und tranken viel Wein. Den Gastgebern geschah nach solch einem Bruch der Bräuche ihrer Vorfahren jedoch nichts, und künftig luden sie zur Zeit der Opfer jeden, der kommen wollte, ein und lebten hernach auch wie früher – gut und glücklich wie sonst!

Das alles hatte der schlaue Bauer bewirkt.

61. Von den Hannaken

In einem hannakischen Dorf lobte der Priester in der Predigt immer nur die Leute einer anderen Gegend. Die Hannaken waren traurig, daß er die anderen lobte, aber nie etwas Rechtes von ihnen sagte. Schließlich wurden sie wütend, auch der Bürgermeister, und sie baten in einem Gesuch um einen anderen Priester. Ein Nachbar wußte, daß das Gesuch schon geschrieben war, und er ging zu dem Priester und meldete ihm, die Bewohner wollten einen anderen, ja sogar der Bürgermeister verlange es. Er lobe halt immer nur die anderen Leute, die Hannaken aber seien nichts. Das war an einem Samstag. Nachdem es der Priester erfahren hatte, sagte er zu seinem Besucher: »Gut, daß Ihr es mir gesagt habt.«

Es kam der Sonntag, der Priester stieg auf die Kanzel und grüßte die Gemeinde wie gewöhnlich. Eine Weile stand er und schaute auf das Volk hinab, die Hannaken.

»Liebe Hannaken! Letzmals sprach ich und predigte von den anderen Leuten, die taugen nichts. Ihr Hannaken aber, ihr lebt gottgefällig.«

Die Leute starrten ihn mit offenen Mäulern an.

»Kommt ihr einst in den Himmel, gelangt ihr an einen hohen Berg, auf dem Berg werden Knödel gemacht und gekocht, und sind sie gekocht, so ist der Berg aus lauter Pfefferkuchen, und die Knödel werden herabrollen von diesem Berg. Sie werden durch Pfefferkuchen rollen, und am Fuße des Berges wird Butter sein, und alle Knödel plumpsen eingewickelt in Pfefferkuchen in den Buttersee.«

Und die Hannaken sperrten aaah! ihre Mäuler noch weiter auf.

»Rings um diesen See aber werden Engel stehen mit goldenen und silbernen Gabeln, und ein Engel wird immer einen Knödel aufspießen und ihn einem Hannaken ins Maul stecken.«

Die Gemeinde machte: ham! Ein Geräusch war das in der Kirche – ich war selbst dort –, als hätten sie alle schon einen Knödel im Mund. Der Bürgermeister verließ als erster die Kirche, wartete auf die Nachbarn und sprach sogleich zu ihnen: »Wir brauchen keinen neuen Priester. Dieser ist von Gott geschickt! Er ist ein guter Priester! Uns werden die Engel Knödel in die Mäuler stecken!«

Das Gesuch, das bereits geschrieben war, wurde zerrissen, und der Priester ist heute noch bei den Hannaken.

Und sie buken dort ihr Brot aus Korn,
Stoße, Kostka, nicht ins Lügenhorn.

62. Der Koch des Königs von Maní

Eines Tages sagte der König von Maní zu seinem Koch: »Schlachte dieses Tier und bringe mir das beste und köstlichste Stück davon zum Essen.«

Der Koch schlachtete das Tier und schnitt ihm die Zunge heraus, um sie über der Holzkohle zu grillen. Er schnitt sie in kleine Stücke, fügte den Saft einer sauren Orange hinzu und bestreute sie mit gemahlenem Chili und Salz. Dann brachte er sie seinem Herrn zum Essen.

Sein Gebieter aß sie genußvoll. Danach umarmte er seinen Koch und klopfte ihm anerkennend auf die Schultern. »Das war köstlich; gut ist die Zunge des Tieres.« Tags darauf gab er seinem Koch ein anderes Tier und sagte ihm: »Schlachte dieses Tier und bringe mir das schlechteste und widerwärtigste Stück davon.«

Der Koch bereitete nochmals die Zunge und brachte sie seinem Herrn. Dieser ärgerte sich sehr und sagte zu ihm: »Es scheint, du hast Tomaten in den Ohren. Hast du nicht gehört, was ich dir gesagt habe? Gestern sagte ich dir: ›Schlachte dieses Tier und bringe mir das beste und köstlichste Stück davon zum Essen.‹ Du brachtest mir seine Zunge – und sie war wirklich köstlich. Heute habe ich dir gesagt: ›Töte diese Tier und bringe mir das schlechteste und widerwärtigste Stück davon.‹ Und wieder bringst du mir die Zunge.«

Darauf erwiderte der Koch seinem Herrn: »Mein Gebieter, ich möchte Eurer ehrwürdigen Majestät folgendes sagen: Die Zunge ist zwar das beste und köstlichste Stück des Tieres, aber gleichzeitig ist sie auch das schlechteste und widerwärtigste davon.«

»Daran habe ich noch niemals gedacht, aber was du da gesagt hast, ist wirklich wahr.«

63. Von einem Wandersmann, so lieber große als kleine Fische ißt

Es kam ein guter Gesell in ein Wirtshaus an Tisch, da viel Herren saßen, und es kam under andern ein köstlich Essen Fisch und wurden die kleinsten und unachtbarlichsten Fisch für den Gesellen gekehret, da nahm er der kleinsten Fisch einen und tat ihn, als ob er etwas mit ihm redete, hielt ihn zu dem rechten Ohr, als wollt er hören, was ihm der Fisch sagete. Die Herren sahen ihn an und lachten. Einer under ihnen sprach: »Lieber Freund, was meinet ihr mit dem Fisch, daß ihr ihn also zu den Ohren haltet?« Der gute Gesell stellte sich, als ob er es nicht gern sagte, und sprach: »Meine Herren, ich habe etwas mit ihm zu reden gehabt, lasset euch das nicht irren!«

Die Herren baten ihn, er sollt's doch sagen. Er sagt: »Liebe Herren, mein Vater ist vor etlichen Jahren nit weit von hinnen ertrunken. So habe ich den Fisch gefraget, ob er ihn nicht gesehen hab. So gibt er mir zur Antwort, er sei noch jung, ich soll seine Eltern fragen, die könnten mir Bescheid geben.«

Da lachten die Herren und legten zween großer Fisch auf seinen Teller, merkten wohl, daß es seine Meinung sei, daß er gern hätte von großen Fischen gessen, also, da sie gnug lachten, schenkten sie ihm das Mahl und ließen ihn davon ziehen.

64. Großer Bruder, warum weinst du?

Die beiden Indianer-Häuptlinge, der »schreiende Hirsch« und das »Krähenauge«, hatten bei der Bundesregierung der Vereinigten Staaten von Nordamerika in Washington zu tun und wurden dort zu einem Festmahl geladen.

In der Nähe des »schreienden Hirsches« stand ein Senftiegel, und der »Hirsch« nahm aus ihm eine riesige Tracht Senf heraus, da er ihn nicht kannte. Und es kam, wie es kommen mußte. Beim Verspeisen des Senfs liefen ihm die Augen über. Teilnahmsvoll wandte sich das »Krähenauge« zu ihm und fragte: »Großer Bruder, warum weinst du?«

»Weil mein Vater im Ontario-See ertrunken ist«, und schob etwas später dem »Krähenauge« den Senftiegel in die Nähe. Dieser hatte schon lange gespitzt und nahm einen noch größeren Haufen Senf heraus, worauf natürlich bald auch ihm das Wasser in seine Krähenaugen schoß. Da wandte sich der »schreiende Hirsch« zu ihm und fragte: »Und, großer Bruder, warum weinst du?«

»Weil du nicht im Ontario-See ertrunken bist.«

65. Die großen Tiere und die großen Dinge

Es war einmal ein reicher Mann, der hatte eine schöne Tochter. Viele wollten die Schöne heiraten, aber der Vater erwiderte jedesmal: »Meine Tochter gebe ich nur einem, der mindestens ebenso reich ist wie ich.«

Da nun niemand soviel Schätze besaß als er, hatte kein Freier bei dem Mädchen Erfolg. Aber einmal fand sich ein gewandter Wirtssohn ein. Der verschaffte sich eine feine Kutsche, schöne Pferde, einen klugen Kutscher und fuhr, um die Tochter des Reichen zu freien. Unterwegs fragte der Wirtssohn seinen Kutscher: »Verstehst du dich aufs Lügen?«

»Nein, das kann ich eigentlich nicht, aber das bekräftigen, was du sagst, das kann ich wohl.«

»Gut, dann fahr zum Schloß des Reichen.«

Bald waren sie auf dem Hof des Reichen angelangt. Der Wirtssohn stieg aus der Kutsche, betrachtete das Schloß und stand lange Zeit scheinbar in Bewunderung versunken davor. Der Reiche kam ihm entgegen und fragte ihn: »Du bewunderst wohl mein schönes Schloß?«

»Wie, das ist dein Schloß?« fragte der Wirtssohn, »bei uns sehen die Schlösser doch noch etwas anders aus. ich selbst besitze eins, in dessen Obergeschoß man die Engel singen hören kann.«

»Ja, ist denn das die Möglichkeit. Komm mal herein. Wohin fährst du?«

»Ich habe noch einen weiten Weg vor mir, lieber trete ich daher nicht ein, um keine Zeit zu verlieren.«

»Nein, nein, du mußt hereinkommen, meine Tochter hat ein schönes Essen gekocht, du mußt mit uns speisen.«

Er trat denn auch ein. Aber während der junge Mann aß, schlich der Reiche zum Kutscher und fragte ihn: »Sag mal, hat dein Herr wirklich ein so schönes Schloß, wie er vorhin erzählte? Im Obergeschoß soll man die Englein singen hören können.«

»Von Engeln weiß ich nichts, denn oben bin ich nie gewesen. Aber soviel habe ich mit eigenen Augen gesehen: Kürzlich war ein Huhn auf das Dach des Hauses gestiegen und las die Sterne auf.«

Als der Reiche das gehört hatte, stürzte er zum Jüngling hinein und fragte ihn nach allen Richtungen aus, wohin er fahre und zu welchem Zweck.

»Ich fahre auf die Freite«, antwortete er.

»Ach was, heute lasse ich dich nicht weg, wo denkst du hin. Der Abend bricht ja schon herein.«

Und der junge Mann ließ sich (gern) bereden.

Nach dem Essen führte ihn der Reiche in den Garten und zeigte ihm seine üppigen Kohlköpfe. Aber der Wirtssohn zuckte nur die Achseln: »Bei uns macht man von solchem Kohl kein großes Aufheben. Ich selbst habe Köpfe, unter denen zehn, zwölf hochgewachsene Männer vor dem stärksten Regen Unterschlupf finden können.«

Daraufhin machte sich der Reiche wieder auf den Weg zum Kutscher, um ihn wegen des Kohls zu befragen. Der Kutscher antwortete: »Wie groß die Kohlköpfe heuer sind, kann ich nicht mit Bestimmtheit sagen, denn in diesem Sommer bin ich nicht in meines Herrn Garten gewesen, aber das weiß ich: Im vorigen Jahr trug der Sturm das Dach der Scheune davon, da schnitten wir ein Kohlblatt ab und konnten mit ihm die Scheune zudecken.«

»Ist das wahr?«

»Ja, warum denn nicht, bei uns ist das nichts Außergewöhnliches!«

Dann führte der Reiche seinen Gast in die Käserei, zeigte ihm seine großen Käse und fragte: »Wie macht man bei euch Käse?«

»Bei uns benutzt man die Pferde zum Käsekneten.«

Als der Reiche das hörte, machte er sich wieder an den Kutscher, um ihn wegen des Käses zu befragen. Der Kutscher antwortete: »Wie sie dort den Käse machen, weiß ich nicht, denn zu dieser Arbeit werde ich nicht herangezogen. Aber das weiß ich: In der vorigen Woche gingen wir zum Holzfällen in den Wald und nahmen einen Käse mit. Als die Mittagszeit kam, fingen wir an, den Käse mit Äxten zu zerhauen. Und was meint ihr: Aus der Mitte des Käses hieben wir ein ganzes Fohlen heraus.«

Das genügte dem Reichen; gleich führte er den Jüngling hinein und sprach nur noch davon, seine Tochter zu verheiraten, wobei er nicht vergaß, sie genügend zu loben. Der Jüngling merkte die Absicht, deshalb murmelte er mit halblauter Stimme: »Eine gute Frau ist ein Schatz. Wenn ich doch eine solche fände! Aber sie wird mich nicht nehmen wollen.« Kaum hatte der Reiche diese Worte vernommen, als er ausrief: »Wer wird einen solchen Kerl wie dich verschmähen wollen?«

»Deine Tochter.«

»Sie sollte dich nicht nehmen? Das wollen wir doch mal sehen! Morgen soll sie sich fertigmachen, übermorgen richten wir die Hochzeit aus, und überübermorgen ist die Trauung. Dann bringe ich euch heim.«

So blieb es. Am nächsten Morgen flüsterte der Jüngling seinem Kutscher ins Ohr: »Gib acht, alles läuft bestens. Aber während wir hier Hochzeit feiern, mußt du nach Haus fahren und aus Brettern einen hohen, hohen Turm aufschichten. Sobald ich mit meinem Schwiegervater angefahren komme, zündest du den Turm an, daß es nur so qualmt. Der Schwiegervater wird mich fragen, was dort brennt, und ich werde antworten: ›O welch Unglück! Während ich Hochzeit feierte, ist mein hohes Schloß abgebrannt, mein Kohl versengt und mein Käse geröstet.‹«

Alles geschah, wie es besprochen war. Der Schwiegervater bedauerte wohl sehr, daß das Schloß abgebrannt war, aber zuletzt rief er: »Fehlt es mir denn an Geld? Hier, lieber Schwiegersohn, nimm, soviel du brauchst, und bau ein neues Schloß auf.«

66. Hans als Bräutigam

Hans machte sich auf Brautsuche, nahm aber einen Heiratsvermittler mit. Unterwegs gab dieser dem Hans Ratschläge.

»Wenn wir hinkommen, dann gibt es zuerst Eier, die pulst du ab, schneidest sie in vier Teile, steckst jedes Stück auf die Gabel und ißt. Zum Mittag gibt es Erbsen. Die ißt du mit dem Löffel, und wenn du anhalten solltest, dann werde ich dir auf den Fuß treten.« Denn Hans war auch ein kleiner Vielfraß!

Sie verspäteten sich aber und kamen erst kurz vor Mittag an. Deshalb bekamen sie kein zweites Frühstück mehr. Zum Mittag gab es Erbsen. Hans nimmt eine Erbse aus der Schüssel, pult sie ab, schneidet sie in vier Stücke, steckt jedes auf seine Gabel und ißt. Als er mit einer Erbse fertig war, trat ihm der Hund unter dem Tisch auf den Fuß, und Hans war nicht zu bewegen, noch mehr zu essen. Am Nachmittag gab es statt des Kaffees Eier. Hans nimmt den Löffel, füllt sich eine Portion auf den Teller, und mit Hose und Wams müssen die Eier in den Untergrund!

67. Der dumme Hans

Der dumme Hans diente bei einem Bauern als Knecht. So oft es hier Erbsen gab, nie wollte er welche essen, sondern nahm bei Tisch den Löffel stets verkehrt und sprach dabei, wenn er den Löffel zum Mund führte, die Worte: »Klebst du dran, so eß ich dich.« Natürlich blieben die Erbsen nie am Löffel kleben, und Hans brauchte keine Erbsen zu essen. Dem Bauern gefiel es ganz gut, daß Hans, der sonst ein starker Esser war, von dem Erbsengericht nichts zu sich nahm.

Als Hans diesen Dienst beendet hatte, heiratete er und wurde selbständig. In den neuen Verhältnissen ging es ihm aber schlecht, und gern hätte er Erbsen gegessen, wenn er nur welche gehabt hätte.

In seiner Not entschloß er sich endlich, zu seinem früheren Herrn zu gehen, um dort Erbsen zu borgen. Der Bauer ging auch mit Hans auf den Kornboden, ergriff ein Viertelmaß, hielt aber den Boden, als Hans die Erbsen hineinschütten wollte, nach oben und sprach dabei: »Klebst du dran, so eß ich dich.« Natürlich blieb keine Erbse am Boden kleben.

Da dachte Hans an sein Erbsenessen, und wie er es früher so gut gehabt. Als er so daran dachte und merkte, daß er keine Erbsen haben sollte, fing er an, bitterlich zu weinen. Das dauerte den Bauern, und er machte dem Hans daraufhin die Erbsen zum Geschenk, so daß dieser schließlich noch froh abziehen konnte.

68. Von einem Pfuscher und einem Arzt

Ein Arzt, reich an Geld, aber arm an Wissen, teilte sich mit einem andern, der wenig Geld, aber viel Wissen hatte, in die Behandlung eines der ersten Edlen der Stadt. Als sie eines Tags miteinander hingegangen waren, ihn zu besuchen, gab der reiche Pfuscher, nachdem er den Puls untersucht und ihn bewegt und ungleich gefunden hatte, den Spruch ab, der Kranke leide an Fieber; der andere Arzt aber blickte wie zufällig unters Bett, wo er Äpfelschalen sah, und war auch schon überzeugt, der Patient habe am Abend Äpfel gegessen. Nun fühlte auch er den Puls und sagte: »Mein Freund, ich sehe, daß Ihr am Abende Äpfel gegessen habt; das ist der Grund Eures Fiebers.« Der Kranke, der nicht leugnen konnte, gab es zu; darauf verordnete er ihm ein rasch wirkendes Mittel, und sie gingen weg.

Der Pfuscher, dem vor Neid die Galle geschwollen war, fragte nun, als er mit seinem Genossen dahinschritt, an welchen Zeichen er erkannt habe, daß der Kranke Äpfel genossen hatte, und bat ihn, ihm sein Geheimnis mitzuteilen, er wolle ihm dafür reichlichen Lohn zahlen.

Der Arzt, der die Unwissenheit des andern bemerkte, belehrte ihn, um ihn zu Schanden zu bringen, auf folgende Art: »Wenn es sich trifft, daß Ihr die Behandlung eines Kranken übernehmen sollt, dann blickt sofort beim Eintritt unters Bett; und was Ihr dort Eßbares findet, davon, das könnt Ihr sicher sein, hat er gegessen! Dieser Kniff stammt von einem hervorragenden Gelehrten.« Der Arzt erhielt hierauf das Geld für die Mitteilung, und sie schieden voneinander.

Am nächsten Morgen wurde der reiche Pfuscher zu irgendeinem Bauern geholt; kaum war er dort, so blickte er unters Bett und sah dort eine Eselshaut. Nun untersuchte er den Puls und die Zahl der Schläge, fand, daß der Bauer stark fieberte, und sprach: »Ich bin mir völlig klar darüber, mein Freund, daß du am Abend einen Esel gefressen und dich damit an den Rand des Grabes gebracht hast.« Der Bauer, belustigt über die närrische Rede des Arztes, antwortete lächelnd: »Verzeiht, Herr, ich bitt' Euch; denn bei Gott, gestern sind es zehn Tage gewesen, daß ich keinen Esel außer Euch gesehn habe, geschweige denn verzehrt hätte.« Mit diesen nicht unwitzigen Worten warf er den Dummkopf hinaus, um einen kundigeren Arzt zu Rate zu ziehen.

69. Patient gießt alle Medizin zusammen

Ein vornehmer Herr hatte ein sehr hohes Alter erreicht, war allzeit frisch und gesund geblieben und hatte deshalb nie einen Arzt gebraucht. Nun wurde er von einer gefährlichen Krankheit heimgesucht, und weil seine Verwandten darauf drängten, einen Mediziner zu Rate zu ziehen, willigte er schließlich ein, daß der vornehmste in Salamanca angefordert wurde. Dieser nun verordnete dem Kranken nach seiner Ankunft und nachdem er sich von der Krankheit ein Bild gemacht hatte, zuerst einen Sirup, sodann Latwerge (eine breiförmige Arznei), danach einen Linderungstrank, dann ein Abführmittel und so weiter.

Aber von all diesen Mittelchen rührte der gute Herr keines an, sondern ließ alles in einem Becken zusammengießen.

Als nun der Arzt etliche Tage später den Kranken erneut besuchte und zu besserer Einschätzung besehen wollte, was die Arznei für Wirkung gezeigt habe und was für ein Unflat davongetrieben sei, da ließ der Herr das Becken hervorbringen und dem Arzt weisen. Der verwunderte sich sehr und sprach zu dem Kranken: »Ihr Gnaden könnt selber leichtlich abnehmen, daß dieser Unrat hat hinweg müssen.« Denn er hätte ihm im Leib große Unannehmlichkeiten bereitet. Darauf gab der Herr zur Antwort: »Das wußte ich genau und war gleich davon überzeugt, darum hab ich es erst gar nicht zu mir genommen.«

... Man muß nicht alle Hoffnung auf die Ärzte allein setzen, sondern vielmehr auf Gott, dessen Allmacht den Kräutern und Wurzeln solche Kraft und Wirkung mitgeteilt.

70. Die eigenartigen Rebhühner

Heute will ich euch einmal statt eines Märchens eine wahre Geschichte erzählen. Sie handelt von einem Bauern, der hinter seiner Hecke zufällig zwei Rebhühner fing. Er war sehr darauf bedacht, die Rebhühner herzurichten. Seine Frau mußte sie aufs Feuer setzen und am Bratspieß drehen, während er selbst schon zum Pfarrer eilte, um ihn zum Essen einzuladen. Dabei blieb er so lange Zeit weg, daß die Rebhühner inzwischen gar wurden. Die Frau legte den Bratspieß zur Seite und schnitt sich ein kleines Stückchen von der knusprigen Haut des Vogels ab, denn sie naschte allzu gerne. Nachdem sie einmal probiert hatte, konnte sie nicht länger widerstehen: Sie machte sich über das eine Huhn her und verzehrte seine beiden Flügel. Dann ging sie mitten auf die Straße, um zu sehen, ob ihr Mann sich schon in Sichtweite befand. Da sie ihn noch nicht erblickte, begab sie sich wieder in die Küche und dachte insgeheim, daß man den flügellosen Rest niemandem mehr anbieten könne und daß es gescheiter sei, wenn sie ihn auch noch verfrühstückte.

Nun hatte sie aber Zweifel, was sie sagen sollte, wenn man sie nach dem Verbleib des Rebhuhnes fragen würde. Doch sie fand bald eine Ausrede. Sie würde sagen, als sie den Braten vom Feuer genommen hätte, sei die Katze gekommen, hätte ihr den Braten aus der Hand gerissen und ihn schnurstracks davongeschleppt.

Nachdem sie sich diese Ausrede überlegt hatte, trat sie wieder auf die Straße und hielt Ausschau nach ihrem Mann. Sie sah ihn noch nicht kommen, wohl aber wurde ihr der Mund gewaltig nach dem zweiten, noch übrigen Huhn wäßrig. Sie hatte richtige Hungervisionen und sah sich schon verrückt werden, wenn sie nicht noch ein klitzekleines Stück davon probiert hätte. Gedacht, getan.

Sie schnitt dem Tier, hastdunichtgesehen, den Hals ab, verzehrte den schon vor lauter Freßgier und schleckte sich hernach alle zehn Finger ab. »Ach, ich Ärmste«, sagte sie. »Was soll ich sagen, wenn nichts mehr da ist? Aber was kann ich denn anders machen, wenn mich das Verlangen überkommt? Also, es ist mir jetzt egal: Ich esse alles!«

Der Bauer blieb so lange aus, bis die Frau satt war. Dann kam er nach Hause und rief herrisch: »Hej, sind die Hühner gar?«

»Ach, Herr«, rief die Frau, »wir sind arg geplagt, die Katze hat sie aufgefressen.«

Da sprang der Bauer über die Schwelle, stürzte wie ein Verrückter auf sie los und hätte ihr beinahe die Augen ausgekratzt, wenn sie nicht eingelenkt hätte: »Es ist doch nur ein Scherz gewesen, nur ein Scherz! Verschwinde, Satanas! Sie sind zugedeckt, damit sie warm bleiben.«

»Na, Gott sei Dank«, gab der Mann zur Antwort, »ich hätte dir sonst auch ein anderes Lied gepfiffen. Nun aber geschwind meinen guten gemaserten Holzkrug und das beste weiße Tischtuch her, wir wollen in der Weinlaube auf der kleinen Wiese unten decken.«

»Aber zuvor nehmt Euer Messer da, welches das Schärfen nötig hat, und gebt ihm ein wenig Schneide an jenem Stein draußen im Hof!«

Der Bauer ging hinaus, das bloße Messer in der Hand. Just in diesem Augenblick trat der Kaplan ein, den der Mann zum Essen eingeladen hatte. Er eilte auf die Frau zu und umarmte sie zärtlich, doch sie machte sich los und rief: »Flieht, Herr, flieht. Sonst geht es Euch an den Kragen. Mein Mann ist gerade hinausgegangen, um sein großes Messer zu schärfen. Er hat gesagt, daß er Euch die Hoden abschneiden wollte, wenn er Euch erwischen würde!«

»Um Gottes willen«, erwiderte der Kaplan, »was redest du da? Wir wollen zwei Rebhühner essen, die dein Mann heute früh gefangen hat.«

»Beim heiligen Martin«, entgegnete die Frau, »hier ist kein Rebhuhn und auch kein sonstiger Vogel im Hause. Aber schaut nur hinaus, wie er sein Messer schleift!«

»Ich sehe es«, stammelte der Kaplan schreckensbleich, »bei meiner Kappe, ich glaube fast, du sprichst wahr.« Und kaum hatte er das gesagt, da war er auch schon draußen. Die Falsche schrie nun aus Leibeskräften nach ihrem Mann: »He, hallo, Herr Gombaut, komm her!«

»Was hast du, zum Teufel?« fragte dieser.

»Was ich habe? Gleich sollst du es erfahren. Wenn Ihr Euch nicht gehörig auf die Socken macht, so werdet Ihr einen Verlust zu beklagen haben, denn bei meiner Treu: Der Pfarrer ist mit den Rebhühnern auf und davon!«

Wütend lief der Bauer, das Messer noch in der Hand, dem Kaplan nach. »So sollt Ihr nicht davonkommen!« rief er, als er ihn erblickte, und fügte schnaufend hinzu: »Ganz warm tragt Ihr mir sie davon, aber Ihr sollt sie hier lassen. So wartet doch! Ihr wäret ein schlechter Gast, wenn Ihr sie allein verzehren wolltet!«

Der Pfarrer blickte sich um und sah den auf ihn zukommenden Bauern mit dem Messer in der Faust, und er glaubte, es wäre sein Tod, wenn er nicht noch einen Schritt zulegte. Er hastete also weiter, hinter ihm her der Bauer, der seine Hühner wiederbekommen wollte. Endlich erreichte der Pfarrer sein Haus und sperrte mit Ungetüm die Tür zu.

Der Bauer kehrte nach Hause zu seiner Frau zurück und fragte sie: »Nun sag mir, wie du die Rebhühner losgeworden bist?«

»Gott helfe mir«, sagte sie, »kaum hatte mich der Pfarrer gesehen, so fragte er mich, ob ich ihm die Liebe antun wolle, ihm die Vögel zu zeigen. Er möchte sie gar zu gern sehen. ich führte ihn also ohne Arg dahin, wo ich sie versteckt hatte. Sogleich streckte er die Hände aus, packte sie und entwischte, aber ich konnte ihn nicht verfolgen, denn ich mußte es doch dir zuerst sagen!«

»Es ist möglich, daß du die Wahrheit sagst«, antwortete der Bauer, »aber lassen wir die Sache auf sich beruhen!«

So wurde der Pfarrer ebenso wie Gombaut, der die Rebhühner gefangen hatte, betrogen. Diese Geschichte zeigt wieder einmal, daß Frauen zum Betrügen geschaffen sind. Sie machen Wahrheiten zu Lügen und Lügen zur Wahrheit.

71. Der Speck des Bürgermeisters

Ein Bauer war einst dem Bürgermeister eine Fuhre Mais und eine Fuhre Schrot schuldig geblieben, und sie verabredeten, daß er ihm beide Fuhren am Demetriustag oder spätestens zu Michaelis zurückgeben sollte.

Es kam der erste Termin, und der Bürgermeister stellte sich wegen der Schuld ein, aber der Bauer hatte kein Geld, auch kein Getreide im Haus, sondern nur ein großes, gut gemästetes Schwein. Der Bürgermeister brüllte: »Los, gib Geld her!«

»Aber ich habe doch nichts im Haus, nur dieses Schwein hier, Bürgermeister! Und so Gott will, werde ich es bis zum Michaelistag noch ein bißchen gemästet haben, dann wird das Schwein zwei Dukaten mehr wert sein.«

»Nein, nein, ich will nicht warten und auch nicht mehr wegen meines Geldes kommen.«

Das sagte er und stellte das Schwein vor sich hin. Nachdem er damit weggegangen war, fingen die Bauersfrau und seine Kinder an zu weinen und zu jammern, während er versuchte, sie zu trösten: »Wenn es Gottes Wille ist, der Bürgermeister hat das Schwein lebendig weggetrieben, und ich werde es tot nach Hause zurückbringen.«

Als der Bauer höre, daß der Bürgermeister das Schwein getötet und hernach im Kamin aufgehängt hatte, schlich er in der Nacht heran, begab sich ins Haus und nahm den ganzen Speck ab und warf ihn sich über die Schulter. Doch als er nun damit den Heimweg antreten wollte, rutschte er mit einem Fuß auf einem kleinen Zweiglein aus, und er fiel mit dem Speck herunter – und wo sollte er hinfallen: Er fiel gerade in die Asche, wo der Bürgermeister schlief. Der wachte sogleich auf und fragte voller Angst: »Wer ist hier heute nacht in meinem Haus?«

Und der Bauer antwortete: »Sei still, schrei nicht, ich bin der gehörnte Teufel. ich habe dir, sieh her, ein wenig Speck als Geschenk mitgebracht, damit du weißt, was für Speck wir haben.«

Jetzt bekam es der Bürgermeister noch mehr mit der Angst zu tun, und mit zittriger Stimme begann er sich zu winden und zu wenden: »Ich will ihn nicht, ich will ihn nicht! Schaffe ihn weg aus meinem Haus!«

»Nun gut, wenn du ihn nicht willst, dann heb ihn mir hoch auf meine Schultern und mach mir die Tür auf.«

Der Bürgermeister hob den Speck auf die Schultern des Bauern, der Bauer ging hinter ihm her und machte dann, daß er wieder nach Hause kam.

Als der Tag heraufkam und der Bürgermeister nach seinem Speck sah und bemerkte, daß er nicht da war, kam er sofort darauf, aber er erfuhr nicht, welcher getaufte Teufel das war.

72. Vojtek, der Eulenspiegel

Der faule Vojtek wollte bei seinen Eltern nicht so richtig an die Arbeit gehen. Sie gaben ihn deshalb zu einem Pfarrer in Dienst. Er war dort der Hausknecht.

Wenn ihn der Pfarrer früh zum Aufstehen rief: »Vojtek, sieh nach, ob im Ofen Feuer ist«, rief Vojtek die Katze: »Ci, ci, ci.«

»Vojtek, warum rufst du denn den Kater?« fragt ihn der Pfarrer.

»Nun, Herr Pfarrer, wenn der Kater warm ist, dann ist Feuer im Ofen.«

»Vojtek, sieh nach, ob es draußen regnet.«

Und Vojtek ruft dem Hunde zu: »Such, such.«

Der Pfarrer sagt: »Vojtek, wozu rufst du den Hund?«

»Nun, Herr Pfarrer, wenn der Hund naß ist, regnet es draußen.«

»Vojtek, steh auf, du wirst Wein aus dem Keller holen. Komm aber zu mir, ich will dich markieren, damit du nicht von dem Wein trinkt.« Und er machte ihm über die Lippen einen Strich mit Kreide.

Vojtek ging in den Keller, nahm die Flasche, trank sich am Wein satt und machte sich einen Strich über Nase und Mund. Als er zu dem Pfarrer kam, fragte dieser: »Vojtek, hast du Wein getrunken?«

»Nein, Herr Pfarrer, ich habe nicht getrunken.«

»Aber Vojtek, du hast doch getrunken.«

»Nein, Herr Pfarrer, sehen Sie denn nicht, daß ich den Strich über Mund und Nase habe?«

Der Pfarrer mußte lachen. Dann schickte er ihn in den Keller, eine gebratene Gans zu holen, und sagte: »Nun, Vojtek, daß du mir ja nichts von der Gans abbeißt.«

Vojtek ging in den Keller, nahm die Gans und riß ihr ein ganzes

Bein ab und aß es auf. Und als er mit ihr zum Pfarrer kam, fragte ihn dieser: »Wo hat die Gans ihr zweites Bein?«

Und Vojtek entgegnete: »Herr Pfarrer, haben Sie noch nie Gänse mit einem Bein gesehen?«

»Natürlich nicht!«

»Ha, dann haben Sie auch wenig gesehen!«

Auf diese Weise konnte der Pfarrer nichts mit ihm anfangen. Er befahl ihm, die Pferde anzuspannen. Sie fuhren übers Feld an einem Teich vorbei. Dort waren Gänse, die auf einem Bein standen. Der Pfarrer pfiff ihnen zu, und die Gänse stellten sich auf beide Beine. »Siehst du, Vojtek, daß sie zwei Beine haben?«

»Ja, Herr Pfarrer, Sie hätten der gebratenen Gans ja auch zupfeifen können, dann hätte sie zwei Beine gehabt.«

Sie fuhren weiter, und da der Pfarrer nichts mit ihm anfangen konnte, schrieb er eine Karte und schickte ihn mit ihr zu einem anderen Pfarrer. Er sollte ihm sofort die Antwort bringen. Als er zu dem Pfarrer kam, las dieser sofort die Karte durch, rief ihn ins Zimmer und verprügelte ihn. Denn auf der Karte stand, daß er ihn durchprügeln sollte. Arg lädiert, langte Vojtek wieder bei seinem Pfarrer an: »Nun, Vojtek, welche Antwort bringst du mir?«

»Da, sehen Sie, Herr Pfarrer, die Antwort befindet sich hinten.« Der Pfarrer lachte ihn aus und trieb ihn fort. Vojtek ging zurück zu seinen Eltern.

Eines Tages blieb er allein zu Hause. Sein Vater war aufs Feld gegangen, und die Mutter backte Brot. Da kam der Gutsherr auf einem Pferd in die Stube gefahren und fragte Vojtek: »Wieviel seid ihr?«

Und Vojtek antwortete: »Wir sind zweieinhalb.«

»Wie denn, zweieinhalb?«

»Ich und Sie und ein halbes Pferd macht zweieinhalb.«

Der Herr fragte ihn weiter: »Wo ist der Vater?«

»Auf dem Feld, wo er Schaden auf Schaden macht.«

»Und wo ist die Mutter?«

»Sie backt aufgegessenes Brot.«

»Und was für einen Schaden auf Schaden macht denn der Vater?«

»Nun, die Leute fuhren uns auf dem Felde herum, und der Vater macht dort Gräben, damit sie uns da nicht mehr herumfahren – das ist Schaden auf Schaden.«

»Und was für ein aufgegessenes Brot backt die Mutter?«

»Nun, was wir geborgt hatten, haben wir schon aufgegessen, und jetzt backt sie Brot, um es wieder zurückzugeben.«

»Da du so schlau bist, Vojtek, kannst du nächste Woche zu mir zum Essen kommen!«

Einmal war sein Vater auf dem Feld, fing dort einen Hasen und brachte ihn nach Hause für Vojtek. Und als der Tag des Mahles kam, sagte Vojtek zu seinem Vater: »Vater, ich soll zum Herrn zum Essen gehen, ich will den Hasen mitnehmen.« Der Vater hatte nichts dagegen.

Zu dem Essen war auch der Herr Pfarrer eingeladen, bei dem Vojtek gedient hatte. Von dem Herrn erfuhr er, daß auch Vojtek zu dem Mahl kommen sollte. Und er sagte zu dem Herrn: »Lassen Sie ihn nicht herein, denn er wird uns alle zum Narren halten.«

Alle Hunde, die auf dem Hof waren, wurden losgelassen, damit Vojtek nicht hereinkommen konnte. Als Vojtek aber in das Tor trat und die Hunde auf ihn losstürzten, ließ er den Hasen los, und die Hunde liefen ihm nach. Und so kam Vojtek doch in das Schloß. Da fragte ihn der Herr: »Und du, wie bist du hereingekommen?«

»Nun, Herr, auf den Beinen«, antwortete Vojtek. Man stellte ihn ins Zimmer an den Ofen. Der Pfarrer trat zu ihm und fragte: »Vojtek, kannst du das Vaterunser beten?«

»Nein, Herr Pfarrer«, entgegnete Vojtek. Da faßte ihn der Pfarrer am Ohr und sagte: »Dann lerne es, dann lerne es!« Und er zog ihn tüchtig am Ohr. Vojtek blieb traurig sitzen und schaute auf den Kanarienvogel im Käfig. Der Pfarrer fragte ihn: »Warum schaust du denn so hin?«

»Nun, Herr Pfarrer, ich sehe auf den Käfig. Können Sie, Herr Pfarrer, auch solche Käfige machen?«

»Nein, das kann ich nicht«, antwortete der Pfarrer. Und Vojtek faßte ihn am Ohr und sagte: »Dann lernen Sie es, dann lernen Sie es!« und zog ihn auch ordentlich daran. Da sagte der Pfarrer zu dem Herrn: »Sehen Sie, hab ich Ihnen nicht gesagt, daß er uns alle zum Narren halten wird?«

Und sie konnten nichts mit ihm anfangen und trieben ihn fort.

73. Der erste Kaffee

Zur Zeit, als der Kaffee in Europa seinen Einzug hielt, um nach und nach heimisch zu werden, lebte in Lubowo ein junger Bauer, den die Natur nicht gerade mit besonderer Klugheit ausgestattet hatte. Einst hatte er auf dem Markte zu Wronke auch von dem neuen Wundertrank gehört, und um seiner Frau daheim eine Überraschung zu bereiten, kaufte er ein Pfund des besten rohen Kaffees. Nachdem er seine Geschäfte in der Stadt erledigt, ging es heimwärts. Seine Frau empfing ihn schon an der Tür mit der üblichen Frage: »Na, was hast du denn Gutes mitgebracht, lieber Mann?«

»Ganz was Prächtiges«, erwidert er, »schau hier die schönen Bohnen, die man in der Stadt Kaffee nennt und die die Stadtleute wegen ihres Geschmacks so lieben. Das wird mal ein feines Mittag werden!« Die Frau nahm mit leuchtenden Augen die seltene Frucht in Empfang, wusch die Bohnen fein säuberlich und schüttete sie dann in den bereitstehenden Topf mit kochendem Wasser. Dann tat sie ein tüchtiges Stück Rindfleisch hinzu, geizte auch mit Gewürz und Grünzeug nicht und wartete nun klopfenden Herzens auf den Augenblick, wo die Bohnen erweichen würden. Aber Stunde auf Stunde verrann, das Fleisch zerkochte, Mittagszeit kam und ging vorüber, doch die Bohnen blieben hart wie zuvor.

Da riß der Frau schließlich die Geduld, sie schüttete die Bohnen in den Trog, weinte um das schöne Fleisch und überhäufte den verblüfften Mann mit derben Schimpfworten. Der Bauer, in der Meinung, betrogen zu sein, eilte zum Kaufmann nach Wronke zurück und forderte sein Geld. Der Kaufmann fragte ihn aus, und als er erfuhr, welches Schicksal die Kaffeebohnen gehabt, brach er in lautes Lachen aus und gab zuletzt dem verdutzten Bauern das Rezept der Zubereitung und dazu noch ein Pfund vom besten Kaffee. Der Bauer kam nach Hause, und nun mußte die anfangs widerstrebende Frau das Getränk bereiten. Und siehe da, schon bei der ersten Tasse bat sie den Mann inständig um Verzeihung, daß sie ihn also gescholten, und versprach, ihm jeden Tag einen Krug guten Kaffees zu bereiten. Und dabei blieb es auch.

74. Die Kaffekocherin

In Schilda wurde einmal Messe gelesen. Die Frau, die die Messe gezahlt hatte, wollte dem Geistlichen, wie es Brauch ist, auch ein Frühstück verabreichen. Sie kochte Kaffee, doch ohne ihn zu mahlen. Sie schüttete die ganzen Kaffeebohnen in das siedende Wasser und gab, um ihn wohlschmeckender zu machen, ein Stück Speck in den Topf. Der Geistliche hatte schon lange in der Stube auf das Frühstück gewartet. Endlich erschien die Frau mit einer großen Schüssel und sprach zum Geistlichen: »Ich koche den Kaffee schon so lange, ich weiß nicht, wie es kommt, daß die Bohnen nicht weich werden wollen. Doch hoffe ich, daß er Euch gut schmecken wird, denn ich habe ein großes Stück Speck hineingegeben.«

Der Geistliche lachte und dachte sich seinen Teil. Ob er mit Appetit gegessen, erzählte er nicht weiter.

75. Das lebende Grab

Als zwei Juden von Venedig, wo sie wohnten, nach Bologna reisten, geschah es, daß der eine in Krankheit fiel und starb. Der Überlebende wünschte den Leichnam nach Venedig zu schaffen, da er das aber wegen eines Verbots offen nicht tun konnte, schnitt er den Toten in kleine Stücke, packte sie in ein Fäßchen, tat Gewürz und Honig dazu, so daß ein wunderbar feiner Geruch aus dem Faß aufstieg, und gab das Fäßchen einem andern Juden, der nach Venedig reiste, zur Besorgung mit.

Wie der nun das Faß zu Schiff nach Ferrara brachte, geschah es (auf der Barke befanden sich natürlich noch mehr Passagiere), daß ein Florentiner seinen Platz neben dem Fäßchen hatte. Als die Nacht gekommen war, stieg dem Florentiner der süße Geruch in die Nase, er glaubte, in dem Fäßchen sei irgend etwas Eßbares, und nahm den Deckel ab, um von dem Inhalt zu kosten.

Da ihm die Speise wunderfein erschien, aß er nach und nach das ganze Fäßchen fast leer, in dem Glauben, es sei ein ganz ausgezeichnetes Gericht. In Ferrara wollte der Jude die Barke verlassen, hob das Faß auf und merkte an seinem leichten Gewicht, daß es leer sein müsse. Da schrie der Jude, man habe ihm den Leichnam gestohlen, und der Florentiner merkte nun endlich, daß er in seinem Bauche den Juden beerdigt habe.

76. Der Krug von Olen

In Olen war ein Wirtshaus, wo man gutes Bier verkaufte. Auch Kaiser Karl, der jedes Jahr in der Gegend auf der Jagd war, versäumte nie, dort auf ein Bier einzukehren. Er hielt zu Pferd vor der Herberge an, bestellte, und die Wirtin trat mit dem schäumenden Gerstensaft heraus. Sie hielt allerdings den Krug am Henkel fest, so daß es dem Kaiser schwer fiel, ihr denselben abzunehmen.

»Frau Wirtin, bis zum nächsten Jahr kaufst du dir einen Krug mit zwei Henkeln, dann wird es leichter sein.«

»Ja, gnädiger Herr«, versprach die Frau.

Das Jahr darauf blieb Kaiser Karl wieder vor der Herberge stehen. Die Frau brachte ihm jetzt einen Krug mit zwei Henkeln, aber sie hielt sie beide fest, so daß es dem Kaiser wieder Mühe kostete, ihr das Bier abzunehmen.

»So geht es noch nicht gut, meine Liebe. Du wirst dir bis zum nächsten Jahr einen kaufen müssen, der drei Henkel hat. Dann wird es bestimmt leichter gehen.«

Das dritte Jahr, als Kaiser Karl abermals vor dem Wirtshaus innehielt, trug die Frau einen Krug mit drei Henkeln herbei: Sie hielt ihn wieder an zwei Henkeln fest, preßte aber den dritten gegen die Brust.

»Ja, liebe Frau«, sprach Kaiser Karl, »es würde genau so schwierig sein wie im vergangenen Jahre, wenn ich nicht wüßte, daß es noch einen dritten Henkel gibt.«

Und unter dem Krug durch griff er danach.

»Schau«, sprach er, »man muß nur wissen, wie man damit umgehen muß.«

Die Herberge, wo dies vor vielen hundert Jahren vorgefallen ist, gibt es noch immer in Olen. Und der Krug mit drei Henkeln wird da auch noch aufgehoben. Geht doch ruhig mal hin und ihr werdet bestimmt aus dem Krug von Kaiser Karl trinken dürfen, wie ich es selber auch einmal tat.

77. Der Däumling

Es war eine Mutter, die hatte zwei Söhne und eine Tochter. Als sie einmal pflügen gingen, da sagten sie zu der Mutter, daß sie ihnen auf das Feld Essen schicken und daß es ihnen die Schwester bringen solle. Aber die Schwester antwortete ihnen: »Ich kenne den Weg nicht.« Da sagten die Brüder, daß sie eine Furche schneiden würden, wenn sie weggingen. Sie sollte die Furche entlanggehen, so würde sie schon zu ihnen kommen. Dann, nachdem sie sich auf das Feld begeben hatten, machten sie eine Furche. Gegen Mittag schickte die Mutter ihnen durch die Schwester das Essen. Als sie bis zu der Furche gekommen war, erblickte sie zwei Furchen, da auch der Teufel eine gemacht hatte. Da wußte sie nicht, welche die richtige war, und so ging sie an jener entlang, die der Teufel gemacht hatte, und sie kam zu ihm. Er fragte sie, was sie wolle. Sie antwortete ihm, daß sie das Essen für ihre Brüder gebracht habe. Da sagte der Teufel: »Du sollst hier bei mir bleiben, deine Brüder pflügen.«

Dann gingen die Brüder am Abend nach Hause und fragten die Mutter, warum sie kein Essen geschickt hätte. Die Mutter sagte, daß sie das getan habe. Und sie sagten, daß sie nichts bekommen hätten. Darauf bat die Mutter: »Geht und sucht eure Schwester.«

Da machte sich einer auf die Suche und kam zu jenem Teufel, wo seine Schwester war. Die Schwester sagte zu ihm: »Um Gottes willen, warum bist du gekommen? Der Teufel wird dich umbringen.« Da sagte der Bruder, daß sie ihn irgendwo verstecken solle, und sie versteckte ihn unter einem Trog.

Sobald der Teufel nach Hause gekommen war, sagte er sofort: »Du hast jemanden von den Christen bei mir; wenn du mir nicht sagst, wo er ist, werde ich dich sofort umbringen.« Da sagte sie zu ihm: »Er ist da unter dem Trog.«

Da sah ihn der Teufel und sagte zu dieser Schwester, seiner Dienerin, daß sie etwas zu essen bringen solle. Sie brachte ihm Blei. Der Teufel aß, und der Teufel aß eine volle Schüssel auf, und der Bruder nichts. Der Teufel sagte: »Morgen werden wir ebenfalls essen, und gegen neun Uhr werden wir spielen.«

Dann gingen sie schlafen. Am nächsten Morgen stand der Teufel auf und sagte der Dienerin, daß sie ihm zu essen geben solle. Sie brachte ihm eine volle Schüssel mit Blei. Der Teufel aß, und er aß wieder die volle Schüssel Blei, und der Bruder nichts. Es kam die neunte Stunde, sie sollten spielen. Jetzt machten sie sich an das Werfen des Schwertes des Teufels. Der Teufel warf das Schwert, so daß es eine halbe Stunde nicht zu sehen war. Dann warf es der Bruder, und es fiel sofort nach unten. Danach begannen sie zu raufen. Der Teufel warf den Bruder so, daß er sofort bis zum Hals in das Blei fiel; dann hackte er ihm den Kopf ab und stellte ihn unter einen Maulbeerbaum, und der Körper blieb im Blei. Der Teufel machte dasselbe auch mit dem anderen Bruder.

Nun hatte die Mutter keinen Sohn mehr, deswegen bat sie immer Gott, daß er ihr einen Sohn geben sollte, wenigstens so groß wie ein Daumen. Gott gab ihn ihr, und es wurde Palček, der Däumling, geboren. Dieser konnte schon am ersten Tag gehen, am anderen Tag sprechen, am dritten Tag ging er bereits das Vieh weiden, und als er beim Viehhüten mit den Hirten gestritten hatte, da sagten die Hirten zu ihm, daß er aufpassen solle, daß ihn nicht auch der Teufel hole wie seine Brüder. Da fragte er zu Hause die Mutter, ob er Brüder gehabt hätte. Sie sagte zu ihm, er hätte keine. Und als er wieder mit den Hirten gestritten hatte, sagten sie wieder zu ihm, daß der Teufel ihn holen würde – wie seine Brüder auch.

Da fragte er die Mutter erneut, ob er Brüder gehabt hätte, und nachdem die Mutter es ihm nicht sagen wollte, kam er auf den Gedanken, seine Mutter zu überlisten. Er sagte zu ihr: »Mütterchen, unter unserem Haus gibt es eine volle Kiste mit Zechinen.« Die Mutter sagte: »Was nützt es uns, wenn wir nicht zu ihnen gelangen können?« Er antwortete: »Ich werde eine Ecke vom Haus hochheben, und du kannst sie holen.« Die Mutter sagte zu ihm: »Hebe sie hoch, wenn du es kannst, ich werde gehen und sie holen.«

Palček hob das Haus hoch, und die Mutter ging hinunter. Er fragte sie dann: »Mama, habe ich Brüder gehabt?« Und die Mutter antwortete ihm: »Nein, Söhnlein, du hast keine gehabt.« Da ließ er das Haus ein wenig auf sie herab und fragte wieder: »Mama, habe ich Brüder gehabt?« Sie sagte: »Du hast zwei Brüder gehabt und eine Schwester, aber sie gingen auf einem Weg, und seitdem sie weggegangen sind, habe ich sie nie mehr gesehen.«

Da ließ er sie, die Mutter, heraufkommen. Dann aber ging er nach den Brüdern suchen, und er kam zu jenem Teufel, wo die Brüder gewesen waren, und seine Schwester sagte zu ihm: »Um Gottes willen, warum bist du gekommen? Der Teufel wird dich umbringen.« Sie versteckte ihn schnell in einer Tonne.

Am Abend kam der Teufel nach Hause und sagte: »Du hast jemanden bei dir?«

»Er ist in der Tonne.« Da sprang er auf einmal aus der Tonne auf den Tisch und sagte: »Da bin ich.« Der Teufel sagte zu ihm: »Hast du vielleicht Hunger?« Palček sagte: »Natürlich habe ich Hunger.« Der Teufel befahl seiner Wirtschafterin, daß sie ihm etwas zu essen bringen solle. Sie brachte ihm eine volle Schüssel mit Blei, und sie aßen. Palček aß die volle Schüssel auf, und der Teufel nichts. Der Teufel sagte: »Auch morgen werden wir essen.« Palček sagte: »Jawohl, so soll es sein.« Der Teufel sprach: »Gegen neun Uhr werden wir spielen.« Palček erwiderte: »Ja, das werden wir tun.«

Als der nächste Morgen gekommen war, stellte nun der Teufel eine volle Schüssel mit Blei hin. Dann aßen sie, und wieder aß Palček die volle Schüssel Blei auf, und der Teufel nichts. Da kam die neunte Stunde, sie machten sich an die Kampfspiele und warfen zuerst das Schwert in die Luft. Der Teufel warf es so, daß es einen halben Tag lang nicht herunterkam, und Palček warf es so, daß es ein halbes Jahr lang nicht herunterkam. Dann machten sie sich an das Raufen. Palček warf den Teufel bis zum Hals in das Blei. Dann fragte er ihn: »Wo sind meine Brüder?« Der Teufel sagte: »Ich weiß nicht, wo sie sind.« Dann sagte er, daß er ihn umbringen würde, wenn er es ihm nicht sagte. Der Teufel sagte: »Sie sind hier im Blei. Geh zu meiner Genossin, sie soll dir Fett und einen Stock geben; mit dem Fett sollst du ihnen den Hals salben und schlage sie mit dem Stock, so werden sie wieder lebendig.«

Und er machte es auch so, und dem Teufel hackte er den Kopf ab. Dann gingen sie nach Hause, und das Haus des Teufels brannte ab.

78. Die betrügerischen Studenten

Als drei Studenten die öffentlichen Prüfungen gut hinter sich gebracht und dadurch auch ihre Eltern erfreut hatten, aßen und tranken sie ganze drei Tage, verschwendeten alles, was ihnen ihre Eltern für den Heimweg geschickt hatten und waren arm wie die Kirchenmäuse. Geblieben waren ihnen nur eine Kutsche, etwas Geld und zwei Pferde.

Nachdem sie also alles ausgegeben hatten, machten sie sich auf den Weg.

Sie kamen zu einer großen Gastwirtschaft, und obwohl sie doch keinen Pfennig besaßen, ließen sie sich dennoch ein gutes und teures Mahl zubereiten. Die Frau Wirtin war allein zu Hause. Als sie das Essen bezahlen wollten, griffen alle in die Taschen und taten so, als ob sie alle bezahlen wollten – obwohl sie doch gar kein Geld hatten. Einer der Studenten fragte, wieviel sie schuldig seien. Die Wirtin sagte: »Drei Florinen für das Mittagessen, vierzig Kreuzer für den Wein und außerdem eine Florine in Silber für Kutscher und Pferd, das macht zusammen vier Florinen und vierzig Kreuzer in Silber.«

»Also gut«, sagte einer der Studenten. »Brüder, heute zahle ich.«

»Nein, ich«, rief der zweite und griff in die Tasche.

»Nein, nein«, sagte der dritte, »ich will bezahlen, ich habe noch nie gezahlt.«

Und so stritten sie mehr als eine Stunde und konnten sich nicht einigen. Plötzlich sagte einer: »Frau Wirtin, entscheiden Sie, wer von uns zahlen soll!«

»Gut, wenn Sie auf meinen Rat eingehen. Ich werde euch sagen, wer bezahlen soll. ich binde mir die Augen zu und der, den ich zuerst fange, der soll zahlen.«

Die Studenten machten eine ganze Weile das Spielchen mit, bis sie schließlich alle hinausgingen, sich in ihre Kutsche setzten (die schon so weit vorbereitet war), und ab ging die Post!

Die Wirtin blieb allein in der Gaststube und tappte in alle Ecken und wollte dort jemanden fangen – und konnte es doch nicht! Plötzlich fiel ihr ein, daß sie auch fortgelaufen sein könnten. Rasch band sie das Tüchlein auf und mußte mit Entsetzen bemerken, daß ihre Gäste inzwischen das Weite gesucht hatten, und so mußte sie den Schaden tragen.

Die Studenten brachten wieder ein Stück Weg hinter sich, als sie auf einen Zigeuner trafen. Sie nahmen ihn mit in die Kutsche und staffierten ihn mit einem Bischofsgewand aus. Einer der Studenten spielte den Sekretär des Bischofs, und die beiden anderen standen vorn und hinten auf der Kutsche als Diener. Wieder gelangten sie an eine Gastwirtschaft. Der Sekretär ging hinein und fragte, ob sie ein Einzelzimmer für den Bischof hätten.

»O ja«, sagte der Wirt freudig in der Hoffnung, daß ein einträgliches Geschäft auf ihn wartete. Der Bischof stieg aus der Kutsche und begab sich sogleich auf sein Zimmer. Der Sekretär erteilte den Auftrag, ein vornehmes Gastmahl vorzubereiten. Der Gastwirt ging, dem Bischof die Hand zu küssen, der ihm befahl, er möge die Dienerschaft gut versorgen, am anderen Morgen werde alles bezahlt werden.

Früh am anderen Morgen sah der Gastwirt, daß einer der bischöflichen Diener um das Bischofszimmer herumschlich und schaute, ob der Bischof schon wach sei. Als der Wirt bemerkte, daß der Diener nachdachte, fragte er ihn: »Sag einmal, worüber denkst du nach?«

»Ach«, sagte der Jüngling, »ich sorge mich, weil ich gestern vergaß, dem Bischof zu sagen, daß er mir zweihundert Silberflorinen geben sollte, die man im Nachbarsdorf einem Herrn noch für die Überlassung von Pferden bezahlen muß. Nun weiß ich nicht, wie ich an das Geld komme.«

Da sagte der Gastwirt gleich: »Ich lege das Geld gern aus, bis der Bischof wach geworden ist«, und gab ihm zweihundert Silberflorinen. Der Jüngling spannte die Pferde ein und fuhr fort. Ihm nach gingen auch die beiden anderen. Allein der Bischof blieb in seinem Zimmer zurück. Doch zuvor hatten die Studenten ihm seine Bischofskleidung wieder abgenommen, und der Zigeuner lag nun da in seinen zerrissenen Fetzen. Als die Jünglinge nun gar nicht wieder auftauchten, wurde der Gastwirt langsam unruhig. Er schaute die Straße hinunter, ging sogar bis ans Dorfende, aber sie kamen nicht wieder.

Sie fuhren weiter und kamen wieder an eine Gastwirtschaft. Einer der Studenten sagte dem Wirt, ein Herr aus der Stadt habe sie geschickt, bei ihm Wein zu holen. Der Wirt sollte zwanzig Halbe mit Wein für eine große Feier schicken. Der Gastwirt zapfte daraufhin selbst den Wein ab und gab dem Diener auch zu kosten – aber vom besten Wein, den er hatte!

Der Student fragte den Wirt, ob er nicht wollte, daß sein ganzer Wein so gut würde. »O ja«, das möchte ich schon, das ist doch der Wunsch jedes Wirts, guten Wein zu haben!«

»Also gut! Dann besorg mir einen dicken Bohrer, und ich werde in die Fässer Löcher bohren. Das Loch stopfen wir mit der Zunge, das linke Faß mit dem Loch, mit dem Finger und so auch das rechte Faß.« Nach dieser etwas verwirrenden Erklärung schnappte er sich den abgezapften Wein und ging fort. Den Wirt ließ er derweil die Fässer halten.

Als der Wirt nicht zurückkam, begann ihn seine Frau zu suchen. Sie sah, daß der Keller offen stand, sah ihn, wie er so gespreizt da stand und rief nach ihm. Er gab keine Antwort. Also nahm die Gastwirtin den Besen und fing an, auf ihn einzudreschen: »Also, so ist das! Es genügt dir wohl nicht, aus der Flasche zu saufen! Auch vom Faß nimmst du jetzt schon!«

Es war für den Gastwirt eine Qual, die Fässer zu halten. Doch was sollte er tun? Wenn er los ließ, dann floß der Wein aus. So verbesserte der Wirt seinen Wein!

Der Student war mittlerweile zu seinen Freunden zurückgekehrt. Sie hatten im Turm auf ihn gewartet. Beim Wein fiel ihnen ein, daß auch ein Stückchen Fleisch nicht zu verachten wäre. Zwei machten sich auf die Suche, der dritte paßte auf ihre Habseligkeiten auf. Er kaufte sich einen Haselstock und fing an zu schlagen. Dies hörte der Küster, der unterhalb des Turmes wohnte. Er lief zum Pfarrer, der zu Hause krank danieder lag. Der Küster sagte: »Herr Pfarrer, auf dem Turm prügeln sich die Knochen, ich bitte Sie, kommen Sie mit und weihen Sie sie ein.«

Der Pfarrer wollte zuerst nicht mitkommen und verwies auf seine Krankheit. Aber der Küster ließ nicht locker und versprach dem Pfarrer, ihn auf den Turm hinaufzutragen.

»Also gut, wenn es sein muß, dann gehen wir!«

Der Küster nahm den Pfarrer auf den Rücken und schleppte ihn die Stiegen hinauf auf den Turm. Als sie schon unweit der Stelle waren, wo der Student stand, schrie dieser: »Her mit dem Schwarzen, auf der Stelle steche ich ihn ab!«

Der Küster warf den Pfarrer auf die Treppe und sagte: »Ach, nur die Schwarzen will man abstechen«, und ging fort. Bis zum Morgen siechte der Pfarrer in der Ecke dahin, dann starb er.

79. Der geschickte Dieb

Seht, da war einmal ein kleiner Junge, der wollte ein Räuber werden, und so ging er, um sich von einem Räuberhauptmann als Lehrling anstellen zu lassen. Ihren Unterschlupf hatte die Bande in einer sehr tiefen Höhle, die sich auf einem sehr steil emporragenden Berg mit schroffen Felswänden befand. Von dem aus konnte man das Land weithin überblicken.

Dies erlaubte den Räubern, das ganze Gebiet in ihrer Umgebung zu beobachten und ihre Raubzüge rechtzeitig genug vorzubereiten.

Kurze Zeit nachdem sich der Junge als Lehrling hatte anstellen lassen, erspähte der Hauptmann von seinem Schlupfwinkel aus einen Mann, groß und stark wie ein Riese, der mit einem Hammel auf den Schultern seines Weges ging. Der Hauptmann rief den Räuberlehrling und sagte zu ihm:

»Heute haben wir nur mehr wenig Essensvorrat. Siehst du den Mann, der dort unten mit dem Hammel vorübergeht? Geh und raube ihm das Tier. Gib acht, denn er ist sehr kräftig und mutig und wird seinen Hammel wie ein Stier verteidigen. Nimm dich zusammen, damit es beim ersten Mal nicht gleich danebengeht!«

»Habt keine Angst, Meister, denn ich werde ihm den Hammel abnehmen, und er wird mich nicht einmal zu Gesicht bekommen.«

Der Junge griff nach einem Messer, das so rostig war, daß es zu nichts mehr taugte. Dazu nahm er sich noch eine alte Scheide, die zu jenem Messer paßte, wobei weder die eine noch das andere es wert waren, daß man sie auch nur ansah.

Mit diesen beiden unscheinbaren Gegenständen machte sich der Junge an den mühsamen und holprigen Abstieg von dem hohen Berg und gelangte schließlich zu jenem Weg, auf dem der Mann mit dem Hammel vorüberkommen mußte. Nun nahm er die Scheide und legte sie mitten auf den Weg, so daß man glauben konnte, es habe sie irgendein Wanderer verloren. Einige hundert Schritte weiter, hinter einer Wegbiegung, von der aus man die Stelle nicht mehr sehen konnte, an der er die Scheide gelassen hatte, ließ er das Messer fallen. Nachdem diese Vorkehrungen getroffen waren, versteckte sich der Junge sorgfältig hinter einem Dornengestrüpp.

Wenige Augenblicke später kam der vorüber, welcher den Hammel auf der Schulter trug. Als er die Scheide liegen sah, dachte er sich, daß sie wohl ein Wanderer fallengelassen haben dürfte. Aber da er so alt und schlecht zu Fuß war, schien es ihm nicht der Mühe wert, sich zu bücken und sie aufzuheben. Er ging den Weg weiter, und hinter der Wegbiegung fand er auch noch das Messer.

Nun dachte er sich, daß die Scheide, die er gesehen hatte, zu diesem Messer gehören müsse, und er beschloß, es mitzunehmen; denn wenn das Messer auch alt war, so konnte es ihm doch recht gut zum Abschneiden von Kräutern dienen. Und die Scheide kam ihm gerade recht, um es zu verwahren. Aber um nicht mit dem Tier auf den Schultern zurücklaufen zu müssen, lud er es ab und ließ es am Wegrand zurück.

Kaum war er hinter der Wegbiegung verschwunden, da sprang der Junge aus seinem Versteck hervor, lud sich den Hammel auf die Schultern, und ab ging's nach der Höhle.

Als nun der Mann zurückkehrte und den Hammel nicht mehr fand, da war er ganz verwundert und glaubte, das Tier sei in den Wald gelaufen, um Gras zu fressen.

Er rief, er suchte, aber alles war umsonst. Er überlegte, ob es nicht sein könnte, daß es wieder zu der Herde zurückgelaufen war, wo er es vor einer Weile gekauft hatte, und er beschloß, dorthin zurückzukehren, um zu sehen, ob er es fände.

Der gute Mann brachte den Weg hinter sich. Der Hirte sagte ihm, daß er den Hammel nicht mehr gesehen habe, aber er gab ihm einen anderen, den er ihm nur dann bezahlen sollte, wenn er den ersten nicht mehr finden würde. Und mit diesem zweiten Hammel machte sich der gute Mann wieder auf den Weg nach Hause.

Der Hauptmann und seine Leute hatten von der Höhle aus die Findigkeit des Jungen beobachtet und freuten sich sehr über seine List. Der Lehrling kam keuchend oben an und konnte vor Erschöpfung kaum noch atmen. Und sieh da, als er gerade angekommen war, erblickte der Hauptmann schon wieder jenen armen Mann mit einem Hammel beladen vorübergehen. Der Hauptmann rief den Jungen und sagte zu ihm: »Ich glaube nicht, daß wir mit einem Hammel soviel Vorrat haben, wie wir brauchen. Ich sehe eben denselben Mann mit einem anderen Hammel vorübergehen. Sieh zu, ob du ihm nicht auch noch diesen abnehmen kannst, und versuch, es genauso geschickt anzustellen wie davor.«

»Macht Euch keine Sorgen, Meister, ich werde ihm den Hammel wegnehmen, ohne daß er mich sieht.«

Und der Junge brachte wieder den steilen Abstieg hinter sich. Er verbarg sich an derselben Stelle wie beim vorhergehenden Mal; und als er den Mann in seiner Nähe glaubte, ließ er ein kräftiges Blöken vernehmen: »Beee, beee, beee, beee!«

Der Mann mit dem Hammel glaubte, er höre den verlorengegangenen Hammel schreien, und er verlor keine Zeit, um ihn suchen zu gehen. Aber damit er den Hammel, den er mitbrachte, nicht mit sich herumschleppen müsse, ließ er ihn am Wegrand zurück, während er in den Wald vordrang.

Als er so weit weg war, daß er den Jungen nicht mehr sehen konnte, sprang dieser heraus und lud sich den zweiten Hammel auf, und ab ging's nach der Höhle.

Obschon der arme Mann suchte und suchte, konnte er doch die Hammel nicht finden, und ohne sich darüber im klaren zu sein, was ihm da passiert war, beschloß er, noch einmal zur Herde zurückzugehen, um zu sehen, ob die beiden Tiere vielleicht dort aufgetaucht waren, oder um einen anderen zu kaufen, falls er sie dort nicht finden würde. Denn am nächsten Tag war ein großes Fest in seinem Dorf, und er wollte es nicht vorübergehen lassen, ohne Hammelfleisch gegessen zu haben.

Mehr tot als lebendig vor Erschöpfung kam der Junge mit dem zweiten Hammel auf den Schultern bei der Höhle an. Und sieh da, kaum war er angelangt, da sah man schon wieder den armen Mann, der schwerbeladen mit seinem dritten Hammel des Weges kam.

Der Hauptmann sagte zu dem Jungen: »Schau, da kommt schon wieder dieser Unglücksrabe mit einem anderen Hammel auf dem Rükken.«

»Wollt Ihr nicht, daß ich gehe und ihm auch diesen Hammel abnehme, Herr?«

»Nicht nötig, Mann, denn wir haben schon genug Vorrat.«

»Dann werde ich diesmal nur zu meinem Vergnügen gehen und ihm nicht nur den Hammel, sondern auch die Kleider stehlen, die er am Leib hat.«

Und trip-trap, der Junge geht den Weg zum dritten Mal. Ein Stück von jener Stelle entfernt, an der er ihm die Hammel abgenommen hatte, gab es einen Teich. Dort an dessen Ufer setzte er sich hin und wartete ungeduldig darauf, daß der arme Mann mit dem Hammel käme. Als er ihn nun herankommen hörte, begann er wie ein Verrückter zu lachen. Und der Mann mit dem Schaf, der ihn derart lachen sah, sagte zu ihm: »So ist die Welt: während die einen lachen, ärgern sich die anderen zu Tode.«

»Ist Euch irgend etwas zugestoßen, guter Mann?«

»Nichts weiter, als daß mir zwei Hammel abhanden gekommen sind und ich nicht weiß, wohin sie geraten sein könnten; und um einen Hammel essen zu können, mußte ich drei bezahlen.«

»Also nun seht, ausgerechnet über zwei Hammel habe ich gerade gelacht. Es müssen wohl die gewesen sein, von denen Ihr sprecht, denn sie sind lustig herumgesprungen und haben miteinander gespielt. Und ohne ihr Spiel zu unterbrechen sind sie sodann über den Teich geschwommen, so als ob sie zwei Schiffe wären, und am anderen Ufer ans Land gestiegen. Und zu guter Letzt haben sie sich in die Sonne gelegt, um sich die nasse Wolle trocknen zu lassen. Mir aber hat das ein solches Vergnügen bereitet, daß ich aus dem Lachen gar nicht mehr herauskomme.«

»Wenn Ihr so gut sein wollt, mir auf das Schaf und die Kleider achtzugeben, werde ich ins Wasser springen, um sie suchen zu gehen.«

»Mit dem größten Vergnügen, guter Mann. Ihr könnt ganz beruhigt gehen.«

Der Mann zog sich aus und sprang in das Wasser. Und als er so weit weg war, daß er den Jungen nicht mehr sehen konnte, lud sich dieser den Hammel und die ganzen Kleider auf, und ab ging's nach der Höhle.

Als er dort anlangte, war er ganz erledigt und mehr tot als lebendig. Der Hauptmann und all seine Leute befanden über seine Tat, und alle sagten, daß er gewitzter sei als sie selbst, denn keiner von ihnen hätte es zustande gebracht, die drei Tiere mit solchem Feingefühl und auf so einfache Weise zu rauben, wie er es getan hatte.

Es war Essenszeit, und der Räuberlehrling konnte es kaum noch aushalten vor Hunger und Müdigkeit. Nun wurden die beiden Hammel auf den Tisch gestellt, der eine gebraten, der andere in Soße. Ein Duft, der einem das Wasser im Munde zusammenlaufen ließ, zog durch die Höhle. Der Lehrling zog das Messer aus der Tasche und war im Begriff, sich ein ordentliches Stück davon abzuschneiden, da rief der Hauptmann mit donnernder Stimme: »Halt, Lehrling, das ist nun nichts für dich! Meister Koch, bring die halbverdorbenen, erfrorenen und sauer gewordenen Kartoffeln, die vom gestrigen Abendessen übriggeblieben sind, weil sie keiner essen konnte, die soll der Lehrling essen.«

»Wie soll ich das verstehen? Daß ich nicht mit den anderen essen darf?«

»Weißt du denn nicht, daß die Lehrlinge nicht mit den Gesellen und dem Meister essen?«

»Diese Erdäpfel könnt Ihr selbst essen, wenn Ihr wollt. Ich werde

Fleisch essen, wie all die anderen, denn genaugenommen bitte ich Euch ja nicht um Dinge, die Euch gehören. Die Hammel sind ebenso die meinen, denn ich habe sie geraubt, und ich bin derjenige, der schreien und Euch das Essen verbieten darf. Und kommt mir nicht mit noch mehr Schikanen, denn ich bin es, der Euch von dem ernährt, das er brav erarbeitet und erschwitzt hat.«

»Hier gehört niemandem etwas, sondern alles gehört allen und mir am meisten, denn ich bin der, der befiehlt. Wo hat man denn so etwas schon gesehen? Dein Recht auf etwas geltend machen zu wollen, das du geraubt hast! Haben wir es nicht auf der Straße des Königs geraubt, so rauben wir es dir. Und du mußt wissen, daß der, welcher raubt, niemals Gewinn daraus zieht und sich nicht für einen Herrn halten darf. Das, was einer geraubt hat, gehört dem Anführer, der ihn in den Hintern treten kann. Und der, welcher raubt, ist der Beraubte. Und nichts von dem, was du raubst, wird dir gehören. Hier, für dich gibt es nichts anderes als halbverdorbene und gefrorene und halbsaure Kartoffeln, und Schluß!«

»Also, wenn ein anderer mir ohne Gefahr und ohne Mühe rauben darf, was ich unter größter Anstrengung und Gefahr gestohlen habe, und wenn nichts von dem, was ich geraubt habe, mein sein kann, und ich auch keinen Gewinn sehen soll, dann möge ein anderer rauben; denn Arbeit bringt mehr als zu rauben und nichts zu verdienen. Ich lasse das Räuberhandwerk sein und gehabt Euch wohl!«

Und ohne auch nur einen Bissen anzurühren, ging der Räuberlehrling fort und lief nach Hause. Er ließ das Diebeshandwerk, für das er so begabt gewesen wäre, bleiben, und dank der Strenge des Hauptmannes wurde er ein anständiger Mensch und folgte dem Weg des Guten.

I encara deu ésser viu
si no s'ha mort
i tot això és veritat
com que el conte s'ha acabat
i turururururururat.
Und er muß noch leben,
Wenn er nicht gestorben ist;
Und das alles ist ja wahr,
Weil das Märchen auch ist gar
Und turururururururat.

80. Der Scharfrichter und die Handwerksburschen

Ein Schuhmacher, ein Schneider und ein Tischler wanderten miteinander und verirrten sich in einem großen Walde. Da mußte der Schneider als der Flinkste auf den Baum steigen, um sich nach Licht umzusehen, und als er es erblickte, gingen sie darauf zu. Sie kamen aber in ein Wirtshaus und bestellten das Abendbrot. Während es bereitet wurde, ging der Schuhmacher in die Küche, sich eine Pfeife Tabak anzustekken, da fand er das Dienstmädchen so traurig, und als er sie fragte, warum sie so betrübt wäre, sagte es, daß dies ein Räuberwirtshaus sei und daß sie über Nacht sterben müßten. Sie riet ihm auch, daß sie das Fenster in der Nacht öffnen und durch einen unterirdischen Gang entfliehen sollten. So taten sie es auch, fanden den unterirdischen Gang und gingen drei Stunden darin entlang. Als sie ans Tageslicht gekommen waren, sahen sie alsbald einen Mann, der ein Scharfrichter gewesen ist, auf einem Schimmel ihnen entgegenkommen. Weil sie aber ohne Sack und Pack aus dem Fenster gesprungen waren, so fragte der, woher sie kämen, und wiewohl sie versicherten, die Leute in jenem Wirtshause wären kreuzbrave Leute, so mußten sie doch mit dem Scharfrichter, der die Sache untersuchen wollte, wieder dahin zurück.

Als die Handwerksburschen mit dem Scharfrichter in das Wirtshaus traten, sprangen aus den Schlupfwinkeln sogleich elf Räuber hervor, der Wirt als Räuberhauptmann war der zwölfte. Sie wollten den Scharfrichter und die Handwerksburschen ergreifen, denn weil sie ihre Tornister im Stiche gelassen hatten und geflohen waren, so wußten die Räuber, daß sie Unrat gewittert hatten. Aber der Scharfrichter rief ihnen zu: »Ruhig Blut! Ich wollte diesen dreien wieder zu ihrem Gepäck verhelfen, doch weil ihr eurer zwölf seid, so können wir nicht mit euch darum kämpfen, sondern wollen uns ruhig in unseren Tod ergeben und uns ohne Widerstand von euch abschlachten lassen. Nur eines begehren wir dafür von euch, daß ihr uns noch einmal eine gute reichliche Mahlzeit vor unserem Tod zubereitet. Denn wißt, daß ich eine gefüllte Börse bei mir trage und auch die Handwerksburschen ein paar Pfennige in der Tasche haben. Nach der Mahlzeit soll jeder von uns einem jeden von euch den zwölften Teil seines Geldes in die Hand zählen, und dann mögt ihr uns getrost niedermetzeln, und nachher wird kein Streit um unser Geld bei euch entstehen.«

Das leuchtete den Räubern ein, denn Gott segnet ein so schlechtes

Gewerbe wie das Räuberhandwerk nicht, und noch immer war unter ihnen Blut geflossen, wenn sie die Schätze der Gemordeten unter sich geteilt hatten. Sie bereiteten also eine gute Mahlzeit zu, der Scharfrichter aber ließ seinen Reisesack ins Zimmer bringen und setzte sich mit den Handwerksburschen nieder. Während der Mahlzeit sprangen die Räuber als ihre Diener hin und her und brachten köstliche Speisen und herrlichen Wein. Der Scharfrichter aber befahl ihnen im stolzen Tone und hieß sie immer köstlicheren Wein herbeibringen, und sie erfüllten alle seine Befehle im Fluge.

Nach Tische befahl er dem Räuberhauptmann noch ein Licht zu bringen; weil aber bald die Zeit der Metzelei herankam, so brachte der eins, was ganz dunkel brannte. Da schalt der Scharfrichter ihn laut, brach es mitten auseinander und zündete es in der Mitte an, daß es lichterloh brannte.

Zuletzt hieß er ihn noch einmal Wein bringen und tat mit den Handwerksburschen noch einen Trunk. Dann standen sie auf, und die zwölf Räuber mußten sich an die Tafel setzen. Da öffnete der Scharfrichter seinen Mantelsack und zählte jedem Räuber seinen Teil an dem Gelde auf den Tisch, und jeder Räuber, dem er es hinzählte, verneigte sich vor ihm. Dann zogen auch die drei Handwerksburschen ihr Geld aus der Tasche, und der Tischler zählte jedem Räuber drei, der Schuhmacher jedem zwei und der Schneider jedem einen guten Groschen hin, und auch vor jedem Handwerksburschen verneigten sich nacheinander alle zwölf Räuber. Es hatte aber der Scharfrichter mit ihnen ausgemacht, daß sie nicht eher nach dem Gelde greifen dürften, bis jeder von allen sein Geld zugeteilt erhalten hätte; alsdann wolle er zählen, und sobald er »drei« sage, solle jeder zufassen.

Als der Scharfrichter »eins« sagte, hoben alle zwölf Räuber die Hände auf und als er »zwei« sagte, krallten sie dieselben begierig zusammen; als er »drei« sagte, faßte jeder zu, allein da hatte sie in demselben Augenblick der Scharfrichter alle zwölf an den Tisch festgebannt. Da mußte der flinke Schneider zur Stadt laufen und Soldaten holen. Da wurden die Räuber alle gerädert; die Handwerksburschen aber erhielten das Geld, welches die Räuber gesammelt hatten, und waren zeitlebens glücklich.

81. Drei Diebe

Es waren einmal drei Männer zusammen im Fasching, und die drei waren ohne Geld. Sie besprachen, was sie machen sollten: »Es ist Faschingszeit, Geld haben wir nicht, aber essen muß man.«

Der eine sagt: »Ich sorge für Wein.«

Der andere sagt: »Ich sorge für Hühner.«

Und der dritte sagt: »Und ich sorge für Brot!«

Er macht sich auf mit einem Sack in der Hand und geht geradewegs zum Bäcker, hatte aber lediglich drei Pfennige im Sack, um den Bäkker zu betrügen. Er sagt zum Bäcker: »Schau mal ins Buch, denn mein Vater hat noch Schulden bei dir.«

Der Bäcker sagt daraufhin zu ihm: » Mit schuldet dein Vater kein einziges Carà!«

»Er ist dir diese drei Heller schuldig geblieben, das hat er mir im Testament hinterlassen, denn gestern abend ist mir der Vater gestorben.«

Der Bäcker nimmt darauf von ihm die drei Heller, und der andere will sich wieder auf den Weg machen. Da sagt der Bäcker zu ihm: »Beeil dich nicht, bleib doch sitzen und trink einen Kaffee.«

»Ich habe keine Zeit, um noch hier zu bleiben. ich muß gehen, um mir noch bei dem anderen Bäcker Brot zu holen.«

»Warum nimmst du das Brot denn nicht von hier?«

»ich bin dort alter Kunde.«

Darauf sagt der Bäcker: »Aber dein Vater war doch auch bei mir ein alter Kunde!«

»Ja, das stimmt natürlich, aber ich habe heute nicht so viel Geld mit. Wenn ich den Vater begraben habe, dann bringe ich es dir.«

Der Bäcker sagt: »Wegen des Geldes macht es weiter nichts, nimm Brot, so viel wie du brauchst, und das Geld bring mir, wann du willst.« Und der füllte den Sack mit Brot und ging nach Hause.

Der andere nahm einen Schlauch, füllte ihn zur Hälfte mit Wasser. Er geht in ein Gasthaus, sagt zum Wirt: »Gib mir zehn Oka Wein.« Der Wirt nimmt Maß und gießt ihm zehn Oka Wein in den Schlauch. Er sagt zum Wirt: »Das Geld bringe ich morgen«, und der Wirt sagt zu ihm: »Ohne Geld gibt's nichts!«

»Wenn ich es nicht ohne Geld kriege, dann nimm deine Sache wieder.«

Der Wirt nimmt und mißt ihm zehn Oka Wein, so viel, wie er in den

Schlauch hineingegossen hatte, wieder ab. Dann geht er zu einem anderen Wirt, sagt zu ihm: »Miß mir zehn Oka Wein!« Der Wirt mißt sie ihm schnell, der andere sagt zu ihm: »Das Geld bringe ich dir morgen.«

»Ohne Geld läuft hier nichts!« sagt daraufhin der Wirt.

»Da hier ohne Geld nichts gegeben wird, nimm deine Sache wieder.« Der Wirt trennte den Wein, den er hineingegossen hatte, und so wurde ihm Wasser zu Wein. Er geht nach Hause mit dem Weinschlauch, und der dritte geht, um Hühner zu kaufen.

Er findet eine Bäuerin, die einen Korb mit Hühnern hatte. Er macht mit der Bäuerin einen Preis ab und sagt zu ihr: »Komm mit mir, den ich bin der Diener des Priesters. Laß uns gemeinsam zum Priester gehen. ich werde ihm sagen, daß du die Besitzerin der Hühner bist, und er wird dir das Geld für die Hühner geben.« Die beiden gehen zum Priester und finden ihn bei der Beichte. Der Hühnerdieb geht und flüstert dem Priester ins Ohr: »Die Frau da hat schon viele Jahre nicht mehr gebeichtet, und anderes hat sie nicht im Sinn, außer daß sie Geld verlangt. Wenn du ihr ihre Fehler austreiben kannst, dann hast du die große Gnade, eine Seele gewonnen zu haben.«

Der Priester sagt: »Ja, ja, unternehmt nichts, ich will sie gleich zur Beichte rufen.«

Er sagt zum Priester: »Herr, winke ihr mit der Hand, daß sie dableibt!« Und der Priester erhebt die Hand und winkt damit der Bäuerin, daß sie warten soll. Der Dieb der Hühner geht zur Bäuerin, um die Hühner zu nehmen, und sagt zu ihr: »Bleib hier und warte, denn gleich wird dich der Priester rufen und dir das Geld geben.«

»Ja, ja, ich bleibe hier, denn ich habe gesehen, daß der Priester mir schon mit der Hand zugewunken hat. Nun ging er mit den Hühnern nach Hause und war guter Dinge.

Der Priester ruft die Bäuerin, sie geht zum Priester. Er sagt zu ihr: »Kniet nieder!« Sie kniet nieder. »Mach ein Kreuz!« Und gleich fragt er weiter: »Seit wann hast du nicht mehr gebeichtet?

Sie sagt: »Herr, ich will das Geld, ich habe keine Zeit, um zu beichten!«

»Tochter, schlag dir das Geld aus dem Sinn und setz dem Teufel den Fuß auf!«

»Ich will das Geld für die Hühner, ich habe keine Zeit, hier mit dir zu schwatzen!«

Doch der Priester fährt unbeirrt fort: »Mach ein Kreuz, denn der Teufel kommt, um dich in Versuchung zu bringen.«

Sie packt den Priester: »Ich will das Geld für die Hühner, die mir dein Diener abgenommen hat.«

»Welche Hühner?« fragt der Priester erstaunt.

»Die Hühner, die dein Diener gekauft hat! Er kam doch zu dir und flüsterte dir etwas ins Ohr, und du winktest mir mit der Hand zu warten und das Geld in Empfang zu nehmen.«

Der Priester sagt: »Der hat nichts von Hühnern gesagt, sondern mir zugeflüstert, daß ich dich zur Beichte nehmen soll!«

Sie sagt zum Priester: »Ich habe keine Not zu beichten, denn ich bin nicht auf den Tod krank, aber ich will das Geld von dir.«

Und so mußte der Priester das Geld für die Hühner zahlen. Die Bäuerin ging wieder ihrer Arbeit nach, und der Priester blieb mit leeren Händen sitzen.

82. Wie ein Viehtreiber den heiligen Antonius vertrat

Es war einmal ein Dorfpfarrer, der bewahrte in seiner Kammer ein Standbild des heiligen Antonius auf, und das pflegte er alljährlich am Festtag des Heiligen in der Kirche auf dem Altar für das Volk zur Verehrung auszustellen, um zugleich Spenden für die Kirche einzusammeln.

Der Pfarrer besaß aber auch eine Melkkuh, und hatte seine Wirtschafterin einen Kübel Milch vollgemelkt, so trank sie ihn regelmäßig selber aus, bestrich dem heiligen Antonius den Mund mit dem Rest und beschwerte sich dann beim Pfarrer: »Pfarrer! Der heilige Antonius hat schon wieder die ganze Milch ausgeschlürft!«

Der Pfarrer ertrug stillschweigend einen Monat hindurch diese Ungehörigkeit, doch bekam er sie allmählich satt, ergriff in seinem Unmut eine Zimmermannsaxt und spaltete dem Standbild des heiligen Antonius den Kopf.

Später bereute er seine voreilige Tat und begann nachzudenken, wie er sich nun am herannahenden Festtag des Heiligen aus der Patsche helfen könnte. Zuletzt verfiel er auf den rettenden Gedanken, einen durch das Dorf ziehenden Viehtreiber anzusprechen und ihn zu bitten, sich als heiligen Antonius einkleiden, ihn in der Kammer aufstellen und am nächsten Namenstag des Heiligen auf den Altar hintragen zu lassen.

Es versammelte sich die Gemeinde zur Andacht um den Altar. Ernst und voller Würde schaute der Viehtreiber auf die frommen Leutchen herab. Das Stehen machte ihm nichts aus. Befriedigt sah er von seinem Platz herunter, bis sich ihm eine Fliege dreist auf die Nasenspitze setzte und ihn in seiner Ruhe störte. Er mußte sie mit einer Handbewegung verscheuchen. Fing das Volk zu schreien an: »Pfarrer, sollst nicht leidbeladen sein! Schau das Wunder an!«

Inzwischen flog dem Viehtreiber eine andere Fliege auf die Stirn und stach ihn. Er rief zornig aus: »Pfarrer! Zwar habe ich mit dir ausgemacht, die Kerzenhitze zu vertragen, aber doch, bei Gott, nicht, daß ich mich von den Schmeißfliegen zerstechen lassen muß!«

Rief so und sprang vom Altar herab, der Pfarrer jedoch schrie ihm nacheilend nach: »Antonius, kehr zurück, so dir Gottes Glaube heilig ist!«

Das Volk hatte es gleich heraus, was für einen Schwindel der Pfarrer versucht hatte. Man rannte ihm und dem Viehtreiber nach, holte beide ein, prügelte sie durch und schmiß sie als Heiligtumsschänder in ein Hundeloch hinab.

Von der Zeit an betet das Volk allein zu Gott in der Dorfkirche und duldet keinen Pfarrer mehr.

83. Bauernschläue

Zwei Bürger und ein Bauer unternahmen einst eine Wallfahrt nach Mekka, und sie hatten sich vorgenommen, ihr Essen und Trinken miteinander zu teilen, bis sie nach Mekka gekommen waren. Aber dann gingen ihre Vorräte aus, sie hatten lediglich noch ein bißchen Mehl für ein einziges kleines Brot.

Als sie das sahen, sagten die Bürger untereinander: »Wenig Brot haben wir, und unser Gesell ist gar gefräßig. Darum müssen wir beraten, wie wir ihn um seinen Teil an dem Brot bringen und, was für uns alle wäre, allein aufessen können.«

Und sie hatten eine Idee. Sie wollten das Brot kneten und backen und während des Backens sich hinlegen und schlafen, und wer dabei den besten Traum haben würde, der sollte das Brot allein essen dürfen, und diesen Vorschlag machten sie nicht ohne Hintergedanken, weil sie den Bauern für zu dumm zu derartigen Ränken hielten. Und sie kneteten das Brot und legten es ins Feuer, und dann streckten sie sich aus, um zu schlafen. Der Bauer aber, der ihre Hinterhältigkeit ahnte, nahm, während die beiden schliefen, das nach halbtrockene Brot aus dem Feuer, aß es auf und legte sich wieder zum Schlafen nieder.

Der eine der beiden Bürger tat so, als führe er vor Schrecken aus dem Schlaf, und rief seinen Gesellen an, und der sagte: »Was ist mit dir?« und er antwortete: »Einen wundersamen Traum habe ich gehabt! Zwei Engel öffneten mir die Pforten des Himmels und nahmen mich und führten mich vor den Herrgott.« Und sein Gesell sagte: »Fürwahr, ein wunderbarer Traum, den du gehabt hast. Ich habe geträumt, mich führten zwei Engel, und sie spalteten die Erde und brachten mich direkt in die Hölle.«

Der Bauer stellte sich, obgleich er alles gehört hatte, weiter schlafend, die Bürger jedoch, die Betrogenen, die betrügen wollten, riefen ihn an und weckten ihn, und er antwortete ihnen, wobei er listigerweise auch so tat, als sei er erschrocken: »Wer ruft mich?«

»Deine Gefährten!«

»Seid ihr denn schon zurück?«

»Wo sollen wir denn gewesen sein, daß wir zurückgekommen sein sollten?«

Darauf der Bauer: »Ich hatte einen sonderbaren Traum. Mir träumte, daß zwei Engel gekommen waren. Und die nahmen den einen von euch und öffneten die Pforten des Himmels und führten ihn vor Gott, und dann nahmen den anderen zwei Engel und führten ihn durch die geöffnete Erde in die Hölle. Und als ich dies sah, da dachte ich, daß ihr nicht mehr wiederkommen würdet, und so bin ich aufgestanden und habe das Brot gegessen.«

84. Der pfiffige Bursche

Es war einmal in alter Zeit ein Bursche, der lebte mit Vater und Mutter zusammen. Vater und Mutter waren beide im Haushalte eines Reichen im Dienste. Der Herr dieses Hauses gab einem Lama-Mönch jeden Tag das Essen.

Eines Tages rief der Reiche nach dem Burschen und trug ihm auf, dem Lama das Essen zu bringen. Der Bursche dachte, daß er unterwegs wohl von den Speisen kosten würde, da sie doch wohlschmekkend seien. Und wie er nun auf dem Wege ein wenig davon kostete, dachte er immer wieder daran. Als er so immer noch ein bißchen und noch ein bißchen aß, hatte er zum Schluß die Hälfte der Speisen aufgegessen. »Der Lama wird sehen, daß ich von dem Essen gekostet habe, und wird mich schimpfen!« dachte er. »Wie kann ich es ihm sagen, wenn ich zum Lama komme?«

Kaum war der Bursche eingetreten, als ihn der Lama schon fragte: »Weshalb ist der Hausherr nicht selber gekommen?«

Da antwortete der Bursche pfiffig: »Der Mann ist verrückt geworden und hat dein Essen aufgegessen. Er schimpfte und sagte, daß er dich mit der Axt erschlagen werde. Daher haben die Frauen mich mit dem Essen zu dir geschickt, damit ich es dir gebe!«

Der Lama wurde darüber böse und jagte den Burschen aus dem Hause.

Der Bursche kehrte nun zurück und sagte zu dem Herrn des reichen Haushaltes: »Der erhabene Lama hat gesagt, Ihr sollt die Axt nehmen und gleich das Tor seines Hauses in Ordnung bringen!«

Dies hielt der reiche Mann für wahr. Er nahm seine Axt und machte sich zum Lama auf den Weg. Als ihn der Lama sah, dachte er: »Der ist tatsächlich verrückt geworden und kommt nun, um mich zu töten!« Und er machte, daß er fortkam.

Wie der reiche Mann nun ankam, war der Lama nicht in seinem Haus. Als er das Tor besah, war dieses auch nicht beschädigt, sondern ganz. Da dachte er sich: »Damit muß ich mich abfinden, daß mich der Bursche angelogen hat. Aber wenn ich nach Hause komme, werde ich ihm eine schöne Tracht Prügel geben!« Dann kehrte er nach Hause zurück.

Inzwischen war die Frau des reichen Mannes nach der Siedlung gekommen, um einen Besuch zu machen. Der Junge paßte sie ab und sagte: »Euer Mann ist verrückt geworden, hat sein Beil genommen und gemeint, daß er den Lama erschlagen werde. Er wird auch Euch noch töten!« Die Frau sah tatsächlich, daß ihr Mann kam und eine Axt trug. Da lief sie davon.

Als nun der Mann kam, paßte der Bursche auch ihn ab und sagte: »Wie man hört, ist auf der Sonnenseite des Westberges eine Vase voll mit Silber in der Erde vergraben. Deine Frau hat gesagt, daß du dorthin gehen sollst, sobald du kommst, und sie selbst ist schon gegangen, dies zu suchen und auszugraben!«

Der Reiche hörte nur das Wörtchen ›Silber‹, und schon vergaß er alles, was vorher gewesen, und ging voller Freude hinter seiner Frau her.

Die Frau dachte: »Wenn er gesagt hat, er will mich töten, dann lauf ich lieber!«, und sie lief noch weiter davon.

Der Mann nun sagte: »Die läuft deshalb wohl so rasch, weil sie ganz allein soviel Silber finden und in Besitz nehmen will!« Er geriet in Zorn und bemühte sich, noch mehr hinter ihr herzulaufen. Aber soviel er auch rannte und hetzte, er erkannte, daß er sie doch nicht erreichen konnte und daß der Junge ihn angeführt hatte. »Den töte ich!« sagte er. Als er aber nach Hause kam, war der Junge gerade dabei, Reißaus zu nehmen.

Der Bursche, vom Geburtsort, vom Vater, der ihm das Leben geschenkt, und von der Mutter weit entfernt, litt durch Tage und Nächte Hunger. Als er es gar nicht mehr aushalten konnte, brach er auf und ging, bis er eine Siedlung fand. In dieser Siedlung lebte nur eine Alte mit ihrer Tochter. Der Bursche ließ sich nun auch in dieser Siedlung nieder und lebte dort. Nahe dieser Siedlung lebte ein reicher, habsüchtiger und grausamer Fürst. Dieser Fürst, so reich er schon war, wollte immer noch mehr Reichtümer besitzen, und danach handelte er auch.

Nach mehreren Jahren starb die Alte, und der Bursche und die Tochter bildeten nun die ganze Familie. Eines Tages fand der Bursche einen Wurzelstock. Er wickelte diesen in einen Khadak-Geschenkstreifen ein, und als er ihn so eingepackt hatte, sagte er zu seiner Frau: »Morgen kommt der Herr, um von uns Steuer zu holen! Daß du dich bloß hinlegst, so, als ob du gestorben seist. Wenn dann der Herr schließlich zu uns gekommen ist, schlage ich dir dreimal mit dem Holz auf den Kopf. Beim erstenmal Schlagen holst du Atem, beim darauffolgenden Schlag bewegst du dich und beim dritten Schlag stehst du auf!«

Zu der Zeit, da der Herr kam, war der Bursche nicht in der Jurte. Als der Bursche dann hereinkam, sagte der Herr: »Dein Weib ist tot!«

»Was ist denn das? Was soll ich bloß tun? Warum ist sie gestorben!« rief er und weinte voller Heuchelei. Dann tat er plötzlich, als sei ihm etwas eingefallen. Er nahm aus der Truhe das Holzstück, und als er damit seine Frau einmal auf den Kopf schlug, fing diese zu atmen an. Als er zum zweiten Mal zuschlug, bewegte sich die Frau. Als er zum dritten Mal zuschlug, stöhnte sie und erhob sich. Als der Herr das sah, sagte er: »Dieses Holz will ich haben. Willst du von dem Ganzen nichts abgeben?« Nun sagte der Bursche, daß er davon nichts abgeben könne. Der Herr wiederum sagte, er wolle es um jeden Preis haben, und zwar das ganze Holz. Da sagte der Bursche: »Gut, Herr, dann will ich es Euch geben. Außer Euch würde ich es keinem andern Menschen geben!« sagte er und gab es ihm dann zu einem sehr hohen Preis.

Der Herr dachte, daß er ja des Holzstücks Zauberkraft gesehen habe, und als er eines Tages seine Frau fast totgeschlagen hatte, schlug er sie, wie dieser damals, damit, aber es nützte nichts. Da dachte er, daß ihm auch hier der Bursche eine Lüge erzählt habe.

»Eines Tages werde ich ihn foltern und töten!« beschloß er. »Wie ich ihn auch umbringe, es wird auf jeden Fall gut sein!« sagte er und beriet sich mit seinen Beamten.

Da sagte der Bursche: »Ich habe doch nichts Falsches getan! Du hast mein Holz ganz genommen. Nun hast du selbst deine Frau getötet. Ja, so ist das eben!«

»Ob du mich in die Haut von acht Rindern einbindest und ins Meer wirfst oder mich auf eine andere Art tötest, auf welche Weise du mich umbringst, ist mir gleich!« sagte er. Darauf dachte der Herr. »Das ist wirklich eine gute Art!« Er ließ ihn in die Rinderhaut einbinden und zum Meer bringen, um ihn hineinzuwerfen. Auf dem Wege übernachteten sie bei einem Kaufmann, der für seinen Reichtum bekannt war. Dieser Kaufmann war kahlköpfig. Er bot dem Herrn gutes Essen, Branntwein und Wein an. Dann sagte er zu sich: »Er hat mir aber ein großes Geschenk gebracht. Was das wohl sein mag?« Als er dann hinausging und nachsah, was da in der Haut drinnen war, da kam ein Mensch daraus hervor.

»Wie bist du denn in die Haut gekommen?« fragte er ihn.

»Ich habe eine Glatze gehabt!« sagte der. »Nun hat unser gnädiger Herr gesagt, daß er meinen Glatzkopf heilen könne, und er hat mich in die Haut gebunden und hierher gebracht. Jetzt ist er beinahe wieder gut, und es sind auch schon wieder Haare zu sehen!«

Dies hielt der Kaufmann für wahr.

»Dein Kopf ist jetzt gut geworden!« sagte er. »Es ist nicht nötig, daß du da wieder in die Haut hineingehst. An deiner Stelle werde ich mich in die Haut legen!« Aber der Bursche war unlustig, zeigte gar nicht, wie bereitwillig er eigentlich doch war, und sagte erst zum Schlusse: »Ja!«

Nun legte der Kaufmann seine Kleider ab und ließ sich in die Haut einschnüren. Der Bursche zog die Kleidung des Kaufmanns an und ging hinein. Da der Herr betrunken war, erkannte er den Burschen nicht.

Ganz früh am Morgen nahm der Herr sein Lederbündel und zog weiter und warf es in das Meer.

Nun nahm der Bursche all die wertvollen Besitztümer des Kaufmannes an sich und ging nach Hause. Als der Herr zurückkam, war der Bursche reich geworden. Als der Zurückgekehrte dies sah, staunte er darüber sehr, und eines Tages beschied er ihn zu sich und fragte ihn, wie er denn aus dem Meer herausgekommen sei.

»Als ich in das Meer hineinfiel, ging ich unter und kam zum Schlangenkönig. Der hat diese vielen Dinge gegeben und mich zurückgeschickt. Wenn ich durch die richtige Türseite eingetreten wäre, hätte er mir noch viel mehr gegeben. Aber unwissend bin ich durch die falsche Tür gegangen!«

Der Herr war nun sehr bestrebt zu wissen, wo der Schlangenkönig lebe, wie man zu ihm gehe und was man sagen müsse, und fragte danach und dergleichen ganz genau. Dann nahm der Herr alle seine Beamten, um zum Schlangenkönig zu gehen, und eines Tages ging er mit ihnen an das Meeresufer.

Der Bursche sagte zu den Beamten: »Ihr sollt einen langen Stock nehmen, wenn ihr in das Meer geht. Und wenn ihr diese Dinge findet, dann winkt mit dem Holz!« Dann gingen diese in das Wasser.

Als der Herr in das Wasser hineinging, verlor er bald den Grund, fuchtelte mit dem Stock in der Luft herum. Die Beamten dachten, er riefe sie, und folgten ihm nach und starben auch.

So war der grausame, habgierige Herr dieses Gebietes nicht mehr, und der Bursche lebte in Frieden und Freude.

85. Die Dalekarlier

Da waren einmal sechs Männer aus Dalarna, die wollten hinaus in den Almwald und Holz für Zaunlatten schlagen. Aber es war weit bis dorthin, und da wurden sie unterwegs hungrig und wollten versuchen, sich etwas zu essen zu verschaffen. Da erblickten sie ein Eichhörnchen oben auf einer Kiefer, und einer von ihnen kletterte hinauf und wollte es ergreifen und sich so eine Zuspeise besorgen. Aber das Eichhörnchen, das sprang natürlich weg auf eine andere Kiefer. Da sagte der Dalekarlier: »Wenn du dich traust, wo du viel kleiner bist, da werde ich mich auch trauen, wo ich viel größer bin«, und dabei sprang er und landete auf dem Boden, und da erschlug er sich.

Nun wußten sie dort von einer Bärenhöhle, und so wollten sie den Bären fangen – der würde auch mehr ausgeben –, und deshalb kroch einer von den Dalekarliern hinein, und einer stand draußen mit der Schlinge und gab acht. Das Ende der Schlinge band er sich um den Leib, und als der Bär in die Schlinge lief, da zog er den Dalekarlier mit sich. Da riefen die anderen: »Stemm dich gegen die Kiefern, da hast du Halt!«

»Wie soll ich mich gegen die Kiefern stemmen, wenn ich nur bei jedem neunzehnten Sprung einmal auf den Boden komme?« Und so brachte der Bär den armen Kerl ums Leben. Dann gingen sie zu einer Frau ins Haus, die hatte gerade Mehlsuppe gekocht und den Topf auf den Fußboden gestellt, und als die hereinkamen, da brodelte es noch in dem Topf, und da glaubten sie, daß der Topf ohne Feuer koche und gaben keine Ruh, bis die Frau ihnen den Topf verkaufte. Dann gingen sie hinunter zu einem See und schlugen ein Loch ins Eis und taten Wasser in den Topf und warteten darauf, daß es anfinge zu kochen. Aber da kochte gar nichts, natürlich nicht. Da machten sie ein großes Feuer unter dem Topf an, und von der Wärme schmolz das Eis, und der Topf sank auf den Grund, und dabei brodelte es. Da sagten sie: »Schaut nur, jetzt kocht er!« Einer von den Dalekarliern nahm eine Schöpfkelle und sprang dem Topf nach, und dann sprang noch einer hinein, um zu sehen, wie's seinem Kameraden ging. Der letzte kam noch einmal an die Wasseroberfläche zurück und streckte die Hand aus und wollte, daß sie ihm halfen. Aber sie dachten, er möchte einen Löffel, und so steckten sie ihm einen in die Faust, und sofort versank er. Da hatten die letzten Angst, daß die anderen den Topf leeressen würden, und so sprangen sie schließlich auch ins Wasser und ertranken. Und auf die Weise gingen sie alle zusammen drauf.

86. Harm in der Hölle und im Himmel

Da war einmal ein Besenbinder. Der hieß Harm, seine Frau hieß Grete. Beide banden in der Woche fleißig Besen, und am Sonnabend ging Harm in die Stadt und verkaufte die fertigen Produkte. Gewöhnlich aber trank Harm dann in der Stadt so viel, daß er kaum nach Hause fand. Grete sagte ihm oft: »Trink doch nicht soviel, du säufst dich noch zu Tode. Das Geld haben wir auch so nötig! Wenn du weiter soviel trinkst, wirst du auch nicht in den Himmel kommen!« Allein Harm scherte sich nicht darum und meinte immer, für dieses Mal wolle er sich noch einen schönen Tag machen, nachher würde es dann besser.

So war Harm denn auch einmal mit einem ganzen Haufen Besen in der Stadt gewesen und hatte gut verkauft. Deshalb, dachte er, könne er jetzt einen Guten trinken. Aber er fand kein Maß, hatte zuviel getrunken, so daß er unterwegs niederfiel und einschlief.

Nun traf es sich, daß ein Edelmann, welcher in der Nähe wohnte, hier vorbeifuhr. Zu dem sagte sein Diener, daß der Besenbinder dort liege und wieder ganz besoffen sei. Da befahl der Edelmann dem Kutscher anzuhalten und ließ den Besenbinder in den Wagen heben. »Mit dem«, sagte er, »wollen wir uns einen Spaß machen.« Als sie bei des Edelmannes Schloß ankamen, schlief Harm noch ganz fest. Behutsam, daß er nicht aufwache, wurde er aus dem Wagen gehoben und in den Keller gebracht. Dort gossen sie Branntwein auf den Fußboden, zündeten ihn an und warfen noch allerhand stinkende Sachen hinein, dann überschütteten sie Harm plötzlich mit kaltem Wasser, daß er aufwachte. Wie Harm sich ein wenig umsah, war es ganz finster um ihn, und es war ein Qualm und Gestank, daß er sich gar nicht fassen konnte. Nun erblickte er von weitem glühende Kohlen, meinte aber, es sei ein glühendes Gesicht. Da glaubte er, er sei in seinem Rausche gestorben und in die Hölle gekommen, fing an zu jammern, fiel auf seine Knie und betete zu Gott, er solle sich doch noch einmal seiner erbarmen und ihm helfen; er werde gewiß nie wieder Branntwein trinken. Zuletzt rief er mit lauter Stimme: »Gott erbarme dich meiner, o heiliger Petrus, komm und hilf mir, ich will auch allzeit fromm sein!« Der Edelmann, welcher alles mit angehört hatte, zog ein weißes Gewand an und ließ auch seinen Diener sich weiß kleiden, ging zur Kellertür, und als Harm nochmals ausrief: »Petrus, hilf mir!«, öffnete er rasch die Tür, nahm Harm bei der Hand und sagte: »Dein Gebet hat Gott noch einmal erhört. Ich komme, dich aus der Hölle zu befreien.«

Damit griffen auch die Diener zu und führten Harm, ehe er sich besinnen konnte, in einen großen und prächtigen Saal, der war schöner als alles, was Harm in seinem Leben gesehen hatte, und in der Mitte stand ein großer Tisch mit köstlichen Speisen und allerlei Getränken, und mehrere Musikanten machten herrliche Musik. Harm war vor Freude ganz außer sich, denn er glaubte, er sei im Himmel, fiel vor dem weißen Mann, der ihn aus der Hölle befreit hatte und der seiner Meinung nach der oberste sein mußte, auf die Knie und sagte: »O Gott, ich danke dir, daß du mich erhört hast. Was bin ich jetzt glücklich, nun will ich allzeit tun, was du willst!«

Darauf sagte der weiße Mann, er solle sich erst an den Tisch setzen und essen und trinken. Harm ließ es sich auch gut schmecken, aber trinken wollte er anfangs gar nicht. Da sagten sie zu ihm, er müsse hier noch einmal tüchtig trinken, dann könne er nachher alles vertragen, und Gott wolle es so haben. Da besann Harm sich auch nicht lange und trank so viel, daß er wieder von einem festen Schlaf übermannt wurde. Nun hoben sie ihn abermals in den Wagen, fuhren zurück zu der Stelle am Wege, wo er gelegen hatte, legten ihn dort nieder und fuhren nach Hause.

Als Harm endlich erwachte, riß er seine Augen auf und sah, daß er in der Heide lag. Da sagte er bei sich: »Sieh, nun hat Gott dir gezeigt, wie es in der Hölle und wie es im Himmel ist, und nun ist es ausgemacht, du trinkst dein Leben lang keinen Branntwein mehr, damit du doch nicht in die Hölle kommst, denn da ist es gar nicht auszuhalten!« Als er nach Hause kam, schalt Grete und sagte: »Wo bist du diesmal so lange gewesen, wo hast du herumgelegen?« Er aber antwortete: »Grete, Grete, ich bin in der Hölle und auch im Himmel gewesen.«

»Ach was«, rief Grete aus, »du bist ja immer noch besoffen«, und wollte es nicht glauben. Harm beteuerte es jedoch so fest und erzählte ihr alles so genau, wie es ihm ergangen war, wie schrecklich es in der Hölle gewesen und wie prächtig im Himmel, und daß er einen Eid darauf schwören könne, daß alles wirklich wahr sei, bis Grete es endlich auch glaubte. Zuletzt sagte er: »O Grete, ich will mein Leben lang keinen Schnaps mehr trinken und auch sonst fromm sein, und sei du doch auch fromm, daß wir zusammen in den Himmel kommen. O Grete, wenn du wüßtest, wie schön es dort ist, und dann, Grete, wenn wir da sind, wollen wir recht lustig leben.« Harm hat nachher tatsächlich Wort gehalten und nie wieder Schnaps getrunken, auch später zu manchem Bekannten gesagt: »Wenn du gewesen wärst, wo ich gewesen bin, so hättest du das Schnapstrinken wohl auch sein gelassen!«

87. Die Magd der Alten von Béara

Die alte Frau von Béara hatte eine Magd, und als die Alte einmal lange von zu Hause fort war, glaubte das Mädchen, sie würde niemals wiederkommen. Da stellte sie alles im Hause auf den Kopf, es ging nur so drunter und drüber mit Haus und Besitz der Alten. Als diese dann heimkehrte, war sie zornig und jagte das Mädchen fort. Jammernd zog es ab.

Im Dorfe hatte sie einen Verwandten. Das war ein schon betagter Mann. Er nahm sie auf, und als sie sich dort einfand, lachte sie glattweg und meinte: »Ein bißchen Verwandtschaft ist mehr wert als Freundschaft!«

Der Alte, der sie aufnahm, hieß Tadhg und heiratete sie nach ein paar Wochen. Er hatte ein wenig Besitztum. Um es kurz zu sagen: es bestand aus einer Kuh und einem Kohlgarten. Es war nicht viel Gras vorhanden für die Kuh, doch auf dem Hausdach wuchsen reichlich Quecken und Gräser. Tadhg sprach zu Eilis – so hieß nämlich das Mädchen –, sie wollten die Kuh auf das Dach schaffen, damit sie die Gräser abfraß. Tadhg packte die Kuh am Schwanze und Eilis sie an den Hörnern an, und dann versuchten sie das Tier hochzuheben. Aber ihre Kräfte reichten dafür nicht aus.

»Jetzt hab ich's, wie ich die Kuh nach oben kriege!« sagte Tadhg zu Eilis, »geh hinein und hole mir die Axt!« Eilis ging und brachte die Axt an. Tadhg schlug der Kuh den Kopf ab und warf ihn auf das Dach der Hütte. Dort lag er drei Tage, dann sah Tadhg nach und sagte zu Eilis: »Ich weiß nicht«, meinte er, »was der Kuh im Kopfe steckt. Sie fraß noch keinen Bissen von den Gräsern!«

Er stieg hinauf und warf den Kopf wieder herunter. Er glaubte, er könne ihn nun wieder am Leibe festmachen. Aber das wollte ihm nicht gelingen.

»Gott sei meiner Seele gnädig«, sagte er zu Eilis, »die Kuh ist tot.«

»Gott nehme sich meiner armen Seele an und nicht der Teufel!« sprach Eilis. »Du bist schuld.«

Er nahm die Kuh und zerhackte sie in lauter kleine Stücke. Dann zählte er alle Kohlköpfe im Garten. »Nun«, sprach er zu Eilis, »da hast du ein Stück Fleisch zu jedem Kohlkopf im Garten. Lege nun zu jedem Kopf eine Fleischportion. Auf diese Weise wissen wir doch, daß wir zu jedem Kohlkopf ein Stück Fleisch haben.«

So geschah es denn. Sie tat, was er sagte. Am nächsten Morgen, als er aufstand, sah er in den Garten. Da fand sich dort weder Kohlkopf noch Fleisch vor. Mit Beginn der Nacht hatten die Hunde im Dorf alles aufgefressen.

Nun war er ohne das eine wie das andere. Eilis hatte große Angst, ihn könnte plötzlich die Wut packen, daß er sie dann verprügelte. Sie ging ins Haus hinein, und er aufs Feld hinaus auf Arbeit. Beim Hinausgehen sagte er zu Eilis, sie sollte um neun Uhr das Frühstück bereitmachen.

Eilis setzte den Kochtopf auf, um für Tadhg eine Suppe zu kochen. Als das Wasser anfing zu kochen, holte sie sich den kleinen Mehlsack an den Herd und öffnete ihn, um das Mehl in den Topf zu schütten. Indem sie das tat, biß sie ein Floh ins Bein, und als sie das Kleid lüftete, sprang ihr der Floh in den Mehlsack.

»Oh weh! Oh weh!« rief sie. »Wenn Tadhg den Floh in der Suppe findet, bringt er mich noch um!« Damit nahm sie den Beutel Mehl und trug ihn in den Garten, nahm ein Laken mit und breitete es am Boden aus. Dann fing sie an, das Mehl auszuschütten. Sie glaubte, der Floh würde aus dem Mehl springen. Als sie das letzte ausgeschüttet hatte, blickte sie auf das Laken am Boden. Da lag auch kein Körnchen Mehl mehr auf demselben! Der Wind hatte alles fortgeweht.

»Oh weh! Oh weh!« rief sie aus. »Jetzt habe ich kein bißchen zu essen für mich und Tadhg, wenn er heimkommt. Er wird mich umbringen!«

Nun kam Tadhg und fragte, ob sie ein bißchen zu essen hätte. Eilis erzählte ihm, was passiert war – so wie ich es euch hier erzählte. Da sagte Tadhg zu Eilis: »Mach dich schnell fertig. Wir wollen fort von hier. Haben wir hier nichts mehr zu essen, haben wir hier auch nichts mehr zu suchen.«

Tadhg ging hinaus, und Eilis folgte ihm. Beim Hinausgehen sagte er ihr, sie sollte die Tür hinter sich anziehen. Was er meinte, war, sie sollte die Tür zumachen. Aber die Angst hatte Eilis so verwirrt, daß sie meinte, er hätte den Befehl ungenau ausgedrückt und wollte, daß sie die Tür hinter sich herzöge. Sie nahm sie also aus den Angeln und schleppte sie während des ganzen Tages hinter sich her, bis endlich die Nacht kam. Und die Nacht kam, finster und düster, rauh und eisig, naßkalt und hagelig. Die Steine zerbarsten vor Frost! Eilis war am Ende ihrer Kraft wegen der Türe, die sie hinter sich herschleppte, und weil sie elend ausgehungert war.

Das erste Wort, das Tadhg während des ganzen Tages sprach, war jetzt dies: »Wir können ganz gut hier in diesen Wald gehen und den Morgen dort abwarten.«

Sie gingen hinein und ließen sich unter einer Ulme nieder. Eilis sagte zu Tadhg: »Hier draußen herum wird es viele Räuber geben während der Nacht. Wenn die uns finden, ermorden sie uns. Besser, wir klettern auf den Baum hinauf!« Tadhg stieg hinauf, wie Eilis ihm vorgeschlagen hatte, und sie folgte ihm. Die Tür zog sie hinterher. Denn sie hatte Angst, Tadhg möchte sie prügeln, wenn sie sie unten am Boden ließ und er sie oben im Baum ohne Tür fand.

Sie saßen gar nicht lange auf dem Baum, da kamen vier Räuber an. Sie hatten ein Schaf bei sich. Unter dem Baum, in dem Tadhg und Eilis saßen, entzündeten die Räuber ein Feuer. Als es brannte, setzten sie einen Kessel auf, schlachteten das Schaf und warfen ein Stück davon in den Topf. Als sie das getan hatten, traten sie neben den Baum, hoben vom Fuße des Hügels einen großen Feldstein, warfen einen Sack dort hinein, wo der Stein gelegen hatte, und rückten diesen wieder an dieselbe Stelle.

Als das geschehen war, setzten sie sich ans Feuer und begannen von all den Untaten und Übeln, die sie ausgeführt hatten, zu schwatzen und zu erzählen.

Der Rauch erstickte Eilis. Sie konnte es nicht länger aushalten und flüsterte Tadhg zu, sie müßte die Tür niederfallen lassen, sie könnte sie nicht mehr festhalten, der Qualm hätte sie halb erstickt. Tadhg antwortete ihr flüsternd, wenn sie die Tür herunterfallen ließe, würden die Diebe sie umbringen.

»Gott sei meiner Seele gnädig!« sagte Eilis. »Ich kann sie nicht länger halten!« und damit ließ sie die Tür aus der Hand von oben herunterfallen, und bei dem Krach und dem Widerhall, den diese beim Herunterstürzen verursachte, wurden die Diebe von Entsetzen gepackt.

Sie glaubten, Himmel und Erde wollten zusammenbrechen. Sie machten sich so schleunig und schnell auf die Beine, wie diese sie nur tragen konnten, und liefen, bis die Atemnot sie zwang anzuhalten.

Nachdem sie fort waren, stieg Eilis vom Baume herunter und setzte sich hin. Als das Fleisch gar war, aß sie sich satt. Es tat ihr not. Als sie dann satt war, begann sie Lieder vor sich hin zu summen. Tadhg blieb die ganze Zeit im Baum. Er fürchtete sich herunterzuklettern.

Als die Räuber anhielten und ihr Schreck sich etwas gelegt hatte, schickten sie den vierten Mann zurück. Er sollte einmal nachsehen, was da im Walde heruntergestürzt war. Er kam in die Nähe des Baumes und vernahm das Lied, das Eilis summte. Ihre Stimme klang so lieblich, daß es ihm zu Herzen ging. Er näherte sich ihr und meinte, sie wäre eine Elfe. Er redete sie an und fragte, ob sie ihm das Lied beibringen wollte. Sie sagte ja. »Komm dicht heran«, sprach sie, »stecke deine Zunge in meinen Mund, und ich will das Lied hersagen. Wenn ich es fertig aufgesagt habe, ist es in deinem Kopf.«

Die Geschichte war wirklich so! Der Einfältige tat, was sie ihm gesagt hatte. Als er seine Zunge in ihren Mund steckte, drückte sie die Zähne scharf zusammen und biß ihm die Zunge ab. Da machte er sich auf die Beine und stürzte fort.

Die andern Räuber warteten inzwischen auf Nachricht von ihm. Als sie ihn kommen hörten, redeten sie ihn an. Doch er konnte ihnen nicht antworten, sondern lallte nur wie ein Truthahn, und kaum hörten sie diese Art Laute aus seiner Kehle, so liefen sie ihm davon, und er setzte immer hinter ihnen her. Bei dem Entsetzen, das sie ergriffen hatte, jagten sie sich so lange ab, bis sie umfielen und tot waren.

Nun kam Tadhg vom Baume geklettert und aß sich satt am Fleisch. Alsdann schob er mit Eilis den Feldstein vom Loch. Alles Gold, das dort lag, nahmen sie sich und zogen dann heim.

Wäre einem jeden Ehepaar solche Fahrt beschieden wie dem Tadhg und der Eilis, die sie in einem Tage reich machte, wie schön wäre das doch! Welch ein Glück, daß der Floh auf Eilis' Bein gehüpft war.

Nach Hause zurückgekehrt, verbrachten sie die Nacht zu einem Drittel mit Heldenliedern von den Fenierkriegern, zum andern Drittel mit Märchenerzählen und das letzte Drittel in behaglichem Schlaf.

Am nächsten Morgen stand ich geschwind auf, gestärkt, mutig und beschuht. Ich setzte mir den Hut auf und ging aufs Feld. Sie gingen ihren Weg. Ich gelangte in die Heimat, und sie gerieten aufs Totenbett.

88. Zauberfeigen

Es war einmal ein Priester, der besaß großen Reichtum und hatte drei Söhne. Zu seiner Zeit lebte in einer Nachbarstadt eine unverheiratete Königin.

Eines Tages nun sprach der älteste Sohn des Priesters zu seinem Vater: »Vater, gib mir einen Beutel voll Geld, ich will in die Stadt gehen und versuchen, ob ich die Königstochter zu sehen bekomme, vielleicht gefalle ich ihr, und sie nimmt mich zum Manne.« Da gab ihm der Priester eine große Summe Geld, und der Sohn machte sich auf und ging in die Stadt, aber trotz aller Festlichkeiten, die er anstellte, und allem Aufwand, den er machte, konnte er es nicht dahin bringen, die Königin zu Gesicht zu bekommen. Als er alles Geld vertan hatte, was ihm der Vater gegeben, kehrte er betrübt nach Hause zurück. Darauf sprach der zweite Sohn des Priesters: »Vater, gib mir einen Beutel voll Gold, ich will in die Stadt und dort mein Glück versuchen, vielleicht gelingt es mir besser als meinem Bruder.« Er war aber nicht erfolgreicher als dieser, und als er all sein Geld vertan hatte und nach Hause zurückgekehrt war, da sprach der jüngste: »Vater, nun will ich es versuchen, du mußt mir aber noch mehr Geld geben als den beiden andern!« Und nachdem er alles bekommen hatte, was er verlangte, zog er damit zur Stadt. Doch ging es ihm dort um kein Haar besser als seinen Brüdern, denn er mochte machen, was er wollte, er bekam die Königin nicht zu sehen.

Nachdem er all sein Geld vertan hatte und ihm nur noch ein einziges Kupferstück übriggeblieben war, machte er sich auf, um heimzugehen. Unterwegs aber begegnete er einem Schäfer, und der fragte ihn, was ihm fehle, weil er so betrübt aussehe. Da erzählte ihm der Priestersohn seinen Kummer, und der Schäfer fragte ihn: »Ist dir denn von all deinem Gelde gar nichts übriggeblieben, womit wir noch einen Versuch anstellen könnten?« Der Priestersohn zog statt einer Antwort sein Kupferstück aus der Tasche, der Schäfer aber sprach: »Gib es nur her, das reicht schon hin.« Darauf kaufte er mit dem Kupferstücke ein junges Böcklein, und sie kehrten damit zur Stadt zurück vor die Fenster der Königin und taten, als ob sie dort das Böcklein schlachten wollten, aber nicht wüßten, wie sie sich dazu anstellen sollten. Sie zogen das Böcklein hin und her, daß es elendiglich zu schreien anfing, und vollführten dabei einen solchen Lärm, daß die Königin endlich aufmerksam wurde und nach der Ursache fragte. Man sagte ihr, es wären draußen zwei närrische Menschen, die nicht wüßten, wie sie ein Zicklein schlachten sollten. Da wurde die Königin neugierig, trat ans Fenster und belustigte sich darüber, wie sich die beiden Narren zu ihrem Geschäft so dumm anstellten.

Endlich aber verlor sie die Geduld und rief: »He! Ihr Ochsen, wißt ihr nicht einmal, wie man ein Böckchen schlachtet? Soundso müßt ihr es machen«, und die beiden befolgten ihre Anweisungen und schlachteten das Böckchen. Als sie es aber aufblasen wollten, um es auszuhäuten, da stellten sie sich ebenso dumm an wie beim Schlachten. Der eine blies von vorn, und der andere blies von hinten. Aber nichts half, und das trieben sie so lange, bis die Königin sich halb totgelacht hatte und ihnen zurief, wie sie sich dabei anstellen sollten. Da machten sie es, wie sie die Königin anwies, und nachdem sie fertig waren, legten sie sich nieder, um zu schlafen. Aber sie blieben nur so lange ruhig, bis sich im Schlosse alles zur Ruhe gelegt hatte. Dann standen sie auf und brüllten und stießen sich mit den Köpfen aneinander wie die Ochsen, so daß niemand im Schlosse schlafen konnte. Da befahl die Königin, sie in das Schloß zu lassen. Die beiden wurden in den großen Saal geführt, damit sie dort schlafen sollten. Aber sie hielten keine Ruhe und setzten dort ihr altes Spiel fort, indem sie wie die Ochsen brüllten und mit den Köpfen aneinanderstießen. Darauf befahl die Königin, sie voneinander zu trennen, und ließ den einen in das Gemach bringen, in dem sie selbst schlief.

In der Nacht aber stand der Priestersohn auf, trat an das Lager der Königin und fragte: »Wieviel Uhr ist es, Frau Königin?« Sie antwortete: »Warum schläfst du nicht und fragst nach der Uhr?« Und er erwiderte: »Weil meine Uhr schon sechs zeigt und es mir dafür noch viel zu früh scheint.«

»Was«, rief die Königin, »du hast eine Taschenuhr? Hinaus mit den Lumpen aus meinem Schlosse!« Und sogleich erschienen die Wachen und warfen sie zum Schlosse hinaus.

Als beide nun vor dem Schlosse standen, da begehrte der Priestersohn von dem Schäfer das Kupferstück, das er ihm gegeben hatte. Dieser aber antwortete: »Was fällt dir ein? Habe ich denn nicht mein Wort gehalten und dir dazu verholfen, die Prinzessin zu sehen?« Jener aber ließ nicht ab von seiner Forderung, und so kamen sie allmählich von Worten zu Schlägen, wobei jedoch der Schäfer den kürzeren zog, weil der Priestersohn viel stärker war, und es gelang ihm nur mit Mühe, sich von ihm loszumachen und davonzulaufen.

Als nun der Schäfer nach Hause zu seiner Frau kam, da fragte er diese: »Hast du ein Kupferstück?« Und als sie das verneinte, sprach er: »Wenn du kein Kupferstück hast, so bleibt kein anderes Mittel, als daß du mich begräbst, und wenn jemand kommt und nach mir fragt, so mußt du zu weinen anfangen und sagen: ›Er ist gestorben.‹«

Da begrub ihn die Frau an der Kirchhofsmauer, ließ ihm aber ein kleines Loch, damit er atmen konnte.

Als nun der Priestersohn zu ihr kam und nach ihrem Mann fragte, fing sie an zu weinen und sagte: »Er ist gestorben.« Dieser aber verlangte sein Grab zu sehen. Wie sie dorthin kamen, war es schon finster geworden. Der Priestersohn begann nun den Schäfer auszugraben, und als der dies merkte, stand er auf und lief fort, und der Priestersohn lief ihm nach, und beide schrien dabei, was sie konnten.

In derselben Nacht waren aber Diebe in die Kirche gegangen, um dort all ihr gestohlenes Gut zu teilen, und wie sie den großen Lärm hörten, den jene beiden vollführten, da meinten sie, die Toten wären aus ihren Gräbern aufgestanden, um sie zu packen, ließen alles gestohlene Gut im Stich und liefen weg. Als nun der Hirte zuerst in die Kirche kam und dort all das große Gut fand, da rief er dem Priestersohn zu und sprach: »Komm her und laß uns all das Gut teilen, was hier ist, du mußt mich aber dann auch in Ruhe lassen und dein Kupferstück nicht mehr verlangen.« Nachdem sie nun alles richtig geteilt hatten, da verlangte der Priestersohn wiederum sein Kupferstück von dem Schäfer, und darüber entbrannte von neuem zwischen beiden in der Kirche ein großer Streit.

Einen von den Dieben aber dauerte das Gut, was sie in der Kirche gelassen hatten. Er sprach daher zu den andern: »Ist es nicht schade um all das schöne Gut, was wir im Stiche gelassen haben? Ich gehe wieder hin und hole es, komme auch, was da wolle.« Als er aber zu der Kirche kam und darin den großen Lärm hörte, da erschrak er so, daß er über alle Berge lief.

Nachdem sich die beiden lange Zeit in der Kirche hin und her gestritten hatten, einigten sie sich endlich, und der Schäfer mußte dem Priestersohn noch einen guten Teil von seiner Beute geben, um von ihm loszukommen. Der Priestersohn aber verkaufte die Sachen, die er in der Kirche gewonnen hatte, und zog mit dem erlösten Gelde in die

Welt. Nach einer Weile kam er zu zwei Feigenbäumen, von denen der eine schwarze, der andere weiße Früchte trug, setzte sich in deren Schatten und aß von den Früchten. Sooft er nun eine schwarze Feige aß, wuchs ihm sofort ein Horn aus der Stirne, und wenn er darauf eine weiße Feige aß, fiel das Horn wieder ab. Darauf sammelte er einen Korb voll schwarzer und einen andern voll weißer Feigen, ging mit den schwarzen Feigen unter die Fenster der Prinzessin und rief: »Kauft frische Feigen!« Als das die Prinzessin hörte, wunderte sie sich sehr, wie es zugehe, daß man im Winter frische Feigen verkaufe. Sie ging selbst an das Tor und kaufte fast den ganzen Vorrat von dem Priestersohn, und was sie selbst nicht essen konnte, das verteilte sie an ihre Mutter und ihre Mägde. Allen aber, die davon gegessen hatten, wuchs ein Horn aus der Stirne, und darüber entstand große Bestürzung und Traurigkeit in dem ganzen Lande.

Der Priestersohn ließ sich nun einen schönen Anzug machen, ging in den Palast der Königin und gab sich für einen fremden Arzt aus. Als das die Prinzessin hörte, sagte sie: »Wenn du uns heilen kannst, so geben wir dir so viel Geld wie du verlangst.« Da heilte der Arzt zuerst die Mutter der Prinzessin und die andern Frauen, indem er ihnen Pillen eingab, die er von den weißen Feigen gemacht hatte. Schließlich überreichte er auch der Prinzessin eine Pille von den weißen Feigen und vertrieb ihr damit das Horn, sagte ihr jedoch dabei, er fürchte, daß es wiederkommen werde, und sie müsse daher noch weitere Arznei nehmen. Er gab ihr also eine Pille von den schwarzen Feigen, so daß sie wieder ein neues Horn bekam, und so trieb er es einige Zeit, indem er ihr bald eine weiße, bald eine schwarze Pille eingab.

Endlich sagte er ihr eines Morgens: »Ich habe heute Nacht geträumt, daß du nur dann geheilt werden kannst, wenn du mich zum Manne nimmst«, und die Prinzessin war das zufrieden. Da heiratete sie der Priestersohn und heilte sie darauf und wurde somit König.

89. Gerechtigkeit in Rom

Ein Student kam nach Rom, um seine Schwester zu besuchen, die die Gattin des kaiserlichen Seneschalls war. Und Schwager und Schwester belehrten ihn, wie auch schon andere auf dem Wege und in der Stadt getan hatten, daß die Leute dort voller Trug und Bosheit seien, und warnten ihn, das Haus ohne Zeugen und Hüter zu verlassen.

Eines Tages ging er trotzdem aus, und von ungefähr schnitt er unterm Gehen mit einem Messer Ruten. Zwei Männer gingen vorbei, und kaum sahen sie ihn, so behaupteten sie auch schon, das Messer gehöre einem von ihnen, und sie schleppten ihn vor Gericht. Er wurde verhört, und da sagte er: »Es ist schon möglich, daß das Messer Eigentum eines von ihnen ist, aber ich will Euch erzählen, wie ich es gefunden habe. Gestern bin ich mit meinem Vater in einem Walde gewesen, und plötzlich stürzten sich Räuber auf uns, und ich entfloh in der Meinung, der Vater folge mir. Dann sah ich, daß er nicht da war, und so ging ich zurück, und da fand ich ihn als Leiche, und in seinem Leibe stak dieses Messer.« Durch diese Geschichte ging er frei aus, seine Widersacher aber wurden verurteilt. Wieder einmal ging er müßigen Sinnes weg. Sein Blick fiel auf einen lieblichen Knaben, den seine Wärterin auf dem Arme trug, und er betrachtete ihn aufmerksam. »Wahrhaftig«, sagte die Wärterin, »schaut Euch den Knaben genau an, habt doch Ihr ihn mir gemacht, und nun nähre ich ihn schon drei Jahre lang, und Ihr habt noch keinen Kreuzer hergegeben.« Und sie zog ihn vor Gericht. Und beim Verhör erklärte der Scholar, er bestreite nicht, daß der Knabe sein sei, und weil sie ihn drei Jahre ernährt habe, er jetzt aber der Mutter nicht mehr bedürfe, so wolle er ihn für die nächsten drei Jahre zu sich nehmen. In diesem Sinn fällten denn auch die Richter, die sein gewandtes Wesen bewunderten, das Urteil. Als aber die Frau den Spruch hörte, sagte sie, der Knabe sei der Sohn eines ihr bekannten Bürgers, für den sie ihn aufziehe. Dies stellte sich als wahr heraus, und so wurde sie verurteilt, während der Scholar durch seine Schlauheit loskam.

Eines Abends speiste er bei seiner Schwester und ihrem Mann, und auf den Tisch wurden drei Rebhühner gesetzt. Eines davon war arg mager. Gutherzig sagte sein Schwager zu ihm: »Bruder, teilt doch die Hähne gleichmäßig unter uns drei auf.« Da nahm der Student den mageren und gab ihn der Schwester und dem Schwager. Die beiden fetten behielt er für sich und bemerkte hierzu: »Das ist gleichmäßig geteilt: Ihr seid zwei Feiste und ein Magerer, und auf meiner Seite sind auch zwei Feiste und ein Magerer.« Er war nämlich auf der Schule abgemagert.

Solcher Scharfsinn machte seinem Schwager viel Unruhe, und mehrere Male versuchte ihn der Schwager, weil er von ihm ein Unheil fürchtete, zu töten. Da dies aber die Schwester stets verhinderte, so führte er ihn, um ihn zu verderben, an den Hof des Kaisers, denn dort galt das Gesetz, daß gegen jedermann, der bei Tisch auf seinem Teller ein Stück Fleisch umwandte, der Todesspruch gefällt wurde. Doch von diesem Gesetz erzählte er dem Studenten nichts. Und der wandte sein Stück um, und so war sein Leben verwirkt. Das tat vielen leid, unter ihnen auch dem Kaiser, gerade weil der Student doch als scharfsinnig bekannt war. Und der Kaiser gewährte ihm die Gnade, daß er erst in drei Tagen zu sterben brauche und daß ihm an jedem dieser drei Tage eine Bitte, die er aussprechen werde, gewährt sei. Am ersten Tage bat er, ihn feierlich zu krönen wie den Kaiser und ihm jede Feier und Lust zu bereiten, die bei der Kaiserkrönung üblich sei. Am zweiten Tage bat er, ihm die Tochter des Kaisers zu vermählen. Und am dritten Tage bat er, daß allen, die gesehen hätten, wie er das Stück Fleisch umgewandt habe, die Augen ausgerissen und ihm gegeben würden.

Da fand sich niemand, der das hätte bezeugen wollen, und so war er frei. Und der Kaiser, der also seine Weisheit erfahren hatte, gab ihm nun seine Tochter wirklich. Und nach kurzer Zeit, als er sich schon großes Ansehen erworben hatte, forderte er das Urteil gegen seinen Schwager, der ihn ohne Warnung in Todesgefahr gebracht hatte, und der wurde gehenkt.

90. Das Pfannkuchenbacken

Es war einmal eine Bauerntochter. Eines Abends kamen drei Freier vorbei, alle drei fast zur gleichen Zeit. Das waren natürlich zwei zuviel. Welcher der drei jungen Männer konnte bleiben? Der Bauer sagte: »Derjenige von euch, der am besten Pfannkuchen backen kann, darf heute abend bei meiner Tochter bleiben.«

Die drei jungen Männer machten sich an die Arbeit.

Zunächst der erste. Als der Pfannkuchen an einer Seite braun war, nahm er die Pfanne beim Stiel und warf den Pfannkuchen schräg hoch durch den Schornstein, rannte nach draußen und fing ihn dort wieder auf.

Der zweite warf den Pfannkuchen gegen die Decke und fing ihn umgekehrt wieder in der Pfannkuchenpfanne auf.

Der dritte aber bat um ein Pfannkuchenmesser, und als der Pfannkuchen auf der einen Seite braun war, drehte er ihn vorsichtig und gewandt um.

Der dritte durfte bleiben. Weshalb? Nun, er ging kein Risiko ein, sondern den sicheren Weg, und nur solche Leute, sagte der Bauer, kann man auf einem Bauernhof gebrauchen.

91. Senf und Essig

Es geschah einmal, daß eine Räuberbande bei einem Bauern einfiel. Die Räuber wollten die ganze Familie töten, aber zunächst zwangen sie den Bauern und seine Frau, ihnen ein köstliches Mahl zuzubereiten. Allerhand Leckerbissen kamen auf den Tisch. Und dann fragte der Bauer, ganz beiläufig: »Wollt ihr auch Senf und Essig dazu?«

»Sicher, gerne.«

»Jan«, sagte der Bauer zum Großknecht, »hol mal eben Senf und Essig.«

Jan ging und kam etwas später mit zwei riesigen Hunden zurück, die wie Löwen aussahen. Das waren Senf und Essig.

»Senf und Essig, faßt zu!« rief der Bauer.

Im Nu bissen die beiden Hunde den Räubern die Kehle durch, so daß einer nach dem anderen hinsank, mausetot. Senf und Essig hatten ihnen für immer das Handwerk gelegt!

92. Der Meerfrau erstes, zweites und drittes Lachen

Es war einmal in alten Zeiten ein Mann am Fischen. Der sah, wie sich eine Meerjungfrau ihr Haar kämmte. Ihren Mantel hatte sie hinter sich gelegt. Da schlich er heran und ergriff den Mantel. Sie erbat den Mantel von ihm zurück, er aber gab ihn ihr nicht. Da lief sie hinter ihm her und redete auf ihn ein, er solle ihr den Mantel zurückgeben. Aber er gab ihn ihr nicht. So kam er bis an sein Haus und sie immer hinter ihm her. Als er in das Haus gekommen war, sprang er auf den Dachboden und versteckte den Mantel vor ihr.

Da blieb sie bei ihm, und er heiratete sie und hatte drei Kinder mit ihr. Und er dachte gar nicht mehr daran, daß sie je von ihm gehen könnte.

Während der ganzen Zeit, die sie bei ihm war, lachte sie nur dreimal. Das erste Mal, als jemand eine ihm angebotene Speise zurückwies. Das zweite Mal, als jemand über die Türschwelle stolperte. Eines

Tages besserte der Mann das Haus aus und deckte das Dach neu. Als er den Dachboden flickte, fiel der Mantel von oben hinunter zur Erde. Sobald sie den Mantel erblickte, sprang sie auf, stürzte auf ihn zu und hob ihn auf. Da lachte sie zum dritten Mal.

Und nun ging's zum Strand hinunter. Er lief hinter ihr her und rief sie und redete auf sie ein zu bleiben. Sie aber gab ihm nichts zur Antwort. Da fragte er sie, warum sie dreimal gelacht habe.

Sie sagte ihm, der Mann, der die ihm angebotene Speise zurückwies, habe an jenem Tage sein Glück zurückgewiesen; und jener, der über die Türschwelle gestolpert sei, hätte unter der Schwelle einen Schatz heben können. (Zum dritten Mal lachte sie, als sie den Mantel fand.)

Darauf verließ sie ihn. Und die Leute sagten, wen auch immer von ihnen sie zum Manne gehabt hätte, von der Zeit an habe kein Geschlecht mehr Glück beim Fischen gehabt als die, die zu seiner Sippe gehörten. Jener Mann soll zur Familie der Hanuís gehört haben.

Nachwort

Essen und Trinken als Grundvoraussetzungen menschlicher Existenz begegnen in Märchen auf vielfältige Art und Weise. So kennen viele Zaubermärchen als Höhepunkt das festliche Essen oder ein mehrere Tage anhaltendes Hochzeitsmahl. An der Tafel überhaupt spielen sich entscheidende Szenen ab: Der Bräutigam erkennt seine 'vergessene' Braut wieder, der König besteht darauf, daß seine Tochter den Frosch heiratet, weil sie es ihm in ihrer Not versprochen hatte, oder es zeigt sich die Gastlichkeit und Ungastlichkeit bei der Aufnahme von Fremden oder Verwandten. In anderen Märchen werden Ergebnisse erfolgreichen Jagens sozial Höhergestellten überreicht, um Vorteile zu erlangen. Dies geschieht etwa im Märchen *Der gestiefelte Kater* (Nr. 41), in dem der Tierhelfer dem König Wildbret bringt, nachdem er von dessen Vorliebe für solches erfahren hat. Auf diese Weise schmeichelt er sich bei ihm für seinen Herrn, den armen Müllerssohn, ein. Dies ist die erste von mehreren Aktionen, die der trickreiche Kater zum Wohle seines Herrn in Szene setzt.

Mag der Held sich auf eine gefährliche Abenteuerreise begeben, die Heldin eine strapaziöse Suchwanderung nach ihren verschwundenen Brüdern unternehmen: Auf dem Weg dahin müssen sie sich stärken und Essen und Trinken zu sich nehmen. Oftmals handelt es sich dabei um eine karge Mahlzeit, weil die soziale Not so groß und der zunächst unscheinbare Held nicht selten aus diesem Grund das elterliche Haus verlassen hat. Oftmals stellt sich bei seiner ersten Brotzeit noch unverhofft ein Fremder oder ein Tier ein, der an seiner Mahlzeit teilhaben will. Und der wahre Held erweist sich dann in solchen Fällen als freigebig und gastfreundlich, was sich hernach als Glücksfall herausstellt (Nr. 37).

Nicht immer lassen sich die alltäglichen Bedürfnisse ohne weiteres stillen, oft muß dafür erst hart gearbeitet werden. Gerade Märchen der Naturvölker (Nr. 20) schildern die oft mühseligen und zum Teil gefährlichen Unternehmungen bei der Nahrungsmittelsuche und -beschaffung. Von Auseinandersetzungen bei gemeinsamen Raubzügen oder bei der Teilung der Beute erzählen häufig Tiermärchen und auch Fabeln (vgl. Nr. 8–17). Dieses Thema stand schon im Zentrum der alten

Fabel von der Beuteteilung zwischen Esel, Fuchs und Löwe. Sie ist seit der Antike bekannt und problematisiert soziale Differenzen als Konflikte, die jedoch durch Klugheit überwunden werden können. In persischen Fassungen sind die Handlungsträger zum Beispiel Wolf, Löwe und Fuchs. Diese drei haben zusammen ein Tier erlegt. Nun teilt der Wolf die Beute gerecht zwischen sich, dem Löwen und dem Fuchs. Doch der Löwe tötet ihn. Darauf teilt der Fuchs: Alles für den Löwen! Auf die Frage, woher er solches Teilen gelernt habe, antwortet er, das habe er vom Schwanz des toten Wolfs gelernt.

Besonders viele Tiermärchen von listiger Nahrungssuche sind mit dem Fuchs verbunden. Er gilt in vielen Teilen der Welt als trickreich und klug. Wie kaum ein anderes Tier vermag er andere Tiere zu täuschen und ist selten selbst der Getäuschte. Seine Nahrung erlangt er vor allem mit faustdicken Lügen, Ausreden und Überredungskünsten. So ißt er beispielsweise heimlich den Honig- oder Buttervorrat des Bären auf und bezichtigt dann den Partner der Tat, nachdem er dem Schlafenden zuvor etwas Honig oder Butter an den Rachen oder unter den Schwanz geschmiert hat (Nr. 10, 15). Auch bei anderen Nahrungsdiebstählen ist er erfolgreich (Nr. 11), während andere Tiere das Nachsehen haben. Seltener begegnet eine Füchsin in dieser Rolle, doch auch sie wird ebenso klug und fintenreich geschildert (Nr. 8). Das Verhalten des Fuchses mag uns asozial erscheinen, nutzt er doch die Gutmütigkeit und das Vertrauen anderer Tiere aus, ebenso deren Hilfsbereitschaft. Aber seine Aktionen, die für die Betroffenen manchmal tödlich enden, werden dem Listigen keineswegs übelgenommen. Im Gegenteil: Wie in anderen Erzählungen über tierische und menschliche Betrüger schwingt eine gewisse Sympathie mit, besonders dann, wenn List und Betrug gleichsam das einzige Mittel darstellen, sich der Angriffe Stärkerer zu erwehren. Oder anders gesagt: Schlauheit siegt über Moral.

Essen und Trinken ist nun nicht nur eine Lebensnotwendigkeit, sondern bedeutet auch Genießen und Wohlbehagen. Die Sehnsucht, Speise und Trank alle Tage zu haben, lassen den 'Hans im Glücke' die schlechten Tauschgeschäfte vergessen. Die Vorstellung vom köstlichen Essen durchzieht gewissermaßen leitmotivisch eines unserer bekanntesten Märchen, das die Brüder Grimm und auch Ludwig Bechstein (unsere Nr. 1) in ihre Sammlungen aufgenommen haben. Den guten Braten sieht Hans vor sich und die Menge von Fett, Milchtrinken nach

Belieben malt er sich aus, wenn er seine Tauschgeschäfte tätigt. Doch der Spontantauscher und Immerlustig kehrt schließlich ohne jede Habe heim. Aber dies berührt ihn gar nicht, sein persönliches Wohlbefinden ist ihm wichtiger als materieller Besitz.

Der Erzähler des französischen Schwanks *Die eigenartigen Rebhühner* (Nr. 70) macht gleich eingangs deutlich, »daß ich euch einmal statt eines Märchens eine wahre Geschichte erzählen« will, und Leser oder Zuhörer können die dann folgenden Erlebnisse der Bauersfrau beim Zubereiten von Rebhühnern gut nachempfinden. Der herrliche Duft des gebratenen Fleisches steigt der Bäuerin derart in die Nase, daß sie sich nicht nur etwas von der knusprigen Haut des Vogels abschneidet, sondern schließlich das ganze 'Huhn' verzehrt. Und damit nicht genug: Auch das zweite 'Huhn' muß dran glauben, und, um eine Ausrede nicht verlegen, erklärt sie, die Katze habe alles aufgefressen. Selbst als der Bauer diese Ausrede nicht akzeptiert, kann sie sich durch weitere Listen einer Bestrafung entziehen. Wer vermutet hinter dieser kurzen Inhaltswiedergabe, daß dieser Schwank in ähnlicher Form schon im *Decamerone* (entstanden 1349/51) des italienischen Novellisten Giovanni Boccaccio begegnet, der damit ein Beispiel geben wollte, daß nicht nur gute Auffassungsgabe zu klugen Einfällen führt, sondern auch der Furchtsame mit Hilfe des Glücks etwas ersinnt, woran er in ruhigeren Situationen niemals gedacht hätte. Ähnliche Geschichten sind aus vielen Teilen Europas bekannt, wobei nicht selten, wie im polnischen Märchen *Vojtek, der Eulenspiegel* (Nr. 72), auch männliche Handlungsträger in der Rolle von Heißhungrigen begegnen.

Daß es eine Gegend gibt, in welcher Essen und Trinken im Überfluß vorhanden sind, ist als Vorstellung bei vielen Völkern seit alters verbreitet. So ein 'Schlaraffenland' (Nr. 26–28, 61) stelle seinen Bewohnern alle Lebensbedürfnisse bereit und lasse sie an allen nur denkbaren Genüssen der Welt in Hülle und Fülle teilhaben. Mit Vorstellungen eines solchen Überflußlandes vermag der irische Held MacConglinney einen König von seiner Freßsucht zu heilen, indem er dem Vielesser beständig die Vision eines übervoll mit Speisen und Getränken versorgten Landes ausmalt (Nr. 27). Hinter den Vorstellungen eines ständig bereiten Überangebots an Speise und Trank mag die Sorge vor Hungersnöten stehen, Angst vor Notzeiten oder auch die Erinnerung an überlieferte oder selbsterlebte Mangelsituationen. Daraus erwachsene Wünsche nach Reichtum und dauerhafter Versorgung mögen sich dann im Märchen in der Vorstellung von ständig gedeckten Tischen, von Zaubergaben oder magischen Helfern, die Essen und Trinken jederzeit bereitstellen, niedergeschlagen haben.

In unserem Sprachgebiet ist neben dem *Schlaraffenland*-Märchen vor allem das Märchen vom immer gedeckten Tisch populär geworden. Solche Zaubergegenstände wie ein Tischleindeckdich, das Speisen und Getränke auf bloßen Zuruf oder mittels eines Spruches bereitstellt, sind allerdings in vielen Märchen thematisiert (Nr. 46, 48). Fassungen aus Skandinavien sind weit anschaulicher, weil die Nahrungsproblematik durch Polarisierung von arm und reich und gut und böse in der Gestalt eines freigebigen und eines geizigen Bruders besser erfaßt ist. So kauft der Reiche im norwegischen Märchen seinem armen Bruder aus lauter Habgier eine magische Mühle ab, die auf Verlangen alles Lebensnotwendige mahlt (Nr. 54, vgl. auch Nr. 24): Weil der Reiche den falschen Zauberspruch anwendet und so die Mühle mißbraucht, produziert sie auf dem Schiff ohne Unterlaß, bis es mit Mann und Maus versinkt. Doch damit nicht genug: Nun mahlt die Mühle auf dem Meeresgrund weiter und sorgt damit, so heißt es abschließend, für den Salzgehalt des Meerwassers: Das Märchen mündet also in eine Warum-Geschichte.

Zauberische Helfer der Helden entpuppen sich öfter als übergroße Fresser oder Säufer, die wie der Riese Gargantua imstande sind, ein ganzes Meer leerzutrinken. Sie begeben sich bei einem Helden in Dienst und helfen ihm bei der Bewältigung schier unlösbarer Aufgaben, erzählt beispielsweise das Märchen *Prinzessin Bernstein* aus Danzig (Nr. 33), und solche großen Fresser und Säufer gehören auch zu vielen Fassungen des Märchentypus *Sechse kommen durch die ganze Welt*.

Doch nicht nur der Überfluß, sondern auch der Mangel an Essen und Trinken begegnet häufig als Thema populärer Erzählungen. Viele Märchen beginnen mit der Anfangssituation, daß die Versorgung der Familie mit der Alltagskost nicht mehr sichergestellt ist. Typisch ist der Anfang des *Hänsel-und-Gretel*-Märchens, das bei den Brüdern Grimm in der umgearbeiteten Fassung letzter Hand (1857) so beginnt: »Vor einem großen Walde wohnte ein armer Holzhacker, der »hatte wenig zu beißen und zu brechen, und einmal, als große Teuerung ins Land kam, konnte er auch das täglich Brot nicht mehr schaffen«, so daß er auf wiederholtes Drängen seiner Frau die beiden Kinder aussetzt und damit dem Hungertod preisgibt, um die unnötigen Esser loszuwerden. Aber das Märchen läßt natürlich die Kinder nicht im Stich! Wohlbehalten kehren sie dann wieder zu ihrem Vater zurück, nachdem sie den abenteuerlichen und gefährlichen Aufenthalt bei der Hexe überstanden haben. In der hier ausgewählten Fassung aus Schweden (Nr. 28) heißt es nach der Schilderung, daß die Kinder zum Vater zurückkehrten, abschließend kurz und bündig: »Mehr habe ich seitdem nicht erfahren.«

Der hohe Stellenwert von Nahrung und Flüssigkeit für Menschen und alle anderen Lebewesen hat sich nicht nur in Volkserzählungen, sondern auch in einer Fülle von Sprichwörtern und sprichwörtlichen Redensarten niedergeschlagen, welche die unterschiedlichsten Bedürfnisse anklingen lassen und vielen Märchen als Leitspruch dienen könnten. Da geht es einmal um den vernünftigen Gebrauch von Essen und Trinken: »Fresser werden nicht geboren, sondern erzogen«, und empfehlend heißt es: »Frühstücke wie ein König, iß mittags wie ein Edelmann, am Abend wie ein Bettler«. Eß- und Trinksucht dagegen werden getadelt: »Er ißt und trinkt für sieben«. Andererseits äußert sich die Einstellung, womöglich aus lauter Entsagung zu kurz zu kommen, in der aus Jesaja 22, 13 bekannten Wendung: »Lasset uns essen und trinken, denn wir sterben doch morgen.« Ermunterungen, sich bei Essen und Trinken nicht zurückzuhalten, sind daher ebenso belegt: »Essen und Trinken hält Leib und Seele zusammen«, aber auch warnend: »Voller Bauch studiert nicht gern«.

Vor allem der Zusammenhang von Essen und Arbeiten zeigt sich in einer Reihe von Schwänken und Redensarten, die besonders seit der frühen Neuzeit in Umlauf sind und die allgemein verbreitete Auffassung, daß Speise und Trank nicht durch Müßiggang, sondern erst durch Arbeit erworben werden müssen, widerspiegeln. Mehrere Schwänke insbesondere des 19./20. Jahrhunderts stellen den Konflikt zwischen Essen und Arbeiten heraus. Die Intensität der Arbeit wird durch gute Kost gesteigert, am Verhalten des Essenden erkennt man den guten Arbeiter: »Wie einer ißt, so arbeitet er«. Aus der Sicht des Arbeitenden hat zu gelten: Nur wer gute Kost erhält, vermag auch gut zu arbeiten, denn: »Wie die Verpflegung, so die Bewegung!« Allerdings werden geizige Arbeitgeber gern vom Knecht 'vorgeführt', wenn sie zuviel Arbeit verlangen und nicht für ausreichende Verköstigung sorgen (Nr. 57). Ein solcher Knecht rächt sich in einem anderen

Schwank am geizigen Arbeitgeber durch Fehlverhalten bei der Arbeit. Bauer und Knecht, so wird dort erzählt, arbeiteten auf dem Felde. Als die Mittagszeit gekommen ist, legen die auf den benachbarten Feldern arbeitenden Bauern und Knechte eine Pause ein und stärken sich am mitgebrachten Proviant. Auch der Bauer unterbricht die Arbeit. Er schlägt seinem Knecht jedoch vor, sie wollten nur so tun, als ob sie äßen. Nachdem die Feldarbeit wieder aufgenommen ist, schwingt der Knecht den Sensenstiel ohne Sense hin und her. Als der Bauer sich zufällig nach dem Knecht umdreht, ihn in dieser Arbeitshaltung erblickt und erstaunt nach dem Grund fragt, erwidert dieser, er wolle jetzt auch so tun, als ob er arbeite.

Innerhalb des Bereichs sozialer Konflikte existiert außer den Herr und Knecht-Schwänken eine Vielzahl von Erzählungen über Tugenden und Laster, die zum einen denkbare sozialen Konflikte innerhalb der Familie thematisieren und andererseits als Beispiele solidarischen und auch unsolidarischen Verhaltens gegenüber Fremden dienen. Solche Märchen mit didaktischer Tendenz handeln von Alltagskonflikten, die mit Auseinandersetzungen zwischen den Generationen verbunden sind, von Gastlichkeit und Ungastlichkeit und appellieren an ein besseres soziales Verhalten. Es überrascht nicht, daß die Ursprünge solcher Erzählungen häufig in religiös bestimmter Literatur zu finden sind. Dies gilt auch für eine seit der frühen Neuzeit weitverbreitete Geschichte, die später in der Autobiographie von Henrich Jung-Stilling (1778) wieder begegnet (Nr. 51). Der streng pietistische Dichter erzählt uns von einem alten und ständiger Fürsorge bedürftigen Großvater, der für Sohn und Schwiegertochter nur ein unnützer Esser gewesen ist. Er wird vom gemeinsamen Essen mit der Familie ferngehalten, dann aber durch das Beispiel des Enkels von den nunmehr einsichtigen Eltern an den Tisch zurückgeholt. *Der alte Großvater und sein Enkel*, so der Titel bei den Brüdern Grimm, gehört zu den zahlreichen literarisch fixierten Märchen, die Prediger wie etwa Johannes Manlius (1504–65) in didaktisch-moralisierender Absicht gern zur Illustrierung des vierten Gebots verwendeten. Die Tradierung der Beispielgeschichte (auch als Lied, Novelle, Fabliau) über mehrere Jahrhunderte mit dem Appell zur Fürsorge für die Alten dürfte darauf zurückzuführen sein, daß die dort beschriebenen Spannungen zwischen den Generationen und innerhalb der oftmals auf engstem Raum lebenden Familien einen durchaus realen Hintergrund hatten – und z. T. noch haben.

Mit Auseinandersetzungen zwischen den Generationen verbundene Alltagskonflikte, die sich aus dem täglichen Umgang miteinander und dem gemeinsamen Essen und Trinken ergaben, waren in vergangener Zeit so selten offenbar nicht, wenn man die Vielzahl solcher und ähnlicher Beispielgeschichten zum vierten Gebot bedenkt. Nicht alle Beispielgeschichten enden harmonisch wie die hier abgedruckte Fassung Jung-Stillings. Häufig zieht das Fehlverhalten einzelner Familienmitglieder unbarmherzige Strafen nach sich, wenn etwa der Sohn wegen der Abweisung der Mutter lebenslang eine Schlange um den Hals tragen muß (Nr. 45). Auf diese Weise sorgt die göttliche Gerechtigkeit, wenn auch auf drastische Weise, für die Wiederherstellung sozialer Wertmaßstäbe.

Kein Zweifel, in den meisten Volkserzählungen spielen Essen und Trinken eine große Rolle, auch wenn die einzelnen Speisen und Getränke selten ausführlich – wie etwa in orientalischen Märchen – beschrieben werden. Das den Märchen zugrundeliegende Weltbild spiegelt in vielfältiger Weise Normen und Wertvorstellungen der Gesellschaft wider, das von einer extremen Mangelsituation von Essen und Trinken ausgeht, die kleinen Sehnsüchte nach einem besseren und sorgenfreiem Leben erkennen läßt, aber auch die Mahnung enthält, Speise und Trank vernünftig zu gebrauchen, Gastfreundschaft und Freigebigkeit zu zeigen sowie soziales Verhalten gegenüber den Älteren.

Diese Ausgabe abzuschließen, war mir möglich, weil ich von vielerlei Seiten Unterstützung erfahren habe. Ich danke besonders Lotte Baumann, Vera Grasshoff, Malte Kamphausen, Reimund Kvideland, Ursina Lüthi, Vladimir Milak und Rainer Stoppok für Hinweise bzw. Übersetzungen sowie der »Enzyklopädie des Märchens«, Arbeitsstelle der Akademie der Wissenschaften, Göttingen, für die freundliche Überlassung einiger übersetzter Texte.

Göttingen, im September 1999 Hans-Jörg Uther

Verzeichnis der Quellen

Die Klassifizierung der Erzählungen erfolgte in Anlehnung an den international gebräuchlichen und leicht zugänglichen Typenkatalog von Antti Aarne und Stith Thompson (AaTh), der weitere Texte und Literaturhinweise nennt. Bei den AaTh-Typen sind die Stichwortbezeichnungen aus der *Enzyklopädie des Märchens* (EM) übernommen (außer Nr. 4, 76, 86, 91).

AaTh = Aarne, A./Thompson, S.: The Types of the Folktale. Second Revision (FFC 184). Helsinki 1961 u. ö.

EM = Enzyklopädie des Märchens. Handwörterbuch zur historischen und vergleichenden Erzählforschung. Berlin/New York 1977 ff. (bisher sind die Artikel Aarne-Nez erschienen, Stand 1999).

Tubach = Tubach, Frederic C.: Index Exemplorum. A Handbook of Medieval Religious Tales (FFC 204). Helsinki 1969.

Von Nahrungsbeschaffung, Hunger und Überfluss

1. Hans im Glücke. – AaTh 1415: Hans im Glück. – Bechstein, Ludwig: Märchenbuch. Nach der Ausgabe von 1857, textkritisch revidiert und durch Register erschlossen. Hrsg. von Hans-Jörg Uther. München 1997, Nr. 22.
2. Petrusinella. – AaTh 310: Jungfrau im Turm. – Lombardi Sartriani, Raffaele: Racconti popolari calabresi 2. Napoli 1956, Nr. 93 (übers. von Lotte Baumann).
3. Maria, die böse Stiefmutter und die sieben Räuber. – AaTh 327 A: vgl. Hänsel und Gretel + AaTh 709: Schneewittchen. – Nach Gonzenbach, Laura: Sicilianische Märchen. Hrsg. von Otto Hartwig. Leipzig 1870, 4–7, Nr. 2.
4. Der Hunde-Janko und seine Heldentaten. – vgl. AaTh 328 A*: A Boy Guards the King's Garden. – Mykytiuk, Bohdan: Ukrainische Märchen. Düsseldorf/Köln 1979, Nr. 6.
5. Eine lustige Historie vom starken Knees. – AaTh 650 A: Starker Hans. – Schier, Kurt: Schwedische Volksmärchen. München [6]1994, Nr. 9.

6. Der Habgierige, der nicht satt werden konnte. – AaTh 775: Midas. – Megas, Georgios A.: Griechische Volksmärchen. Düsseldorf/Köln 1965, 270f., Nr. 63.
7. Die Ratschläge des Vaters. – AaTh 981: Altentötung. – Amonov, Radžab: Tadžikskie skazki. Moskva 1961, 413–415.
8. Die gerissene Füchsin. – AaTh 2: Schwanzfischer + AaTh 21: Eingeweide: Die eigenen E. fressen. – Menovščikov, G. A.: Ėskimosskie skazki (Märchen der Eskimo). Magadan 1958, 26f.
9. Die Tiere gehen zur Beichte. – AaTh 20 A: Tiere fressen einander + AaTh 21: Eingeweide: Die eigenen E. fressen + AaTh 248: Hund und Sperling + AaTh 154: Fuchs und Glieder. – Kallas, Oskar: Achtzig Märchen der Ljutziner Esten, Dorpat 1900, Nr. 77.
10. Der Fuchs, der Bär, der Wolf und der Hase. – AaTh 15: Gevatter stehen. – Von Prinzen, Trollen und Herrn Fro. Märchen der europäischen Völker. Jahresgabe 1961. Rheine 1961, 238–241 (aus Slovenien).
11. Der Fuchs und der Wolf. – AaTh 122 J, K: Wolf und Pferd (hier: Fuchs) + AaTh 1: Fischdiebstahl + AaTh 4: Kranker trägt den Gesunden + AaTh 2: Schwanzfischer. – Nach Schulenberg, Willibald von: Wendisches Volksthum in Sage, Brauch und Sitte. Berlin 1882, 32–34.
12. Der Hund und die Katze. – AaTh 200: Privileg der Hunde. – Löwis of Menar, August von: Finnische und estnische Märchen. Jena 1922, Nr. 78 (aus Estland).
13. Der Panther, der Wolf, der Fuchs und das Kamel. – AaTh 20: Tiere fressen einander + vgl. AaTh 52: Eselherzfabel. – Vatagin, Mark: Mednovolosaja devuška. Kalmyckie narodnye skazki (Das Mädchen mit den Kupferhaaren. Kalmückische Volksmärchen). Moskva 1964, 256f.
14. Fuchs und Wolf. – AaTh 41: Wolf im Keller + AaTh 3: Scheinverletzungen + AaTh 4: Kranker trägt den Gesunden + vgl. AaTh 32: Rettung aus dem Brunnen. – Hörstel, Wilhelm: Aus dem sonnigen Süden. Italienische Märchen in mündlichen Überlieferungen. Nürnberg [1904], 189–191.
15. Der Haushalt von Fuchs und Bär. – AaTh 15: Gevatter stehen. – Asbjörnsen, P./Moe, Jörgen: Norwegische Volksmärchen. Berlin [1908], 89f.
16. Dorfmaus und Stadtmaus. – AaTh 112: Feldmaus und Stadtmaus. –

Sheik-Dilthey, Helmtraut: Märchen aus dem Pandschab. Düsseldorf/Köln 1976, 148f., Nr. 43.
17. Die Elefantin bestellt ihr Feld. – AaTh: –. – Jungraithmayr, Herrmann: Märchen aus dem Tschad. Düsseldorf/Köln: 1981, 154–163, Nr. 32.
18. Von dem Alten und der Alten mit dem Hahn und dem Huhn. – AaTh 715: Halbhähnchen. – Hahn, J. G. von: Griechische und Albanesische Märchen 1–2. München/Berlin 1918, hier Bd. 2, 100–109, Nr. 85.
19. Die Krähen. – AaTh 613: Wanderer: Die beiden W. – Brüder Grimm [d. i. Jacob und Wilhelm Grimm]: Kinder- und Haus-Märchen. Berlin ^{4}1840, Nr. 107.
20. Eteto. – AaTh: –. – Nach Koch-Grünberg, Theodor: Indianermärchen aus Südamerika. Jena 1927, 123–130, Nr. 39.
21. Der Herrgott auf Schleichwegen. – AaTh 1525 D: Meisterdieb + AaTh 1137: Polyphem. – Boehm, Max/Specht, F.: Lettisch-litauische Märchen. Jena 1924, Nr. 27 (aus Lettland).
22. Draußensitzen am Kreuzwege. – AaTh: –. – Árnason, Jón: Isländische Volkssagen. Übers. von M. Lehmann-Filhés. Berlin 1889, 189–191.
23. Der Riese Faircheallach und Fionn MacCumhaill. – AaTh: –. – Müller-Lisowski, Käte: Irische Volksmärchen. München ^{15}1996, 331–334, Nr. 42.
24. Die Teufelsmühle. – AaTh 565: Wundermühle. – Nach Rittershaus, Adeline: Die neuisländischen Volksmärchen. Halle 1902, 336–338, Nr. 91.
25. Die köstliche Versuchung [Überschrift vom Hrsg.]. – AaTh: –. – Caesarii Heisterbacensis Monachi Ordinis Cisterciensis Dialogus Miraculorum 1–2. ed. Josephus Strange. Köln/Bonn/Brüssel 1851, distinctio III, Nr. 49.
26. Das Märchen vom Schlaraffenland. – AaTh 1930: Schlaraffenland. – Bechstein, Ludwig: Märchenbuch. Nach der Ausgabe von 1857, textkritisch revidiert und durch Register erschlossen. Hrsg. von Hans-Jörg Uther. München 1997, Nr. 50.
27. Die Vision des MacConglinney. – AaTh 1930: Schlaraffenland. – Jacobs, Joseph: More Celtic Tales. Selected and Edited by –. London 1895, 67–74 (übers. und gekürzt vom Hrsg.).
28. Die Riesenstube, deren Dach aus bloßen Würsten bestand. – AaTh

327 A: Hänsel und Gretel. – Hyltén-Cavallius, Gunnar/Stephens, George: Schwedische Volkssagen und Märchen. Deutsch von Carl Oberleitner. Wien 1848, 14–20, Nr. 2.

Von hilfreichen Menschen, Tieren und Gegenständen

29. Von dem Breikessel. – AaTh: –. – Nach Colshorn, Carl und Theodor: Märchen und Sagen. Hannover 1854, Nr. 3 (aus Springe, Niedersachsen).
30. Der Leuteschinder. – AaTh 735: Glück und Unglück. – Šmits, P.: Latviešu tautas teikas un pasakas 1–15. Riga 1925–37 (2. Aufl. Waverly, Iowa 1962–68), hier Bd. 9, 437–439 (übers. von Malte Kamphausen).
31. Die wunderbare Flöte. – AaTh 850: Rätselprinzessin. – Eisen, M. J.: Rahwa-raamat (Volksbuch). Bd. 1–5. Tartu/Riga 1893–95, hier Bd. 5, 77–81, Nr. 32 (übers. von Malte Kamphausen).
32. Das Wasser des Lebens. – AaTh 551: Wasser des Lebens. – Brüder Grimm [d. i. Jacob und Wilhelm Grimm]: Kinder- und Hausmärchen. Nach der Großen Ausgabe von 1857, textkritisch revidiert, kommentiert und durch Register erschlossen. Hrsg. von Hans-Jörg Uther. München 1996, Nr. 97.
33. Prinzessin Bernstein. – Vgl. AaTh 513 A: Sechse kommen durch die Welt + AaTh 329: Versteckwette. – Preuß, Theodor: Tiersagen, Märchen und Legenden. Danzig 1912, 56–60.
34. Allerleirauh. – AaTh 510 B: Cinderella. – Brüder Grimm [d. i. Jacob und Wilhelm Grimm]: Kinder- und Hausmärchen 1–4. Nach der Großen Ausgabe von 1857, textkritisch revidiert, kommentiert und durch Register erschlossen. Hrsg. von Hans-Jörg Uther. München 1996, Nr. 65.
35. Die Prinzessin auf dem Baum. – Vgl. AaTh 317: Baum: Der himmelhohe B. + AaTh 302: Herz des Unholds im Ei. – Nach Jahn, Ulrich: Volksmärchen aus Pommern und Rügen. Norden/Leipzig 1891, 19–29, Nr. 3.
36. Einäuglein, Zweiäuglein und Dreiäuglein. – AaTh 511: Einäuglein, Zweiäuglein und Dreiäuglein. – Brüder Grimm [d. i. Jacob und Wilhelm Grimm]: Kinder- und Hausmärchen 1–4. Nach der Großen Ausgabe von 1857, textkritisch revidiert, kommentiert und

durch Register erschlossen. Hrsg. von Hans-Jörg Uther. München 1996, Nr. 130.

37. Der goldne Vogel. – AaTh 550: Vogel, Pferd und Königstochter. – Nach Haltrich, Josef: Deutsche Volksmärchen aus dem Sachsenlande in Siebenbürgen. Wien ^{3}1882, Nr. 7.
38. Die Wunderdinge. – AaTh 569: Ranzen, Hütlein und Hörnlein. – Löwis of Menar, August von: Finnische und estnische Märchen. Jena 1922, Nr. 11 (finn.).
39. Die Zauberente. – AaTh 567: Vogelherz: Das wunderbare V. – Zelenin, D. K.: Velikorusskie skazki Vjatskoj gubernii (Großrussische Märchen aus dem Gouvernement Vjatka). Petrograd 1915, Nr. 85.
40. Der Löwe und der Frosch. – Vgl. AaTh 425: Amor und Psyche. – Kinder- und Haus-Märchen 2. Gesammelt durch die Brüder Grimm [d. i. Jacob und Wilhelm Grimm]. Berlin 1815, Nr. 43.
41. Der gestiefelte Kater. – AaTh 545 B: Kater: Der gestiefelte K. – Kinder- und Haus-Märchen 2. Gesammelt durch die Brüder Grimm [d. i. Jacob und Wilhelm Grimm]. Berlin 1812, Nr. 33.
42. Der Königssohn Ring und der Hund Snati-Snati. – AaTh: –. – Naumann, Hans und Ida: Isländische Volksmärchen. Jena 1923, Nr. 27.

Von gastlichen und ungastlichen Leuten

43. Die Steinsuppe. – AaTh 1548: Kieselsteinsuppe. – Meier, Harry/Woll, Dieter: Portugiesische Märchen. München ^{2}1993, Nr. 5.
44. Der kluge Schäfer. – Vgl. AaTh 922: Kaiser und Abt. – Nach Hahn, J. G. von: Griechische und Albanesische Märchen. Leipzig 1864, 192–195, Nr. 35 (aus Griechenland).
45. Die Schlange am Halse. – AaTh 980 D: Sohn: Der undankbare S. – Wolf, Johann Wilhelm: Deutsche Märchen und Sagen. Leipzig 1845, 153 f., Nr. 35.
46. Der arme Bruder und die Geschenke des Alten. – AaTh 563: Tischleindeckdich. – Beke, Ödön: Tscheremissische Märchen, Sagen und Erzählungen. Hrsg. von Ödön Beke. Helsinki 1938, 123–128, Nr. 22.
47. Das einmalige Gastmahl [Überschrift vom Hrsg.]. – AaTh 983: Es-

sen: Das gleiche E. – Nach Die hundert Erzählungen des Dekameron von Giovanni Boccaccio. Neue Ausgabe. Leipzig o. J., 24–26 ([anfangs gekürzt]).

48. Das Märchen von dem Knüppel aus dem Sacke. – AaTh 563: Tischleindeckdich. – Nach Grimm, Albert Ludwig: Lina's Märchenbuch. Frankfurt a. M. 1816, Nr. 4.
49. Die geizigen Eheleute und der Gast. – AaTh: –. – Cent Fables amhariques, par le Dabtara Kenfé [et] Martino Mario Moreno. Paris 1947, 90f. (übersetzt vom Hrsg.).
50. Die Frau, die nicht mit ihrem Mann aß. – AaTh 1373 A: Esserin: Die schwache E. – Espinosa, Aurelio M.: Cuentos populares españolas 1. Madrid 1946, 85–87 (übers. von Lotte Baumann).
51. Der Großvater und sein Enkel [Überschrift vom Hrsg.]. – AaTh 980 B: Großvater und Enkel. – [Jung-Stilling, J. H.]: Henrich Stillings JünglingsJahre. Berlin/Leipzig 1778, 8f.
52. Die gefräßige Frau. – AaTh 1373: Esserin: Die schwache E. – Meier, Harri: Spanische Märchen. Jena 1940, 154f., Nr. 33.
53. Die Geschichte von der Metzelsuppe. – AaTh 1792: Pfarrer: Der geizige P. und sein Schwein + AaTh 1536 A: Alte: Die A. in der Kiste + AaTh 1537: Leiche: Die mehrmals getötete L. – Nach Meier, Ernst: Deutsche Volksmärchen aus Schwaben. Stuttgart 1852, Nr. 66.
54. Die Mühle auf dem Meeresgrund. – AaTh 565: Wundermühle. – Kvideland, Reimund/Eiríksson, Hallfreður Örn: Norwegische und Isländische Volksmärchen. Berlin 1988, Nr. 22 (norw.; übers. von Reimund Kvideland).
55. Die Mär vom Machandelbaum. – AaTh 720: Totenvogel. – Nach Goldschmied, Friedrich: Deutsche Volksblumen. Leipzig [1836], 76–87.

Von Schelmen und Einfältigen

56. Die wissende Eiche. – vgl. AaTh 1380: Blindfüttern. – Röhrich, Lutz: Erzählungen des späten Mittelalters und ihr Weiterleben in Literatur und Volksdichtung bis zur Gegenwart 1–2. Bern/München 1962/67, hier Bd. 2, 345f., Nr. 14 (russ.).
57. Der Großbauer und der Knecht. – AaTh 1562: Essen wie

arbeiten. – Kabašnikau, E. P.: Kazki i legendy rodnaga kraju (Märchen und Sagen unserer Heimat). Minsk 1960, 191 f.

58. Der Einfältige und das Glück [Überschrift vom Hrsg.]. – Tubach, Nr. 907: Cattle restored to monastery. – Caesarii Heisterbacensis Monachi Ordinis Cisterciensis Dialogus Miraculorum 1–2. ed. Josephus Strange. Köln/Bonn/Brüssel 1851, distinctio VI, Nr. 2.

59. Wie ein Pope seine Knechte plagte. – AaTh 1775: Pfarrer: Der hungrige P. – Pomerancewa, Erna: Russische Volksmärchen. Berlin 1964, 521–525, Nr. 75.

60. Die Tat des Bauern. – Vgl. AaTh 1689 A: Raparius. – Šakryl, K. S.: Abchazskie narodnye skazki (Abchasische Volksmärchen). Moskva 1975, 292–294, Nr. 60.

61. Von den Hannaken. – AaTh 1930: Schlaraffenland. – Jech, Jaromír: Tschechische Volksmärchen. Berlin 1961, 393 f., Nr. 45.

62. Der Koch des Königs von Maní. – AaTh: –. – Dzul Poot, Domingo: Cuentos mayas. Mérida/Yucatán 1985, 63 f. (übers. von R. Stoppok).

63. Von einem Wandersmann, so lieber große als kleine Fische ißt. – AaTh 1567 C: Fisch: den großen F. befragen. – Melander, Otho: Joco-Seria: Das ist Schimpff unf Ernst [...]. Darmstadt 1618, 346 f.

64. Großer Bruder, warum weinst Du? – AaTh 1339: Speisen unbekannt. – Deutsche Gaue 20 (Kaufbeuren 1919) 28.

65. Die großen Tiere und die großen Dinge. – AaTh 1960, 1960 D, 1960 E: Größe: Die ungewöhnliche G. – Šmits, P.: Latviešu tautas teikas un pasakas 1–15. Riga 1925–37 (2. Aufl. Waverly, Iowa 1962–68), hier Bd. 12, 520–522.

66. Hans als Bräutigam [Überschrift vom Hrsg.]. – AaTh 1685: Bräutigam: Der dumme B. – Knoop, Otto: Volkssagen, Erzählungen, Aberglauben, Gebräuche und Märchen aus dem östlichen Hinterpommern, Posen 1885, 115 f., Nr. 242.

67. Der dumme Hans [Überschrift vom Hrsg.]. – AaTh: –. – Nach Veckenstedt, Edm.: Wendische Sagen, Märchen und abergläubische Gebräuche, Graz 1880, 61 f.

68. Von einem Pfuscher und einem Arzt. – AaTh 1862 C: Diagnose: Die einfältige D. – Die Novellen Girolamo Morlinis. Hrsg. von A. Wesselski. München [1909], 122–124, Nr. 32.

69. Patient gießt alle Medizin zusammen. – AaTh: –. – Nach Abraham

a Sancta Clara, Huy und Pfuy (1707) 170 (Text im Archiv der Arbeitsstelle »Enzyklopädie des Märchens«, Göttingen).

70. Die eigenartigen Rebhühner [Überschrift vom Hrsg.]. - AaTh 1791: Priesters Gäste. - Nach Tegethoff, Ernst: Französische Volksmärchen 1-2. Jena 1923, hier Bd. 1, 175-177, Nr. 18 a.

71. Der Speck des Bürgermeisters. - AaTh 1624 B*: Speckdieb. - Vrčević, Vuk: Srpske narodne pripovijetke - ponajviše kratke i šaljive (Serbische Volkserzählungen - meistens kurze und scherzhafte) 2. Dubrovnik 1882, 145 f.

72. Vojtek, der Eulenspiegel. - AaTh 785 A: Einbeiniges Geflügel. - Nach Piprek, J.: Polnische Volksmärchen. Wien 1918, 166-168.

73. Der erste Kaffee. - AaTh 1339 E: Speisen unbekannt. - Knoop, Otto: Sagen und Erzählungen aus der Provinz Posen. Posen 1893, 211 f., Nr. 6.

74. Die Kaffeekocherin [Überschrift vom Hrsg.]. - AaTh 1339 C: Speisen unbekannt. - Hauffen, A.: Die deutsche Sprachinsel Gottschee. Graz 1895, 122, Nr. 12.

75. Das lebende Grab. - Vgl. AaTh 1339: Speisen unbekannt. - Die Schwänke und Schnurren des Florentiners Gian-Francesco Poggio Bracciolini. Übers., Einl. und Anmerkungen von Alfred Semerau. Leipzig 1905, 105, Nr. 132.

76. Der Krug von Olen. - AaTh 1327*: The Cup with Two and Three Handles. - Lox, Harlinda: Fläm. Märchen. München 1999, Nr. 51.

77. Der Däumling. - AaTh 312 D: Erbsensucher. - Valjavec, Matija Kračmanov: Narodne pripovjesti u Varaždinu i okolici (Volkserzählungen aus Varaždin und Umgebung). Zagreb [2]1890, 116-119, Nr. 4 (übers. von Vladimir Milak).

78. Die betrügerischen Studenten [Überschrift vom Hrsg.]. - AaTh 1526 A: Zechpreller + AaTh 1526: Bettler als Pfand. - Polívka, J.: Súpis slovenských rozprávok (Sammlung slovakischer Volksmärchen) 1-5. Turčiansky sv. Martin 1923-31, hier Bd. 5, 82-84 (übers. von Vera Grasshoff).

79. Der geschickte Dieb. - AaTh 1525 A: Meisterdieb. - Karlinger, Felix/Pögl, Johannes: Katalanische Märchen. München 1989, 209-215, Nr. 48.

80. Der Scharfrichter und die Handwerksburschen. - AaTh 952: König und Soldat. - Pröhle, Heinrich: Märchen für die Jugend. Halle 1854, 141-144, Nr. 34.

81. Drei Diebe. – AaTh 1526 A: Zechpreller. – Nach Albanesische Märchen und Schwänke. In: Zeitschrift für Volkskunde in Sage und Mär [...] 4 (Leipzig 1892).

82. Wie ein Viehtreiber den heiligen Antonius vertrat. – AaTh 1572 A*: Heiliger: Der naschhafte Heilige + AaTh 1829: Heiligenbild: Das lebendige H. – Krauss, Friedrich S.: Tausend Sagen und Märchen der Südslaven 1. Leipzig [1914], 397 f., Nr. 116.

83. Bauernschläue [Überschrift vom Hrsg.]. – AaTh 1626: Traumbrot. – Die Disciplina Clericalis des Petrus Alfonsi [...]. [Lateinischer Text] hrsg. von Alfons Hilka/W. Söderhjelm. Heidelberg 1911, Nr. 19 (übers. und bearbeitet von Hans-Jörg Uther).

84. Der pfiffige Bursche. – AaTh 1535: Unibos. – Heissig, Walther: Mongolische Märchen. München ^{4}1993, Nr. 42.

85. Die Dalekarlier. – AaTh 1248: Mahl der Einfältigen. – Schier, Kurt: Schwedische Volksmärchen. München ^{6}1994, Nr. 73.

86. Harm in der Hölle und im Himmel. – AaTh 835 A*: Drunk Man in the Mine + AaTh 1531: Bauer wird König für einen Tag. – Strackerjan, L.: Aberglaube und Sagen aus dem Herzogtum Oldenburg 1–2. ed. K. Willoh. Oldenburg ^{2}1909, Bd. 2, 507–509, Nr. 638.

87. Die Magd der Alten von Béara. – AaTh 1210: Kuh auf dem Dach + AaTh 1386, 1387: Kluge Else + AaTh 1653: Räuber unter dem Baum. – Müller-Lisowski, Käte: Irische Volksmärchen. München ^{15}1996, 209–214, Nr. 25.

88. Zauberfeigen [Überschrift vom Hrsg. geändert]. – AaTh 566: Fortunatus. – Kretschmer, Paul: Neugriechische Märchen. Jena 1917, 317–321, Nr. 65.

89. Gerechtigkeit in Rom. – AaTh 927 A: Wunsch: Der letzte W. + AaTh 1533: Teilung: Die sinnreiche T. des Huhns. – Wesselski, Albert: Märchen des Mittelalters. Berlin 1925, 111 f., Nr. 40.

90. Das Pfannkuchenbacken. – AaTh: –. – Kooi, Jurjen van der/Gezelle Meerburg, Babs A.: Fries. Märchen. München 1990, 133, Nr. 45.

91. Senf und Essig. – AaTh 1530*: The Man and his Two Dogs. – Kooi, Jurjen van der/Gezelle Meerburg, Babs A.: Friesische Märchen. München 1990, 167 f., Nr. 64.

92. Der Meerfrau erstes, zweites und drittes Lachen. – AaTh 400: Mann auf der Suche nach der verlorenen Frau. – Müller-Lisowski, Käte: Irische Volksmärchen. München ^{15}1996, 335 f., Nr. 43.

Literaturauswahl

Abel, W.: Hungersnöte und Absatzkrisen im Spätmittelalter. In: Festschr. H. Aubin 1. Wiesbaden 1965, 3–18.

Aymard, Maurice u. a. (edd.): Le Temps de manger. Alimentation, emploi du temps et rythmes sociaux. Paris 1993.

Bitsch, Irmgard/Ehlert, Trude/Ertzdorff, Xenja von (Hrsg.): Essen und Trinken in Mittelalter und Neuzeit. Sigmaringen 1987.

Brunold-Bigler, Ursula: Hungerschlaf und Schlangensuppe. Historischer Alltag in alpinen Sagen. Bern/Stuttgart/Wien 1997.

Ehrmann, Jürgen (ed.): Was auf den Tisch kommt, wird gegessen. Geschichten vom Essen und Trinken. Weimar 1995.

Enzyklopädie des Märchens. Handwörterbuch zur historischen und vergleichenden Erzählforschung. Begründet von Kurt Ranke. Hrsg. von Rolf Wilhelm Brednich u. a. Berlin/New York 1977 ff. (bisher sind die Bände 1–9 erschienen, Artikel Aa-Ni; Stand 1999).

Hallach, U. C. (ed.): Hunger. Quellen zu einem Alltagsproblem seit dem 30jährigen Krieg. München 1986.

Harris, Marvin: Wohlgeschmack und Widerwillen. Die Rätsel der Nahrungstabus. Stuttgart 1988.

Hartmann, Andreas: Zungenglück und Gaumenqualen. Geschmackserinnerungen. München 1994.

Horn, Katalin: Das Große im Kleinen. Eine märchenspezifische Übertreibung. In: Fabula 22 (1981) 250–271.

Hübner, Regina und Manfred: Der deutsche Durst. Illustrierte Kultur- und Sozialgeschichte. Leipzig 1994.

Jeggle, Utz: Der Kopf des Körpers. Eine volkskundliche Monographie. Weinheim/Berlin 1986, 153–182.

Kodisch, Tanja: Fremdheitserfahrungen am Tisch des europäischen Märchens. Ein Beitrag zur Kulturthemenforschung interkultureller Germanistik. Frankfurt am Main u. a. 1997.

Könneker, Marie-Luise/Fischer-Homberger, Esther: Götterspeisen Teufelsküchen. Texte und Bilder vom Essen und Verdauen, vom Fressen und Fasten, Schlecken und Schlemmen, von Fett und Fleisch, Brot und Tod. Frankfurt a.M. 1990.

Mennell, Stephan: Die Kultivierung des Appetits. Die Geschichte des Essens vom Mittelalter bis heute. Frankfurt a. M. 1988.
Moser-Rath, Elfriede: »Lustige Gesellschaft«. Schwank und Witz des 17. und 18. Jahrhunderts in kultur- und sozialgeschichtlichem Kontext. Stuttgart 1984.
Moser-Rath, Elfriede: Dem Kirchenvolk die Leviten gelesen ... Alltag im Spiegel süddeutscher Barockpredigten. Stuttgart 1991, bes. 282–310.
Moulin, Leo: Augenlust und Tafelfreuden. Eine Kulturgeschichte vom Essen und Trinken in Europa. Steinhagen 1989.
Paczensky, Gert von/Dünnebier, Anna: Kulturgeschichte des Essens und Trinkens. München 1997.
Rubini, Luigiana: Alimentazione e gastronomia nella fiaba grimmiana. Diss. Pavia 1983/84.
Rubini, Luigiana: »Essen, soviel man mag, und leiden, was man muss«. Die KHM der Brüder Grimm als Koch- und Hauswirtschaftsbuch. In: Die Küche, wie sie nicht im Buche steht. Ausstellungskatalog Zürich 1989, 37–52.
Schiedlausky, Günther: Essen und Trinken. Tafelsitten bis zum Ausgang des Mittelalters. München 1956.
Schultz, Uwe (ed.): Speisen, Schlemmen, Fasten. Eine Kulturgeschichte des Essens. Frankfurt am Main/Leipzig 1993.
Setzwein, Monika: Zur Soziologie des Essens. Tabu. Verbot. Meidung. Opladen 1997.
Menü, Das literarische, N°. 2, zusammengestellt von Alain Claude Sulzer und aufgetragen von Heinz Winkler. Frankfurt am Main/Leipzig 1998.
Tannahill, Reay: Kulturgeschichte des Essens von der letzten Eiszeit bis heute. Wien/Berlin 1975.
Wierlacher, A./Neumann, G./Teuteberg, H. J. (edd.): Kulturthema Essen. Ansichten und Problemfelder. Berlin 1993.
Zischka, Ulrike/Ottomeyer, Hans/Bäumler, Susanne (edd.): Die anständige Lust. Von Eßkultur und Tafelsitten. Ausstellungskatalog München 1993.

GRIMMS
KINDER- UND
HAUSMÄRCHEN

GRIMMS
KINDER- UND
HAUSMÄRCHEN

GRIMMS
KINDER- UND
HAUSMÄRCHEN

GRIMMS
KINDER- UND
HAUSMÄRCHEN

Die schönsten Weihnachtsmärchen

Herausgegeben von Hans-Jörg Uther

Mit zahlreichen historischen Illustrationen

304 Seiten

Wenn es schneit und klirrend kalt ist, werden sie lebendig: die Schneekönigin der Schneehase und Väterchen Frost. Stürme, die mit den Menschen reden, Mädchen, die mutig dem Eis trotzen, die guten Wintergeister, die den Menschen vor dem Schlimmsten bewahren. Mehr als 100 Märchen und Sagen aus ganz Europa öffnen das Tor für eine Winterreise in andere Zeiten und zu fremden Völkern, zu Neuem und Bekannten. Weihnachtsgeschichten zum Erzählen und Zuhören in einer ganz besonderen Zeit …

DIEDERICHS